U0663533

《马克思主义历史理论经典著作导读》编写组

首席专家 沙健孙 李 捷 李文海

主要成员 （以姓氏笔画为序）

王顺生 王浩雷 田心铭 仝 华

钟哲明 梅荣政

马克思主义历史理论经典著作导读

MAKESI ZHUYI LISHI LILUN

JINGDIAN ZHUZUO DAODU

《马克思主义历史理论经典著作导读》编写组　著

人民出版社

出 版 说 明

《马克思主义历史理论经典著作导读》是马克思主义理论研究和建设工程组织编写的高等学校重点教材《马克思恩格斯列宁历史理论经典著作导读》的重要辅助教材。

本书比较展开地论述了唯物史观的形成、发展及其对历史研究的指导作用；在解读精选的马克思、恩格斯、列宁的15篇关于历史理论的经典著作同时，解读了精选的毛泽东的10篇关于历史理论的经典著作；系统地论述了中国特色社会主义理论体系中的史学思想及其对中国史学发展的重要意义。可供教师用作备课参考资料，也可供学生用作学习辅助材料。

本书解读的马克思、恩格斯著作，均选自《马克思恩格斯文集》（十卷本。人民出版社2009年版）；列宁著作，均选自《列宁专题文集》（五卷本。人民出版社2009年版）；毛泽东著作，分别选自《毛泽东选集》（四卷本。人民出版社1991年版）和《毛泽东文集》（八卷本。人民出版社1993、1996、1999年版）。本书各篇导读，对引自被解读的各篇原著的文字，均不注明出处，特此说明。

目　　录

第二编　列宁著作导读

导论　马克思主义历史理论与历史研究

一、唯物主义历史观的创立和发展

（一）马克思以前的历史理论

什么是历史？历史是已经过去了的客观存在。马克思、恩格斯说："历史可以从两方面来考察，可以把它划分为自然史和人类史。但这两方面是不可分割的；只要有人存在，自然史和人类史就彼此相互制约。"①这里所说的历史，是指的人类史，即人类社会发展的过程。

历史既然是已经过去了的客观存在，为什么一代又一代的人仍然会对历史感兴趣，并且怀有探究历史的强烈愿望呢？这是因为：

人类社会的今天，是由它的昨天和前天发展而来的。人们为了更好地认识人类社会的今天、预见明天，一个重要的条件，就是要了解它的昨天和前天。古人所谓"彰往而察来"，"述往事，思来者"，讲的就是这个意思。

在漫长的历史进程中，人们在经济、政治、文化和社会生活各个领域的实践所积累的丰富经验，所蕴涵的社会治乱兴衰的深刻教训，对于后人具有重要的启迪作用。古人所谓"所贵乎史者，述往以为来者师也"，讲的就是这个意思。

人们在创造历史的过程中，同时也在多方面地展示着自己，改变着自己，并且在总体上不断地提高着自身的素质。历史人物的功过是非、得失成败，对于后人也具有重要的警示作用。古人所谓"欲知大道，必先为史"，"穷览千载，见贤而思齐，见不贤而内自省"，讲的就是这个意思。

但是，历史作为人类社会已经过去了的客观存在，是不可能照原样重复出现的，那么，人们又怎样认识历史、从历史中汲取智慧呢？

---

① 《马克思恩格斯文集》第1卷，人民出版社2009年版，第516页。

为此，首先当然要收集史料和考证史实，因为这是认识历史的前提。不过，这样做，还不就是对历史有了认识。研究历史，主要是为了在此基础上，理清历史的脉络，总结历史的经验，揭示历史发展的规律性，考察历史发展的趋势，以此作为今人和后人思想上的借鉴和行动上的向导。而要做到这一点，仅仅依靠收集史料和考证史实就远远不够了，人们还必须在科学的社会历史观和方法论的指导下，对史料进行分析和综合，进行理论的思考。如果没有理论思维，即使要把两个简单的历史事实联系起来都是不可能的，更不用说对历史做出科学的阐释和总结了。

社会历史观是人们对社会历史的根本看法，主要指人们关于人类社会的起源、社会生活的本质，以及总体运动和一般发展规律的理论性概括。①

在遥远的古代，生产力十分低下，人类的生存和发展在很大程度上受自然力的支配。“由于人类尚不具备把自然界和人类社会明确区分的能力，社会历史观只能浑然一体地包含在一般宇宙观之中。在原始人的眼里，社会和自然一样神奇，都只能凭想象去理解，自然崇拜和图腾崇拜就是这样产生的。”② 人类进入文明时代即阶级社会以后，随着社会分工及其发展，一些思想家对人类社会的发展进行了独立的思考，一些历史学家写出了若干有价值的历史著作，他们为人类认识社会及其发展积累了有益的思想材料，包括运用唯物主义观点观察历史的萌芽和对历史辩证法的揭示；但是从总体上来说，在社会历史观的领域，唯心主义始终占据着统治地位。正因为如此，以往的历史理论存在着两个主要缺点。“第一，以往的历史理论至多只是考察了人们历史活动的思想动机，而没有研究产生这些动机的原因，没有探索社会关系体系发展的客观规律性，没有把物质生产的发展程度看做这些关系的根源。”它既忽视经济对社会发展的最终决定作用，也讲不清政治、思想等的形成、发展及其对经济的反作用，因而就不可能把社会作为一个有机的整体进行研究。“第二，以往的历史理论

① 《史学概论》，高等教育出版社 2009 年版，第 19 页。

② 《历史唯物主义原理》，人民出版社 1991 年版，第 5 页。

从来忽视居民群众的活动。”在它的视野里，历史活动的主体是帝王将相、英雄豪杰等少数人，而从事物质生活资料生产的广大劳动群众则被边缘化，在历史上没有自己应有的地位。它不可能以自然科学的精确性去研究群众生活的社会条件以及这些条件的变更。所以，列宁认为，马克思以前的“社会学”和历史学，至多是积累了零星收集来的未加分析的事实，描述了历史过程的个别方面。他们没有也不可能指出对各种社会经济形态的产生、发展和衰落过程进行全面而周密的研究的途径。①

社会历史领域中之所以存在上述问题，不是偶然的。“在很长的历史时期内，大家对于社会的历史只能限于片面的了解，这一方面是由于剥削阶级的偏见经常歪曲社会的历史，另方面，则由于生产规模的狭小，限制了人们的眼界。人们能够对社会历史的发展作全面的历史的了解，把对于社会的认识变成了科学，只是到了伴随巨大生产力——大工业而出现近代无产阶级的时候，这就是马克思主义的科学。”②

（二）唯物主义历史观创立的社会历史前提和思想条件

科学的社会历史观，就是唯物主义历史观或者历史唯物主义。它是由马克思、恩格斯在19世纪40年代创立的。

唯物主义历史观“是历史发展的产物；在较早的时代，它是不会被任何最有天才的头脑凭空想出来的。只有达到一定高度时，人类历史才能揭开它自己的秘密”。③ 这些条件主要是：

第一，资本主义的发展。

19世纪中叶，主要资本主义国家的工业革命已经完成，或者接近完成。资本主义的发展，是同社会化的大生产排挤小生产，同各经济部门的关系的日趋紧密，同交换的发展、交通的发达和统一的民族市场的形成，直接相联系的。这就开阔了人们的视野，使得人们有可能突破小生产的狭

① 《列宁专题文集·论辩证唯物主义和历史唯物主义》，人民出版社2009年版，第336页。

② 《毛泽东选集》第1卷，人民出版社1991年版，第283—284页。

③ ［德］梅林：《保卫马克思主义》，人民出版社1982年版，第3页。

隘眼界，把整个社会当作一个统一的有机体来考察。资本主义的发展，也是同拓展海外市场，同民族的、地域的历史日益发展成为世界历史，直接相联系的。这就进一步开阔了人们的视野，使得人们有可能把各个地区、各个民族的历史联系起来加以比较研究，发现其常规性、重复性，并由此发现其中的一般的规律性。资本主义的发展，还使得社会阶级关系趋于简单化和明朗化。这也使得人们有可能把握基于经济利益的阶级斗争这条阶级社会历史发展的基本线索，有可能认识阶级斗争在阶级社会历史发展中的重要作用。

第二，先驱者提供的特定的思想材料。

尽管以往的思想家对社会的认识始终没有达到历史唯物主义的高度，但他们中的一些人（如法国复辟时期的资产阶级历史学家梯叶里、基佐、米涅，英国古典经济学家大卫·李嘉图等）在这个领域中所进行的探索，为达到这个高度提供了有益的思想材料，打下了一定的基础。

梯叶里认为，决定阶级斗争的是各阶级的“实际利益”即财产关系。基佐认为，“我们社会的各种阶级斗争贯穿着我们的历史”。“为着理解政治制度，应该研究社会中的不同阶层及其相互关系”，应该知道土地关系的性质。米涅也把阶级斗争看作是当时一切政治事变的发条，认为革命的原因存在于社会各阶级的不同物质利益中。李嘉图则具体说明了阶级之间的经济对立。“这样一来，在政治经济学中，历史斗争和历史发展过程的根源被抓住了，并且被揭示出来了。”① 正是根据上述事实，恩格斯指出：“如果说马克思发现了唯物史观，那么梯叶里、米涅、基佐以及1850年以前英国所有的历史编纂学家则表明，人们已经在这方面作过努力。”1877年，摩尔根在美国，以他自己的方式，重新发现了40年前马克思所发现的唯物主义历史观，并且以此为指导，在把野蛮时代和文明时代加以对比的时候，在主要点上得出了与马克思相同的结果。“而摩尔根对于同一观点的发现表明，发现这一观点的时机已经成熟了，这一观点**必定**被发

① 《马克思恩格斯全集》第34卷，人民出版社2008年版，第184页。

现”。①

第三，工人阶级的成长。

19 世纪 30 年代，欧洲的工人阶级开始作为一个独立的政治力量登上历史舞台。工人阶级是人类历史上最彻底的革命阶级。它的根本利益是同社会历史发展的总方向一致的。它既没有剥削阶级的偏见，也不具有小生产者的狭隘性。所以它敢于面向现实，勇于追求真理。“科学越是毫无顾忌和大公无私，它就越符合工人的利益和愿望”。马克思、恩格斯是出身于有产阶级的知识分子。他们在斗争实践中把自己的立场转到了工人阶级一边，随之也就把自己原先拥有的教育因素带过来了。他们成了真理的无畏的和有力的探索者。这是他们成为唯物主义历史观的发现者、创立者的阶级基础。实际上，以他们为代表的“在劳动发展史中找到了理解全部社会史的锁钥的新派别，一开始就主要是面向工人阶级的，并且从工人阶级那里得到了同情，这种同情是它在官方科学那里既没有寻找也没有期望过的。”②

（三）马克思、恩格斯与唯物主义历史观的创立

什么是唯物主义历史观呢？唯物主义历史观是“关于现实的人及其历史发展的科学”。③“现代唯物主义把历史看做人类的发展过程，而它的任务就在于发现这个过程的运动规律。”它找到了“用人们的存在说明他们的意识，而不是像以往那样用人们的意识说明他们的存在”这样一条路。④

唯物主义历史观的创立，经历了一个探索的过程。“这一过程的开端，可以追溯到宗教的批判”。⑤ 唯物主义历史观的主要创始人马克思（1818—1883），德国人。早年在大学中学习法律，但他研究得最多的是

---

① 《马克思恩格斯文集》第 10 卷，人民出版社 2009 年版，第 669 页。
② 《马克思恩格斯文集》第 4 卷，人民出版社 2009 年版，第 313 页。
③ 《马克思恩格斯文集》第 4 卷，人民出版社 2009 年版，第 295 页。
④ 《马克思恩格斯文集》第 9 卷，人民出版社 2009 年版，第 28、29 页。
⑤ 《历史唯物主义原理》，人民出版社 1991 年版，第 16 页。

历史和哲学。他加入过“青年黑格尔派”的圈子，后来受到费尔巴哈唯物主义的强烈影响，一时成了“费尔巴哈派”。通过批判宗教神学，人们重新确立了人在现实世界中的利益和权利。马克思也正是从这里，开始了对于社会历史的哲学思考。1842 年秋，他被聘为《莱茵报》主笔。他说，在这里我“第一次遇到要对所谓物质利益发表意见的难事”，这“是促使我去研究经济问题的最初动因”。① “为了解决使我苦恼的疑问，我写的第一部著作是对黑格尔法哲学的批判性的分析”，即 1843 年写的《黑格尔法哲学批判》。“我的研究得出这样一个结果：法的关系正像国家的形式一样，既不能从它们本身来理解，也不能从所谓人类精神的一般发展来理解，相反，它们根源于物质的生活关系，这种物质的生活关系的总和，黑格尔按照 18 世纪的英国人和法国人的先例，概括为‘市民社会’，而对市民社会的解剖应该到政治经济学中去寻求。”② 他在 1844 年完成的《1844 年经济学哲学手稿》，通过分析“异化劳动”，从人与物的关系中发现人与人的关系，得出了物质生产在社会发展中具有决定作用的认识。他指出：“对社会主义的人来说，**整个所谓世界历史**不外是人通过人的劳动而诞生的过程，是自然界对人来说的生成过程，所以关于他通过自身而**诞生**、关于他的**形成过程**，他有直观的、无可辩驳的证明”。③ 这些都是唯物主义历史观形成的重要步骤。

唯物主义历史观的另一创始人恩格斯（1820—1895），德国人。他也经历过从“青年黑格尔派”到“费尔巴哈派”的过程。1842 年，他迁到英国工业中心曼彻斯特。在这里，他直接参加工人运动，并研究英国社会的经济结构和社会关系。这使他认识到，只有以往被忽视的经济事实，才是全部现实斗争和政治历史的基础。他在 1844 年发表的《国民经济学批判大纲》中，在经济和政治历史的关系等问题上，得出了与马克思相同的结论。

1844 年 9 月，马克思和恩格斯在巴黎相识。他们合作撰写了《神圣

① 《马克思恩格斯文集》第 2 卷，人民出版社 2009 年版，第 588 页。
② 《马克思恩格斯文集》第 2 卷，人民出版社 2009 年版，第 591 页。
③ 《马克思恩格斯文集》第 1 卷，人民出版社 2009 年版，第 196 页。

家族，或对批判的批判所做的批判。驳布鲁诺·鲍威尔及其伙伴》一书。他们指出：只有把“某一历史时期的工业，即生活本身的直接的生产方式认识清楚”，才“能真正地认清这个历史时期”。历史的诞生地“是地上的粗糙的物质生产”，而不是“天上的迷蒙的云兴雾聚之处”。① 他们还指出：历史活动中重要的“是行动着的群众”。“历史活动是群众的活动，随着历史活动的深入，必将是群众队伍的扩大”。② 他们的这部著作，克服了前述唯心主义历史观的两个主要缺点，为唯物主义历史观的形成奠定了牢固的基础。

1845年，马克思撰写了《关于费尔巴哈的提纲》。他提出：“人的本质不是单个人所固有的抽象物，在其现实性上，它是一切社会关系的总和。”他强调了实践的意义，指出：“环境的改变和人的活动或自我改变的一致，只能被看做是并合理地理解为**革命的实践**。”③ 恩格斯认为，这个提纲“作为包含着新世界观的天才萌芽的第一个文献，是非常宝贵的”。④ 他晚年在回答“关于历史唯物主义的**起源**”这个问题时说过，马克思的《关于费尔巴哈的提纲》“其实**就是**它的起源！”。⑤ 1845—1846年，马克思与恩格斯合作撰写了《德意志意识形态》一书，对他们发现的唯物主义历史观的基本原理作了系统的论述。他们强调：“这种历史观就在于：从直接生活的物质生产出发阐述现实的生产过程，把同这种生产方式相联系的、它所产生的交往形式即各个不同阶段上的市民社会理解为整个历史的基础，从市民社会作为国家的活动描述市民社会，同时从市民社会出发阐明意识的所有各种不同的理论产物和形式，如宗教、哲学、道德等等，而且追溯它们产生的过程。这样做当然就能够完整地描述事物了（因而也能够描述事物的这些不同方面之间的相互作用）。”⑥ 这部两厚册

---

① 《马克思恩格斯文集》第1卷，人民出版社2009年版，第350、351页。
② 《马克思恩格斯文集》第1卷，人民出版社2009年版，第287页。
③ 《马克思恩格斯文集》第1卷，人民出版社2009年版，第501、500页。
④ 《马克思恩格斯文集》第4卷，人民出版社2009年版，第266页。
⑤ 《马克思恩格斯文集》第10卷，人民出版社2009年版，第647页。
⑥ 《马克思恩格斯文集》第1卷，人民出版社2009年版，第544页。

八开本的原稿，当时未能公开出版。马克思说："既然我们已经达到了我们的主要目的——自己弄清问题，我们就情愿让原稿留给老鼠的牙齿去批判了。"①

在1847年出版的为反对蒲鲁东而写的著作《哲学的贫困》中，马克思第一次公开对这个新的历史观中的有决定意义的论点，作了科学的、虽然只是论战性的概述。1848年2月，马克思、恩格斯在为共产主义者同盟拟定的纲领《共产党宣言》中，"用这个理论大略地说明了全部近代史"②，向公众表达了这个理论有关的见解。恩格斯在为它所写的"1883年德文版序言"中讲过："贯穿《宣言》的基本思想：每一历史时代的经济生产以及必然由比产生的社会结构，是该时代政治的和精神的历史的基础；因此（从原始土地公有制解体以来）全部历史都是阶级斗争的历史，即社会发展各个阶段上被剥削阶级和剥削阶级之间、被统治阶级和统治阶级之间斗争的历史；而这个斗争现在已经达到这样一个阶段，即被剥削被压迫的阶级（无产阶级），如果不同时使整个社会永远摆脱剥削、压迫和阶级斗争，就不再能使自己从剥削它压迫它的那个阶级（资产阶级）下解放出来。"③ 列宁也指出：《共产党宣言》"这部著作以天才的透彻而鲜明的语言描述了新的世界观，即把社会生活领域也包括在内的彻底的唯物主义、作为最全面最深刻的发展学说的辩证法以及关于阶级斗争和共产主义新社会创造者无产阶级肩负的世界历史性的革命使命的理论。"④ 正因为如此，《共产党宣言》在多次再版时用过的多种书名中，就有过《历史哲学》这个名称。⑤

马克思对唯物主义历史观的经典性表述，见于1859年1月发表的、被马克思称作"第一次科学地表述了关于社会关系的重要观点"的《政

① 《马克思恩格斯文集》第2卷，人民出版社2009年版，第593页。
② 《马克思恩格斯文集》第4卷，人民出版社2009年版，第532页。
③ 《马克思恩格斯文集》第2卷，人民出版社2009年版，第9页。
④ 《列宁专题文集·论马克思主义》，人民出版社2009年版，第5页。
⑤ 《列宁专题文集·论马克思主义》，人民出版社2009年版，第40页。

治经济学批判》第一分册[1]的序言。关于这个序言，马克思自己讲过："在那里我说明了我的方法的唯物主义基础。"[2] 恩格斯也指出，序言对唯物主义历史观的要点"已经作了扼要的阐述"。[3]

（四）对唯物主义历史观的检验、丰富和发展

马克思、恩格斯在创立唯物主义历史观之后，即以这个理论为指导，从系统地搜集史料和分析基本的事实入手，对社会历史问题进行重新的研究。在这个过程中，他们检验了这个理论，并使之得到了进一步的丰富和发展。

1848—1849 年，欧洲大陆爆发了资产阶级民主革命。马克思和恩格斯亲身参加了这场革命，并在革命失败以后，运用唯物主义历史观，根据翔实的材料，对这场革命发生和失败的原因，对各阶级及其代表人物的表现，对它所提供的经验教训，及时地做出了切实的分析和深刻的总结。马克思写了《1848 年至 1850 年的法兰西阶级斗争》、《路易·波拿巴的雾月十八日》等著作，恩格斯写了《德国农民战争》、《德国的革命和反革命》等著作。恩格斯认为，《1848 年至 1850 年的法兰西阶级斗争》这部著作，"是马克思用他的唯物主义观点从一定经济状况出发来说明一段现代历史的初次尝试"。"由于马克思准确了解法国在二月革命以前的经济状况以及这个国家在二月革命以后的政治事件，所以他能对当时的事变作出这样的叙述，这一叙述对事变内在联系的揭示达到了至今还无人达到的程度"。[4] 他对《路易·波拿巴的雾月十八日》更是给予了高度的评价，认为"这本书是运用（历史唯物主义）这个理论的十分出色的例子"。[5] 因为路易·波拿巴发动的政变，当时像晴天霹雳一样震惊了整个政治界，但并没有一个人理解它；而马克思却令人信服地证明，"法国阶级斗争怎样造成了一种局势和条件，使得一个平庸而可笑的人物有可能扮演了英雄的

---

① 《马克思恩格斯文集》第 10 卷，人民出版社 2009 年版，第 167 页。
② 《马克思恩格斯文集》第 5 卷，人民出版社 2009 年版，第 20 页。
③ 《马克思恩格斯文集》第 2 卷，人民出版社 2009 年版，第 597 页。
④ 《马克思恩格斯文集》第 4 卷，人民出版社 2009 年版，第 532、534 页。
⑤ 《马克思恩格斯文集》第 10 卷，人民出版社 2009 年版，第 593 页。

角色”。所以，恩格斯赞叹说，“的确，这是一部天才的著作”。“在事变刚刚发生时就对事变有这样透彻的洞察，的确是无与伦比”。[①] 总之，马克思用这段历史检验了他的历史理论；“这个检验获得了辉煌的成果”。[②]

在1848—1849年革命之后，马克思对被压迫人民的民族解放斗争给予了越来越多的关注。他用唯物主义历史观考察东方社会，考察民族与殖民地问题，撰写了一批关于中国和印度等的论著。在《不列颠在印度的统治》（1853年）、《不列颠在印度统治的未来结果》（1853年）这两篇文章中，马克思做出的有关论述，对于研究资本主义、殖民主义的历史及其相互关联，对于考察民族、殖民地问题及其与无产阶级革命前景的相互关联，都提供了一个典型性的例证。

在1848欧洲大陆革命的浪潮过去之后，马克思重新把对政治经济学的研究提到了首要的地位。他集中精力，运用唯物主义历史观考察资本主义社会，科学地揭示了资本主义社会形成、发展和灭亡的历史规律。继1859年出版《政治经济学批判》之后，《资本论》第一卷于1867年公开问世。马克思说，“我的观点是把经济的社会形态的发展理解为一种自然史的过程”。而“本书的最终目的就是揭示现代社会（资本主义社会）的经济运动规律”。[③] 列宁认为，如果说，在这之前，唯物主义历史观还只是“一个第一次使人们有可能以严格的科学态度对待历史问题和社会问题的假设”，那么，“自从《资本论》问世以来，唯物主义历史观已经不是假设，而是科学地证明了的原理”。[④] 他认为，既然运用唯物主义去分析和说明一种社会形态就取得了这样辉煌的成果，那么，十分自然，“这种方法也必然适用于其余各种社会形态”。[⑤]

---

① 《马克思恩格斯文集》第2卷，人民出版社2009年版，第466、468页。

② 《马克思恩格斯文集》第2卷，人民出版社2009年版，第469页。

③ 《马克思恩格斯文集》第5卷，人民出版社2009年版，第10页。

④ 《列宁专题文集·论辩证唯物主义和历史唯物主义》，人民出版社2009年版，第160、163页。

⑤ 《列宁专题文集·论辩证唯物主义和历史唯物主义》，人民出版社2009年版，第166页。

在这之后，马克思、恩格斯继续对社会历史问题进行深入的研究，提出许多新的创造性的见解，进一步丰富和发展了这个理论。

在研究典型的资本主义国家英国等的同时，俄国社会发展的问题也引起了马克思、恩格斯的浓厚兴趣。在马克思的《给“祖国纪事”杂志编辑部的信》（1877）、《给维·伊·查苏利奇的复信》（1881），恩格斯的《论俄国的社会问题》（1874）、《“论俄国的社会问题”跋》（1894），以及马克思、恩格斯共同为《共产党宣言》1882 年俄文版写的序言等论著中，他们对俄国这样的经济文化比较落后的国家，是否“可以不通过资本主义制度的卡夫丁峡谷”以及实行这种跨越需要具备什么样的条件，做出了富有新意的论述，对于科学地研究这类国家的社会历史发展问题提供了重要的启示。

1877 年，美国人类学家摩尔根的科学著作《古代社会》出版。从 1881 年 5 月至 1882 年 2 月，马克思花了近十个月的时间研究这部著作，作了大量摘录、批注和补充。在此基础上，恩格斯于 1884 年写成《家庭、私有制和国家的起源》一书，阐明了“共产制共同体”的原始社会及其瓦解，分工与家庭、私有制和阶级的产生，国家的起源和实质等一系列重大问题。

恩格斯在与马克思一起，共同创立唯物主义历史观的过程中，对这个理论作出了全面而深刻的阐述。他对人说过：“我也可以向您指出我的《欧根·杜林先生在科学中实行的变革》和《路德维希·费尔巴哈和德国古典哲学的终结》，我在这两部书里对历史唯物主义作了就我所知是目前最为详尽的阐述。”① 他认为，历史唯物主义的“大多数问题都已经在《反杜林论》第一编第九至十一章、第二编第二至四章和第三编第一章或导言里，后来又在《费尔巴哈》（即《路德维希·费尔巴哈和德国古典哲学的终结》）最后一章里谈到了”。②

晚年，在所写的关于历史唯物主义的书信（如《致康·施米特

① 《马克思恩格斯文集》第 10 卷，人民出版社 2009 年版，第 593 页。

② 《马克思恩格斯文集》第 10 卷，人民出版社 2009 年版，第 670 页。

(1890年8月5日)》、《致约·布洛赫(1890年9月21—22日)》、《致康·施米特(1890年10月27日)》、《致弗·梅林(1893年7月14日)》、《致瓦·博尔吉乌斯(1894年1月25日)》)中,恩格斯强调必须科学地理解历史唯物主义。为了应对资产阶级学者的挑战,并纠正“青年派”的误读和曲解,他全面地论证了经济和政治、经济基础与上层建筑等之间的辩证关系,进一步对历史唯物主义做出了科学的阐释。

在马克思、恩格斯之后,结合新的时代和社会历史条件,在帝国主义和无产阶级革命时代的马克思主义即列宁主义中,在马克思主义中国化的理论即毛泽东思想和中国特色社会主义理论体系中,马克思主义历史理论进一步得到了发展。有关的重要内容,本书将在第二、三、四编中作比较翔实的说明,这里就不作具体的阐述了。

二、马克思主义历史理论的基本内容

马克思主义历史理论有着极其丰富的内容。首先,是指历史唯物主义的基本原理。这是它的核心、基础,也是它的主体部分。其次,是指历史研究的方法论方面的论述。再次,是指马克思主义经典作家在研究历史问题、历史事件和历史人物时提出的重要思想和论断。限于篇幅,这里着重对前两个方面的内容做一个概要的叙述。

(一)历史唯物主义的基本原理

历史唯物主义的内容十分丰富,这里主要就本书所选论著的核心思想,作一简要的概括和说明。

1. 社会历史观的基本问题

哲学的基本问题是思维与存在的关系问题,社会历史观的基本问题是社会意识与社会存在的关系问题。

社会存在是不依社会意识为转移的社会生活的物质方面。标示同自然界的存在相区别的社会存在,其最本质的东西就是社会的生产方式。社会意识是社会的精神生活现象的总称，包括人们的政治、法律观点，哲学、道德，艺术、科学、宗教等意识形式，以及风俗习惯、社会心理，等等。① 唯物主义历史观确认："不是人们的意识决定人们的存在，相反，是人们的社会存在决定人们的意识。"② "意识［dasBewuBtsein］在任何时候都只能是被意识到了的存在［das bewuBteSein］，而人们的存在就是他们的现实生活过程。"③

由此可见，"这种历史观和唯心主义历史观不同，它不是在每个时代中寻找某种范畴，而是始终站在现实历史的**基础**上，不是从观念出发来解释实践，而是从物质实践出发来解释各种观念形态"。④ 而只有站在这个"现实历史的**基础**上"，对历史的研究才可能成为"关于现实的人及其历史发展的科学"。⑤

2. 物质生活的生产方式：生产力和生产关系

人类社会的历史是人类自己创造的。

我们首先应当确定一切人类生存的第一个前提，也就是一切历史的第一个前提，这就是：人们为了能够"创造历史"，必须能够生活。但是为了生活，"首先就需要吃喝住穿以及其它一些东西。因此第一个历史活动就是生产满足这些需要的资料，即生产物质生活本身"。这是人们为了维持生活必须每日每时从事的历史活动，是一切历史的基本条件。"任何历史观的第一件事情就是必须注意上述基本事实的全部意义和全部范围，并给予应有的重视"。⑥ "人类社会和动物界的本质区别在于，动物最多是**采集**，而人则**从事生产**。"⑦ 所以，物质生产的发展，是整个社会生活以及整个现实历史的基础。"物质生活的生产方式制约着整个社会生活、政治

---

① 《历史唯物主义原理》第 4 卷，人民出版社 1991 年版，第 18—19 页。
② 《马克思恩格斯文集》第 2 卷，人民出版社 2009 年版，第 591 页。
③ 《马克思恩格斯文集》第 1 卷，人民出版社 2009 年版，第 525 页。
④ 《马克思恩格斯文集》第 1 卷，人民出版社 2009 年版，第 544 页。
⑤ 《马克思恩格斯文集》第 4 卷，人民出版社 2009 年版，第 295 页。
⑥ 《马克思恩格斯文集》第 1 卷，人民出版社 2009 年版，第 531 页。
⑦ 《马克思恩格斯文集》第 10 卷，人民出版社 2009 年版，第 412 页。

生活和精神生活的过程。”① 社会物质生活条件包括社会所处的自然环境，即地理环境，包括人口的增长、人口密度的大小等等在内。这些因素会影响到社会的发展。但它们不是决定社会面貌、决定人们社会关系的性质、决定从一种制度过渡到另一种制度的主要力量。

物质生活的生产方式是生产力和生产关系的统一。

生产力，是指人们改造自然，使之适应人的需要的物质力量，标志着人类改造自然的实际能力和水平。一个社会的生产力包括三个要素，即劳动者、劳动资料和劳动对象。生产力中也包括科学。②

生产关系，是指“各个人借以进行生产的社会关系”。③ 因为生产并不是、也不可能是由单个人孤立地进行的。生产关系由生产资料所有制关系、生产中人与人的关系和产品分配关系构成。其中，生产资料所有制决定着生产关系的其它方面。

生产力是生产中最活动、最革命的因素。生产关系依赖于生产力的发展而发展，同时又反过来影响生产力，加速或者延缓它的发展。④ “社会的物质生产力发展到一定阶段，便同它们一直在其中运动的现存生产关系或财产关系（这只是生产关系的法律用语）发生矛盾。于是这些关系便由生产力的发展形式变成生产力的桎梏。那时社会革命的时代就到来了。”⑤

3. 社会的基础和上层建筑

人类社会是一个整体结构。正如一座大厦有它的基础和上层建筑一样，人类社会也是如此。马克思指出：“人们在自己生活的社会生产中发生一定的、必然的、不以他们的意志为转移的关系，即同他们的物质生产力的一定发展阶段相适合的生产关系。这些生产关系的总和构成社会的经济结构，即有法律的和政治的上层建筑竖立其上并有一定的社会意识形式

---

① 《马克思恩格斯文集》第 2 卷，人民出版社 2009 年版，第 591 页。
② 《马克思主义哲学》，高等教育出版社 2009 年版，第 170、169 页。
③ 《马克思恩格斯文集》第 1 卷，人民出版社 2009 年版，第 724 页。
④ 《斯大林文集》，人民出版社 1985 年版，第 220—221 页。
⑤ 《马克思恩格斯文集》第 2 卷，人民出版社 2009 年版，第 591—592 页。

与之相适应的现实基础。”①

历史表明：“迄今为止在历史著作中根本不起作用或者只起极小作用的经济事实，至少在现代世界中是一个决定性的历史力量。”② 由于生产关系的总和即社会的经济结构是社会的现实基础，因此，只有从这一基础出发，每一历史时代政治的和精神的历史才能得到说明。

社会的全部上层建筑，是“每一个历史时期的由法的设施和政治设施以及宗教的、哲学的和其他的观念形式所构成的”③。由于经济事实在历史上的决定性作用，国家是在经济上占统治地位的阶级的国家；而统治阶级的思想在每一时代都是占统治地位的思想。

上层建筑的各种因素一经形成，就具有相对独立性，它们能够对历史斗争的进程发生影响并且在许多情况下主要是决定着这一斗争的形式；能够反作用于经济，加速或延缓经济的发展；甚至意识形态也“能在某种限度内改变经济基础”。④

人类社会的发展过程表现出经济、政治、思想等一切因素间的相互作用。但是“相互作用的力量很不相等：其中经济运动是最强有力的、最本原的、最有决定性的”。⑤ 而在这种相互作用中归根到底是经济运动作为必然的东西通过无穷无尽的偶然事件向前发展。⑥ “随着经济基础的变更，全部庞大的上层建筑也或慢或快地发生变革。”⑦

诚然，在经济基础和上层建筑的矛盾运动中，经济基础“一般地表现为主要的决定的作用，谁不承认这一点，谁就不是唯物论者”。然而，上层建筑“在一定条件之下，又转过来表现其为主要的决定的作用，这也是必须承认的”。“当着政治文化等等上层建筑阻碍着经济基础的发展

---

① 《马克思恩格斯文集》第 2 卷，人民出版社 2009 年版，第 591 页。
② 《马克思恩格斯文集》第 4 卷，人民出版社 2009 年版，第 232 页。
③ 《马克思恩格斯文集》第 9 卷，人民出版社 2009 年版，第 29 页。
④ 《马克思恩格斯文集》第 10 卷，人民出版社 2009 年版，第 598 页。
⑤ 《马克思恩格斯文集》第 10 卷，人民出版社 2009 年版，第 601 页。
⑥ 《马克思恩格斯文集》第 10 卷，人民出版社 2009 年版，第 591 页。
⑦ 《马克思恩格斯文集》第 2 卷，人民出版社 2009 年版，第 592 页。

的时候，对于政治上和文化上的革新就成为主要的决定的东西了”。“这不是违反唯物论，正是避免了机械唯物论，坚持了辩证唯物论”。[1]

4. 社会的基本矛盾和发展动力

与生产力的状况相适应，经济基础与上层建筑以一定的形式结合构成社会形态。[2]

构成社会的各个部分不是彼此孤立、互不相干的。生产力和生产关系，基础和上层建筑，它们是社会的有机组成部分，彼此依存、相互作用。所以，唯物主义历史观“要我们把社会看做活动着和发展着的活的机体”。[3] 科学地研究历史的途径，就是要把社会历史当作一个“极其复杂、充满矛盾而又是有规律的统一过程”[4] 来进行研究。马克思说：“我的观点是把经济的社会形态的发展理解为一种自然史的过程。”[5] 只有把社会关系归结于生产关系，把生产关系归结于生产力的水平，才能看出各个国家和地区的历史过程的重复性和常规性，才能有可靠的根据把社会形态的发展看做自然历史过程，才有可能从中发现历史发展的规律。如果没有这种观点，也就不会有社会科学。

生产力和生产关系的矛盾，经济基础和上层建筑的矛盾，是人类社会的基本矛盾。正是这个基本矛盾的运动，推动着人类社会的发展。唯物主义历史观确认：“一切重要历史事件的终极原因和伟大动力是社会的经济发展，是生产方式和交换方式的改变，是由此产生的社会之划分为不同的阶级，是这些阶级彼此之间的斗争。”[6] “历史的动力以及宗教、哲学和任何其他理论的动力是革命。”[7]

人类的社会形态是一个逐步演进的过程。在漫长的远古时代，存在过

① 《毛泽东选集》第1卷，人民出版社1991年版，第325、326页。
② 《马克思主义哲学》，高等教育出版社2009年版，第177页。
③ 《列宁专题文集·论辩证唯物主义和历史唯物主义》，人民出版社2009年版，第209页。
④ 《列宁专题文集·论马克思主义主义》，人民出版社2009年版，第15页。
⑤ 《马克思恩格斯文集》第5卷，人民出版社2009年版，第10页。
⑥ 《马克思恩格斯文集》第3卷，人民出版社2009年版，第509。
⑦ 《马克思恩格斯文集》第1卷，人民出版社2009年版，第544页。

“共产制共同体”的原始社会。它占据了人类社会历史的绝大部分时间。在进入文明时代即阶级社会以后，人类经历了奴隶占有制、封建制和资本主义这样三个经济的社会形态的演进。资产阶级的生产关系是社会生产过程的最后一个对抗形式。人类在推翻这种对抗形式之后，将次第进入社会主义、共产主义社会，并由此宣告人类社会的史前时期的终结。

5. 阶级、国家和革命

生产力和生产关系的矛盾，经济基础和上层建筑的矛盾，在阶级社会中，反映到人与人的关系上，主要表现为阶级矛盾和阶级斗争。

在原始社会，并不存在阶级的划分。社会分裂为剥削阶级和被剥削阶级、统治阶级和被压迫阶级，是同生产发展的一定历史阶段相联系的。在社会总劳动所提供的产品除了满足社会全体成员最起码的生活需要以外已经有少量剩余，但劳动还占去社会大多数成员的全部或几乎全部时间的情况下，“这个社会就必然划分为阶级。在这被迫专门从事劳动的大多数人之旁，形成了一个脱离直接生产劳动的阶级，它掌管社会的共同事务：劳动管理、国家事务、司法、科学、艺术等等。因此，分工的规律就是阶级划分的基础”。①

从根本上说，剥削阶级和被剥削阶级、统治阶级和被压迫阶级的利益是互相对立的。“对一些人是好事，对另一些人必然是坏事，一个阶级的任何新的解放，必然是对另一个阶级的新的压迫。”② 所以，“以往的**全部**历史，除原始状态外，都是阶级斗争的历史”。③

随着社会分裂为阶级，作为阶级压迫工具的国家的产生，就成为必要的了。因为要强迫社会上的绝大多数人经常替另一部分人做工，就非有一种经常的强迫机构不可。而“国家的本质特征”，就在于它“是和人民大众分离的公共权力”。构成这种权力的，不仅有武装的人，而且还有物质的附属物，如监狱和各种强制设施。④

① 《马克思恩格斯文集》第 3 卷，人民出版社 2009 年版，第 562 页。
② 《马克思恩格斯文集》第 4 卷，人民出版社 2009 年版，第 197 页。
③ 《马克思恩格斯文集》第 3 卷，人民出版社 2009 年版，第 544 页。
④ 《马克思恩格斯文集》第 4 卷，人民出版社 2009 年版，第 135、190 页。

诚然，“政治统治到处是以执行某种社会职能为基础”的。但是这并没有改变国家作为阶级压迫工具的实质。因为历史上那些执行社会职能的人形成了自己的特殊利益，逐步和人民大众分离，其结果就使得起先社会的公仆变成了社会的主人。①

总之，“由于国家是从控制阶级对立的需要中产生的，由于它同时又是在这些阶级的冲突中产生的，所以，它照例是最强大的、在经济上占统治地位的阶级的国家，这个阶级借助于国家而在政治上也成为占统治地位的阶级，因而获得了镇压和剥削被压迫阶级的新手段。”②

阶级和阶级斗争的存在，是阶级社会历史发展中的基本事实。“自从原始公社解体以来，组成为每个社会的各阶级之间的斗争，总是历史发展的伟大动力。”③ 当旧的生产关系成为生产力发展的桎梏、革命被提上历史日程时，革命的阶级斗争更成为推动生产方式根本变革的决定性的力量。

革命的目的是为了解放生产力。由于束缚生产力发展的陈旧的生产关系是受到反动的国家政权保护的，所以必须首先摧毁反动的国家政权，才能改变陈旧的生产关系，使生产力得到解放。正因为如此，“一切革命的根本问题是国家政权问题。”④ “革命的中心任务和最高形式是武装夺取政权，是战争解决问题。”⑤

进化和革命是历史运动的两种形式。在通常的情况下，人类社会是以渐变的方式演进的。在一定的条件下，改良、改革对历史发展可以起推动作用；当着社会矛盾空前尖锐，不推翻现存的反动政权就不能改变陈腐的生产关系、解放和发展生产力，而推动变革的社会力量也相应地成长起来了，这时革命就会被提上议事日程。“革命是历史的火车头。”⑥ 革命是

---

① 《马克思恩格斯文集》第 9 卷，人民出版社 2009 年版，第 187 页。

② 《马克思恩格斯文集》第 4 卷，人民出版社 2009 年版，第 191 页。

③ 《马克思恩格斯全集》第 22 卷，人民出版社 1965 年版，第 560 页。

④ 《列宁选集》第 3 卷，人民出版社 1995 年版，第 19 页。

⑤ 《毛泽东选集》第 2 卷，人民出版社 1991 年版，第 541 页。

⑥ 《马克思恩格斯文集》第 2 卷，人民出版社 2009 年版，第 161 页。

“社会进步和政治进步的强大推动力”。[①]“在阶级社会中，革命和革命战争是不可避免的，舍此不能完成社会发展的飞跃”。[②] 因此，革命是必要的、正义的、进步的。

马克思说过，“阶级斗争必然导致无产阶级专政”。与以往的国家政权不同，无产阶级专政不是少数剥削者压迫广大劳动者的工具，而是多数人对少数人的统治。“这个专政不过是达到**消灭一切阶级**和进入**无阶级社会**的过渡……”[③]。而随着阶级的消灭，国家将自然消亡。人类将进入“生产者自由平等的联合体的基础上按新方式来组织生产的社会”[④]，即共产主义社会。

6. 人民群众与个人在历史上的作用

与唯心主义的英雄史观不同，唯物主义历史观确认“历史活动是群众的活动”。在历史活动中，重要的是行动着的群众。[⑤]

人类的生产活动是最基本的实践活动。“无论不从事生产的社会上层发生什么变化，没有一个生产者阶级，社会就不能生存。”[⑥] 人类的历史，首先是物质资料生产者的历史，社会物质财富创造者的历史，劳动群众的历史。

人类的精神财富的创造，也离不开劳动群众。因为归根到底，一切精神财富得以产生的最终源泉，是人民群众的实践。没有人民群众的劳动，精神财富的创造是不可能的。毛泽东说过：“中国历来只是地主有文化，农民没有文化。可是地主的文化是由农民造成的，因为造成地主文化的东西，不是别的，正是从农民身上掠取的血汗。”[⑦]

在社会的变革和发展中，人民群众更是表现了历史创造者的伟大作

---

① 《马克思恩格斯文集》第 2 卷，人民出版社 2009 年版，第 383 页。
② 《毛泽东选集》第 1 卷，人民出版社 1991 年版，第 334 页。
③ 《马克思恩格斯文集》第 10 卷，人民出版社 2009 年版，第 106 页。
④ 《马克思恩格斯文集》第 4 卷，人民出版社 2009 年版，第 193 页。
⑤ 《马克思恩格斯文集》第 1 卷，人民出版社 2009 年版，第 287 页。
⑥ 《马克思恩格斯全集》第 25 卷，人民出版社 2001 年版，第 534 页。
⑦ 《毛泽东选集》第 1 卷，人民出版社 1991 年版，第 39 页。

用。恩格斯说过，造成历史的真正的最后动力的动力，“是使广大群众、使整个整个的民族，并且在每一民族中间又是使整个整个阶级行动起来的动机；而且也不是短暂爆发和转瞬即逝的火光，而是持久的、引起重大历史变迁的行动”。①

怎样看待剥削阶级在历史上的作用呢？“马克思了解古代奴隶主，中世纪封建主等等的历史必然性，因而了解他们的历史正当性，承认他们在一定限度的历史时期内是人类发展的杠杆”。② 他并且肯定资产阶级曾经起过非常革命的作用。毛泽东也说过：“历史上奴隶主阶级、封建地主阶级和资产阶级，在它们取得统治权力以前和取得统治权力以后的一段时间内，它们是生气勃勃的，是革命者，是先进者，是真老虎。”只是在随后的一段时间，它们逐步走向反面，成了反动派、纸老虎。③ 需要指出的是，剥削阶级在起历史的进步作用时，也往往是利用了劳动阶级的力量的。比如，欧洲资产阶级反对封建制度的三次起义，就都是由农民提供了主要的战斗部队。

诚然，人民群众创造历史活动，既是由一定的社会历史条件确定的，也是受到这些条件制约的。“人类始终只提出自己能够解决的任务”，因为任务本身，只有在解决它的物质条件已经存在或者至少是在生成过程中的时候才会产生。④ 而且，在阶级压迫和剥削制度下，人民群众创造历史的主动性和积极性也是不能不受到限制的。但是，“随着历史活动的深入，必将是群众队伍的扩大”。⑤

承认“历史活动是群众的活动”，丝毫不意味着否定个人在历史上的作用。因为“全部历史正是由那些无疑是活动家的个人的行动构成的。在评价个人的社会活动时会发生的真正问题是：在什么条件下可以保证这

---

① 《马克思恩格斯文集》第4卷，人民出版社2009年版，第304页。
② 《马克思恩格斯全集》第21卷，人民出版社1965年版，第557—558页。
③ 《毛泽东文集》第7卷，人民出版社1991年版，第455页。
④ 《马克思恩格斯文集》第2卷，人民出版社2009年版，第592页。
⑤ 《马克思恩格斯文集》第1卷，人民出版社2009年版，第287页。

种活动得到成功?"① 唯物主义历史观认为，任何个人都不能改变历史发展的总趋势，但是能够对历史的发展起加速或延缓、促进或阻碍的作用。"其中也包括一开始就站在运动最前面的那些人物的性格这样一种'偶然情况'"。② 它所强调的是：英雄，杰出人物，只有当他们在一定程度上能够正确理解社会发展条件，理解应当如何改善这些条件的时候，才能在社会生活中起重大的积极作用。

（二）历史研究的重要方法

历史唯物主义既是科学的历史观，也是科学的方法论，二者是统一的。上面论述的这些基本原理所提供的，并不是历史学的现成教条，而是进行历史研究的向导和供这种研究使用的方法。这是我们首先要认识清楚的。

与此同时，马克思主义经典作家在阐明有关理论和历史问题时，还提出了一系列重要思想，对于以科学的方法进行历史研究也具有重要的指导意义。对此，我们在下面择要做一些阐述。

1. 从历史实际出发，采取实事求是的态度

唯物主义历史观既然是"关于现实的人及其历史发展的科学"，它就要求人们研究历史必须从"现实的人及其历史发展"的实际出发。

马克思在《资本论》第二版跋中说："研究必须充分占有材料，分析它的各种发展形式，探寻这些形式的内在联系。只有这项工作完成以后，现实的运动才能适当地叙述出来。"③ 研究资本主义社会形态应当如此，研究其他社会形态也应当如此。

这里所说的充分占有材料，指的是要掌握全部事实的总和而不只是个别的事例。因为"每一个别情况都有其具体的历史环境。如果从事实的总体上、从它们的联系去掌握事实，那么，事实不仅是'顽强的东西'，而

① 《列宁专题文集·论辩证唯物主义和历史唯物主义》，人民出版社2009年版，第179、180页。

② 《马克思恩格斯文集》第10卷，人民出版社2009年版，第354页。

③ 《马克思恩格斯文集》第5卷，人民出版社2009年版，第21、22页。

且是绝对确凿的证据。”如果事实是零碎的和随意挑出来的，那末它们就只能是一种儿戏，或者连儿戏都不如。① 充分占有材料，是为了据此去探求历史的内部联系即规律性。所以，研究历史与研究现实一样，必须具有实事求是的态度。毛泽东说过，“实事”就是客观存在着的一切事物，“是”就是客观事物的内部联系，即规律性，“求”就是我们去研究。② 在历史研究中坚持实事求是的态度，就是要求我们从历史实际出发，科学分析研究历史材料，从中找出历史固有的规律性，以此作为我们走向未来的向导。这也是我们进行历史研究所要达到的根本目的。

2. 坚持历史观点和历史主义原则

“在分析任何一个社会问题时，马克思主义理论的绝对要求，就是要把问题提到一定的历史范围之内。”③ 分析历史问题，更是如此。历史上的一切制度、阶级及其代表人物、事件和运动，都是一定的社会历史条件的产物，不了解这些条件及其变化，就不可能对历史问题有真切的认识。“没有这种观察社会现象的历史观点，历史科学就会无法存在和发展。”④ 列宁指出，对于用科学眼光分析问题来说最重要的，“那就是不要忘记基本的历史联系，考察每个问题都要看某种现象在历史上怎样产生、在发展中经过了哪些主要阶段，并根据它的这种发展去考察这一事物现在是怎样的”。研究国家问题是这样，研究其他历史问题也是这样。这是社会科学问题上的“一种最可靠的方法”。⑤ 毛泽东在论述“如何研究中共党史”时也说过，研究历史，根本的方法“就是全面的历史的方法”。通俗地讲，叫做“古今中外法”。“就是弄清楚所研究的问题发生的一定的时间和一定的空间，把问题当作一定历史条件下的历史过程去研究。所谓

① 《列宁全集》第 28 卷，人民出版社 1990 年版，第 364 页。
② 《毛泽东选集》第 3 卷，人民出版社 1991 年版，第 801 页。
③ 《列宁选集》第 4 卷，人民出版社 1995 年版，第 26 页。
④ 《斯大林选集》下卷，人民出版社 1979 年版，第 430 页。
⑤ 《列宁专题文集·论辩证唯物主义和历史唯物主义》，人民出版社 2009 年版，第 283 页。

‘古今’就是历史的发展，所谓‘中外’就是中国和外国，就是己方和彼方”。①

坚持历史观点，要求人们把人类的历史看做是生成灭亡的不断过程、无止境地由低级上升到高级的不断过程。“一切依次更替的历史状态都只是人类社会由低级到高级的无穷发展进程中的暂时阶段”。② 基于这种认识，马克思承认剥削在某个时期内的历史正当性；同时又证明了这个历史正当性的消失。③ 毛泽东也说过：“我们是马克思主义的历史主义者，我们不应当割断历史。从孔夫子到孙中山，我们应当给以总结，承继这一份珍贵的遗产。”④ 同时他又指出：我们必须尊重自己的历史。“但是这种尊重，是给历史以一定的科学的地位，是尊重历史的辩证法的发展，而不是颂古非今，不是赞扬任何封建的毒素。”⑤

判断历史的功绩，也必须坚持历史主义的原则。列宁指出：“判断历史的功绩，不是根据历史动活家没有提供现代所要求的东西，而是根据他们比他们的前辈提供了新的东西。”⑥ 毛泽东在《纪念孙中山先生》一文中也讲过类似的意见。他说：“像很多站在正面指导时代潮流的伟大历史人物大都有他们的缺点一样，孙先生也有他的缺点方面。这是要从历史条件加以说明，使人理解，不可以苛求于前人的。”⑦

3. 运用阶级观点和阶级分析方法

既然“以往的全部历史，除原始状态外，都是阶级斗争的历史”，那么，我们在研究阶级社会的历史和与阶级斗争相关的历史问题时，就必须坚持马克思主义的阶级观点。列宁说过：“马克思主义提供了一条指导性的线索，使我们能在这种看来扑朔迷离、一团混乱的状态中发现规律性。

---

① 《毛泽东文集》第 2 卷，人民出版社 1999 年版，第 400 页。
② 《马克思恩格斯文集》第 4 卷，人民出版社 2009 年版，第 270 页。
③ 《马克思恩格斯全集》第 21 卷，人民出版社 1965 年版，第 558 页。
④ 《毛泽东选集》第 2 卷，人民出版社 1991 年版，第 534 页。
⑤ 《毛泽东选集》第 2 卷，人民出版社 1991 年版，第 708 页。
⑥ 《列宁全集》2 卷，人民出版社 1984 年版，第 154 页。
⑦ 《毛泽东文集》第 7 卷，人民出版社 1999 年版，第 157 页。

这条线索就是阶级斗争的理论。”[①]

社会历史是十分复杂的。为了探求社会历史现象的根源，必须把这些现象归结到一定阶级的利益。[②] 列宁反复强调：必须牢牢把握住社会划分为阶级的事实，阶级统治形式改变的事实，并用这个观点去分析一切社会问题，即经济、政治、精神和宗教等等问题。

坚持用马克思主义的阶级观点和阶级分析方法研究历史，要求我们：必须对每个历史关头的阶级对比关系和具体特点，做出经得起客观检验的最确切的分析；必须分析每个阶级以至每个阶级内部各个集团或阶层所处的地位；必须弄清楚哪一个阶级是这个或那个时代的中心，决定着时代的主要内容、时代发展的主要方向，时代的历史背景的主要特点；等等。[③]

在研究历史上的各种思想、理论等等的实质和作用等问题时，也要注意“说明各种思潮的阶级根源”。[④] 因为进入阶级社会以来，在占统治地位的剥削阶级中，有“一部分人是作为该阶级的思想家出现的，他们是这一阶级的积极的、有概括能力的意识形态家，他们把编造这一阶级关于自身的幻想当做主要的谋生之道”。为了掩饰自己思想的阶级本质，他们越来越赋予这些思想以普遍性的形式。[⑤] 针对这种情况，列宁告诫人们：要是一下子看不出是哪些政治集团或者社会集团、势力和人在为某种提议、措施等等辩护时，那就应该提出“对谁有利”的问题。[⑥]

坚持阶级观点和客观地研究历史，是一致的。因为在实际上，任何“知识分子”都和一定社会阶级的物质利益相联系。[⑦] “没有一个活着的人能够不站到这个或那个阶级方面来”。[⑧] 真正的问题只是在于，究竟是站在先进的、革命的阶级一边，还是站在落后的、反动的阶级一边？列宁

---

① 《列宁专题文集·论马克思主义》，人民出版社 2009 年版，第 15 页。

② 《列宁全集》第 1 卷，人民出版社 1984 年版，第 464 页。

③ 《列宁全集》第 26 卷，人民出版社 1988 年版，第 143 页。

④ 《列宁全集》第 25 卷，人民出版社 1988 年版，第 213 页。

⑤ 《马克思恩格斯文集》第 1 卷，人民出版社 2009 年版，第 551、552 页。

⑥ 《列宁全集》第 23 卷，人民出版社 1990 年版，第 61 页。

⑦ 《列宁选集》第 1 卷，人民出版社 1995 年版，第 125 页。

⑧ 《列宁选集》第 1 卷，人民出版社 1995 年版，第 135 页。

明确地讲过："唯物主义本身包含有所谓党性，要求对事变做任何估计时都必须直率而公开地站到一定社会集团的立场上。"同时，唯物主义者又深信，自己运用客观主义"比客观主义更彻底，更深刻，更全面"。因为与"客观主义者证明现有一系列事实的必然性时，总是会站到为这些事实做辩护的立场上"不同；唯物主义者"不仅指出过程的必然性，并且阐明究竟是什么样的社会经济形态提供这一过程的内容，究竟是什么样的阶级决定这种必然性"。这才是真正符合实际的、对于历史的科学认识和深刻见解。①

4. 掌握和运用历史的辩证法

要精确地描绘人类的发展，"就只有用辩证的方法，只有不断地注意生成和消逝之间、前进的变化和后退的变化之间的普遍相互作用才能做到"。②"辩证方法要我们把社会看做活动着和发展着的活的机体"。③而"考察任何一个社会现象的发展过程，总会在这个现象中发现过去的遗迹、现在的基础和将来的萌芽"。④这也是在历史研究中要注意去识别的。

按照辩证逻辑的要求，"要真正地认识事物，就必须把握住、研究清楚它的一切方面、一切联系和'中介'。我们永远也不会完全做到这一点，但是，全面性这一要求可以使我们防止犯错误防止僵化"。⑤在历史的研究中，要坚持用全面的、普遍联系的观点看问题，忌带主观性、片面性和表面性。

对立统一的规律是辩证法的根本规律。辩证法要求，研究历史必须着力去考察人类社会自身的矛盾运动。而在这样做的时候，既要注意全面性，又"不能把过程中所有的矛盾平均看待，必须把它们区别为主要的

---

① 《列宁全集》第1卷，人民出版社1984年版，第363页。

② 《马克思恩格斯文集》第3卷，人民出版社2009年版，第541、542页。

③ 《列宁专题文集·论辩证唯物主义和历史唯物主义》，人民出版社2009年版，第209页。

④ 《列宁专题文集·论辩证唯物主义和历史唯物主义》，人民出版社2009年版，第199页。

⑤ 《列宁选集》第4卷，人民出版社1995年版，第419页。

和次要的两类，着重于捉住主要的矛盾”。[①] 马克思说过：“一切社会形式中都有一种一定的生产决定其他一切生产的地位和影响，因而它的关系也决定其他一切关系的地位和影响。这是一种普照的光，它掩盖了一切其他色彩，改变着它们的特点。”[②] 抓住了主要矛盾，其他问题就可以迎刃而解了。

历史的发展是人类社会内部的必然的自己的运动。“外因是变化的条件，内因是变化的根据，外因通过内因而起作用。”[③] 所以，“辩证法要求从发展中去全面研究某个社会现象，要把外部的、表面的东西归结于基本的动力，归结于生产力的发展和阶级斗争。”[④]

历史常常是跳跃式地和曲折地前进的。“设想世界历史会一帆风顺、按部就班地向前发展，不会有时出现大幅度的跃退，那是不辩证的，不科学的，在理论上是不正确的。”[⑤] 但是，从总体上看，“人类总是不断发展的”。“人类总得不断地总结经验，有所发现，有所发明，有所创造，有所前进。”[⑥] 对人类的历史发展抱悲观态度，是没有理由的。

5. 把对历史的整体研究和局部研究结合起来

人类社会是一个有机的整体。世界是集合体，但它不是既成事物的集合体，而是“过程的集合体”。[⑦] 以往的历史事变本身，多半是“一个作为整体的、不自觉地和不自主地起着作用的力量的产物”。[⑧] 只有从各种历史因素的普遍联系和相互作用中，人们才有可能正确地把握各种社会现象的总画面的一般性质，从而获得对历史的完整了解。所以，在历史研究中坚持整体研究的原则，是重要的。

但是，整体是由局部构成的。如果不了解“足以说明构成这幅总画

---

① 《毛泽东选集》第1卷，人民出版社1991年版，第322页。
② 《马克思恩格斯选集》第2卷，人民出版社1995年版，第24页。
③ 《毛泽东选集》第1卷，人民出版社1991年版，第302页。
④ 《列宁选集》第2卷，人民出版社1995年版，第465页。
⑤ 《列宁选集》第2卷，人民出版社1995年版，第694页。
⑥ 《毛泽东文集》第8卷，人民出版社1999年版，第325页。
⑦ 《马克思恩格斯文集》第4卷，人民出版社2009年版，第298页。
⑧ 《马克思恩格斯选集》第4卷，人民出版社1995年版，第697页。

面的各个细节”，我们还是不可能看清总画面。而“为了认识这些细节”，我们不得不把它们从“历史的联系中抽取出来，从它们的特性、它们的特殊的原因和结果等等方面来分别加以研究”。① 所以，把对历史的整体研究和局部研究（如部门史、专题史等）结合起来，更是重要的。

对于中国近代史的研究，毛泽东曾经主张，“应先作经济史、政治史、军事史、文化史几个部门的分析的研究，然后才有可能作综合的研究”。② 应当说，对于中国古代史乃至外国史的研究，这个原则也是适用的。没有部门史、专题史等的研究作基础，综合性的断代史、通史的研究不可能取得重大的实质性的进展。当然，没有宏观的视野，没有对历史的整体把握，也无法确定部门史、专题史等在整个历史中的地位和作用，这方面的研究也是不可能搞好的。

6. *要有世界历史的眼光，要注意进行比较研究*

人类社会历史的发展，是统一性与多样性的结合。人类社会历史发展的一般规律，对于各个国家都是适用的。但是，由于各国的历史环境和基本国情不尽相同，它们所经历的具体发展阶段和所走的具体发展道路，也就各有其特殊性。“世界历史发展的一般规律，不仅丝毫不排斥个别发展阶段在发展的形式或顺序上表现出特殊性，反而是以此为前提的。”③

近代以来，随着资本主义的发展和世界市场的开拓，“历史向世界历史的转变”成为“完全物质的、可以通过经验证明的行动”。“各个相互影响的活动范围在这个发展进程中越是扩大，各民族原始封闭状态由于日益完善的生产方式、交往以及因交往而自然形成的不同民族之间的分工消灭得越是彻底，历史也就越是成为世界历史。”④

“历史向世界历史的转变”，一方面使得各个国家、民族、地区之间的联系日趋紧密、交流日益扩大；另一方面也使得“未开化和半开化的国家从属于文明的国家，使农民的民族从属于资产阶级的民族，使东方从

① 《马克思恩格斯文集》第 3 卷，人民出版社 2009 年版，第 539 页。
② 《毛泽东选集》第 3 卷，人民出版社 1991 年版，第 802 页。
③ 《列宁选集》第 4 卷，人民出版社 1995 年版，第 776 页。
④ 《马克思恩格斯文集》第 1 卷，人民出版社 2009 年版，第 540、541 页。

属于西方”。[①] 这种情况，不仅使得研究世界历史成为历史学的重大课题，而且也使得人们在研究各个国家、民族、地域的历史时必须具有世界历史的开阔视野。

由于人们的地域性的存在日益成为世界历史性的存在，我们在研究各个国家、民族、地域的历史时，必须联系考察各个时期的时代条件、国际格局及其影响。同时，为了揭示资本主义社会的发展规律、世界历史的发展规律，我们不仅要研究资本主义国家自身的历史发展，而且要研究它们的殖民地、附属国的境况和命运，研究这两者之间的相互关联及其发展、变化和前景，研究社会主义国家的产生、发展和兴衰成败的历史经验及其对世界历史的影响。

用世界历史的眼光研究历史，重要的方法之一，是进行各国历史的比较研究。马克思在回答西欧道路与俄国公社命运和社会发展前景这个问题时说过：极为相似的事变发生在不同的历史环境中会引起完全不同的结果。正确的研究方法应当是，“把这些演变中的每一个都分别加以研究”，弄清楚这些演变的历史背景、具体情况、发生原因，“然后再把它们加以比较”，这样，“我们就会很容易地找到理解这种现象的钥匙”。[②] 列宁在论述民族问题时也说过：“如果谈到某一国家（如谈到这个国家的民族纲领），那就要估计到在同一历史时代这个国家不同于其他各国的具体特点。”“各个国家在民族的发展速度、居民的民族成分、居民的分布等等方面仍各不相同。如果不估计到所有这些一般历史条件和具体国家条件，就根本无法着手考察某个国家的马克思主义者的民族纲领。”[③]

有比较，才能有鉴别。在考察历史问题时，运用比较研究法，是很有必要的。通过比较，既可以发现各国历史在一定阶段上所具有的共同性，也有助于了解它们各自所具有的特殊性，从而获得对有关历史和历史问题的比较切实的理解。当然，“这里有一个起码的条件，就是要弄清所比较

① 《马克思恩格斯文集》第2卷，人民出版社2009年版，第36页。
② 《马克思恩格斯文集》第3卷，人民出版社2009年版，第466—467页。
③ 《列宁选集》第2卷，人民出版社1995年版，第375—376页。

的各个国家的历史发展时期是否可比”。①

三、马克思主义历史理论对历史研究的指导作用

（一）唯物主义历史观：“唯一科学的历史观”

唯物主义历史观的创立，是人类认识史上伟大的革命。

如前所述，在很长的历史时期内，唯心主义在历史观的领域始终占据着统治地位。即使费尔巴哈这样伟大的唯物主义哲学家，也只是“半截子”的唯物主义者。“当费尔巴哈是一个唯物主义者的时候，历史在他的视野之外；当他去探讨历史的时候，他不是一个唯物主义者。在他那里，唯物主义和历史是彼此完全脱离的。”② 针对这种情况，恩格斯指出：“问题在于使关于社会的科学，即所谓历史科学和哲学科学的总和，同唯物主义的基础协调起来，并在这个基础上加以改造。”③ 这一点，马克思做到了。

马克思和恩格斯把自己的全部注意力集中于“把唯物主义应用于历史，就是说，修盖好唯物主义哲学这所建筑物的上层”。④ 马克思加深和发展了哲学唯物主义，而且把它贯彻到底，把它对自然界的认识推广到对人类社会的认识。⑤ 这就是说，马克思主义哲学是“由一整块钢铸成的”，无论它的自然观还是历史观，都是彻底唯物主义的。这样，“唯心主义从它的最后的避难所即历史观中被驱逐出去了”。⑥

恩格斯认为，唯物主义历史观的原理“不仅对于经济学，而且对于

---

① 《列宁选集》第 2 卷，人民出版社 1995 年版，第 379 页。
② 《马克思恩格斯文集》第 1 卷，人民出版社 2009 年版，第 530 页。
③ 《马克思恩格斯文集》第 4 卷，人民出版社 2009 年版，第 284 页。
④ 《列宁专题文集·论辩证唯物主义和历史唯物主义》，人民出版社 2009 年版，第 333 页。
⑤ 《列宁专题文集·论马克思主义》，人民出版社 2009 年版，第 68 页。
⑥ 《马克思恩格斯文集》第 3 卷，人民出版社 2009 年版，第 544—545 页。

一切历史科学（凡不是自然科学的科学都是历史科学）都是一个具有革命意义的发现”。[①] 把唯物主义应用于历史，为人们开辟了一条研究历史的崭新的道路。用人们的存在说明他们的意识，而不是像以往那样用人们的意识说明他们的存在，这样一条道路已经找到了。正因为如此，列宁指出：“过去在历史观和政治观方面占支配地位的那种混乱和随意性，被一种极其完整严密的科学理论所代替，这种科学理论说明，由于生产力的发展，如何从一种社会生活结构中发展出另一种更高级的结构。”[②] 这样，马克思就为人们“指出了科学地研究历史这一极其复杂、充满矛盾而又是有规律的统一过程的途径”。[③]

列宁认为，“马克思的历史唯物主义是科学思想中的最大成果”。[④] 它“第一次把社会学放在科学的基础之上”。他强调，唯物主义历史观是“唯一的科学的历史观”。在我们还没有看见另一种科学地解释某种社会形态的活动和发展的尝试以前，它“始终是社会科学的同义词”。[⑤] 学习和运用这个科学的历史观，是科学地研究历史的必由之路。

（二）科学的历史观与历史研究中的变革

唯物主义历史观对中国的历史研究发生了巨大的积极影响。

唯物主义历史观在中国的传播，是从 20 世纪 20 年代开始的。它促使中国的历史研究进入了全新的境界，发生了革命性的变革。

在上个世纪初，梁启超曾在《新史学》中，批评中国传统史学“知有朝廷而不知有国家”；“知有个人而不知有群体”；“知有陈迹而不知有今务”；“知有事实而不知有理想”。他大声疾呼：“史界革命不起，则吾国遂不可救。悠悠万事，惟此为大。”“新史学”对中国历史学的进步起

---

① 《马克思恩格斯文集》第 2 卷，人民出版社 2009 年版，第 597 页。
② 《列宁专题文集·论马克思主义》，人民出版社 2009 年版，第 68 页。
③ 《列宁专题文集·论马克思主义》，人民出版社 2009 年版，第 15 页。
④ 《列宁专题文集·论马克思主义》，人民出版社 2009 年版，第 68 页。
⑤ 《列宁专题文集·论辩证唯物主义和历史唯物主义》，人民出版社 2009 年版，第 163 页。

到了重大的推动作用。但是，它也有明显的局限性。它没有也不可能实现“史界革命”的任务。

在中国最早阐发和传播唯物主义历史观的是李大钊。在1924年出版的《史学要论》中，他指出“史学家固宜努力以求记述历史的整理”，“亦不可不努力于历史理论的研求”。他并且呼吁，要用唯物主义历史观对历史“进行不断的改作才是”。①

在中国，最先用唯物主义历史观开始系统地“改作或重作”中国历史的是郭沫若。从1928年8月至1929年11月，他写了《〈周易〉时代的社会生活》等5篇论文，并于1930年将其汇集成《中国古代社会研究》一书出版。在郭沫若的带动下，吕振羽、范文澜、翦伯赞、侯外庐等史学家也以唯物主义历史观为指导，写出了一批关于中国通史、中国社会史、思想史以及史学理论方面的著作。“在中国多种史学思潮中，马克思主义史学思潮显示出强大的生命力和生机勃勃的发展势头。”“中国学人已经超出了仅仅于模仿西欧的语言阶段了，他们会用自己的语言而讲解自己的历史与思潮了。”（侯外庐语）② 中国史学发展进入了一个新的时代。

中华人民共和国成立以后，马克思主义史学理论为越来越多的史学工作者所接受。正如中国历史学家林甘泉所概括的：“（20世纪）50年代初期，史学界掀起了一个学习马克思主义的热潮。通过学习，大多数史学工作者对以下一些基本历史观点取得了共识。

第一，历史不再被看作是一些偶然事件的堆积，而是有规律可循的自然历史过程。历史的必然性通过偶然性表现出来。

第二，历史变动的原因不应单纯用人们的思想动机来解释，而应着重考察这种变动背后的物质生活条件。生产方式的变革是一切社会制度和思想观念变动的基础。

第三，人民群众是历史的真正主人。杰出人物可以在历史上起重要作用，甚至可以在一定时期内改变一个国家或民族历史发展的方向。但从历

---

① 《李大钊全集》第4卷，人民出版社2006年版，第412、413页。

② 《史学概论》，高等教育出版社2009年版，第79、80页。

史发展的长河来看，最终决定一个国家或民族历史命运的力量是人民群众。

第四，中国封建社会的主要矛盾是地主阶级和农民阶级的矛盾。封建国家和地主阶级对农民残酷的经济剥削和政治压迫，是导致农民起义史不绝书的根本原因。农民的阶级斗争和农民战争是推动封建社会历史发展的动力。

第五，中国自古以来是一个多民族的国家，各民族的历史都是中国历史的组成部分。历史上的民族关系，既有民族矛盾和民族战争的一面，又有民族友好、民族融合和民族同化的一面。必须把中国历史上的民族冲突和民族压迫，与近代帝国主义列强对中国的侵略和压迫严格区别开来。

第六，鸦片战争以后，中国逐步沦为半殖民地半封建社会。帝国主义和中华民族的矛盾，封建主义和人民大众的矛盾，是近代中国社会的主要矛盾。

正是在上述这些基本观点获得共识的基础上，马克思主义史学在新中国成立之后很快确立了它的主导地位。”① 中国马克思主义的史学研究由此广泛而深入地开展起来。尽管经历过一个时期的严重曲折，马克思主义史学还是经过严肃的自我批判，重新走上了繁荣发展的道路。

总起来说，新中国成立以来，中国史学在中国和世界的通史、断代史、部门史、专题史和史学理论的研究方面，包括对社会主义社会发展历史的研究方面，以及在历史资料的收集、整理、编纂等方面，都取得了丰硕的成果。没有马克思主义历史理论的引导，这些成就的取得是不可想象的。

马克思主义历学理论问世以来，还以其深刻的思想和科学的论证，影响着全世界越来越多的历史学家。英国历史学家杰弗里·巴勒克拉夫在受联合国教科文组织委托主持撰写的《当代史学主要趋势》（1980 年出版）一书中就说：“1930 年以后，马克思主义的影响广泛扩展，即使那些否定马克思主义历史解释的历史学家们（他们在苏联以外仍占大多数），也不

---

① 林甘泉：《二十世纪中国历史学》，《历史研究》1996 年第 2 期。

得不用马克思主义的观点来考虑自己的观点"。

杰弗里·巴勒克拉夫指出："马克思主义作为哲学和总的观念，从五个主要方面对历史学家的思想产生了影响。

首先，它既反映又促进了历史学研究方向的转变，从描述孤立的——主要是政治的——事件转对社会和经济的复杂而长期的过程的研究。

其次，马克思主义使历史学家认识到需要研究人们生活的物质条件，把工业关系当作整体的而不是孤立的现象，并且在这个背景下研究技术和经济发展的历史。

第三，马克思主义促进了对人民群众历史作用的研究，尤其是他们在社会和政治动荡时期的作用。

第四，马克思的社会阶级结构观念以及他对阶级斗争的研究不仅对历史研究产生了广泛影响，而且特别引起了对研究西方早期资产阶级社会中阶级形成过程的注意，也引起了对研究其他社会制度——尤其是奴隶制社会、农奴制社会和封建制社会——中出现类似过程的注意。

最后，马克思主义的重要在于它重新唤起了对历史研究的理论前提的兴趣以及对整个历史学理论的兴趣。"

正因为如此，他认为："马克思主义在包括美国在内的绝大多数国家的历史学家当中是产生了最大影响的解释历史的理论。""到（二十世纪）五十年代，任何历史学家（甚至包括那些反马克思主义者），不能否认睿智的马克思主义的方法和态度对历史学产生的积极影响，并且必须正视这场挑战。"①

发人深思的事实在于："先前有些无意接受唯物史观的历史学家，在功成名就之后恍然大悟，原来自己受益于唯物史观，因而尊重和推崇起发现唯物史观的马克思来。法国'年鉴派'创始人之一马克·布洛赫在《奇怪的崩溃》中写道：'如果有一天，革新派的历史学家们决定为自己建造先贤祠的话，那末，那位来自莱茵河畔的先哲的银髯飘然的半身塑像一定会端坐在殿堂之首。'（转引自《八十年代的西方史学》，中国社会科

---

① 杰弗里·巴勒克拉夫：《当代史学主要趋势》，上海译文出版社 1987 年版，第 32 页、第 27 页、第 1、2、3 页。

学出版社 1990 年版，第 78 页）”①

（三）以科学历史观作指导，“重新研究全部历史”

马克思、恩格斯在发现唯物主义历史观的同时，就提出了“深入研究”人类史的任务。他们说：“我们需要深入研究的是人类史，因为几乎整个意识形态不是曲解人类史，就是完全撇开人类史。”②

与唯心主义历史观相反，唯物主义历史观“不再是从头脑中想出联系，而是从事实中发现联系”。③ 坚持以唯物主义历史观作指导，从根本上说，就是坚持从历史实际出发，以严格的科学态度进行历史研究。列宁之所以高度评价恩格斯的著作《家庭、私有制和国家的起源》，就在于“其中每一句话都是可以相信的，每一句话都不是凭空说的，而是根据大量的史料和政治材料写成的”。④

唯物主义历史观不是构造体系的杠杆，也不是剪裁历史事实的公式，它所指示的是科学地进行历史研究的方向和方法。它的创始人反复讲过：“我们的历史观首先是进行研究工作的指南，并不是按照黑格尔学派的方式构造体系的杠杆。”“如果不把唯物主义方法当做研究历史的指南，而把它当做现成的公式，按照它来剪裁各种历史事实，那它就会转变为自己的对立物。”所以，恩格斯在 1890 年致康拉德·施米特的信中强调：“必须重新研究全部历史，必须详细研究各种社会形态的存在条件，然后设法从这些条件中找出相应的政治、私法、美学、哲学、宗教等等的观点。在这方面，到现在为止只做了很少的一点工作，因为只有很少的人认真地这样做过。在这方面，我们需要人们出大力，这个领域无限广阔，谁肯认真地工作，谁就能做出许多成绩，就能超群出众。”⑤

---

① 田居俭：《唯物史观与历史研究》，《光明日报》2000 年 08 月 25 日。

② 《马克思恩格斯文集》第 1 卷，人民出版社 2009 年版，第 519 页。

③ 《马克思恩格斯文集》第 4 卷，人民出版社 2009 年版，第 312 页。

④ 《列宁专题文集·论辩证唯物主义和历史唯物主义》，人民出版社 2009 年版，第 284 页。

⑤ 《马克思恩格斯文集》第 10 卷，人民出版社 2009 年版，第 583、587 页。

在历史研究中坚持唯物主义历史观，即遵循唯物主义的方向，采用科学的方法，是很重要的。列宁说过："如果没有坚实的哲学论据，是无法对资产阶级思想的侵袭和资产阶级世界观的复辟坚持斗争的。"① 这个告诫不仅适用于从事自然科学研究、同样也适用于从事历史科学研究的人们。他强调："沿着马克思的理论的道路前进，我们将愈来愈接近客观真理（但决不会穷尽它），而沿着任何其他的道路前进，除了混乱和谬误以外，我们什么也得不到。"②

坚持唯物主义历史观的指导，与继承中国史学传统中的优秀遗产和有分析地吸取外国史学理论与方法中的有益成分，是不矛盾的。毛泽东说过："我们信奉马克思主义是正确的思想方法，这并不意味着我们忽视中国文化遗产和非马克思主义的外国思想的价值。"③ 唯物主义历史观并不是由什么人发明出来，而后从外部强加给历史的僵化的原则；它本身正是从无数的历史现象中抽象出来的对于历史发展的规律性的认识。它在发展中可以融合、吸纳一切对于历史的科学的观察方法和研究成果。而一切对于历史的科学的观察方法和研究成果，也是可以而且一定会与它相通的。正因为如此，坚持唯物主义历史观的指导，不仅并不妨碍、而且可以为我们正确地继承、吸纳、融化中外史学理论与方法中的有益成分，指明方向，开辟道路。

四、学习马克思主义历史经典著作的目的和方法

（一）必须认真学习马克思主义历史理论经典著作

为了掌握和运用唯物主义历史观来指导历史研究，我们首先要认真学习马克思主义历史理论经典著作，即钻研经典作家的原著。1884 年 8 月

① 《列宁专题文集·论辩证唯物主义和历史唯物主义》，人民出版社 2009 年版，第 328 页。

② 《列宁选集》第 3 卷，人民出版社 1995 年版，第 103—104 页。

③ 《毛泽东文集》第 3 卷，人民出版社 1996 年版，第 191 页。

13 日，恩格斯在给格奥尔格・亨利希・福尔马尔的信中就提出：要“研究原著本身”。[①] 1890 年 9 月，在致约・布洛赫的信中，他再次强调：“我请您根据原著来研究这个理论，而不要根据第二手的材料来进行研究。”[②] 在这封信中，以及在 1894 年 1 月 25 日致西瓦尔特・博尔吉乌斯的信中[③]，他甚至为有志于研究唯物主义历史观的人们开列了有关的主要阅读书目。

钻研经典作家的原著，就是直接与经典作家交流，直接与经典作家对话。为什么必须这样做呢？这是因为：

第一，只有这样，才能了解经典作家的思想形成的根据，才能完整、准确地理解这些思想，才能领略这些思想的深刻性。恩格斯在为《资本论》第三卷写的序言中就说过：“一个人如果想研究科学问题，首先要学会按照作者写作的原样去阅读自己要加以利用的著作，并且首先不要读出原著中没有的东西”。[④]

第二，只有这样，才能在正确地理解经典作家的有关思想的同时，有效地学习他们观察和处理问题的立场和方法。列宁在建议青年们研究国家问题的时候看看恩格斯的著作《家庭、私有制和国家的起源》时说过：“我所以提到这部著作，是因为它在这方面提供了正确观察问题的方法。它从叙述历史开始，讲国家是怎样产生的。”[⑤]

第三，也只有这样，才“不会让一些简述读物和别的第二手资料引入迷途”。[⑥] 这个意见，是恩格斯在给格奥尔格・亨利希・福尔马尔的信中着重提出的。

弄清楚了以上的道理，我们就会懂得开设《马克思恩格斯列宁历史

① 《马克思恩格斯全集》第 36 卷，人民出版社 1974 年版，第 200 页。
② 《马克思恩格斯文集》第 10 卷，人民出版社 2009 年版，第 593 页。
③ 《马克思恩格斯文集》第 10 卷，人民出版社 2009 年版，第 670 页。
④ 《马克思恩格斯文集》第 7 卷，人民出版社 2009 年版，第 26 页。
⑤ 《列宁专题文集・论辩证唯物主义和历史唯物主义》，人民出版社 2009 年版，第 284 页。
⑥ 《马克思恩格斯全集》第 36 卷，人民出版社 1974 年版，第 200 页。

理论经典著作导读》课程的重要性了。

（二）开设《马克思恩格斯列宁历史理论经典著作导读》课程的目的

开设《马克思恩格斯列宁历史理论经典著作导读》课程的目的，是为了帮助大学本科生通过学习马克思主义关于历史理论的主要经典著作，掌握马克思主义史学的基本理论和方法，为他们今后进行历史的学习、研究和宣传、教学工作打下初步的、同时又是比较扎实的理论基础。

马克思主义历史理论经典著作的内容十分丰富。从大学生的实际需要、接受能力和课时设定等情况出发，根据“要精，要管用”的原则，本课程着重引导大学生阅读和钻研马克思恩格斯列宁历史理论经典中最具代表性的原著。

本书作为《马克思恩格斯列宁历史理论经典著作导读》的教学参考用书，共分为四编：

本书的第一编为马克思、恩格斯著作。

马克思、恩格斯的著作具有原创性、基础性。恩格斯说过，马克思的《关于费尔巴哈的提纲》是“历史唯物主义的起源”，马克思的《“政治经济学批判”序言》对唯物史观的要点作了“扼要的叙述”；而在他本人所写的《反杜林论》第一编第九至十一章、第二编第二至四章、第三编第一章或导言里，和《路德维希·费尔巴哈和德国古典哲学的终结》的第四部分中，则谈到了唯物主义历史观的“大多数问题”。[①] 因此，这些著作，构成了本书选编的关于马克思主义历史理论的重点篇目。

除历史基本理论外，还选编了马克思、恩格斯运用唯物主义历史观分析和论述历史上的重大问题，如资本主义产生、发展和灭亡的问题（《共产党宣言》第一章）、殖民主义问题（《不列颠在印度统治的未来结果》等）以及落后国家在一定条件下能否跨越资本主义发展阶段（《马克思给维·伊·查苏利奇的复信》）等问题的代表性著作。

---

① 《马克思恩格斯文集》第10卷，人民出版社2009年版，第670页。

马克思、恩格斯还有一些运用唯物主义历史观分析和论述某个国家某个时期历史人物、历史事件的重要著作，如《1848 年至 1850 年法兰西阶级斗争》、《德国的革命与反革命》、《路易·破拿巴的雾月十八日》、《法兰西内战》等。这些著作篇幅较大，而且历史背景复杂，由于受课时的限制，未一一选入，而只是选入了马克思的《路易·波拿巴的雾月十八日》的若干章节。恩格斯多次讲过，“这本书是运用这个理论的十分出色的例子”。[①]

本书的第二编为列宁的著作。第三编为毛泽东的著作。

本书编选的列宁和毛泽东的著作，主要包括两类内容。一类是属于论证和发挥马克思主义历史理论和方法的，如列宁的《什么是“人民之友”以及他们如何攻击社会民主党人?》、《论国家》和毛泽东的《如何研究中共党史》等。一类是属于运用唯物主义历史观分析和论证新的历史条件下的重大历史理论和历史发展问题的。如列宁的《论我国革命》和毛泽东的《中国革命和中国共产党》等。

第四编，综合论述中国特色社会主义理论体系中的史学思想和中国马克思主义史学的发展；进一步提出坚持、运用和发展马克思主义历史理论，增强识别和抵制历史虚无主义等错误思潮的能力，把历史研究全面地推向前进。

马克思主义历史理论经典著作的“导读”本身，着重阐明上面所选的经典性历史理论著作发表的时代和社会历史背景、它的主要内容及其内在的逻辑结构、它的历史价值和当代意义等。其主要任务，是充当大学生阅读和钻研这些原著的入门向导。

（三）学习马克思主义历史理论经典著作的方法

我们应当采取怎样的态度和方法，去学习马克思主义历史理论经典著作呢?

第一，要刻苦钻研原著。

马克思主义历史理论经典著作的内容丰富、思想深刻，要真正学懂学

① 《马克思恩格斯文集》第 10 卷，人民出版社 2009 年版，第 593 页。

通，不下大力气是不行的。

在《资本论》第一卷出版以后，马克思说过：“我所使用的分析方法至今还没有人在经济问题上运用过，这就使前几章读起来相当困难。”“这是一种不利，对此我没有别的办法，只有事先向追求真理的读者指出这一点，并提醒他们。在科学上没有平坦的大道，只有不畏劳苦沿着陡峭山路攀登的人，才有希望达到光辉的顶点。”① 这一点，对于阅读马克思主义历史理论经典著作的人来说，也是适用的。

当然，马克思主义既然是科学真理，只要付出努力，我们是能够将它学懂学通的。比如，为了弄清国家问题这“一个最复杂最难弄清的问题”，列宁曾建议大学生要花些时间，对“马克思和恩格斯的主要著作至少读几本”。② 他说过，“起初也许有人又会因为难懂而被吓住，所以要再次提醒你们不要因此懊丧，第一次阅读时不明白的地方，下次再读的时候，或者以后从另一方面来研究这个问题的时候，就会明白的”。他强调，“想认真考察和独立领会它的人，都必须再三研究，反复探讨，从各方面思考，才能获得明白透彻的了解”。③ 这些意见，对于今天钻研马克思主义历史理论经典著作的大学生来说，仍然是一个有益的提醒。

第二，要运用科学的方法。

我们在对原著解读时，应注意了解其写作的时代和社会历史背景、主要内容及其内在逻辑结构、历史价值和当代意义等，以便准确地把握这些著作的基本观点和精神实质，深入思考这些著作对历史认识、历史研究的指导作用。

我们在对原著解读时，不仅要了解马克思主义经典作家提出和论证的重要观点，而且要学习和研究他们形成有关观点时坚持的立场和采用的方法。因为“马克思的整个世界观不是教义，而是方法。它提供的不是现

---

① 《马克思恩格斯文集》第5卷，人民出版社2009年版，第24页。

② 《列宁专题文集·论辩证唯物主义和历史唯物主义》，人民出版社2009年版，第281页。

③ 《列宁专题文集·论辩证唯物主义和历史唯物主义》，人民出版社2009年版，第282页。

成的教条，而是进一步研究的出发点和供这种研究使用的方法。”① 列宁说过：“马克思主义的全部精神，它的整个体系要求人们对每一个原理都要（а）历史地，（в）都要同其他原理联系起来，（г）都要同具体的历史经验联系起来加以考察。”② 这些精神，是我们在学习马克思主义历史理论经典著作时必须全面加以把握的。

我们在对原著解读时，还应在理解马克思、恩格斯、列宁历史理论的基础上，进一步加深对毛泽东思想和中国特色社会主义理论体系中的史学思想的理解和把握。比如，在阅读马克思的《不列颠在印度统治的未来结果》等文时，可以联系研究毛泽东在《中国革命和中国共产党》这部著作中对马克思有关思想的发挥和发展；在阅读列宁的《论我国革命》一文时，可以联系学习毛泽东、邓小平关于经济落后的中国为什么能搞社会主义的重要观点。

第三，要注意联系实际。

联系实际，是学习理论的重要方法。我们除了要联系历史实际，了解马克思主义历史理论提出的社会条件和相关的历史经验以外，应当注意以下两方面的问题：一方面，要以这个理论为指导，去思考和解答自己在历史领域中感到困惑的重大问题；另一方面，要把这个理论与其他史学思潮相对照，以期划清同流行的错误史学思潮的界限。

针对当前思想领域中存在的一些错误思潮，针对那种利用经典作家个别话语曲解经典作家原意的错误观点，我们在准确理解马克思主义关于这些重大问题基本观点的基础上，应加强对诸如如何认识殖民主义的历史作用问题、如何认识落后国家在一定条件下跨越“资本主义的卡夫丁峡谷”的问题、如何认识国家结构形式中的单一制和联邦制问题等，展开分析和评论。对那种否认历史的客观性、否认历史规律的存在等的唯心主义历史观点，对否定革命等的历史虚无主义代表性观点，应进行批判性的分析。对人们关心的一些重大理论问题，包括如何认识马克思主义经典作家对未

① 《马克思恩格斯文集》第10卷，人民出版社2009年版，第691页。
② 《列宁选集》第2卷，人民出版社1995年版，第785页。

来社会特征的描述和社会主义初级阶段现实的关系问题、如何认识资本主义和社会主义及其发展规律的问题等，也应进行认真的思考和具体的评析。

总之，学习理论时要具备问题意识。带着问题学，即有针对性地学，学习才能更有主动性，才能更加深入，才能更加富有成效。

第四，要注重应用。

毛泽东说过："对于马克思主义的理论，要能够精通它、应用它，精通的目的全在于应用。"① 学习马克思主义历史理论，归根到底是为了推进历史研究。在初步掌握这个理论之后，我们要自觉地以此为指导，去进一步学习、研究中国和世界的历史，努力探索中国社会发展的规律和人类社会发展的规律。

马克思、恩格斯创立唯物主义历史观以来，已经有 160 多年过去了。在这期间，世界历史经历了许多新的变化和发展。资本主义发展到它的最高阶段即帝国主义阶段。资本主义的世界体系被突破，社会主义首先在一国而后在多国取得胜利，尽管经历过曲折，仍在继续发展。亚洲、非洲、拉丁美洲等广大地区的民族解放运动逐步兴起并不断取得胜利，广大发展中国家应对面临的挑战，在前进中展现出许多新的特点。适应历史发展的巨大变化，历史学界对世界史、地区史（包括以往很少有研究的非洲史、拉丁美洲史等）、国别史、国际关系史等的研究，也都有许多新的进展。这就为进一步检验、丰富和发展唯物主义历史观提供了重要的基础。

唯物主义历史观是一个发展的、开放的体系，不是一种僵化的、封闭的学说。我们要在推进历史研究的过程中，进一步使这个理论得到检验、丰富和发展。

当然，发展这个理论，是一项艰苦的科学工作。恩格斯早就讲过："即使只是在一个单独的历史事例上发展唯物主义的观点，也是一项要求多年冷静钻研的科学工作，因为很明显，在这里只说空话是无济于事的，只有靠大量的、批判地审查过的、充分地掌握了的历史资料，才能解决这

---

① 《毛泽东选集》第 3 卷，人民出版社 1991 年版，第 815 页。

样的任务。”①

学习唯物主义历史观，坚持唯物主义历史观，发展唯物主义历史观，这就是我们对待这个科学的历史观所应当采取的科学态度。

① 《马克思恩格斯文集》第2卷，人民出版社2009年版，第599页。

第一编 马克思、恩格斯著作导读

卡·马克思《关于费尔巴哈的提纲》学习导读

《关于费尔巴哈的提纲》（以下简称《提纲》）是马克思于1845年春在一个笔记本上写下的。1888年，恩格斯在马克思的旧笔记本中发现了这个提纲。恩格斯认为，这是匆匆写成的供以后研究的笔记，但是它"作为包含着新世界观的天才萌芽的第一个文献，是非常宝贵的"[①]。他把这个提纲作为他的《路德维希·费尔巴哈和德国古典哲学的终结》一书的附录公开发表。

写下这个《提纲》的时候，马克思正处在创立自己新世界观的一个重要转折点上。

19世纪30年代马克思在柏林大学上学时，正是黑格尔主义在德国独占统治的时期。马克思曾经参加青年黑格尔派的团体"博士俱乐部"的活动。1842年至1843年在《莱茵报》的工作，使马克思直接卷入了资产阶级反对封建制度的现实政治斗争。对现实的关注和对经济问题的研究使马克思离开黑格尔的唯心主义，经过费尔巴哈唯物主义的中介，转向创立新唯物主义。

费尔巴哈（1804—1872年）是德国著名哲学家。1841年，费尔巴哈的《基督教的本质》出版，"它直截了当地使唯物主义重新登上王座"，[②]对黑格尔唯心主义统治下的德国起到了解放思想的重要作用。马克思也受到了强烈影响。

费尔巴哈的唯物主义思想代表了马克思之前唯物主义发展的最新成果。但他一走进社会历史的理论领域，就陷入了历史唯心主义。马克思离开黑格尔转向费尔巴哈之后，又超过费尔巴哈走向了历史唯物主义。而《提纲》就是马克思走向历史唯物主义的标志。

---

① 《马克思恩格斯文集》第4卷，人民出版社2009年版，第266页。

② 《马克思恩格斯文集》第4卷，人民出版社2009年版，第275页。

《提纲》通过对旧哲学的批判提出了崭新的实践观。它的第一条用实践的观点来观察客体与主体的关系，既揭示了旧唯物主义的主要缺点，又批判了唯心主义。第二至九条运用新的实践观分别阐述了真理的标准和人的认识的基础、人与环境的关系、宗教的社会根源、人的本质和社会的本质等世界观、历史观中的重大问题。在第十条和第十一条中，马克思指明了新世界观的阶级基础和历史使命。

马克思写下《提纲》后不久，就和恩格斯于1845年秋至1846年5月合著了《德意志意识形态》。在这部著作中，《提纲》中简略表达出来的一些重要思想被展开了，"萌芽"长成了大树，一个新的世界观在这里成熟。

一、揭露和批判从前一切唯物主义的主要缺点，提出新的实践观

《提纲》第一条的开头写道："从前的一切唯物主义——包括费尔巴哈的唯物主义——的主要缺点是：对对象、现实、感性，只是从**客体**的或者**直观**的形式去理解，而不是把它们当作**人的感性活动**，当做**实践**去理解，不是从主体方面去理解。"

这里所说的"对象、现实、感性"，在费尔巴哈哲学中，是指客观事物或客观世界。费尔巴哈认为现实事物都是人的感性活动的对象，所以是感性的存在，直观的存在，感觉的存在。这是唯物主义观点。但是，他没有看到客观世界是人通过"实践"这种"感性活动"改变着的对象，人是能动地改变世界的主体。所以马克思说，他对客观世界只是从客体的或者直观的形式去理解，而不是从主体方面去理解。

马克思说："费尔巴哈想要研究跟思想客体确实不同的感性客体，但是他没有把人的活动本身理解为**对象性的**［*gegenständliche*］活动。"这就是说，费尔巴哈反对把所谓的"思想客体"当作哲学研究的对象，而把"感性客体"即自然界和人当作自己研究的对象，这是正确的；但是他没有看到，"人的活动"也是这个"感性客体"中的一部分，而人的活动本

身也是一种“对象性的活动”，即改变客观对象的物质活动，也就是实践。他没有看到，他周围的感性世界并非开天辟地以来就是现在这个样子，而是工业和社会状况的产物，是人的世世代代活动的结果。由于看不到实践的意义，他就不能真正理解已经在实践的作用下改变了的周围世界，也不能正确理解人类的历史。

费尔巴哈也讲“实践”，但是他不了解人类最基本的实践活动是生产劳动，不了解生产劳动的重要意义，没有形成科学的实践观。他赞美理论，贬斥实践，认为“实践的直观，是不洁的、为利己主义所玷污的直观”。马克思指出：“他在《基督教的本质》中仅仅把理论的活动看做是真正人的活动，而对于实践则只是从它的卑污的犹太人的表现形式去理解和确定。”“因此，他不了解‘革命的’、‘实践批判的’活动的意义。”

马克思还指出，唯心主义也是不懂得实践的。唯心主义把意识夸大成世界的本原，而不懂得实践这种“现实的、感性的活动”，所以唯心主义虽然“把**能动的**方面发展了，但只是抽象地发展了”。

马克思认为，实践是“**人的感性活动**”，是“现实的、感性的活动”，是“**对象性的**活动”。我们对于客观事物、客观世界，既要把它们理解为人的直观的对象，又要看到它们是作为主体的人通过实践改变着的对象，所以对客观世界也要“从主体方面去理解”；对于人的主体能动性，不能抽象地仅仅理解为意识的能动性，要看到它首先是表现于实践，即改变客观对象的物质活动之中。所以，我们周围的感性世界，包括人类自身，都是变动着的，都有其发展的历史。不具备实践的观点，不懂得实践，就不能把唯物主义观点贯彻到对社会历史的认识之中，就不能不陷入唯心史观而成为不彻底的唯物主义。这是从前的一切唯物主义的“主要缺点”。

二、以新的实践观为基础提出对社会历史中重大问题的理解

马克思以新的实践观为基础，推开了认识人类历史奥秘的大门，提出

了对社会历史中一系列重大问题的看法。

（一）实践是检验真理的唯一标准和人的认识的基础

认识世界、认识历史，必须确定认识活动的立足点和判断认识的真理性的标准。

历来的哲学家们提出过多种区分真理和谬误的标准，比如以某种经典或圣人之言为标准。费尔巴哈把直观当作真理的“唯一标准”。他与历史上哲学家们的共同点是，把某种认识或认识的某种属性当作真理的标准。马克思认为：“人的思维是否具有客观的［gegenständliche］真理性，这不是一个理论的问题，而是一个**实践的**问题。”这就是说，这个问题在理论的或主观思维的范围内是不能解决的，只有通过实践才能解决，人们应该通过实践来证明自己的思维是符合客观实际的。“人应该在实践中证明自己思维的真理性，即自己思维的现实性和力量，自己思维的此岸性。”这里说的“证明自己思维的此岸性”，是用实践的观点回应了康德的不可知论。康德认为，虽然人的认识是由独立于人之外的“自在之物”引起的，但是“自在之物”在“彼岸”，而人的认识只能停留在现象的“此岸”，不能达到“彼岸”。在马克思看来，人的实践能够证明思维可以达到对客观事物本身的真理性认识，它的对象就在“此岸”，没有不可知的“彼岸”。因此，“关于离开实践的思维的现实性或非现实性的争论”，都如同中世纪的经院哲学一样，是脱离实际的无意义的争论，是不可能有结果的。

唯心主义历史观认为，历史只是人心中的历史，关于历史事件、历史人物的评价只是人的认识、人的价值判断，不存在科学性、真实性的问题。这种观点，从根本上否定了历史的客观性和对历史进行科学研究的可能性，为任意地解释历史乃至曲解历史打开了大门。马克思关于“人应该在实践中证明自己思维的真理性”的论述，批驳了这种观点，为从现实的历史出发对历史进行科学的研究指明了道路。

人的认识中有真理也有谬误。不确立科学的真理标准，就不可能把它们区分开来而获得真理。因此，《提纲》中提出的实践是检验真理的唯一标准的思想，是马克思主义的认识论和历史观的一块基石。

马克思在《提纲》第五条和第九条中，对费尔巴哈关于“直观”的思想作了进一步的分析。

《提纲》第五条是：“费尔巴哈不满意**抽象的思维**而诉诸**感性的直观**；但是他把感性不是看做**实践的**、人的感性的活动。”

“抽象的思维”、“感性的直观”和**“实践”**这三个概念，分别集中表达了黑格尔、费尔巴哈和马克思关于人类认识的基础的不同观点。

费尔巴哈不满意黑格尔哲学的抽象的思维，他批评黑格尔的逻辑学“是理性化和现代化的神学”。同黑格尔相对立，费尔巴哈诉诸感性的直观，他说，“直观提供出与存在直接同一的实体”。“直观的成效，是货真价实的”。但是，费尔巴哈只知道“感性的直观”，而不知道实践这种“人的感性的活动”，这是他的唯物主义的致命局限性。

《提纲》第九条进一步批评说：“**直观的**唯物主义，即不是把感性理解为实践活动的唯物主义，至多也只能做到对‘市民社会’中的单个人的直观。”

这里，马克思借用了17、18世纪资产阶级学者的“市民社会”这一用语来表达资产阶级社会中的经济关系。离开实践去观察人与社会，就不能理解人们在实践中结成的社会关系以及由此决定的人与社会的本质，只能把人当作孤立的个体去观察。所以，旧的唯物主义把直观当作认识的基础，没有把“实践活动”包括在对“感性”的理解之中，这不仅是认识论上的严重缺陷，更是其在历史观中陷入唯心主义的一个根本原因。

（二）环境的改变和人的自我改变统一于实践

人与环境（包括教育）的关系问题是正确认识社会发展和人的发展必须回答的一个重要问题。马克思在《提纲》第三条中运用实践的观点回答了这个问题。

18世纪法国唯物主义哲学家爱尔维修认为，人的一切观念都是后天获得的，人们精神上的差异是由于不同的环境和不同的教育所致。他所说的环境，是指社会环境，其中最重要的是法律和政治制度。为了改变人，就必须变革扼杀人们的思想和美德的政治法律制度。怎样才能改变政治法律制度呢？他认为法律是否完善取决于立法者，因此必须有天才，才能用好法律代替坏法律。这样，他本来是要用唯物主义经验论来说明人的观念是环境的产物，却又得出了天才人物的观念决定环境的结论。

造成这种理论困境的根本原因是什么呢？《提纲》中说："这种学说忘记了：环境正是由人来改变的，而教育者本人一定是受教育的。因此，这种学说必然会把社会分成两部分，其中一部分凌驾于社会之上。"社会环境是人的实践的产物，环境的改变也是实践发展的结果。离开人的实践，就不能正确说明社会环境的产生及其发展变化，只能寄希望于少数天才人物来改变社会环境，再靠改变了的环境来改变人。恩格斯在1888年整理发表《提纲》时，加上了一句话："例如，在罗伯特·欧文那里就是如此。"欧文企图通过天才人物来改变社会环境和教育群众，他真诚地身体力行进行试验，但他的失败证明了他的主张是空想，是行不通的。

人类社会的历史表明，每一代人开始历史活动的时候，都遇到现成的生产力、生产关系等社会环境，它们是前一代人实践活动的结果；生活在这种环境中的人又通过自己的实践改变环境。这样，"人创造环境，同样，环境也创造人。"① 作为前提的创造人、决定人的社会环境是由以往的实践创造的，它们又在新的实践中得到改变和发展，成为下一代人从事实践活动、改变社会环境的前提。社会环境和人在实践发展的过程中相互作用，社会的发展和人的发展统一于"变革的实践"。

所以马克思指出："环境的改变和人的活动的一致，只能被看做是并合理地理解为**变革的实践**。"这一论断以实践为基础，从根本上解决了社会发展与人的发展的关系问题。

从唯物主义经验论出发的环境决定论者陷入唯心主义的历史观，除了因为他们把社会环境归结为政治法律制度而不懂得物质的生产力和生产关系外，根本原因是只看到环境决定人，看不到人也通过实践改变环境，把人看作是消极被动的。离开社会实践，就找不到改变环境也改变人的决定

---

① 《马克思恩格斯文集》第1卷，人民出版社2009年版，第545页。

力量，因而也不能正确认识人与环境之间的关系。

（三）宗教的社会根源和宗教消亡的现实途径

《提纲》第四条分析了费尔巴哈的宗教观。

费尔巴哈认为，一切宗教都把世界分为宗教世界和人间世界。上帝与人的对立、分裂，“这是宗教的起点”。他认为，宗教是人的本质的自身异化。人按照自己的特性创造了神，神一旦集中了人的本质就成为一种统治和支配人的外在力量和受人崇拜的偶像。他从这一事实出发来分析、批判宗教，他做的工作是“把宗教世界归结于它的世俗基础”。他说：“新时代的任务，是把上帝现实化和人化”①。这是有积极意义的。

但是，费尔巴哈未能揭示宗教产生的社会根源。马克思指出：“世俗基础使自己从自身中分离出去，并在云霄中固定为一个独立王国，这一事实，只能用这个世俗基础的自我分裂和自我矛盾来说明。”这就是说，既然宗教是从世俗世界中产生的，那么它的根源就应该到世俗世界自身的矛盾中去寻找。宗教是支配着人们日常生活的外部力量在人们头脑中的幻想的反映。在历史的初期，首先是自然力量获得了这样的反映。进入阶级社会后，与一定经济关系相联系的支配着人们的异己的社会力量也获得了这种反映，成为宗教产生和存在的社会的、阶级的根源。

既然宗教的产生有其社会的、阶级的根源，那么，只有在实践中对产生宗教的世俗基础进行革命变革，消除它的自我分裂和自我矛盾的状况，宗教才能归于消亡。所以，马克思说：“对于这个世俗基础本身首先应当从它的矛盾中去理解，然后用消除矛盾的方法在实践中使之发生革命。”

（四）人的本质是一切社会关系的总和

在《提纲》第六条中，马克思从分析费尔巴哈的宗教观深入到批判他对人的本质的理解。

费尔巴哈离开人的社会实践和社会联系去认识人，“因此，他只能把

① 《马克思恩格斯全集》第42卷，人民出版社1979年版，第361页。

人的本质理解为'类'，理解为一种内在的、无声的、把许多个人纯粹**自然地**联系起来的普遍性。"他认为，人的本质就是这个"类"的纯粹自然的普遍性，就是"理性、意志、心"。"在类中一切人都是共同一致的，他们的种族、部族和民族的差别都消失了"。

马克思通过对费尔巴哈的批判揭示了人的本质。他指出："人的本质不是单个人所固有的抽象物，在其现实性上，它是一切社会关系的总和。"因为现实中的个人，不是费尔巴哈所想象的抽象的孤立的人的个体，而是在一定社会关系中从事物质生产、社会实践的人。正是这种社会实践和社会关系决定了他是一个什么样的人，决定了他的本质。社会实践和社会关系是历史的、变化发展的，人的本质也是变化发展的。马克思的这个观点为我们科学地分析抽象的人性论提供了锐利的思想武器。

只有从这一关于人的本质的观点出发，才能正确地认识各个具体的人以及他们的思想、感情。在《提纲》第七条中，马克思指出："费尔巴哈没有看到，'宗教感情'本身是**社会的产物**，而他所分析的抽象的个人，实际上是属于一定的社会形式的。"现实社会中的每一个人都属于一定的社会形式，人的感情或费尔巴哈所说的"宗教感情"也是一定的社会历史条件、社会关系的产物。

（五）社会生活在本质上是实践的

马克思在《提纲》第八条中指出："社会生活在本质上是**实践的**。"所谓社会，就是人们在实践中结成的关系，特别是生产关系。"**生产关系总合起来就构成所谓社会关系，构成所谓社会，并且是构成一个处于一定历史发展阶段上的社会**，具有独特的特征的社会。"① 社会历史是由人的实践活动构成的，这就是社会区别于自然界的特殊本质。理解了这一本质，才能认识各种社会现象。一切社会意识，包括神秘主义的观念，都是在一定的社会实践中对社会存在的反映，所以，"凡是把理论诱入神秘主义的神秘东西，都能在人的实践中以及对这种实践的理解中得到合

---

① 《马克思恩格斯文集》第1卷，人民出版社2009年版，第724页。

理的解决”。

三、马克思主义的社会阶级基础和历史使命

在《提纲》的最后两条，马克思指出了新唯物主义与旧唯物主义在社会阶级基础和社会功能方面的根本区别。

（一）马克思主义的社会阶级基础

《提纲》第十条指出：“旧唯物主义的立脚点是‘**市民**’社会；新唯物主义的立脚点则是**人类**社会或社会化的人类。”这里的“‘市民’社会”和“人类社会或社会化的人类”，分别指资产阶级社会和无产阶级及其代表的未来社会，它们分别是以费尔巴哈为代表的旧唯物主义和马克思的新唯物主义的“立脚点”，即阶级基础。

马克思主义的新世界观从萌芽时起，就把无产阶级和它所代表的未来的人类新社会作为自己的立脚点。无产阶级只有解放全人类才能彻底解放自己，才能消灭作为阶级的自身，因此它代表着“人类社会”或“社会化的人类”。

（二）马克思主义的历史使命

马克思创立的新世界观既用实践的观点去看物质世界和人类社会，也用实践的观点来看自身，它把通过实践改变世界作为自己的社会功能和历史使命。《提纲》的最后一条是：“哲学家们只是用不同的方式**解释**世界，而问题在于**改变**世界。”以往的哲学家们由于缺乏实践的观点，他们的不同的哲学学说不过是对世界作不同的解释。“对**实践的**唯物主义者即**共产主义者**来说，全部问题都在于使现存世界革命化，实际地反对并改变现存的事物。”① 马克思和恩格斯之所以从事哲学研究，是为了寻找无产阶级

① 《马克思恩格斯文集》第1卷，人民出版社2009年版，第527页。

解放和人类解放的道路，是要为社会主义的理论和实践奠定世界观基础。他们当然要科学地解释世界，但决不停留于对世界的解释，而是自觉地把自己的哲学当作无产阶级改变世界的精神武器。

恩格斯晚年在回答“关于历史唯物主义的起源”这个问题时说过：马克思的《关于费尔巴哈的提纲》“其实**就是**它的起源!”① 因此，我们学习马克思主义的历史理论，应当以研究这个提纲为起点。

延伸阅读：

1. 马克思、恩格斯：《德意志意识形态》第一卷第一章，《马克思恩格斯文集》第 1 卷，人民出版社 2009 年版。

---

① 《马克思恩格斯文集》第 10 卷，人民出版社 2009 年版，第 647 页。

卡·马克思和弗·恩格斯《共产党宣言》（节选）学习导读

《共产党宣言》（以下简称《宣言》）是马克思、恩格斯为共产主义者同盟撰写的党纲，是标志马克思主义公开问世的著作。

共产主义者同盟的前身为1836年成立的正义者同盟。它是侨居巴黎的德国工人和手工业者的秘密革命组织，主张通过起义实现财产共有。后在英、法、德和瑞士建立支部，成为当时最有影响的国际工人团体。在经历艰苦的斗争过程之后，到1847年，正义者同盟的领导成员确信马克思、恩格斯的理论是正确的，再三邀请他们参加并协助改组同盟。马克思、恩格斯接受了邀请。

1847年6月，同盟在伦敦召开第一次代表大会，决定按恩格斯的提议将正义者同盟改名为共产主义者同盟；批准以无产阶级政党组织原则为基础的章程草案；用“全世界无产者，联合起来!”的口号取代原来的“人人皆兄弟”的口号。同年11月29日至12月8日举行同盟第二次代表大会。会议经过辩论，进一步接受了马克思、恩格斯的观点，并委托他们为同盟起草一个准备公布的详细的理论和实践的党纲。这就是《宣言》的由来。《宣言》写于1847年底，1848年2月在伦敦出版。

《宣言》的总体思想是：用历史唯物主义观点阐明了原始土地公有制解体以来的全部历史都是阶级斗争的历史；对资本主义作了深刻而系统的分析，科学地评价了资产阶级的历史作用，揭示了资本主义的内在矛盾，论证了资本主义必然灭亡和共产主义必然胜利是人类社会发展的规律；论述了无产阶级作为资本主义掘墓人和共产主义创建者的伟大历史使命；论述了共产党的性质、特点、基本纲领和策略原则，奠定了马克思主义建党学说的基础；批判了当时流行的各种社会主义流派，划清了科学社会主义与这些流派的界限。《宣言》为无产阶级争取自身解放的斗争提供了科学的理论指导。列宁指出：“这部著作以天才的透彻而鲜明的语言描述了新的世界观，即把社会生活领域也包括在内的彻底的唯物主义、作为最全面最深刻的发展学说的辩证法以及关于阶级斗争和共产主义新社会创造者无产阶级肩负的世界历史性的革命使命的理论。”①

《宣言》运用唯物主义历史观分析了资本主义产生、发展和灭亡的历史趋势，“大略地说明了全部近代史”②。这是本教材在解读《宣言》的1872年序言、1883年序言特别是第一章时所要着重说明的问题。

一、研究人类社会历史的指导原则和根本方法

贯穿于《宣言》中的基本思想包括三个方面：一是“每一历史时代的经济生产以及必然由此产生的社会结构，是该时代政治的和精神的历史的基础”。这是对唯物史观关于社会存在决定社会意识、经济基础决定上层建筑这个基本原理的集中表述，从根本上否定了社会意识决定社会存在的唯心史观。二是“（从原始土地公有制解体以来）全部历史都是阶级斗争的历史，即社会发展各个阶段上被剥削阶级和剥削阶级之间、被统治阶级和统治阶级之间斗争的历史”。这是运用唯物史观关于阶级、阶级斗争理论观察阶级社会历史作出的基本结论，揭示了阶级社会发展的直接动力。三是“这个斗争现在已经达到这样一个阶段，即被剥削被压迫的阶级（无产阶级），如果不同时使整个社会永远摆脱剥削、压迫和阶级斗争，就不再能使自己从剥削它压迫它的那个阶级（资产阶级）下解放出来。”这里讲的是无产阶级的阶级解放和人类解放的关系，说明无产阶级要获得解放，就必须解放全人类，表达了无产阶级历史作用的思想。

贯穿于《宣言》的上述基本思想，概括了历史唯物主义关于人类社会发展规律的根本观点，是研究人类社会历史包括资本主义发展历史的指导原则和根本方法。

---

① 《列宁专题文集·论马克思主义》，人民出版社2009年版，第5页。

② 《马克思恩格斯文集》第4卷，人民出版社2009年版，第532页。

二、资产阶级是一个长期发展过程的产物

《宣言》第一章开头的一句就讲，有文字记载的全部历史都是阶级斗争的历史，这个根本观点是剖析资本主义社会的锐利武器，也是贯穿第一章的主线。

（一）资产阶级赖以形成的条件是在封建社会中形成的

资本主义社会的经济结构是从封建社会的经济结构中产生的。由“资本”演化而来的“资本主义”一词，19 世纪初才开始流行于西欧。但 14、15 世纪地中海沿岸一些城市，已经出现了资本主义生产的萌芽。欧洲封建社会后期，农奴通过赎身、逃亡、垦荒等获得人身自由，其中一些人成了城市居民。货币的广泛使用，削弱了城市的封建行会，手工业者和商人日趋分化。贫穷的行会师傅和帮工变成雇工，少数富裕的行会师傅、生产者和倒买倒卖的包买商人成为雇主。这样，“从中世纪的农奴中产生了初期城市的城关市民；从这个市民等级中发展出最初的资产阶级分子”。“资产阶级”一词原指城市居民或自由民，后指“占有社会生产资料并使用雇佣劳动的现代资本家阶级”。

资本主义生产方式的确立，必须具备两个条件：一是大批有人身自由但失去生产资料的无产者；二是大量为组织资本主义生产所需的货币资本。

为了加速小生产者同生产资料的分离和货币资本的积累，16—18 世纪新兴资产阶级和资产阶级化的贵族，对内野蛮剥夺农民的土地，如英国“使羊群赶走了人”的圈地运动；对外推行血腥的殖民制度，包括实行海盗式的劫掠、贩卖黑人、进行商业战争等。这种“利用国家权力，也就是利用集中的、有组织的社会暴力，来大力促进从封建生产方式向资本主义生产方式的转化过程，缩短过渡时间”① 的原始积累过程，是“用血和火的文字载入人类编年史的”②。

---

① 《马克思恩格斯文集》第 5 卷，人民出版社 2009 年版，第 861 页。
② 《马克思恩格斯文集》第 5 卷，人民出版社 2009 年版，第 822 页。

（二）生产力的发展与封建所有制关系的矛盾

随着资本主义生产方式的发展，新兴资产阶级同封建所有制关系的矛盾日趋尖锐。资本主义的发展要求有广阔的自由市场，要求劳动力的自由流动，要求自由竞争。然而封建所有制关系下存在着严重的人身依附关系，把农民束缚在小块土地上，把手工业者限制在封建行会里，使资产阶级得不到必需的自由的劳动力；封建地主拥有的地方特权和政治特权，他们摊派的种种苛捐杂税，限制了资本的自由流动、竞争和资本主义的发展。这样，封建生产关系便成为资本主义发展的严重桎梏。如果不突破封建的生产关系，先进的生产力就不能得到更大的发展，这就迫使资产阶级不能不反对封建的所有制关系。

（三）资本主义代替封建主义

资本主义取代封建主义是一个充满斗争的过程。

在欧洲的一些国家，资产阶级起来掠夺教会地产，盗窃公有土地，用剥夺方法把封建财产变成现代私有财产，使土地与资本合并，以发展资本主义农业和城市，并用工场手工业代替封建行会的手工业经营方式。工业资本家排挤行会的手工业师傅，更排挤占有财富源泉的封建主，使“工业骑士”代替“佩剑骑士”，大批被解散的封建家臣、封建主扈从人员成了不受法律保护的无产者，被抛向劳动力市场。它也用资本主义私有制排挤靠自己劳动挣得的私有制，使这些个体劳动者一无所有，只能出卖劳动力。总之，资产阶级用自由竞争取消了封建特权（贵族特权、行会特权、长子继承权），用金钱的特权代替以往一切个人特权和世袭特权，将历代的一切封建特权和政治垄断权合成一个金钱的特权和垄断权。它反对封建所有制关系的斗争，也是城市反对乡村、工业反对土地占有、货币经济反对自然经济的斗争，其发展过程是奴役状态的形式变换，把封建剥削变成资本主义剥削。腐朽的封建生产关系同先进的资本主义生产力的矛盾冲突是不可避免的。

但是，如果资产阶级不取得政权，利用政权的力量去彻底摧毁封建的政治上层建筑及其所维护的所有制关系，资本主义制度就不可能确立，其生产力也不可能得到更大的发展。

在西欧，资本主义反对封建制度的斗争在三次大决战中达到顶点，这就是：16 世纪德国的所谓宗教改革；1640 年开始的英国资产阶级革命；1789 年开始的法国大革命。资产阶级正是通过政治革命取得了政治统治，确立起资本主义制度，并由此使资本主义生产力得到进一步的发展，造就了资本主义所必需的强大的物质技术基础。正是在资产阶级取得政治胜利之后，英国在 18 世纪下半叶开始了工业革命；继而美、法、德、日等国也先后发动并完成了工业革命。机器大工业代替了工场手工业，生产力迅速发展，资本主义制度得以建立在新的物质技术基础之上，最终彻底地战胜了封建制度。

三、资本主义的发展和世界面貌的变化

在封建统治下属于被压迫等级的资产阶级，“在历史上曾经起过非常革命的作用”。在取得统治地位后，“它按照自己的面貌为自己创造出一个世界”。

（一）生产工具的迅速改进和生产力的巨大发展

《宣言》指出，“资产阶级在它的不到一百年的阶级统治中所创造的生产力，比过去一切世代创造的全部生产力还要多，还要大”。其原因在于：一是资产阶级消灭了旧的生产关系，建立了新的生产关系，这不仅解放了生产力，而且为生产力的大发展开辟了道路。这主要表现为它开辟了广阔的市场，提供了自由劳动力，加剧了自由竞争，促进了资本的自由流动和积累。二是资本主义生产的直接目的和决定性动机是剩余价值的生产，资本的主要信条是“利润或者死亡”。一夜暴富的诱惑和一夜破产的威胁，使得“资产阶级除非对生产工具，从而对生产关系，从而对全部社会关系不断地进行革命，否则就不能生存下去”。因此“资产阶级时代不同于过去一切时代的地方”，就在于“生产的不断变革，一切社会状况

不停的动荡，永远的不安定和变动”。三是资本虽不创造科学，但为了生产过程的需要，它必须利用科学，占有科学，使之成为发财致富的手段。这就促使它把自然力、自然科学和技术并入生产过程，使用机器大生产，从而大大提高了劳动生产率，促进了社会生产力的大发展。

（二）统一的民族和民族国家的形成

资本主义发展需要统一的民族国家的市场，它的发展必然与民族国家的形成相一致。“古老的民族工业被消灭了”，生产资料、财产、人口和政治的集中，促使各自独立的地区“结合为一个拥有**统一的**政府、**统一的**法律、**统一的**民族阶级利益和**统一的**关税的**统一的**民族”。资本主义上升时期，是西欧近代民族的形成时期。这样的民族，是人们在历史上形成的有共同语言、共同地域、共同经济生活以及表现于共同的民族文化特点上的共同心理素质的稳定的共同体。

在西欧，近代民族形成时期，与中央集权国家的时间出现大体一致。各民族形成过程，同时是独立的民族国家形成的过程。基本上由一个民族组成的国家叫民族国家或单一的民族国家，如主要由英吉利、法兰西民族组成的英吉利国家、法兰西国家。随着资本主义的发展，地区藩篱被打破，更多的民族国家建立起来，民族意识得到发扬，国家利益凸显。资产阶级正是以国家的名义获得权力的。

中欧、东欧的资本主义发展较晚，中央集权国家的建立比民族的形成要早些，从而出现了由尚未形成为近代民族但已结合在一个国家内的多族人民组成的多民族国家。由于其中比较发达的民族居于统治地位，它便成了民族压迫的发源地。如沙皇俄国被称为“各民族的监狱”。

（三）世界市场的开拓

资产阶级开拓了世界市场，是因为资本主义生产发展的需要。资本主义国内市场的狭小限制了资本主义生产的发展，资产阶级必须寻找新的出路。美洲的发现及第一次环球航行的成功实现，为资产阶级开辟了新的广阔天地，使东西方贸易扩展为世界贸易。

资产阶级开拓世界市场造成了双重的后果。

一是开创了世界历史的新纪元。资本主义大工业使每个文明国家以及这些国家中的每一个人的需要的满足都依赖于整个世界，因为它消灭了各国以往自然形成的闭关自守的状态。“由于开拓了世界市场，使一切的国家的生产和消费都成为世界性的了”；各地和各民族的自给自足被“各民族的各方面的互相往来和各方面的互相依赖所代替了”。物质生产如此，精神生产也如此，这就形成了“一种世界的文学”（泛指科学、艺术、哲学、政治等方面的著作）。这些自然在一定程度上促进了生产力的发展，同时又有利于无产阶级解放事业的发展，特别是有利于无产阶级的国际联合。因为作为大工业产儿的无产阶级，正是“以**世界市场**的存在为前提的。因此，无产阶级只有**在世界历史意义上**才能存在，就像共产主义——它的事业——只有作为‘世界历史性的’存在才有可能实现一样”①。

二是产生了殖民主义的奴役，给殖民地半殖民地的人民带来了深重的苦难。世界市场还有利于资产阶级的国际联合。资产阶级在世界市场上虽互相冲突和竞争，但共同的利益和恐惧促使他们联合起来反对无产阶级。

（四）资产阶级使农村屈服于城市的统治，使东方从属于西方

《宣言》指出，随着资产主义的发展，“资产阶级使农村屈服于城市的统治。它创立了巨大的城市，使城市人口比农村人口大大增加起来，因而使很大一部分居民脱离了农村生活的愚昧状态”。这既肯定了资本主义在历史上的进步作用，又指出了它的阶级实质。因为现代大城市是资本主义经济和资产阶级国家政权的集中地，城市既剥削农村又统治农村，使农村屈服于城市的统治。

与此同时，“正像它使农村从属于城市一样，它使未开化和半开化的国家从属于文明的国家，使农民的民族从属于资产阶级的民族，使东方从属于西方”。

---

① 《马克思恩格斯文集》第1卷，人民出版社2009年版，第539页。

在西欧，葡萄牙、西班牙、荷兰、英国、法国、德国相继成为殖民国家。它们通过低廉价格的商品，通过强大帝国和股份公司的控制，使农民的民族和落后的国家变成为其供应粮食、原料和保证工业销售市场的殖民地和附属国，并迫使它们“采用资产阶级的生产方式”。

当时人们常从西欧看世界，将地处其东的国家或地区统称为东方。“使东方从属于西方”，就是使东方服从欧美等国资产阶级的控制和统治。这表明，资产阶级按自己的面貌为自己创造的文明世界，是一个严重失衡的畸形世界。

四、资本主义社会中资产者和无产者的阶级对立

（一）阶级社会的历史都是阶级斗争的历史

法国复辟时期的一些资产阶级学者曾经提出过阶级、阶级斗争的概念，但他们认为阶级斗争仅限于从封建社会向资本主义社会发展的历史阶段，不愿承认无产阶级反对资产阶级的阶级斗争，更不能揭示阶级产生和存在的真正根源。唯物史观的创始人完成了世界史观的革命变革，证明原始公社解体后“一切社会的历史都是阶级斗争的历史”，即社会开始分裂为对立的阶级，就存在阶级斗争了。“没有对抗就没有进步。这是文明直到今天所遵循的规律。”① 这就揭示了阶级社会的本质和阶级社会历史发展的直接动力。

（二）资产阶级时代阶级对立的简单化

以往社会的阶级划分，被宗教的教阶和宗法的等级所掩盖。资产阶级使阶级对立简单化了。这是因为，一方面，资本主义用公开的、无耻的、直接的、露骨的剥削代替了由宗教幻想和政治幻想掩盖着的剥削。这样，阶级之间的对立关系就比较清晰地显示出来了；另一方面，资本主义的发

① 《马克思恩格斯全集》第4卷，人民出版社1958年版，第104页。

展必然要无情地消灭中间阶级，使其发生分化，一部分上升为资产阶级，另一部分被抛到无产阶级队伍中。这样，社会上两大对立阶级就凸显出来了。

（三）无产阶级是真正革命的阶级

《宣言》强调，“在当前同资产阶级对立的一切阶级中，只有无产阶级是真正革命的阶级”。这是因为：

首先，无产阶级是现代大工业的产物，代表先进的生产力和社会的未来。随着大工业的发展，无产阶级的队伍将日益扩大。它具有远大的前途。

其次，工业的进步将给它带来大量的政治和教育因素。随着社会化大生产和科学技术的发展，无产阶级的数量不仅会不断增加，而且眼界也会不断扩大，作为“产业军”的组织性、纪律性和团结战斗精神将不断提高。

再次，“在一切生产工具中，最强大的一种生产力是革命阶级本身”①。它的发展同社会发展的总方向是一致的，因而它敢于面对现实，面对未来。

最后，无产阶级受资产阶级的压迫和剥削，处于“社会的最下层”，只有摧毁保护私有财产的一切，并实现全社会所有，才能翻身解放。

这个“真正革命的阶级”的革命性具体表现在：

第一，过去的革命都是剥削形式的变换，从不触及剥削的根子——私有制。无产阶级的共产主义革命要同传统的所有制关系和传统的观念实行最彻底的决裂，并通过“全面革命”、“不断革命”实现这两个“最彻底的决裂”，以具有革命的彻底性。

第二，过去的一切阶级争取统治权时，也利用或求助于群众，但是一旦本阶级的统治稳固，便背叛直至镇压群众。因此，“过去的一切运动都是少数人的，或者为少数人谋利益的运动”。与此迥然不同的是，“无产

---

① 《马克思恩格斯文集》第1卷，人民出版社2009年版，第655页。

阶级的运动是绝大多数人的，为绝大多数人谋利益的独立的运动”。这就使得无产阶级的革命具有真正的群众性。

第三，无产阶级坚持全世界无产者联合起来，为消灭阶级，解放全人类和最后解放自己而斗争。因此，这个革命的主体和内容是真正世界性的。

“无产阶级是真正革命的阶级”，绝不是说无产阶级之外，其他与资产阶级对立的阶级都是不革命的、甚至是反动的。事实上，在资本主义制度下，自食其力的农民、手工业者既是劳动者又是受剥削者，他们在一定程度上能够参加反对资本主义制度的斗争，无产阶级在革命斗争中必须同他们结成联盟，并且领导他们前进。

五、资产阶级的灭亡和无产阶级的胜利同样不可避免

（一）生产力的发展与资本主义所有制关系的矛盾

生产力的发展与资本主义所有制关系之间，具有不可克服的矛盾。关于这一矛盾，恩格斯在《反杜林论》中将其进一步表述为：“**社会化生产和资本主义占有之间的矛盾表现为无产阶级和资产阶级的对立**”[①]。“**表现为个别工厂中生产的组织性和整个社会中生产的无政府状态之间的对立**”[②]。资本主义社会的各种社会矛盾，主要就是在生产社会化和生产资料私人占有制这对基本矛盾的基础上产生和发展起来的。

（二）生产过剩和周期性的商业危机及其根源

在资本主义发展的过程中，会周期性地出现商业危机。在危机期间，“总是不仅有很大一部分制成的产品被毁灭掉，而且有很大一部分已经造

① 《马克思恩格斯文集》第9卷，人民出版社2009年版，第288页。
② 《马克思恩格斯文集》第9卷，人民出版社2009年版，第290页。

成的生产力被毁灭掉”，也就是说，发生了生产过剩。不过，这并非生产的绝对过剩而是相对过剩。这种生产过剩，是由于在资本主义私有制的条件下，生产的无限扩张欲望和劳动者的有效需求即有购买力的需求相对不足而引起的。关于这个问题，恩格斯后来进一步指出：“生产过剩和大众的贫困，两者互为因果，这就是大工业所陷入的荒谬的矛盾，这个矛盾必然要求通过改变生产方式来使生产力摆脱桎梏。”① 这就是说，危机的根源是资本主义社会的基本矛盾，即社会化生产同生产资料私人占有的矛盾，它注定了资本主义制度的历史暂时性。

（三）资产阶级灭亡和无产阶级胜利的历史趋势

资产阶级创造了比过去大得多的生产力，从而战胜了封建主义。当资本主义所有制成为束缚生产力的桎梏时，“资产阶级用来推翻封建制度的武器，现在却对准资产阶级自己了”。随着资本主义的发展，由资本主义生产过程本身机构所训练、联合和组织起来的工人阶级日益壮大。工人阶级本身是最强大的生产力，是先进生产力的代表，同时又是运用这种武器的社会力量。所以《宣言》指出：“资产阶级不仅锻造了置自身于死地的武器；它还产生了将要运用这种武器的人——现代的工人，即**无产者**。”这样，随着大工业的发展，资产阶级诞生了它自身的掘墓人。

据此，《宣言》得出结论说：“资产阶级的灭亡和无产阶级的胜利是同样不可避免的。”这里讲的两个“不可避免”，是统一的历史过程的两个不可分割的方面。这一结论，揭示了资本主义社会发展的总趋势。当然，资产阶级的灭亡和无产阶级的胜利无论在一国范围还是在世界范围内的实现，都将是一个很长的历史过程。但是，这个历史发展的总趋势，从根本上说是不可改变的。

（四）无产阶级的历史使命与斗争道路

无产阶级的“历史使命是推翻资本主义生产方式和最后消灭阶级”②。

---

① 《马克思恩格斯文集》第4卷，人民出版社2009年版，第305—306页。

② 《马克思恩格斯文集》第5卷，人民出版社2009年版，第18页。

《宣言》概括了工人运动发展、无产阶级成熟及其斗争经历的各个不同阶段。

无产者曾跟随资产者反对封建君主制和地主。无产阶级反对资产阶级的斗争则经历了一个发展过程。最初，工人用捣毁机器的办法发泄对资本家的不满情绪，后来，无产阶级学会把机器和机器的资本主义应用区别开来，单个工人和单个资产者之间的冲突越来越具有两个阶级的冲突的性质。特别是科学社会主义同工人运动结合，建立无产阶级革命政党，标志自在阶级成熟为自为阶级、自发斗争提高到自觉斗争后，无产阶级反对资产阶级的阶级斗争便以经济、政治、理论三种基本形式开展。其中经济斗争是最初的常见的形式，它只能改善出卖劳动力的条件。唯有争取基本政治权利和以争取建立并巩固无产阶级政权为中心的政治斗争，才能从根本上解放无产阶级。《宣言》从历史过程和发展趋势的高度进一步指出："一切阶级斗争都是政治斗争"，意即经济斗争应当并必然提高和发展成为政治斗争。经济斗争、理论斗争应当围绕和服务于政治斗争，并必然具有政治的形式。正如列宁所说："只有当阶级斗争不仅发展到政治领域，而且还涉及政治中最本质的东西即国家政权的机构时，那才是充分发达的、'全民族的'阶级斗争。"①

在无产阶级实现历史使命的革命斗争道路上，"无产者组织成为阶级，从而组织成为政党"，这是关键。共产党和其他工人政党不同："在实践方面，共产党人是各国工人政党中最坚决的、始终起推动作用的部分；在理论方面，他们胜过其余无产阶级群众的地方在于他们了解无产阶级运动的条件、进程和一般结果。"无产阶级只有在这样的先进政党领导和先进理论指导下，才能成为"真正革命的阶级"。

《宣言》指出："在叙述无产阶级发展的最一般的阶段的时候，我们循序探讨了现存社会内部或多或少隐蔽着的国内战争，直到这个战争爆发为公开的革命，无产阶级用暴力推翻资产阶级而建立自己的统治。"这里所说的无产阶级革命和无产阶级专政的斗争道路，是资本主义社会内部的

---

① 《列宁选集》第2卷，人民出版社1995年版，第323页。

阶级斗争和隐蔽的国内战争的必然发展，是无产阶级实现自己历史使命的必由之路。这个无产阶级专政，乃是消灭阶级和向无阶级社会的过渡。“代替那存在着阶级和阶级对立的资产阶级旧社会的，将是这样一个联合体，在那里，每个人的自由发展是一切人的自由发展的条件。”

《宣言》是共产主义运动的伟大的不朽文献。在《宣言》出版25年之后，马克思、恩格斯在1872年为它所写的德文版序言中谈道：“不管最近25年来的情况发生了多大的变化，这个《共产党宣言》中所阐述的一般原理整个说来直到现在还是完全正确的。”与此同时，他们又指出，“这些原理的实际运用，正如《共产党宣言》中所说的，随时随地都要以当时的历史条件为转移”。今天，我们对待《宣言》，也应当采取这样的科学态度。

《宣言》发表以来160多年的历史表明，虽然19世纪末资本主义发展到了它的最高阶段——帝国主义阶段，20世纪下半叶以来资本主义国家又发生了许多新的变化，但是资本主义社会所固有的基本矛盾仍然存在，历史发展的总趋势并没有改变。《宣言》阐明的一般原理和基本原则经受住了实践的检验，仍然是正确的。我们要正确地理解和运用其中的原理，科学地分析和研究资本主义社会及其历史发展，认清人类社会发展的总趋势，坚定社会主义信念。

延伸阅读：

1. 恩格斯：《共产主义原理》，《马克思恩格斯文集》第1卷，人民出版社2009年版。
2. 列宁：《帝国主义是资本主义发展的最高阶段》，《列宁专题文集·论资本主义》，人民出版社2009年版。

卡·马克思《〈政治经济学批判〉序言》学习导读

1859年，马克思出版了他的《政治经济学批判》第一分册。马克思说："这部著作第一次科学地表述了关于社会关系的重要观点。"① 这些重要观点以高度概括的语言集中表述在该书的序言中。这篇序言成了后来人们理解和阐述唯物主义历史观的经典依据。

马克思在《〈政治经济学批判〉序言》（以下简称《序言》）中说明了自己研究政治经济学的经过，这同时也是唯物主义历史观形成、运用和得到证明的过程。马克思对自己经过长期研究所得到的、并且一经得到就用于指导自己研究工作的"总的结果"，作了简要的表述。他后来又讲过："在那里我说明了我的方法的唯物主义基础。"② 恩格斯认为，《序言》是马克思对唯物主义历史观的要点所作的"扼要的阐述"③。列宁也认为，这是马克思对历史唯物主义基本原理的"完整的表述"④。

一、社会存在决定社会意识

人类社会是一个由多种因素构成的有机整体。马克思在《序言》中阐明了唯物主义历史观最基本的范畴，勾画出社会形态的一般结构，论述了历史观的基本问题。

（一）生产力和生产关系、经济基础和上层建筑

生产力和生产关系、经济基础和上层建筑、生产方式、社会存在和社

---

① 《马克思恩格斯文集》第10卷，人民出版社2009年版，第167页。
② 《马克思恩格斯文集》第5卷，人民出版社2009年版，第20页。
③ 《马克思恩格斯文集》第2卷，人民出版社2009年版，第597页。
④ 《列宁专题文集·论马克思主义》，人民出版社2009年版，第13页。

会意识，是唯物主义历史观最重要的基本范畴。马克思和恩格斯提出这些科学范畴并运用它们揭示出社会的本质和规律，是对社会历史认识的飞跃。

在马克思 19 世纪 40 年代的著作中，已经广泛使用“生产力”这一概念，而对于人们之间的生产关系，当时更多的是用“交往关系”、“交往形式”、“交换和消费形式”等概念来表达的，这种物质关系作为国家和观念的上层建筑的基础，则被称为“市民社会”。马克思指出，“市民社会包括各个人在生产力发展的一定阶段上的一切物质交往”①，“在一切时代都构成国家的基础以及任何其他的观念的上层建筑的基础”②。

到 1859 年，这些概念及其相互关系，在《序言》中得到了更精辟的表述。《序言》中说：“人们在自己生活的社会生产中发生一定的、必然的、不以他们的意志为转移的关系，即同他们的物质生产力的一定发展阶段相适合的生产关系。”这一论断明确地阐述了“生产关系”这个概念：其一，生产关系是人们在自己生活的社会生产中发生的关系；其二，生产关系是不以人们自己的意志为转移的即具有客观性的关系，即如后来列宁所指出的，它是“物质的社会关系（即不通过人们的意识而形成的社会关系）”③；其三，一定的生产关系是同物质生产力的一定发展阶段相适应的，也就是说，它是由生产力决定的，是因生产力的发展阶段不同而不同的关系。阐明“生产关系”这一科学概念，在唯物主义历史观的创立中具有关键性的意义。

《序言》进而运用“生产关系”的概念提出并阐明了“经济基础”和“上层建筑”这一对重要范畴。经济基础是社会的经济结构，它是由生产关系的总和构成的。社会的经济结构之所以被称为经济基础，是因为有上层建筑竖立其上，它是上层建筑的现实基础；而上层建筑，则包括建立在一定的经济基础之上的法律的和政治的制度、设施以及与之相适应的

---

① 《马克思恩格斯文集》第 1 卷，人民出版社 2009 年版，第 582 页。

② 《马克思恩格斯文集》第 1 卷，人民出版社 2009 年版，第 583 页。

③ 《列宁专题文集·论辩证唯物主义和历史唯物主义》，人民出版社 2009 年版，第 161 页。

社会意识形态。

这样我们可以看到，生产力决定生产关系，生产关系的总和构成社会的经济基础，在经济基础之上竖立着法律的、政治的和意识形态的上层建筑，社会形态的基本结构就这样被清晰地勾画出来了。

（二）物质资料的生产方式制约着整个社会生活过程

马克思说："物质生活的生产方式制约着整个社会生活、政治生活和精神生活的过程。"这一论断指出了生产方式在历史发展中的决定作用。

社会历史的发展最终是由什么因素决定的，这是历史研究中一个根本性的问题。旧的唯心主义的历史观总是从人们的头脑中，或从社会之外的神秘力量去寻找历史变迁的终极原因，而马克思则揭示了，人们首先必须吃、喝、住、穿，然后才能从事其他活动，物质资料的生产是整个社会生活及整个历史的基础，因而物质生活的生产方式就是社会历史的最终决定因素。恩格斯指出，这个原理"对于一切历史科学（凡不是自然科学的科学都是历史科学）都是一个具有革命意义的发现"，因为这个原理揭示了，"在历史上出现的一切社会关系和国家关系，一切宗教制度和法律制度，一切理论观点，只有理解了每一个与之相应的时代的物质生活条件，并且从这些物质条件中被引申出来的时候，才能理解"①。

在马克思的著作中，"生产方式"一词在不同场合有过不同的用法。《序言》中的"生产方式"这一概念，作为唯物主义历史观的基本范畴，体现着生产力和生产关系的统一。马克思经常在这种既包括生产力又包括生产关系的意义上使用"生产方式"这一概念。

（三）不是人们的意识决定人们的存在，而是人们的社会存在决定人们的意识

社会存在和社会意识的关系问题是历史观的基本问题，对这一问题的回答是区分历史唯物主义和历史唯心主义的标准。阐明了生产关系的科学

---

① 《马克思恩格斯文集》第 2 卷，人民出版社 2009 年版，第 597 页。

概念，揭示了生产方式在社会历史发展中的决定作用，也就正确地解决了社会存在和社会意识的关系问题。

马克思主义诞生之前，在对社会历史的认识中，唯心主义历史观占据着统治地位，而唯心史观的根本错误，就是颠倒了社会存在和社会意识的关系，把社会意识当做决定的方面。马克思和恩格斯在《德意志意识形态》中已经指出：意识在任何时候都只能是被意识到了的存在，而人们的存在就是他们的现实生活过程。“不是意识决定生活，而是生活决定意识。”① 在《序言》中，马克思把历史唯物主义的这一根本原理明确表述为：“不是人们的意识决定人们的存在，相反，是人们的社会存在决定人们的意识。”

社会存在决定社会意识这一基本原理的确立，从根本上划清了历史唯物主义与历史唯心主义的界限，标志着马克思在整个世界观、历史观上实现了变革。

恩格斯在他写的书评《卡尔·马克思〈政治经济学批判。第一分册〉》中高度评价了马克思这一论断的重大理论意义和实践意义，他指出：“这个原理看来很简单，但是仔细考察一下也会立即发现，这个原理的最初结论就给一切唯心主义，甚至给最隐蔽的唯心主义当头一棒。关于一切历史的东西的全部传统的和习惯的观点都被这个原理否定了。政治论证的全部传统方式崩溃了。”② 从前所有对于历史的见解，都是建立在思想观念是历史变动的最终原因的基础之上的。确立了社会存在决定社会意识的历史唯物主义基本原理，历史才破天荒第一次被置于它的真正基础之上，有关社会历史的各门学问才有可能成为真正意义上的科学。

二、生产力和生产关系、经济基础和上层建筑的矛盾运动与社会革命

人类社会是一个不断发展的过程。社会的变革和发展是由生产力和生

① 《马克思恩格斯文集》第 1 卷，人民出版社 2009 年版，第 525 页。
② 《马克思恩格斯文集》第 2 卷，人民出版社 2009 年版，第 598 页。

产关系、经济基础和上层建筑的矛盾运动决定的。这些矛盾实际上是人类社会的基本矛盾。马克思揭示了这些矛盾运动的规律，得出了革命的结论。

（一）社会基本矛盾运动引起社会革命

第一，生产力的发展必然会同生产关系发生矛盾。

人们只有以一定的方式结合起来，才能进行生产，只有在一定的社会关系的范围内，才会有对自然界的关系，因此，生产总是在一定的生产关系中进行的，生产力总是在一定的生产关系中运动的。生产力处于不断发展之中。“社会的物质生产力发展到一定阶段，便同它们一直在其中运动的现存生产关系或财产关系（这只是生产关系的法律用语）发生矛盾。”

生产关系作为人们的经济关系会在上层建筑领域中反映为法的关系。法律上讲的所有权，就是生产资料所有制在法权上的反映。“财产关系”是一种法律用语，它的内容是由经济关系决定的，所以马克思指出，财产关系只是生产关系的法律用语。

第二，当生产关系变成生产力的桎梏时，社会革命的时代就会到来。

生产力和生产关系的矛盾在社会发展的不同阶段有不同的性质和特点。一定的生产关系是适应生产力的一定发展阶段而形成的，所以它在这一阶段，从总体上讲，是同生产力相适合的促进生产力发展的形式。随着生产力的发展，原有的生产关系会发生部分地不适合生产力发展的情况，这就需要对它进行局部的调整，即加以改良或改革。而当旧的生产关系从根本上严重阻碍生产力的发展，即这些生产关系“由生产力的发展形式变成生产力的桎梏”时，就产生了从根本上变革旧的生产关系的客观要求，“那时社会革命的时代就到来了”。

第三，随着经济基础的变更，全部庞大的上层建筑也或慢或快地发生变革。

一定社会的上层建筑都是建立在一定的经济基础之上并为自己的经济基础服务的。当生产力的发展引起生产关系的变革时，必然要求变革建立在原有经济基础之上的上层建筑。

马克思的这个论断包含相互关联的两个要点：一是“全部庞大的上层建筑”的各个部分都一定要随着经济基础的变更而发生变革，并无例外；二是上层建筑中不同部分的变革有“或慢或快”的不同，不是同步的。这是因为，由经济基础决定的上层建筑有其相对的独立性，上层建筑的不同部分有不同程度、不同表现的相对独立性。同革命时期以国家政权为核心的政治上层建筑的剧烈变革相比，观念上层建筑即意识形态的变革是一个相当漫长的过程。

生产关系和生产力之间的矛盾、上层建筑和经济基础之间的矛盾，贯穿人类社会始终，推动历史发展。历史唯物主义关于社会基本矛盾的理论揭示了历史发展的基本规律。

（二）两个“决不会”的科学思想

马克思指出：在考察社会变革时，“必须时刻把下面两者区别开来：一种是生产的经济条件方面所发生的物质的、可以用自然科学的精确性指明的变革，一种是人们借以意识到这个冲突并力求把它克服的那些法律的、政治的、宗教的、艺术的或哲学的，简言之，意识形态的形式”。考察社会变革，应当以物质经济条件为根据，而“不能以它的意识为根据”。因为意识本身只能“从社会生产力和生产关系之间的现存冲突中去解释”。这样，马克思就把社会存在决定社会意识的原理转化成了认识社会历史的方法论原则，运用于考察变革的时代。

社会革命是指旧的社会形态被新的社会形态所取代。社会革命的终极原因，应当在生产力和生产关系的矛盾中去寻找。马克思说：“无论哪一个社会形态，在它所能容纳的全部生产力发挥出来以前，是决不会灭亡的；而新的更高的生产关系，在它的物质存在条件在旧社会的胎胞里成熟以前，是决不会出现的。”

马克思关于两个“决不会”的思想所强调的，是社会革命有其深刻的社会经济根源，即源于生产关系与生产力之间的冲突，因而具有客观必然性，它不是也不可能是人为地制造出来的。这个思想启示我们：考察一个国家是不是具备发生社会革命的条件，关键就是要考察那里占统治地位的生产关系是不是“由生产力的发展形式变成生产力的桎梏”。这就是说，在考察社会革命的问题时，我们应当注意如恩格斯所说的“每个经历了动荡的国家的总的社会状况和生活条件”①。恩格斯说：“把革命的发生归咎于少数煽动者的恶意那种迷信的时代，早已过去了。现在每个人都知道，任何地方发生革命动荡，其背后必然有某种社会要求，而腐朽的制度阻碍这种要求得到满足。”② 革命中强烈地表现出来的，是根源于生产力和生产关系、经济基础和上层建筑之间矛盾冲突的“必然性的物质力量”③。

应当注意到，进入资本主义时代之后，由于民族的、地域的历史日益成为世界历史，因而在考察社会革命的问题时，我们还必须具有世界历史的观点。马克思、恩格斯讲过：“按照我们的观点，一切历史冲突都根源于生产力和交往形式之间的矛盾。”但是，“不一定非要等到这种矛盾在某一国家发展到极端尖锐的地步，才导致这个国家内发生冲突。由广泛的国际交往所引起的同工业比较发达的国家的竞争，就足以使工业比较不发达的国家内产生类似的矛盾”④。这个情况，也是我们在研究近代以来一些国家的革命问题时所不能忽略的。

三、社会形态的历史演进

（一）社会形态演进的几个时代

在揭示社会基本矛盾运动规律的基础上，《序言》提出了“社会形态”、“经济的社会形态”的概念。马克思两个“决不会”的论断是用“社会形态”的概念来表达的。马克思还指出：“大体说来，亚细亚的、古希腊罗马的、封建的和现代资产阶级的生产方式可以看做是经济的社会形态演进的几个时代。”这一简明的论断包含着极为丰富的深刻的思想。

---

① 《马克思恩格斯文集》第 2 卷，人民出版社 2009 年版，第 352 页。
② 《马克思恩格斯文集》第 2 卷，人民出版社 2009 年版，第 351—352 页。
③ 《马克思恩格斯全集》第 27 卷，人民出版社 1972 年版，第 210 页。
④ 《马克思恩格斯文集》第 1 卷，人民出版社 2009 年版，第 567—568 页。

“社会形态”、“经济的社会形态”，是唯物主义历史观的重要范畴。“社会形态”是概括一定性质的社会并把社会发展不同阶段区分开来的一个整体性概念。与一定的生产力状况相适应，一定的经济基础与上层建筑结合起来，就构成一定的社会形态。

划分不同社会形态的标准是生产方式，所以社会历史的发展表现为“经济的社会形态”的演进。马克思在19世纪40年代发表的《雇佣劳动与资本》中，就把一定历史阶段上的社会理解为一定的生产关系的总和，并以此为根据划分出“古典古代社会”、“封建社会”和“资产阶级社会”等几个阶段。① 在《序言》中，马克思把“亚细亚的”、“古希腊罗马的”、“封建的”和“现代资产阶级的”生产方式看做是社会形态演进的几个时代。这里所说的“亚细亚的”生产方式，当时是指东方存在过的以土地公有制为基础的原始的生产方式。后来随着研究的深入，特别是在1877年摩尔根的《古代社会》出版后，马克思和恩格斯对人类早期的原始社会有了更加清晰的认识，此后便把以“亚细亚生产方式”为基础的社会看做是原始社会的最后阶段，是从公有制到私有制、从原始社会到阶级社会的过渡阶段，并用原始社会取代“亚细亚生产方式”在社会形态演进中的位置。从总体上说，人类社会历史的发展过程表现为原始社会、奴隶社会、封建社会、资本主义社会和社会主义社会这五种社会形态的依次更替。

马克思的社会形态理论是通过对社会历史的深入研究，从客观实际中抽象出来的科学理论，它揭示了人类社会发展的一般规律，经受住了历史实践的检验。

人类社会发展的一般规律并不排斥不同民族、不同国家在社会发展的顺序和形式上的独特性。由于自身具体条件的不同和国际环境的影响，并非所有民族、国家都依次经历五种社会形态的更替，其间既有某一社会形态的跨越，也有前进中暂时的曲折、倒退；一定形态的社会并非以某种纯粹的形式存在，而是包含着或多或少的其他社会形态的因素。这些复杂的情况并未否定社会形态演进的一般规律，而是表明历史的发展既具有统一

① 《马克思恩格斯文集》第1卷，人民出版社2009年版，第724页。

性，又具有多样性。

（二）资产阶级生产关系是社会生产过程的最后一个对抗形式

资产阶级生产关系的基础是生产资料的资本家所有制。资本主义生产方式是以生产剩余价值为目的的生产方式，它的存在以两个社会阶级的存在为前提，一方面是占有生产资料的资本家阶级，一方面是失去生产资料、仅有自己的劳动力可以出卖的无产阶级。资本和雇佣劳动的关系决定着这种生产方式的全部性质。剩余价值的占有是资本主义剥削的实质，因而资本主义生产关系是对抗性的生产关系。这种对抗从本质上说不是个人的对抗，而是个人生活于其中的社会关系的对抗。生产的社会性和生产资料的资本主义私人占有之间的矛盾是资本主义生产方式固有的基本矛盾，它包含着资本主义社会中一切冲突的萌芽，决定了资本主义的历史命运。

资本主义生产关系曾经极大地推动了生产力的发展，但是，这种社会化的生产力发展到一定阶段，就不可避免地同狭隘的资本主义私有制发生冲突，达到同它们的资本主义外壳不能相容的地步，要求炸毁这个外壳。虽然资产阶级可以在资本主义生产方式容许的范围内通过对生产关系作某些局部的调整来缓和矛盾，但终究不能从根本上克服这种矛盾和对抗。在资产阶级社会的胎胞里发展起来的强大的社会化的生产力，为全社会占有生产资料和共同组织社会化生产准备了物质经济条件；同时，资本主义越发展，无产阶级的力量就越壮大，资产阶级社会造就了置自身于死地的社会力量。因此，资本主义生产方式固有的矛盾决定了它的历史过渡性质，它必然为社会主义社会所代替。资本主义社会是人类历史上最后一个内在地包含着对抗性的社会基本矛盾和阶级结构的社会形态。

恩格斯在复述了《序言》的主要观点之后明确地讲过："只要进一步发挥我们的唯物主义论点，并且把它应用于现时代，一个强大的、一切时代中最强大的革命远景就会立即展现在我们面前。"① 这充分体现了马克

① 《马克思恩格斯文集》第2卷，人民出版社2009年版，第597—598页。

思主义世界观、历史观的科学性与革命性的有机统一。

《序言》作为对唯物主义历史观所作的经典性表述，指明了把历史当做一个十分复杂并充满矛盾的、有规律的、统一的过程来研究的途径，提供了认识人类社会的基本结构、矛盾运动和发展趋势的科学方法，对于我们科学地研究历史，具有根本性的指导意义。

延伸阅读：

1. 恩格斯：《卡尔·马克思〈政治经济学批判。第一分册〉》，《马克思恩格斯文集》第2卷，人民出版社2009年版。
2. 马克思：《资本论》第一卷第一版序言、第一卷第二版跋，《马克思恩格斯文集》第5卷，人民出版社2009年版。

弗·恩格斯《反杜林论》（节选）学习导读

《反杜林论》（原名《欧根·杜林先生在科学中实行的变革》）是恩格斯于1876年5月底至1878年6月撰写的著作。从1877年1月至1878年7月，其一、二、三编分别在《前进报》及其附刊上发表。1878年7月，在莱比锡出版了《反杜林论》第一版，1886年在苏黎世出版第二版。1894年经过修订的第三版在斯图加特出版。

杜林（1833—1921年）当时是柏林大学未经政府正式任命的私人讲师。1871—1875年，他先后在《哲学教程——严格科学的世界观和人生观》、《国民经济学和社会经济学教程——兼论财政政策的基本问题》、《国民经济学和社会主义批判史》等著作中，全面诋毁马克思主义，自称是社会主义理论的“行家”、“改革家”，创立了新的“包罗万象的科学”，达到了永恒的最后的终极真理。杜林的思想在德国社会民主党人中间产生了恶劣影响，直接危害着德国工人阶级政党的健康发展。

在马克思、恩格斯帮助下，德国社会民主党的左派领导人威廉·李卜克内西逐渐同杜林主义划清了界限，并于1875年2月1日至11月1日期间多次致信恩格斯，要求他在《人民国家报》上“收拾杜林”。恩格斯认为：为了使刚刚统一起来的党沿着正确的道路前进，“不管我们是否愿意，我们必须应战，把斗争进行到底”①。

1876年5月，马克思、恩格斯决定彻底地批判杜林。在马克思的支持下，恩格斯用两年多时间写成了《反杜林论》。这个时期，恩格斯曾多次写信与马克思商定写作计划、论述方式及基本内容。写成之后，他曾把全部原稿念给马克思听。第二编第十章《〈批判史〉论述》是由马克思撰写的。

《反杜林论》由《序言》、《引论》与《哲学》、《政治经济学》和《社会主义》三编二十九章组成。全书以辩证唯物主义和历史唯物主义为

① 《马克思恩格斯文集》第3卷，人民出版社2009年版，第499页。

根本的理论基础和指导线索，以社会主义为落脚点和归宿，第一次系统地阐发了马克思主义哲学、政治经济学、科学社会主义的基本原理及其内在联系。恩格斯在《反杜林论》第二版序言中说："消极的批判成了积极的批判；论战转变成对马克思和我所主张的辩证方法和共产主义世界观的比较连贯的阐述，而这一阐述包括了相当多的领域。"他强调，这部书"所阐述的世界观，绝大部分是由马克思确立和阐发的，而只有极小的部分是属于我的"。

马克思认为，《反杜林论》是很重要的。① 恩格斯指出，《反杜林论》"百科全书式地概述了我们在哲学、自然科学和历史问题上的观点"②。列宁也曾指出，《反杜林论》"分析了哲学、自然科学和社会科学中最重大的问题"③，它同《共产党宣言》一样，是每个觉醒工人必读的书籍。

1894 年 1 月 25 日，恩格斯在致瓦尔特·博尔吉乌斯的信中说：关于唯物主义历史观的"大多数问题都已经在《反杜林论》第一编第九至十一章、第二编第二至四章和第三编第一章或导言里，后来又在《费尔巴哈》（指《路德维希·费尔巴哈和德国古典哲学的终结》一书）最后一章里谈到了"④。下面，我们根据恩格斯的这个提示，着重对上述章节中的有关论述作一些阐释。

一、唯物主义历史观的产生及其意义（引论一）

"引论"的"概论"是全书的总论。它概述了马克思主义的基本原理。把握其丰富而深刻的内容，是理解和掌握全书的基础。

---

① 《马克思恩格斯全集》第 34 卷，人民出版社 1972 年版，第 322 页。
② 《马克思恩格斯全集》第 36 卷，人民出版社 1974 年版，第 139 页。
③ 《列宁专题文集·论马克思主义》，人民出版社 2009 年版，第 58 页。
④ 《马克思恩格斯文集》第 10 卷，人民出版社 2009 年版，第 670 页。

（一）辩证的思维方式如实地把人类历史看做一个发展过程

为了给人们提供考察自然界和人类历史的正确的世界观和方法论，恩格斯历史地考察了人类认识的思维方法发展史，全面地探讨了辩证法发展的三种历史形态，即从古代朴素的辩证法，到唯心主义辩证法，再到唯物辩证法的历史发展；并从辩证思维方法和形而上学思维方法的比较中，说明只有以辩证思维方法为前提，才能对人类社会历史做出唯物主义的科学解释。

1. 古代的朴素辩证法与近代的形而上学思维方式

古代的朴素辩证法是辩证法的第一种历史形态。恩格斯指出，古希腊的哲学家是自发的辩证论者。他们认为世界是一幅由种种联系和相互作用无穷无尽地交织起来的画面，其中的一切都在运动、变化、生成和消逝着。其杰出代表赫拉克利特（公元前540—前480年）说：这个世界“它过去、现在和未来永远是一团永恒的活火”。“一切皆流，无物常住。”“人不能两次踏进同一条河流。”这是一种原始的、素朴的、但实质上正确的世界观。不过这种观点也有局限性。它虽然正确地把握了现象的总画面的一般性质，却不足以说明构成这幅总画面的各个细节；而我们要是不知道这些细节，就看不清总画面。为了认识这些细节，我们不得不把它们从自然的或历史的联系中抽出来，从它们的特性、它们的特殊的原因和结果等等方面来分别加以研究。这首先是自然科学和历史研究的任务。比如，把自然界分解为各个部分、门类，而后进行分别的研究；把人类历史分解为政治、思想、文化等各个方面，而后进行分别的研究。

有分析才能进行综合。把自然界分解为各个部分、门类，进行分门别类的研究，是认识自然界一般规律的基础或必要条件。从15世纪下半叶以来，近代自然科学得到迅速发展，人类在认识自然界方面获得巨大进展。但是，对自然界进行分解、分门别类进行研究的做法也给我们留下了一种习惯：把各种自然物和自然过程孤立起来，撇开宏大的总的联系去进行考察。不仅如此，这种考察方法还被培根和洛克等一些哲学家从自然科学中移植到哲学中，上升到哲学世界观和方法论的高度，这就造成了近代几个世纪所特有的局限性，即形而上学的思维方式，并在思维方式中占据了统治地位。

形而上学思维方法的特点是：把事物看作是孤立、静止、片面的，而不是从其联系、联结、运动、产生和消逝方面去考察。这种思维方法在常识范围内似乎极为可信，但它也有很大的局限性，因为从根本上说，这是与自然界和人类社会本身发展的实际情况相违背的，自然界的一切是辩证地而不是形而上学地运行的。所以我们必须用辩证的方法描绘自然界、人类社会的发展以及这些发展在人们头脑中的反映。

2. 黑格尔唯心主义辩证法的历史功绩及其局限性

社会实践和自然科学的发展越来越要求人们突破形而上学的狭隘眼界。近代德国哲学家黑格尔（1770—1831 年）恢复了辩证法这一最高的思维形式，形成了它的第二种历史形态——唯心主义辩证法。恩格斯指出，黑格尔的巨大功绩是他第一次把整个自然的、历史的和精神的世界描写为一个过程，即把它描写为处在不断的运动、变化、转变和发展中，并企图揭示这种运动和发展的内在联系。依照黑格尔的观点，人类的历史不是乱七八糟的暴力行为，而是人类本身的发展过程，而思维的任务现在就是要透过一切迷乱现象探索这一过程的逐步发展的阶段，并且透过一切表面的偶然性揭示这一过程的内在规律性。但是，黑格尔颠倒了思维和存在的真实关系，辩证方法的革命精神被其唯心主义的、保守封闭的哲学体系闷死了。黑格尔在历史观上虽然靠辩证法把人类历史当做一个有规律的过程，但是，他却把人类历史的发展当做“绝对精神”的实现过程，认为普鲁士国家制度是“绝对精神”的完美体现。这样，一切都被头足倒置了。因为事情不在于把辩证法规律硬塞进自然界，而在于从自然界中找出这些规律并从自然界出发加以阐发。体系和方法的矛盾造成了黑格尔哲学的巨大流产。

3. 费尔巴哈恢复唯物主义的贡献和局限性

费尔巴哈打破了黑格尔的体系，使唯物主义重新登上王座。但是，他简单地把黑格尔的体系抛在一旁，而不是从它的本来意义上“扬弃”它，即批判地消灭它的形式，救出通过这个形式获得的新内容。他的历史观也仍然是唯心主义的。

4. 马克思、恩格斯创立了唯物辩证法

马克思和恩格斯从德国唯心主义哲学中拯救了自觉的辩证法，并把它运用于唯物主义的自然观和历史观，创立了辩证法的第三种历史形态——唯物辩证法。

现代唯物主义本质上是辩证的。现代唯物主义把历史看做人类的发展过程，而它的任务就在于发现这个过程的运动规律。这样一来，任何凌驾于其他科学之上的哲学，就不再需要了。历史学，应当成为关于历史的实证科学。这是在历史观上发生的决定性的转变。

（二）唯物主义历史观的产生

恩格斯对唯物主义历史观的产生作了进一步阐述。

以往，唯心主义历史观把理性即概念、判断、推理等思维形式和思维活动，作为衡量历史发展的标准和动力，根本不知道在人们的思想动机背后支配着人们行动的物质利益以及基于物质利益的阶级斗争在人类历史中的重要作用；生产和一切经济关系只是当做“文化史”的从属因素被顺便提一下而已。

马克思、恩格斯之所以能够发现唯物主义历史观，是因为一些在历史观上引起决定性转变的历史事实老早就发生了。恩格斯列举了1831年法国里昂的工人起义和1838—1842年英国的人民宪章运动，说明无产阶级和资产阶级之间的阶级斗争一方面随着大工业的发展，另一方面随着资产阶级新近取得的政治统治的发展，在欧洲最先进的国家的历史中升到了重要地位。而阶级斗争的根源正是不同阶级在社会经济关系中所处的不同地位及其物质利益的对立。这是以往的唯心主义历史观根本不知道、也从来没有说明过的。

需要探讨的问题在于：既然在资本主义社会中，基于物质利益的阶级斗争具有如此重要的作用，那么在其他社会中，情况是不是也这样呢？正是这个新的事实迫使人们对以往的全部历史作一番新的研究。

马克思、恩格斯进而研究了以往的全部历史。结果发现：第一，“以往的**全部**历史，都是阶级斗争的历史”（1883年，恩格斯在《社会主义从空想到科学的发展》德文第一版中，对这个原理作了如下更加确切的表述："以往的全部历史，除原始状态外，都是阶级斗争的历史"）；第二，这些互相斗争的阶级在任何时候都是生产关系和交换关系的产物，一句话，都是自己时代的经济关系的产物；第三，每一时代的社会经济结构形成现实基础，每一个历史时期的由法的设施和政治设施以及宗教的、哲学的和其他的观念形式所构成的全部上层建筑，归根到底都应由这个基础来说明。

由于这些发现，一种崭新的历史观，即唯物主义的历史观，被提出来了。如果说，费尔巴哈使唯物主义重新登上了王座，主要是指对自然界的认识，那么，在历史观方面，情况就远不是这样的。在这个领域中，唯心主义仍然占据着支配的地位。费尔巴哈本人，也是一个"半截子"的唯物主义者。而随着唯物主义历史观的发现，情况才发生了根本性的变化。正因为如此，恩格斯才说："这样一来，唯心主义从它的最后的避难所即历史观中被驱逐出去了。"

（三）唯物主义历史观与社会主义从空想变为科学

马克思、恩格斯把唯物主义历史观运用于对资本主义生产方式的分析，创立了剩余价值理论。这个理论证明：剩余价值是由劳动力这种特殊商品在实现其使用价值时创造出来的、比自己具有的价值更多的价值，它被资本家无偿占有。无偿占有剩余价值是资本主义剥削的基本形式。① 这个理论揭示了资本主义生产的秘密。

19世纪初期的批判的空想社会主义，是近代空想社会主义发展的最高阶段。恩格斯指出：科学社会主义"永远不会忘记，它是站在圣西门、傅立叶和欧文这三个人的肩上的。虽然这三个人的学说含有十分虚幻和空想的性质，但他们终究是属于一切时代最伟大的智士之列的，他们天才地预示了我们现在已经科学地证明了其正确性的无数真理"②。但是，他们

---

① 《马克思恩格斯文集》第5卷，人民出版社2009年版，第714页。

② 《马克思恩格斯文集》第2卷，人民出版社2009年版，第218页。

的社会历史观在总体上仍然是唯心主义的。他们从抽象的“理性原则”出发，一方面指责资本主义违背了理性，另一方面把社会主义看成是人类理性、永恒正义的体现，而不是以社会生产方式的辩证运动为客观依据，把社会主义看做是资本主义高度发展的必然产物。他们幻想通过宣传、教育、示范和向统治者及有产者呼吁等手段实现自己的社会改革方案。他们只把无产阶级当做一个受苦受难的阶级来给予同情，不了解无产阶级担负着埋葬资本主义、实现社会主义的历史使命。

恩格斯指出：“为了使社会主义变为科学，就必须首先把它置于现实的基础之上。”

“立足现实”，首先是指：一切社会变迁和政治变革的终极原因，不应当到所谓绝对真理或先天理性中去寻找，而应当到现实的生产方式和交换方式中去寻找；揭露和消除资本主义社会弊病的手段，“不应当从头脑中**发明出来**，而应当通过头脑从生产的现成物质事实中**发现出来**”①。

“立足现实”，还必须具体解剖资本主义经济关系的发展过程，从而“一方面应当说明资本主义生产方式的历史联系和它在一定历史时期存在的必然性，从而说明它灭亡的必然性，另一方面应当揭露这种生产方式的一直还隐蔽着的内在性质”。

这两项任务，由于唯物主义历史观和剩余价值学说这“两大发现”而完成了。这就使社会主义理论获得了现实基础，从而由空想变成了科学。

二、道德和法的历史性（第一编九、十、十一）

（一）人的思维是至上的，同样又是不至上的

杜林哲学体系的一个部分，是《哲学教程》中“关于人的学说”，其核心内容是关于“道德和法”的理论。杜林认为，道德的世界，和一般

① 《马克思恩格斯文集》第3卷，人民出版社2009年版，第547页。

知识的世界一样，“有其恒久的原则和单纯的要素”，它是由善恶、正义、平等诸要素组成的。这些原则凌驾于“历史之上和现今的民族特性的差别之上”，具有普遍适用性和终极真理的性质。他不是从现实本身推论出现实，而是从观念推论出现实。这是十足的唯心主义历史观。

恩格斯通过对杜林在“道德和法”的问题上表现出来的唯心主义历史观的批判，科学地论述了马克思主义的真理观、道德观、平等观以及关于自由与必然的辩证关系等一系列基本原理。

由于杜林把正义、平等等看做“永恒真理”和社会的现实基础，恩格斯首先对所谓“永恒真理”即“人的认识的产物究竟能否具有至上的意义和无条件的真理权”这个问题，展开了剖析。

恩格斯主要阐明了以下思想：

第一，从根本上说，“人的思维是至上的，同样又是不至上的，它的认识能力是无限的，同样又是有限的”。这是因为，一方面，人的认识按它的本性、使命、可能和历史的终极目的来说，是至上的和无限的。即是说，客观世界是可以被人类认识的；另一方面，人的认识按它的个别实现情况和每次的现实来说，又是不至上的和有限的。即是说，作为认识主体的人，总是在一定历史条件下从事实践活动的，人们的认识能力不能不受到各种主客观条件的限制，比如生产发展的水平、阶级斗争实践的经验、整个社会的科学文化状况以及个人的知识水准等，因而不可避免地有其局限性。正因为如此，恩格斯说：“思维的至上性是在一系列非常不至上地思维着的人中实现的；拥有无条件的真理权的认识是在一系列相对的谬误中实现的；二者都只有通过人类生活的无限延续才能完全实现。”

第二，从已经获得的认识成果来看，人类并不是已经提供出了最后的终极真理。恩格斯是在具体地分析了整个认识领域的三大部分，即研究非生物界的科学、研究活的有机体的科学以及研究人类社会的历史科学的状况之后，得出这样的结论的。他指出，很可能我们还差不多处在人类历史的开端，而将来会纠正我们的错误的后代，大概比我们有可能经常以十分轻蔑的态度纠正其认识错误的前代要多得多。

第三，真理和谬误，正如一切在两极对立中运动的逻辑范畴一样，只是在非常有限的领域内才具有绝对的意义。在一定的条件下，对立的两极都向自己的对立面转化，真理变成谬误，谬误变成真理。这说明真理和谬误是辩证统一的关系，既相互排斥又相互联系，在一定的领域内，真理和谬误的对立具有绝对的意义。超出这个领域，在另外的条件下，二者又会互相转化，一切以具体条件为转移。

由此可见，把人们在一定历史阶段上的某种认识宣布为永恒的绝对的真理，是不符合人类认识发展的实际的。认为人们对客观世界及其规律的认识已经达到极致，这在实际上等于把科学研究的任务本身取消了。

恩格斯通过论证真理的相对性和绝对性的辩证关系，驳斥了杜林关于超历史的“永恒真理”的观点，这就从根本上否定了他关于“道德和法”的学说立论的主要依据。

为了批判杜林在真理观上的绝对主义，恩格斯在这里着重强调的是真理的相对性。但他并没有因此走向相对主义。他认为，相对之中有绝对。事实上，在绝对真理的长河中，人们对于各个一定发展阶段上的具体过程的认识只具有相对的真理性。无数相对真理之总和构成绝对真理。

（二）道德和法的观点是人们社会关系和政治关系的相应表现

在批驳杜林关于绝对的终极真理和超历史的道德原则的基础上，恩格斯深入论证了道德的历史性。他着重阐明了以下三个观点：

第一，道德和法的观点是历史的范畴。

恩格斯指出：道德观念是随着历史的发展而发展的，在不同的民族、不同的时代，由于社会物质生活条件的差别，道德观念也存在差别和对立。善恶观念从一个民族到另一个民族、从一个时代到另一个时代变更得这样厉害，以致它们常常是互相直接矛盾的。

这是因为，道德属于社会的上层建筑。道德和法作为意识形态是人们社会关系和政治关系的反映。“一切以往的道德论归根到底都是当时的社会经济状况的产物。”人们自觉地或不自觉地，归根到底总是从他们阶级地位所依据的实际关系中——从他们进行生产和交换的经济关系中，获得自己的伦理观念。因此，人们的经济关系和政治关系变化了，道德和法的观念就会随着发生变化。

当时，在欧洲资本主义国家里存在着三种道德，即封建道德、资产阶级道德和无产阶级道德。它们都是历史的产物，分别代表着社会的过去、现在和未来的不同阶段，各自起着不同的作用。杜林所说的适用于一切世界、一切时代的道德，在现实社会中是根本不存在的。

第二，阶级社会的道德始终是阶级的道德。

在阶级社会中，道德始终是一定阶级的利益的反映，并且是为一定阶级服务的。它或者为统治阶级的统治和利益辩护，或者当被压迫阶级变得足够强大时，代表被压迫者对这个统治的反抗和他们的未来利益。

强调阶级社会的道德"始终是阶级的道德"，并不意味着道德在阶级社会中没有进步。恩格斯指出："道德方面也和人类认识的所有其他部门一样，总的说是有过进步的。"

封建道德、资产阶级道德和无产阶级道德，哪一种是合乎真理的呢？如果就绝对的终极性来说，哪一种也不是；但是，现在代表着现状的变革、代表着未来的那种道德，即无产阶级道德，肯定拥有最多的能够长久保持的因素。

只有在不仅消灭了阶级对立，而且在实际生活中也忘却了这种对立的社会发展阶段上，超越阶级对立和超越对这种对立的回忆的、真正人的道德才成为可能。

第三，道德的某种共同性问题。

既然阶级社会的道德"始终是阶级的道德"，而不同的阶级又有着各自的利益，那么，各种道德论之间是否有共同之处？这也是需要思考和回答的一个问题。

在肯定道德的发展依赖于社会经济关系的发展和阶级社会中道德具有阶级性的前提下，恩格斯论述了道德发展中的相对独立性和某种共同性的问题。

首先，封建贵族的、资产阶级的和无产阶级的道德论，都是阶级社会的道德论，分别"代表同一历史发展的三个不同阶段，所以有共同的历史背景，正因为这样，就必然有许多共同之处”。比如，封建道德和资产阶级道德，都是剥削阶级的道德，后者同前者有共同之处和直接的继承关系是不难理解的。无产阶级道德主要继承历史上劳动人民的优秀道德传统；同时也批判地继承历史上处于进步时期的剥削阶级的某些优秀道德传统，使之成为构成无产阶级道德的某种因素。

其次，对同样的或差不多同样的经济发展阶段来说，道德论必然是或多或少地互相一致的。比如，“切勿偷盗”就是在从私有制产生以来的一切私有制社会里存在着的共同的道德戒律。

不过，这些共同的道德因素，不仅在不同阶级的道德论中有着不同的阶级内容，而且随着社会经济状况的变化终究要发生变化。比如，当社会发展到物质财富极大丰富、消灭了私有制和阶级、人们思想境界大大提高、偷盗的动机随之消除的时候，“切勿偷盗”的道德戒律就成为多余的了。所以，它并不是什么超历史、超民族的永恒的道德规范。

（三）平等的观念是历史的产物

杜林在研究社会平等问题时，把两个抽象的人作为社会的“简单要素”，认定这两个人的意志本来是“完全平等”的，只是由于一方对另一方使用暴力才造成了不平等。因此，他把过去不平等的社会历史一概斥之为谬误。

恩格斯指出：杜林不是从对象本身去认识某一对象的特性，而是从对象的概念中逻辑地推导出这些特性，这是本末倒置的唯心主义方法。事实上，不平等产生的根源在于私有财产的出现，暴力不过是一种表现形式，而不是根源。抹杀不平等产生的经济根源，实际上就掩盖了剥削阶级对广大劳动人民奴役的实质。

恩格斯在揭露了杜林平等观念的谬误之后，着重从以下几个方面阐明了马克思主义的平等观：

第一，平等观念的历史发展及其阶级内容。

平等是一个法权观念，属于上层建筑。各个历史时期的平等观念，都是当时历史的产物，是各个社会的经济基础、阶级关系在社会意识中的反映。

在以往的社会中，与生产力的发展水平和阶级斗争的状况相适应，平等只能是局部的、范围有限的。

在原始社会末期的农村公社中，由于私有制和奴隶的出现，以及妇女经济地位的下降等，就开始出现了不平等。当时只有男性公社成员之间的平等，奴隶和外地人根本就没有平等。奴隶社会只有自由民之间的平等，自由民和奴隶之间没有什么平等可言。就是在自由民内部，工商业奴隶主、贵族和一般平民在政治地位和社会地位上也都是不平等的。在封建社会里，更存在着复杂的社会等级制度，不仅农奴和封建主之间毫无平等可言，就是在封建统治阶级内部各阶层之间，也没有什么平等。

现代的平等观念要求："一切人，或至少是一个国家的一切公民，或一个社会的一切成员，都应当有平等的政治地位和社会地位。"这种观念是直到在西欧和中欧形成的文化区域内建立了民族国家所组成的体系的基础上才形成的。"只是在这个基础上才有可能谈人的平等和人权的问题"。

第二，资产阶级平等观的阶级本质和历史作用。

在封建社会内部孕育了"这样一个阶级，这个阶级在它进一步的发展中，注定成为现代平等要求的代表者，这就是资产阶级"。

首先，资产阶级要求废除封建特权、冲破地方关卡，取得平等的权利进行交换，以便于发展大规模的贸易；它要求冲破行会的束缚，使工人能够作为权利平等的一方与厂主订立契约出租自己的劳动力，以便于发展雇佣劳动制。这就是说，社会的经济进步"把摆脱封建桎梏和通过消除封建不平等来确立权利平等的要求"提上了日程。

其次，为了实现这个要求，资产阶级不能不利用农民的力量。只要为工业和商业的利益提出这一要求，就必须为广大农民要求同样的平等权利。因为农民遭受封建制度的严重压迫，是反对封建压迫的主要群体。

再次，由于人们生活在那些相互平等地交往并且处在差不多相同的资产阶级发展阶段的独立国家所组成的体系中，这种要求很自然地获得了普遍的、超出个别国家范围的性质。在这样的社会历史条件下，自由和平等也就"很自然地被宣布为**人权**"。

在反封建的资产阶级革命的历史条件下，资产阶级提出的平等要求，曾经在不同程度上代表过各被压迫阶级的共同诉求，起过积极的历史作用。

那么，这是不是意味着，自由和平等由此真正成了普遍的人权呢？不是。恩格斯尖锐地揭露这种人权的特殊资产阶级性质，即资产阶级提出的这种平等要求，主要是为了反对妨碍它自由发展的封建阶级的特权。资产阶级标榜的个人的人身自由和平等的权利，不过是资产阶级处理自己的财产和雇佣工人的自由，在市场上进行商品交换的平等。这种平等，没有、也不可能改变资本家剥削和压榨工人的事实。对于广大农民来讲，要求平等固然有助于解除他们对封建主的人身依附，摆脱封建压迫，但是，他们中的大多数在获得这种“自由平等”之后，却将随着资本主义的发展而走向破产，沦为一无所有、仅仅有出卖自己劳动力自由的无产者。

资产阶级平等观的虚伪性，在 1787 年美国宪法中表现得最为明显：它一方面把自由、平等标榜为“人权”；另一方面却明文规定保留奴隶制，允许贩卖黑奴。所以恩格斯说，这是“这种人权的特殊资产阶级性质的典型表现”。

资产阶级平等观，是资本主义商品经济关系在思想上的反映。因为根据价值规律，商品的价值是由其中所包含的社会必要劳动来计量的，由于一切劳动都是人类劳动因而具有等同性和同等意义。在资本主义社会中，商品生产占统治地位，由于体现这种“平等”的价值规律在普遍地起着作用，所以在这个社会中就必然会提出关于自由平等的要求。现代平等观念，就是“从资产阶级社会的经济条件中”产生出来的。

第三，无产阶级平等要求的双重意义和实际内容。

伴随着资产阶级平等观念的提出，无产阶级也提出了自己的平等要求。“从消灭阶级**特权**的资产阶级要求提出的时候起，同时就出现了消灭**阶级本身**的无产阶级要求”。

无产阶级的平等观与资产阶级平等观有本质区别。无产阶级只有解放全人类，才能最终解放自己，所以它不仅仅要求废除某一阶级的特权，而且要求废除私有制，建立公有制，消灭阶级和阶级差别，实现人类在政治上和与之相适应的社会地位上，以及经济权利上的真正平等。

从历史上看，无产阶级提出平等的要求具有双重意义。或者它是在无产阶级斗争的初期对极端的社会不平等，对富人和穷人之间、主人和奴隶之间、骄奢淫逸者和饥饿者之间的对立的自发的反应。这种自发反应本身只是革命本能的简单表现。或者它是从对资产阶级平等要求的反应中产生的，吸收了资产阶级平等要求中或多或少正确的、可以进一步发展的要求，成了用资本家本身的主张发动工人起来反对资本家的鼓动手段。

在上述两种情况下，“无产阶级平等要求的实际内容都是**消灭阶级**的要求”。这就是平等观念的科学内容。任何超出这个范围的平等要求都必然要流于荒谬。这也就意味着，无产阶级要实现真正的事实上的平等，必须通过社会革命，推翻资本主义制度，直至消灭一切阶级和阶级差别。

确立平等观念的上述科学内容，具有重要的意义。因为这一观念在差不多所有国家的社会主义运动中都起着巨大的鼓动作用。因此，“这一观念的科学内容的确立，也将确定它对无产阶级鼓动的价值”，从而有助于推动社会主义运动摆脱资产阶级的影响、沿着正确的方向发展。

（四）自由在于根据对必然的认识来支配自己和外部自然

自由与必然的关系问题是世界观和历史观的一个重要问题。恩格斯指出：“如果不谈谈所谓自由意志、人的责任能力、必然和自由的关系等问题，就不能很好地议论道德和法的问题。”认识自由与必然的辩证关系，是运用道德和法律规范评价人们行为的前提。

杜林说，自由是理性的认识和本能的冲动的合力。这也就是说，自由完全是由主观条件决定的，与客观规律无关。他又说，自由受着自然规律不可避免的强制。这两个定义是互相矛盾的，表明他在人的意志自由问题上陷入了折中主义。而第二个定义不过是对黑格尔的思想的庸俗化。他的基本观点，是把自由说成是绝对的，是不受客观规律支配的。这同他关于永恒真理等的观点是一脉相承的。

恩格斯揭露了杜林的错误观点，批判地吸收了黑格尔的合理思想，对自由与必然的关系作了科学的概括和阐述。

恩格斯指出："自由不在于幻想中摆脱自然规律而独立，而在于认识这些规律，从而能够有计划地使自然规律为一定的目的服务。……意志自由只是借助于对事物的认识来作出决定的能力。"这就是说，只有在认识了事物必然性的基础上，人们才能作出正确的判断和切实可行的决定，才有意志自由。行动的自由，并不意味着人们可以摆脱事物的规律性而为所欲为，而是承认事物规律的客观存在，在认识和把握它的基础上在实践中有目的地驾驭和利用它。所以，"自由就在于根据对自然界的必然性的认识来支配我们自己和外部自然"。只有坚持这样的观点，我们才能一方面同不承认客观规律的"唯意志论"划清界限；一方面又同不承认人的主观能动作用的"宿命论"划清界限。

自由是历史的产物。人本身的发展就是不断地从必然走向自由的过程。由于人类各个历史时代认识自然和改造自然的成果积淀在各时代的科学、技术和文化之中，所以，文化上的每一个进步，都是迈向自由的一步。只有到了生产力高度发达的社会状态，任何阶级差别以及任何对个人生活资料的忧虑一起消失，才"能够谈到真正的人的自由，谈到那种同已被认识的自然规律和谐一致的生活"。在这之前去奢谈什么普适性的"真正的人的自由"，只能是一种欺骗。

三、经济、政治权力及其相互关系
（第二编二、三、四）

（一）关系的经济方面比政治方面具有大得多的基础性

暴力论是杜林唯心主义经济学体系的基础。他认为，"政治关系的形式是历史上基础性的东西"，"本原的东西必须从直接的政治暴力中去寻找，而不是从间接的经济力量中去寻找"。这种观念曾支配以往的整个历史观。

恩格斯在经济学编中用三章的篇幅揭露杜林的错误，进一步论证了经济决定政治、政治与经济相互关系的原理。他主要阐明了以下思想：

第一，暴力仅仅是手段，相反，经济利益才是目的。目的比用来达到目的的手段要具有大得多的“基础性”。

比如，一个民族对另一个民族的武力征服，是为了掠夺对方的财富，奴役那里的人民。总之，是为了获得经济利益。

第二，古代奴隶制是在生产发展到一定阶段的历史条件下产生的。

要迫使人们去从事奴役劳动，强迫者就必须事先拥有使被强迫者从事劳动的生产资料和维持困苦生活的生活资料。因此，先要在生产上达到一定的阶段，并在分配的不平等上达到一定的程度，奴隶制才会成为可能。这就是说，奴役制度的产生，是基于经济的原因，而不是基于暴力。

第三，强迫者奴役他人的条件是，必须拥有超出平均水平的财产，而私有财产的形成也是由于经济的原因，而不是源于暴力。

恩格斯指出：虽然财产可以由掠夺而得到，但是它必须先由劳动者生产出来，然后才能被掠夺。在历史上，私有财产的形成，到处都是由于生产关系和交换关系发生变化，都是为了提高生产和促进交换——因而都是由于经济的原因。在这里，暴力没有起任何作用。

第四，是“经济状况”的改变促使政治状态的改变。

恩格斯以资产阶级的发展史为例，来证明这一点。历史地说，资产阶级战胜封建贵族、取得统治以前，封建贵族始终掌握着政治暴力。资产阶级是依靠什么去占领一个一个阵地的呢？其决定性的武器是他们手中的经济权力，这种权力随着工业（起初是手工业，后来扩展成为工场手工业）的发展和商业的扩展而不断增长起来。所以，资本主义发展的全部过程都可以由纯经济的原因来说明。

历史的事实表明，随着经济状况的改变，政治状况的改变总是要或迟或早地、或自愿或通过斗争随之发生的。所以，“如果‘政治状态是经济状况的决定性的原因’，那么，现代资产阶级就不应当是在反对封建制度的斗争中发展起来的，而应当是封建制度自愿生产的宠儿”。显然这是不符合历史实际的。

第五，暴力本身是以“经济力量”、“经济状况”为基础的。

暴力不是单纯的意志行为。它要求有实现意志行为的工具、武器。暴力的胜利是以武器的生产为基础的，而武器的生产又是以整个生产为基础的，因而是以“经济力量”、“经济状况”，是以可供暴力支配的物质手段为基础的。

还要看到，现代化的军队的全部组织和作战方式以及与之有关的胜负，也取决于物质的即经济的条件：取决于人和武器这两种材料，也就是取决于居民的质和量以及技术。比如，现代的军舰不仅是现代大工业的产物，同时还是现代大工业的样板，是浮在水上的工厂。“现代军舰为基础的海上政治暴力，表明它自己完全不是‘直接的’，而正是**借助于**经济力量，即冶金术的高度发展、对熟练技术人员和丰富的煤矿的支配。”这就进一步说明，暴力不是“本原的东西”，经济状况才是暴力的基础。

总之，“在任何地方和任何时候，都是经济条件和经济上的权力手段帮助‘暴力’取得胜利，没有它们，暴力就不成其为暴力。”

（二）生产的发展和相对不发展与统治和奴役的关系

统治和奴役关系的形成，并非像杜林断言的是由于暴力，而是由于经济的原因，是同生产的发展和相对不发展相联系的。恩格斯在批驳杜林时论证了以下几个重要观点：

第一，阶级统治和奴役关系的形成，是同经济发展的一定历史阶段相联系的。

恩格斯阐述了统治和奴役关系形成的两种过程。他指出：

一个过程是社会职能独立化上升为对社会的统治，社会公仆变成社会主人。

在原始社会里，由于生产力水平很低，人人都必须参加劳动，都享受着生活状况和社会地位的某种平等。但是，每个公社内部，“一开始就存在着一定的共同利益，维护这种利益的工作，虽然是在全体的监督之下，却不能不由个别成员来担当”。这些职位被赋予了某些特权，这是国家权力的萌芽。随着社会成员由于原始公社的瓦解而变为私人生产者，而和社会公共职能的执行者更加疏远，这种权力不断得到加强。后来，社会职能对社会的这种独立化逐渐上升为对社会的统治，起初的社会公仆逐步变成社会的主人，成为具有特权的统治者，进而形成统治阶级。

这就是说，“一切政治权力起先都是以某种经济的、社会的职能为基础的”，“政治统治到处都是以执行某种社会职能为基础，而且政治统治只有在它执行了它的这种社会职能时才能持续下去”。

一个过程是生产力发展到出现剩余产品的条件下，形成阶级和统治关系。

随着生产力发展到劳动力可以生产出超过单纯维持自身所需要的产品的数量，劳动力就获得了某种价值。“在这时已经达到的‘经济状况’的水平上，战俘获得了某种价值；因此人们就让他们活下来，并且使用他们的劳动。”这样，奴隶制就形成了。

以上表明，统治和奴役关系的形成，主要是由于经济的原因。从历史上看，不是暴力支配经济状况，而是暴力为经济状况服务。

第二，阶级统治和奴役关系在一定历史阶段存在和被消灭的必然性。

杜林认为，人类原本是自由、平等的，只是由于使用暴力，才产生统治和奴役的关系。因此，全部以往的历史都应当加以唾弃。这种观点，完全是非历史的。

阶级统治和奴役关系在一定历史阶段的存在，有其必然性。因为随着生产力的发展，交往和分工逐步扩大。而分工的规律，正是阶级划分的基础。“只要实际从事劳动的居民必须占用很多时间来从事自己的必要劳动，因而没有多余的时间来从事社会的公共事务——劳动管理、国家事务、法律事务、艺术、科学等等，总是必然有一个脱离实际劳动的特殊阶级来从事这些事务；而且这个阶级为了它自己的利益，从来不会错过机会来把越来越沉重的劳动负担加到劳动群众的肩上。”

在当时的情况下，采用奴隶制是一个巨大的历史进步。“我们的全部经济、政治和智力的发展，是以奴隶制既成为必要、同样又得到公认这种状况为前提的。”事实上，“当一种生产方式处在自身发展的上升阶段的时候，甚至在和这种生产方式相适应的分配方式下吃了亏的那些人也会欢迎这种生产方式。”奴隶制是一种极残酷的奴役制度。但是，在开始时，“甚至对奴隶来说，这也是一种进步；成为大批奴隶来源的战俘以前都被杀掉，在更早的时候甚至被吃掉，现在至少能保全生命了”。

只有当一种生产方式已经走完自身的没落阶段的颇大一段行程，而它的后继者已经在敲门的时候，不平等的分配才会被普遍认为是非正义的。这种道义上的愤怒只是一个征兆，表明这种生产方式即将走向灭亡了。

第三，统治和奴役关系消灭的经济社会条件。

如果说“剥削阶级和被剥削阶级、统治阶级和被压迫阶级之间的到现在为止的一切历史对立，都可以从人的劳动的这种相对不发展的生产率中得到说明”；那么，“只有通过大工业所达到的生产力的极大提高，才有可能把劳动无例外地分配给一切社会成员，从而把每个人的劳动时间大大缩短，使一切人都有足够的自由时间来参加社会的公共事务——理论的和实际的公共事务”。因此，只是在那个时候，任何统治阶级和剥削阶级才成为多余的，而且成为社会发展的障碍；统治阶级和剥削阶级，都将被无情地消灭。

（三）政治权力对经济发展的两种相反方向的作用

恩格斯在详细论证了经济决定政治的原理之后，又论述了政治权力对于经济发展的反作用。

恩格斯指出，政治权力一旦对社会独立起来并且形成对社会的统治力量，可以朝着两个方向发展，即对于经济的发展有两种相反的作用。

一种是按照合乎规律的经济发展的方向发生作用，在这种情况下，它和经济发展之间没有任何冲突，经济发展会加快速度。在这里，政治权力起着适应和促进经济发展的作用。另一种是“违反经济发展而发生作用，在这种情况下，除去少数例外，它照例总是在经济发展的压力下陷于崩溃”。这里的例外是指个别的征服事件。历史上比较野蛮的民族每一次对较为文明的民族的征服，都毫无例外地阻碍了经济的发展，摧毁了大批的生产力。但是比较野蛮的民族在长时期的征服中，在绝大多数情况下，都不得不适应由于征服而面临的比较高的“经济状况”，为被征服者较为先进的经济所同化，甚至不得不采用被征服者的语言。在一般情况下，当某一国家内部的国家政权同它的经济发展处于对立地位时，斗争每次总是以政治权力被推翻而告终。经济发展总是毫无例外地和无情地为自己开辟道路。

（四）革命：造成新的“经济状况”能够存在和发展的政治状态

当一种生产方式走到了自身的尽头，而陈腐的政治权力又竭力维护陈腐的生产关系、从根本上阻碍生产力发展的时候，革命就会被提上日程。革命的目的不是为了使经济状况适应政治状态；相反，是为了把陈腐的政治废物抛开，并造成使新的“经济状况”能够存在和发展的政治状态。陈腐的政治权力的主要依靠，是军队等暴力工具。因此，在一定的历史条件下，革命的阶级和政治力量为了摧毁陈腐的政治权力，为经济的发展扫清障碍、开辟道路，就不能不使用革命的暴力。正因为如此，恩格斯认为，对暴力的性质和历史作用必须进行具体的分析，必须区别反动的暴力和革命的暴力。他指出：“暴力在历史中还起着另一种作用，革命的作用；暴力，用马克思的话说，是每一个孕育着新社会的旧社会的助产婆；它是社会运动借以为自己开辟道路并摧毁僵化的垂死的政治形式的工具。”

由于革命者用暴力摧毁了陈腐的政治权力、造成了使新的“经济状况”能够存在和发展的政治状态，这就必然会带来人们思想上的极大解放，把人们引向新的精神境界。杜林认为，暴力的任何使用都会使暴力使用者道德堕落。这是违背历史实际的。每一次革命的胜利都带来了人们在“道德上和精神上的巨大跃进”。这是任何人都无法否认的历史事实。

四、唯物主义历史观与科学社会主义（第三编二）

在社会主义编，恩格斯运用历史唯物主义的基本观点科学评述了三大空想社会主义者的学说，系统阐明了科学社会主义的原理，彻底批判了杜林的反动的小资产阶级社会主义。第二章是全编的重点。

（一）用唯物主义历史观科学阐明社会主义基本理论

恩格斯对历史唯物主义基本原理作了进一步的概括。科学社会主义就是在唯物主义历史观的基础上发展起来的。其主要思想包括：

1. 科学社会主义是资本主义的矛盾和冲突在工人阶级头脑中的正确反映

19世纪三四十年代，新的生产力的发展同资本主义生产关系的矛盾进一步加剧，无产阶级同资产阶级之间的阶级斗争日益激化。恩格斯说："现代社会主义不过是这种实际冲突在思想上的反映，是它在头脑中，首先是在那个直接吃到它的苦头的阶级即工人阶级的头脑中的观念上的反映。"

2. 资本主义社会基本矛盾的发展必然导致资本主义的灭亡

资本主义的基本矛盾是生产的社会化和资本主义的私人占有之间的矛盾。恩格斯始终以分析这个矛盾为中心来考察资本主义的整个发展过程。

第一，资本主义的基本矛盾表现在阶级关系上就是"**无产阶级和资产阶级的对立**"，它的另一种表现是"**个别工厂中生产的组织性和整个社会中生产的无政府状态之间的对立**"。

第二，资本主义基本矛盾的不断发展，社会贫富两极分化的加剧，造成了生产无限扩大的可能性和劳动群众的有效需求即有购买力的需求相对缩小的矛盾。竞争和社会生产无政府状态的推动力，又使这一矛盾日益尖锐。结果，"市场的扩张赶不上生产的扩张。冲突成为不可避免的了，而且，因为它在把资本主义生产方式本身炸毁以前不能使矛盾得到解决，所以它就成为周期性的了。"经济危机表明："经济的冲突达到了顶点：**生产方式起来反对交换方式，生产力起来反对已经被它超过的生产方式。**"

第三，在资本积累和集中高度发展的基础上，作为生产力社会化形式的各种股份公司相继产生，某些部门和企业的资本主义国有化也随之出现。但是，无论是股份公司，还是资本主义国有化，都是资本主义的占有形式，根本不能消除生产力的资本主义属性。

3. 只有社会主义革命才能解决资本主义社会的矛盾

要解决资本主义的基本矛盾，只能在事实上承认现代生产力的社会本性，即必须消灭以生产资料私有制为基础的资本主义生产关系，建立以生产资料公有制为基础的新的生产关系，使生产关系与现代化生产力的社会本性相适应。为此，就必须进行社会主义革命，用暴力打碎资产阶级的国家机器、实行无产阶级专政。

“无产阶级将取得国家政权，并且首先把生产资料变为国家财产。”由于实行了生产资料公有制，一切阶级差别和阶级对立消灭了。“对人的统治将由对物的管理和对生产过程的领导所代替。国家不是‘被废除’的，**它是自行消亡的**。”

恩格斯说：“完成这一解放世界的事业，是现代无产阶级的历史使命。深入考察这一事业的历史条件以及这一事业的性质本身，从而使负有使命完成这一事业的今天受压迫的阶级认识到自己的行动的条件和性质，这就是无产阶级运动的理论表现即科学社会主义的任务。”

（二）人们将成为社会结合的主人

1. 社会占有生产资料

无产阶级夺取国家政权之后，国家真正作为整个社会的代表所采取的第一个行动，即以社会的名义占有生产资料，同时也是它作为国家所采取的最后一个独立行动。劳动者在生产过程中和社会上的地位都将发生根本的变化。生产资料的社会占有决定了与之相适应的劳动产品的占有方式：一方面由社会直接占有，作为维持和扩大生产的资料，另一方面由个人直接占有，作为生活资料和享受资料。通过社会生产，不仅可以保证一切社会成员有富足的和一天比一天充裕的物质生活，而且还可能保证他们的体力和智力获得充分的自由的发展和运用。这就阐明了新社会的生产的性质和目的。

社会占有生产资料是社会主义社会的最基本特征，社会主义社会的其他特征都是由其决定的。

2. 商品生产将要被消灭

在社会占有生产资料的条件下，生产是直接为了社会消费的生产，因而不再具有商品生产的形式。随着商品生产的消亡，产品对生产者的统治也将随之消除。生产者将成为自己产品的主人。

3. 社会有计划地自觉地组织生产

代替商品生产内部无政府状态的，将是社会有计划地自觉地组织生产。这将使人从动物的生存条件进入真正人的生存条件，使一直统治历史的客观的异己力量处于社会结合的主人的控制之下，变成了他们自己的自由行动。“只是从这时起，人们才完全自觉地自己创造自己的历史；只是从这时起，由人们使之起作用的社会原因才大部分并且越来越多地达到他们所预期的结果。这是人类从必然王国进入自由王国的飞跃。”

在社会占有生产资料的条件下，社会“通过有计划地利用和进一步发展一切社会成员的现有的巨大生产力，在人人都必须劳动的条件下，人人也都将同等地、愈益丰富地得到生活资料、享受资料、发展和表现一切体力和智力所需的资料”。① 而随着阶级对立和阶级差别的消灭，国家也将自行消亡。

恩格斯关于社会主义社会基本特征的描述，以及关于在未来社会里人们将完全自觉地自己创造自己的历史的科学设想，是指已经充分发展了的社会主义，是对人类社会发展总趋势的揭示和展望；而不是说，一个国家一旦建立社会主义制度，就会立即全部地、充分地具备上述基本特征。只有从这个角度进行解读，我们才能对恩格斯关于社会主义社会基本特征的描述有一个正确的把握。

当前，我国仍处于并将长期处于社会主义初级阶段，这是中国共产党对当代中国基本国情作出的科学判断，并在此基础上形成了社会主义初级阶段的基本路线和基本纲领。学习《反杜林论》，应当准确把握马克思主义经典作家揭示的人类社会发展总趋势，认清社会主义初级阶段的基本国情和我国发展的阶段性特征，既不能妄自菲薄、自甘落后，也不能脱离实

① 《马克思恩格斯文集》第1卷，人民出版社2009年版，第709—710页。

际、急于求成，必须坚持把社会主义初级阶段作为推进改革、谋划发展的根本依据，更加自觉地走科学发展道路，奋力开拓中国特色社会主义更为广阔的发展前景。

延伸阅读：

1. 恩格斯：《社会主义从空想到科学的发展》，《马克思恩格斯文集》第 3 卷，人民出版社 2009 年版。

弗·恩格斯《路德维希·费尔巴哈与德国古典哲学的终结》（节选）学习导读

《路德维希·费尔巴哈和德国古典哲学的终结》（以下简称《费尔巴哈论》）写作于1886年。1890年，恩格斯在一封信中特别提到了《费尔巴哈论》和《反杜林论》，他说“我在这两部书里对历史唯物主义作了就我所知是目前最为详尽的阐述”①。

以康德、黑格尔和费尔巴哈为主要代表的德国古典哲学是马克思主义哲学的直接理论来源，二者既密切关联，又有本质区别。19世纪70年代以后，在德国、英国等国流行起来的新康德主义和新黑格尔主义，复活和发展了德国古典哲学中唯心主义和形而上学的消极保守因素，成为马克思主义传播的思想障碍。所以恩格斯认为，很有必要对马克思主义与德国古典哲学的关系作出全面系统的阐述，既阐明马克思和他怎样从黑格尔哲学出发又怎样同它脱离，也阐明他们同费尔巴哈的思想的关系。丹麦哲学家施达克在他1885年出版的《路德维希·费尔巴哈》一书中极力维护费尔巴哈，但他把费尔巴哈说成是唯心主义者。德国社会民主党的理论杂志《新时代》约请恩格斯撰文评述《路德维希·费尔巴哈》一书，是恩格斯写作《费尔巴哈论》的直接起因。

《费尔巴哈论》全书共四章。第一章论述黑格尔的哲学，阐明黑格尔辩证法的革命性质及其与唯心主义体系之间的矛盾以及费尔巴哈唯物主义的产生。第二章阐明费尔巴哈的哲学是唯物主义，同时指出它的缺陷，也分析了18世纪法国唯物主义的机械性和形而上学性的缺陷。第三章批评费尔巴哈在历史观方面的唯心主义，着重评析了其唯心主义的宗教观和道德观。第四章的内容是“对马克思的历史观的一个概述”。

第四章主要论述了以下四个方面的问题。

---

①《马克思恩格斯文集》第10卷，人民出版社2009年版，第593页。

一、从唯心主义、形而上学到唯物辩证法

唯物主义是同唯心主义相对立的哲学派别。哲学家们依照如何回答思维与存在、精神与自然界何者是本原的问题而分成了唯物主义和唯心主义两大阵营，其中，“凡是认为自然界是本原的，则属于唯物主义的各种学派”①。这是一切唯物主义哲学的共同特征。但是，从前的唯物主义都未能把这一观点贯彻到底。马克思主义与它们的不同就在于，它“第一次对唯物主义世界观采取了真正严肃的态度，把这个世界观彻底地（至少在主要方面）运用到所研究的一切知识领域里去了”。历史唯物主义就是把唯物主义世界观贯彻到社会历史领域的伟大成果。

（一）对黑格尔辩证法的改造

历史唯物主义的创立，是同对黑格尔的辩证法的改造分不开的。

黑格尔哲学是一个庞大的客观唯心主义体系。在黑格尔看来，“绝对观念”从来就存在，并且在辩证发展着，而黑格尔的整个体系，就是对它的辩证发展过程的描述。

黑格尔哲学体系包括“逻辑学”、“自然哲学”和“精神哲学”三部分，依次描述绝对观念发展的三个阶段。在“逻辑学”中,绝对观念作为纯粹概念自我发展。在这一阶段的最后，它使自己“外化”为自然界，于是进入“自然哲学”阶段。在这个阶段的最后出现了人，于是进入“精神哲学”阶段，绝对观念在人身上达到了自我意识，它的发展体现到历史中，而全部发展的最高阶段就是黑格尔哲学。这就是说，在黑格尔那里，绝对观念是本原的存在，自然界和历史中的辩证发展被看做是概念的自己运动的翻版。他把概念与现实世界的关系完全颠倒了。“这种意识形态上的颠倒是应该消除的。”

马克思和恩格斯对黑格尔的辩证法的改造，就是重新唯物地把人们头脑中的概念看作现实事物的反映。这样一来，“辩证法就归结为关于外部

① 《马克思恩格斯文集》第4卷，人民出版社2009年版，第278页。

世界和人类思维的运动的一般规律的科学”。

对立统一的辩证运动是包括自然界和人类社会在内的现实世界所固有的；人类思维运动也是受辩证规律支配的，所不同的只是，人的头脑可以自觉地认识和运用这些规律。所以外部世界的辩证规律和人类思维运动的辩证规律在本质上是同一的，只是在表现上不同。这两个系列的规律，都具有客观性。马克思主义的唯物辩证法就是对这些辩证规律的自觉反映。

黑格尔以唯心主义的方式第一个全面地有意识地叙述了辩证法的一般运动形式。马克思和恩格斯剥去了黑格尔体系的神秘外壳，把在黑格尔那里倒立着的辩证法倒转过来，拯救了自觉的辩证法。

按照辩证法的基本思想，“世界不是既成**事物**的集合体，而是**过程**的集合体”，一切事物和反映事物的概念、思想，都处在生成和灭亡的不断变化中。辩证法摆脱了阻碍它贯彻到底的唯心主义的束缚后，它的这一基本思想就可以被彻底地运用到一切领域中去了。唯物辩证法推翻了一切关于最终的绝对真理和与之相应的绝对的人类状态的观念。在它看来，“一切依次更替的历史状态都只是人类社会由低级到高级的无穷发展进程中的暂时阶段”①。这样，正确认识社会历史的方法就找到了。

（二）自然科学的发展与唯物辩证法的创立

马克思、恩格斯创立唯物辩证法和唯物主义历史观，既是对黑格尔的唯心辩证法的改造，也是对旧唯物主义的形而上学思维方法的克服。

形而上学是同辩证法相对立的发展观和思维方法，它的主要特征是：用静止的而不是发展的、孤立的而不是联系的、片面的而不是全面的观点去看世界，“把**事物**当做一成不变的东西去研究”。17、18 世纪，这种思维方法无论在自然科学或哲学中都占据了支配地位，这是由当时的历史条件特别是自然科学发展的状况决定的。人们必须先分门别类地研究不同的事物，然后才能把它们联系起来去把握。所以直到 18 世纪末，自然科学仍“主要是**搜集材料的**科学”，关于既成事物的科学。人类对自然的认识

① 《马克思恩格斯文集》第 4 卷，人民出版社 2009 年版，第 270 页。

在这种研究中获得了巨大进展，但同时也在自然科学和哲学中造成了静止地、孤立地、片面地观察事物的形而上学思维方法。

进入19世纪后，自然科学在迅速发展中呈现出新的特点，成为“本质上是**整理材料的**科学”，关于过程、关于发生和发展、关于联系的科学。19世纪诞生的生理学、胚胎学、地质学，都是研究其客观对象形成、发展过程的科学。特别是细胞学说、能量守恒和转化定律以及达尔文的进化论这三大成果，使人类对自然过程的相互联系的认识大踏步地前进了。当自然科学发展到可以系统地研究自然界中事物的发展变化和相互联系的时候，“在哲学领域内也就响起了旧形而上学的丧钟”。形而上学思维方法被唯物辩证法所取代，是人类认识合乎规律地发展的结果。

二、历史进程受内在一般规律支配

在马克思创立唯物主义历史观之前，社会历史的理论领域被唯心史观统治着。哲学家们把历史看作是由某种观念支配的过程。费尔巴哈是个杰出的哲学家，但是“他也停留在半路上，他下半截是唯物主义者，上半截是唯心主义者”。一进入社会历史领域，他就陷入了唯心主义。

要清除唯心主义臆造的人为的联系，就必须发现现实的联系。因此，把唯物主义世界观贯彻到社会历史领域，创立科学的历史观，“归根到底，就是要发现那些作为支配规律在人类社会的历史上起作用的一般运动规律”。

恩格斯深入地阐述了唯物主义历史观是如何揭示社会发展客观规律的。他着重地阐明了以下思想：

（一）个人动机对历史结果的意义及偶然性与必然性的关系

社会发展史和自然发展史相比，有一个根本不同的特点。自然界中的运动是由各种无意识的盲目的动力相互作用形成的，其中没有任何事情是作为预期的自觉的目的发生的，因而自然规律的客观性比较容易被人们认识。而社会历史是由人的活动构成的，每个人无论是经过深思熟虑或凭激情行动，都是在追求自己的目的，没有任何事情的发生是没有自觉的意图、预期的目的的。这样就容易发生一个问题：支配历史进程的是否就是人们个人的主观动机呢？

恩格斯对这个问题的答复是否定的。他指出，虽然人们行动的目的是预期的，但是行动实际产生的结果并不是预期的。因为人们预期的目的在大多数场合都互相干扰，彼此冲突，所以很少如愿以偿，甚至得到的是恰恰相反的结果。无数的单个愿望和单个行动冲突的结果，在社会历史领域中造成了一种同自然界中相似的状况，即似乎都是受偶然性支配。这表明，个人的动机对历史的结果来说只有从属的意义，它不是决定历史的真正动力。

但是，恩格斯认为，没有离开必然性的纯粹的偶然性。在社会历史中也和在自然界中一样，在表面上是偶然性起作用的地方，这种偶然性始终是受内部隐蔽着的规律支配的，而问题只是在于发现这些规律。

（二）探究使广大群众行动起来并引起重大历史变迁的动因

诚然，人们是通过每一个人追求自己预期的目的来创造历史的，“而这许多按不同方向活动的愿望及其对外部世界的各种各样作用的合力，就是历史”。

既然是人们行动的合力构成了社会的历史，那么，探索历史的规律，就应该探究支配人们行动的动机是如何产生的，隐藏在行动者思想动机背后的历史原因究竟是什么。旧唯物主义的肤浅之处就在于，它从来没有提出这样的问题，没有想到去研究人们思想动机背后的动力。它把思想动机当成了历史的决定因素。所以恩格斯说：“旧唯物主义在历史领域内自己背叛了自己，因为它认为在历史领域中起作用的精神的动力是最终原因。”

黑格尔的历史哲学虽然比旧唯物主义要深刻得多，它认为历史人物的表面动机和真实动机都不是历史事实的最终原因，在这些动机背后还有别的动力。但是黑格尔哲学的唯心主义体系决定了它不是从历史本身中寻找历史的动力，而是“从哲学的意识形态把这种动力输入历史”，把他的绝对观念当做历史发展的动力。这样，他也就仍然不可能找到这个问题的正确答案。

恩格斯指出，要探究那些自觉或不自觉地隐藏在历史人物动机背后的真正的最后的动力，那么，“与其说是个别人物，即使是非常杰出的人物的动机，不如说是使广大群众、使整个整个的民族，并且在每一民族中间又是使整个整个阶级行动起来的动机”；“不是短暂的爆发和转瞬即逝的火光，而是持久的、引起重大历史变迁的行动”。这一论述指出了探索历史发展规律的唯一正确的途径。因为历史活动是群众的事业，创造历史、决定历史发展方向的，是人民群众而不是个别人物。因此，只有探究使广大群众、整个民族、整个阶级行动起来的动机背后的原因，才能找到历史发展的真正动力。历史发展是偶然性和必然性的统一，偶然性受必然性支配，所以只有不拘泥于历史的细节，探究持久地引起重大历史变迁的广大群众行动背后的原因，才能透过偶然的表现找到支配历史进程的规律。

循着这样的途径去探索历史的动力和社会发展的规律，就必须研究阶级斗争在历史发展中的作用。

（三）揭示阶级斗争的根源和作用

恩格斯以英国和法国为例，揭示了阶级斗争的社会经济根源，阐明了阶级斗争“是现代历史的动力”的思想。

自从原始公社解体以后，社会分裂为对立的阶级，社会的历史成为阶级斗争的历史。但是，在奴隶制社会和封建社会中，由于社会划分为各个不同的等级，阶级的对立被掩盖了，阶级斗争在社会发展中的作用不容易被人们所认识。18 世纪从英国开始的工业革命，使机器大工业发展起来，同时在社会关系方面造就了工业资产阶级和工业无产阶级，阶级对立简单化了。英国工业资产阶级的经济力量随着大工业发展起来，但土地贵族仍然在政治权力中占据着优势地位。土地贵族和资产阶级对统治权的争夺，成为英国全部政治斗争的中心。法国历史上的复辟时期，资产阶级的力量已经空前强大起来，资产阶级与封建贵族对权力的争夺，成为法国政治斗争的中心。阶级斗争存在的事实，已经被法国复辟时期的历史学家梯叶里、基佐、米涅、梯也尔等人意识到了，所以他们把阶级斗争看做是“理解中世纪以来法国历史的钥匙”。

在法国，1831 年和 1834 年的两次里昂工人起义，标志着无产阶级作为独立力量登上了政治舞台。无产阶级和资产阶级之间的阶级斗争在历史中提升到了重要地位。英国 19 世纪三四十年代的宪章运动，是英国无产阶级第一次独立的政治斗争。这样，在英国和法国，无产阶级已经被承认是“为争夺统治而斗争的第三个战士”。这些表明，揭示阶级斗争在社会历史中的作用的客观条件已经具备了。这时阶级关系已经非常简化，除了闭眼不看事实的人之外，人们都可以看到，资产阶级、土地贵族、无产阶级“这三大阶级的斗争和它们的利益冲突是现代历史的动力”。

为什么认识到阶级斗争“是现代历史的动力”就可以从人们行为的思想动机探寻到隐藏在精神动力背后的历史的真正动力呢？因为阶级是由于经济的原因而产生的，阶级斗争是为了经济利益而进行的。比如，在资本主义时代，随着资本主义的发展，一方面是人民群众越来越无产阶级化和贫困化，另一方面是生产出越来越多的没有销路的产品，陷入了生产无限扩大的趋势与劳动群众有支付能力的需求相对缩小的矛盾，并由此引发周期性的经济危机。“这个矛盾必然要求通过改变生产方式来使生产力摆脱桎梏。”这一矛盾的阶级表现，就是无产阶级反对资产阶级的阶级斗争。这些情况说明，阶级斗争“归根到底都是围绕着**经济**解放进行的”。为争取和维护自身的经济利益而斗争，是使整个阶级行动起来的动机；而围绕经济利益进行的阶级斗争，就成了“现代历史的动力”。

对于这个问题，恩格斯后来作过进一步的概括。他说：“一切重要历史事件的终极原因和伟大动力是社会的经济发展，是生产方式和交换方式的改变，是由此产生的社会之划分为不同的阶级，是这些阶级彼此之间的斗争。”①

（四）阐明政治斗争和阶级斗争的关系

恩格斯指出：一方面，“一切政治斗争都是阶级斗争”。这一论断指

---

① 《马克思恩格斯文集》第 3 卷，人民出版社 2009 年版，第 509 页。

出了政治斗争的阶级实质和经济根源。他认为，以前所有的历史观都把政治变动当做最重要的支配历史的变动，马克思则证明，“在全部纷繁复杂的政治斗争中，问题的中心仅仅是社会阶级的社会的和政治的统治，即旧的阶级要保持统治，新的阶级要争得统治”，而阶级的产生和存在则是由于“基本的物质条件”①。看不到由经济关系决定的阶级划分是政治派别划分最根本的基础，就看不清政治斗争的实质。另一方面，“一切阶级斗争都是政治斗争”。这一论断指出了以国家政权为中心的政治斗争在阶级斗争中的重要地位。政治是经济的集中表现。被压迫阶级不取得国家政权，就不能获得解放。因此，“被压迫阶级反对统治阶级的斗争必然要变成政治的斗争，变成首先是反对这一阶级的政治统治的斗争”。所以马克思说：“一切阶级运动**本身**必然是而且从来就是**政治**运动”②。工人阶级反对资本主义雇佣劳动制度不能仅仅局限于经济斗争，必须把政治斗争提到首位。只有当阶级斗争抓住国家政权机构时，才是充分发展的阶级斗争。

这些论断告诉人们，观察阶级社会的历史和各种现象，必须坚持马克思主义阶级分析的方法，揭示政治事变中的阶级关系和各阶级的经济利益，同时看到围绕着经济利益进行的阶级斗争必然具有政治的形式，归根到底以维护或夺取政治权力为集中表现。这样，才能抓住问题的本质，才能在看来迷离混沌的状态中发现支配历史进程的一般规律。

三、国家、政治制度和意识形态归根到底是由经济关系决定的

怎样认识国家、政治制度、法以及意识形态同经济关系之间的联系呢？

---

① 《马克思恩格斯文集》第3卷，人民出版社2009年版，第458页。

② 《马克思恩格斯文集》第10卷，人民出版社2009年版，第333页。

（一）经济关系领域是决定性的因素，国家、政治制度处于从属地位

传统的唯心主义历史观把国家看做是决定因素，而把市民社会即社会经济关系看做是被国家决定的因素。诚然，一个社会中的要求只有通过国家以法律的形式变成国家的意志，才能得到普遍推行。但是，这只是问题的形式方面，如果从形式深入到内容，就可以看到，国家意志的内容都是反映了社会经济关系变化的需要，反映了经济关系中占优势地位的阶级的需要，而一定阶级在社会经济关系中的优势地位是由生产力的发展及其与生产关系的矛盾运动决定的。这表明，“国家、政治制度是从属的东西，而市民社会、经济关系的领域是决定性的因素”。

这种形式与内容、表面现象与本质的矛盾，也表现在国家与社会中统治阶级的关系上。虽然国家意志实质上是由社会中占优势地位的阶级的需要决定的，但是国家一旦产生，就表现出对社会的独立性，似乎它是凌驾于社会各阶级之上的，而且它代表一定阶级的性质越明显，就越需要掩盖自己的阶级性，因而“它越是成为某个阶级的机关，越是直接地实现这一阶级的统治，它就越独立”。这说明，不透过表面现象，就看不清国家和政治制度被经济关系所决定的实质。

国家的意志是通过法律形式取得普遍效力的。法是社会的经济生活条件的表现，由经济关系所决定。

西方法制思想史上曾经用公法和私法来划分法部门。恩格斯指出，无论公法或私法，都是由经济关系决定的。恩格斯这里所说的私法，是指确认单个人之间经济关系的法。由于这些关系是一定社会中已经存在的人与人之间的正常关系，法只是确认它，而不是创造出现实中还没有的经济关系，所以法是由经济关系所决定并为它服务的。

在资本主义各国，由于历史条件的不同，这种确认所采取的形式也不尽相同。有的是把旧的封建的法的形式大部分保存下来，赋予这种形式以资产阶级的内容，英国就是如此。有的是把“商品生产者社会的第一个世界性法律即罗马法”作为基础，或者通过审判的实践使它适合于当时社会的状况，或者依靠法学家把它加工成适合于当时社会状况的特殊法

典。而在建立了纯粹的资产阶级统治的法国，则是“在资产阶级大革命以后，以同一个罗马法为基础，制定出像法兰西民法典这样典型的资产阶级社会的法典”。不同资本主义国家的民法准则在反映自己的经济基础并为它服务时，有表现得好或坏、服务得好或不好的区别，但它们都是“以法的形式表现了社会的经济生活条件”。

（二）意识形态与其物质存在条件的联系

意识形态与国家、政治制度一样，也是由经济关系决定的。

“国家作为第一个支配人的意识形态力量出现在我们面前。”恩格斯的这一论断指出了，国家作为阶级统治的机关，既是一种有组织的暴力，同时也是一种意识形态力量。一个阶级是社会上占统治地位的物质力量，同时也是社会上占统治地位的精神力量。

意识形态具有相对独立性。“任何意识形态一经产生，就同现有的观念材料相结合而发展起来，并对这些材料作进一步的加工”。意识形态的一个特点是，“把思想当做独立地发展的、仅仅服从自身规律的独立存在的东西来对待”。意识形态的这种相对独立性使人们容易忘记它是由经济关系所决定的这一本质。但是，实际上，当思想家、理论家们从事精神生产的时候，对观念材料的取舍和加工改造，都不能不受自身所具有的经济关系和所处的社会环境的制约，所以，“人们头脑中发生的这一思想过程，归根到底是由人们的物质生活条件决定的”，只不过他们自己并没有意识到而已。

哲学和宗教是意识形态中抽象层次更高的因而离物质经济基础更远的形式。哲学主要是通过总结自然知识和社会知识，也通过政治法律制度等中间环节形成世界观层面的哲学范畴、哲学命题来反映客观世界，所以它同物质经济基础之间的关系因多种错综复杂的因素变得模糊了。但是，这一联系是客观存在的。比如文艺复兴时期的思想文化，包括哲学思想，虽然形式上打着复兴古希腊罗马文化的旗子，但实际上是反映了当时新的资本主义生产方式的发展和新兴资产阶级的要求，其内容本质上是和中小市民阶级发展为大资产阶级的过程相适应的。而在资本主义发展起来之后的

18世纪的英国和法国的哲学以及19世纪德国黑格尔的哲学中，特别是在一些既是哲学家又是政治经济学家的学者那里，其思想观念同资本主义生产方式的关系就更加明显。比如18世纪英国的哲学家、经济学家休谟就是如此。休谟“对当时英国迅速发展的资本主义社会作了进步的和乐观的赞扬，因而他的论述自然要博得资本主义社会的‘赞许’”①。

四、宗教的起源、发展归根到底是由物质生活条件决定的

在论述意识形态时，恩格斯通过考察宗教产生和发展的历史，阐明了它归根到底是由物质生活条件决定的。

（一）原始宗教的产生和民族宗教的兴灭

恩格斯说：“宗教是在最原始的时代从人们关于他们自身的自然和周围的外部自然的错误的、最原始的观念中产生的。”这一论断对原始宗教产生的根源作出了明确的概括。

在原始社会，由于生产力水平低，知识贫乏，人们不能正确认识自身和外部自然界。由于完全不知道自己身体的构造，不能正确解释做梦的现象，人们把自己的思维和感觉当成了寓于身体之中而在死亡时就离开身体的灵魂的活动，因而产生了灵魂不死的观点。灵魂不死是宗教的基本观念之一。由于人类受异己的自然力量的支配，产生了对自然界的依赖感、恐惧感和神秘感，因而把自然力人格化，产生了最初的神的观念。恩格斯说：“在原始人看来，自然力是某种异己的、神秘的、超越一切的东西。在**所有**文明民族所经历的一定阶段上，他们用人格化的方法来同化自然力。正是这种人格化的欲望，到处创造了许多神。”② 可见，原始宗教产

① 《马克思恩格斯文集》第9卷，人民出版社2009年版，第256页。
② 《马克思恩格斯文集》第9卷，人民出版社2009年版，第356页。

生于由当时的生产力水平、实践发展水平决定的愚昧无知的观念。

民族宗教的兴灭同样也表明了宗教同物质生活条件之间不可分割的联系。民族宗教“从各民族的社会条件和政治条件中产生，并和这些条件紧紧连在一起”①。在每一个民族中形成的民族的神，不越出它们所守护的民族领域。“只要这些民族存在，这些神也就继续活在人们的观念中；这些民族没落了，这些神也就随着灭亡。”这就表明，民族宗教也依赖于一定的社会基础，“宗教的这种基础一旦遭到破坏，沿袭的社会形式、传统的政治设施和民族独立一旦遭到毁灭，那么从属于此的宗教自然也就会崩溃”②。

事实表明，宗教的产生、发展归根到底决定于人们的物质生活条件。

（二）世界宗教的产生及其历史演变：以基督教为例

原始社会的宗教是自发的宗教，阶级社会的宗教则是人为的宗教，其产生有阶级的根源，其中的世界宗教尤其是如此。恩格斯着重论述了基督教的产生及其演变的历史。

基督教最初产生于公元 1 世纪中叶，到公元 2 世纪发展成为罗马帝国境内影响很大的宗教。

基督教起初流传于穷人和奴隶之中。他们在现实的物质生活中感到绝望而去追寻精神上的安慰，设法从外在世界遁入内心世界，蔑视一切尘世享乐。后来罗马帝国的上层人士和显贵也加入教会。

罗马世界帝国需要建立一个世界宗教来为巩固自己的统治服务。在基督教流传演化的过程中，忍耐顺从、精神忏悔、宿命论等观点的流行使罗马统治者看到基督教可以为自己服务，由迫害它转为利用它，在公元 4 世纪正式承认基督教为合法宗教，进而使其上升为罗马帝国国教。这一变化过程“足以证明它是适应时势的宗教”。

基督教往后的发展、演变，进一步表明了它同社会环境的紧密联系。

---

① 《马克思恩格斯文集》第 3 卷，人民出版社 2009 年版，第 597 页。

② 《马克思恩格斯文集》第 3 卷，人民出版社 2009 年版，第 597 页。

在中世纪的欧洲，基督教按照封建的方式建立了自己的教阶制。它以罗马教皇为最高统治者，内有红衣主教、大主教、主教、修道院长等不同等级。罗马天主教会成为封建制度的巨大的国际中心。

由于中世纪的历史只知道一种形式的意识形态，即宗教和神学，因此，当时任何社会运动和政治运动都不得不采取神学的形式。要在群众中掀起巨大的风暴，就必须让群众的切身利益披上宗教的外衣。实际上，宗教异端和宗教改革的出现，都有其世俗的基础，都反映了一定阶级或阶层、集团的现实要求。比如，12 世纪至 13 世纪传播于法国南部的阿尔比派，就是基督教的一个异端，它反映了城乡商人和手工业居民对封建的天主教的反抗，遭到了教皇英诺森三世组织的十字军的残酷镇压。

随着市民阶级的发展，他们反对封建贵族的斗争发展成为全国性的宗教改革。16 世纪德国由马丁·路德领导的宗教改革，就是市民阶级披着宗教的意识形态外衣反对封建主义和罗马教皇独裁统治的第一次大规模的行动。后来，德国农民将宗教改革引向了社会革命，爆发了由闵采尔领导的大规模农民战争，使整个革命达到了顶点，但是因遭到封建统治者的镇压而失败。由于当时德国市民阶级没有发展到足够强大，不足以把城市平民、下级贵族和农民联合起来，并且在农民战争中背弃了农民，路德的宗教改革发生了蜕化，主张由世俗统治者进行教会改革，教会必须服从世俗权力。路德教取得了合法地位，君主攫取了革命的成果。

同路德在德国的宗教改革相比，出走到瑞士日内瓦的法国人加尔文突出了宗教改革的资产阶级性质。加尔文主张个人的财富和奋斗中的成功是上帝恩典的标志，鼓励新生的资产阶级去冒险、创业。“加尔文的信条正适合当时资产阶级中最果敢大胆的分子的要求。”① 他在日内瓦成功地实践了自己的宗教改革主张，废除了罗马教阶体制，教职人员通过选举产生。

正因为加尔文教适合新兴资产阶级的要求，它传播到了许多国家和地区，并且被当作资产阶级革命的旗帜。比如：尼德兰发生了以加尔文教为

---

① 《马克思恩格斯文集》第 3 卷，人民出版社 2009 年版，第 511 页。

旗帜的资产阶级革命，建立了共和国，使荷兰摆脱了西班牙和德意志帝国的统治。在英国，特别是在苏格兰，加尔文教创立了一些活跃的共和主义政党。在英国1688年发生的被称为“光荣革命”的政变中，“加尔文教派显示出它是当时资产阶级利益的真正的宗教外衣”。尽管由于资产阶级同贵族间的妥协，加尔文教没有得到完全的承认，英国的国教会恢复了，但不是恢复到由国王充任教皇的天主教，而是强烈地加尔文教化了，它更多的是采用了加尔文教的形式。

加尔文教在法国的境遇是另一种情形。法国国王路易十四对新教徒进行暴力镇压，促使资产阶级抛弃宗教外衣，以纯粹政治的形式进行反对封建专制的革命。1789年的法国大革命时期，出席国民议会的资产阶级代表已经不是新教徒，而是自由思想家了。大革命中还推行了教会世俗化和非基督教化。恩格斯指出，这表明“基督教进入了它的最后阶段。此后，它已不能成为任何进步阶级的意向的意识形态外衣了；它越来越变成统治阶级专有的东西，统治阶级只把它当作使下层阶级就范的统治手段”。

从形式上看，宗教是通过对传统材料的加工而发展的。但是，“这些材料所发生的变化是由造成这种变化的人们的阶级关系即经济关系引起的”。这些历史事实进一步有力地证明了，宗教的发展、演变及其在不同时期所起的不同的历史作用，都是同各个历史时期社会的现实生活紧密关联的，归根到底是由物质生活条件决定的。

马克思的历史观的产生是人类认识史上一个空前的大革命。马克思和恩格斯之所以能够在劳动发展史中找到理解全部社会史的锁钥而创立新的历史观，一个根本原因就在于他们“一开始就主要是面向工人阶级的，并且从工人阶级那里得到了同情”。

工人阶级是马克思的唯物主义历史观的阶级基础。我们学习、理解和运用马克思的历史观，也必须坚持科学真理性与工人阶级的阶级性的统一。

《费尔巴哈论》所体现的马克思主义对待黑格尔哲学批判继承的科学方法，为我们正确对待人类历史上的文明成果树立了光辉范例。事实表明，任何思想文化成果总是一定时代经济和政治条件的反映，必然具有历史的局限性，不加分析地全盘接受是错误的。同时，思想文化的发展同物质生产一样具有历史的连续性，新的思想文化总是在传统思想文化成果的基础上产生和发展的，对传统文明成果采取全盘否定、历史虚无主义的态度也不正确。对待人类文明成果的科学态度和方法，应该是采取批判继承的态度，取其精华、去其糟粕，使之与当今实践相适应、与时代发展相协调。

延伸阅读：

1. 恩格斯：《路德维希·费尔巴哈和德国古典哲学的终结》第一至三章，《马克思恩格斯文集》第4卷，人民出版社2009年版。
2. 恩格斯：《社会主义从空想到科学的发展》1892年英文版导言，《马克思恩格斯文集》第3卷，人民出版社2009年版。

弗·恩格斯《论历史唯物主义的书信》学习导读

1883年马克思逝世后，“恩格斯是整个文明世界中最卓越的学者和现代无产阶级的导师”①。许多国家的社会主义者都向恩格斯请教，书信成为他阐述马克思主义理论的一种重要形式。

恩格斯1890年8月5日和10月27日致康·施米特的信，1890年9月21—22日致约·布洛赫的信，1893年7月14日致弗·梅林的信和1894年1月25日致瓦·博尔吉乌斯的信，集中阐释了有关历史唯物主义的一系列重大理论问题，捍卫和发展了历史唯物主义。

19世纪90年代，历史唯物主义面临着来自两方面的挑战：

一方面是来自资产阶级学者的挑战。其代表人物保尔·巴尔特（1858—1922年）是德国资产阶级社会学家，莱比锡大学的教授。他在1890年出版的《黑格尔和包括马克思及哈特曼在内的黑格尔派的历史哲学》一书中，把马克思的理论歪曲为“经济唯物主义”，贬斥为“技术经济史观”、“社会静力学”，批评马克思把经济发展当成了在历史中唯一起作用的因素，否定一切观念的力量。回应巴尔特的挑战是恩格斯在这些书信中阐释历史唯物主义的一个直接原因。

另一方面的挑战来自德国社会民主党内小资产阶级半无政府主义的反对派——“青年派”。其核心是一些年轻的大学生、著作家和编辑，他们以党内理论家和领导者自居，自吹自擂，夸夸其谈。他们把唯物史观庸俗化、教条化，鼓吹经济唯物主义，正好给了巴尔特等人攻击历史唯物主义的口实。恩格斯在致“青年派”的理论家保尔·恩斯特的信中严肃地指出，巴尔特“抓住了您的这种错误，我看他是有点道理的”②。批评和清算“青年派”的错误观点，是恩格斯在通信中论述历史唯物主义的重要

---

① 《列宁专题文集·论马克思主义》，人民出版社2009年版，第51页。

② 《马克思恩格斯文集》第10卷，人民出版社2009年版，第583页。

目的。

针对上述情况，恩格斯在晚年的通信中，在坚持经济的决定作用这个基本观点的基础上，论述了政治和社会意识形态的相对独立性和反作用，对历史唯物主义的丰富和发展作出了新的贡献。

一、经济基础和上层建筑的相互作用

（一）经济关系是社会历史的决定性基础

确认物质生活的生产方式在社会发展中具有决定作用，经济基础对上层建筑具有决定作用，是历史唯物主义区别于历史唯心主义的根本观点。恩格斯在通信中反复强调："根据唯物史观，历史过程中的决定性因素**归根到底**是现实生活的生产和再生产。""我们把经济条件看做归根到底制约着历史发展的东西。""经济运动是最强有力的、最本原的、最有决定性的。"重申这一唯物史观的基本立场非常重要，因为这是全面认识经济基础和上层建筑的关系、正确理解上层建筑的相对独立性和反作用的前提。只有在这一前提下才能全面认识它们之间的相互作用，防止偏离历史唯物主义。

恩格斯在论述社会历史中的决定性因素时，使用了多种相互关联的概念，如"物质存在条件"、"物质存在方式"、"现实生活的生产和再生产"、"经济条件"、"经济运动"、"经济发展"、"经济状况"、"经济关系"、"经济基础"等。这些概念的含义有所区别，被分别运用于不同场合，但它们是属于同一序列的概念，总体上都是相对于上层建筑中的政治和意识形态、思想观念而言的，其中的关键词是"经济"和"生产"。

在1894年1月致瓦·博尔吉乌斯的信中，恩格斯把"社会历史的决定性基础"概括地称为"经济关系"，并阐述了其中包括的内容。他指出："我们视之为社会历史的决定性基础的经济关系，是指一定社会的人们生产生活资料和彼此交换产品（在有分工的条件下）的方式。"

这里所说的经济关系，是指体现了生产力与生产关系的统一的生产方式，既包括生产和产品交换中人们之间的关系，也“包括生产和运输的全部技术”。技术，或以技术装备为标志的生产力，“决定着产品的交换方式以及分配方式，从而在氏族社会解体后也决定着阶级的划分，决定着统治关系和奴役关系，决定着国家、政治、法等等”。恩格斯还论述了科学对技术的依赖关系。人们通常都看到技术在很大程度上依赖于科学，而实际上科学在更大得多的程度上依赖于技术的状况和需要。“社会一旦有技术上的需要，这种需要就会比十所大学更能把科学推向前进。”

恩格斯认为，除此之外，制约着历史发展的经济条件还包括：人们的社会关系“赖以发展的**地理基础**”，即一定社会的地理环境、自然条件；“先前各经济发展阶段的残余”，即在一定时期内保存下来的旧经济的残余；“围绕着这一社会形式的外部环境”，即国际经济环境、对外经济交往。恩格斯还指出：“种族本身就是一种经济因素。”这是因为，生产是历史中的决定性因素，而“生产本身又有两种”，除生活资料的生产外，还有“人自身的生产，即种的繁衍”。① 所以人口也是制约社会发展的重要因素。

总之，只有全面地认识所有这些因素的作用，才能把握复杂的社会运动。经济条件中的这些因素在社会发展中的作用并不是等同的，其中最重要的是物质资料的生产方式。生产方式是决定社会存在和发展的基本力量。

（二）上层建筑的相对独立性和反作用

针对巴尔特的攻击和“青年派”对唯物史观的曲解，恩格斯阐述了上层建筑各种因素的相对独立性和反作用的问题。他指出：“总的说来，经济运动会为自己开辟道路，但是它也必定要经受它自己所确立的并且具有相对独立性的政治运动的反作用。”

什么是相对独立性和反作用？“相对独立性”是指虽然政治的和思想的因素从根本上讲依赖于经济，但它们一旦形成，就有其自身运动的规律

① 《马克思恩格斯文集》第4卷，人民出版社2009年版，第16页。

和自己的发展阶段，就会相互影响并且反过来对经济产生影响。被经济决定的因素追求其独立性但又必定受到经济的制约，具有一定的独立性而又不能完全独立，这就是相对独立性。“反作用”是相对于经济的“决定”作用而言的，是指政治等“反过来”对决定自身的经济起作用。这就是恩格斯所说的：“经济的前提和条件归根到底是决定性的。但是政治等等的前提和条件，甚至那些萦回于人们头脑中的传统，也起着一定的作用，虽然不是决定性的作用。”“物质存在方式虽然是始因，但是这并不排斥思想领域也反过来对物质存在方式起作用，然而是第二性的作用。”

为什么会有相对独立性和反作用？恩格斯认为，这“从分工的观点来看问题最容易理解”。比如，国家是由于社会分工中产生了某些共同职能，部分人被授权执行这种职能而产生的，但是它一旦产生，就“获得了同授权给他们的人相对立的特殊利益”，在被经济运动所决定的条件下和范围内，成为“追求尽可能大的独立性并且一经确立也就有了自己的运动的新的政治权力”。国家权力的相对独立性和反作用正是由此而产生的。

国家权力对经济发展是如何发生反作用的呢？恩格斯将其概括为三种情况：一是“沿着同一方向起作用”，二是“沿着相反方向起作用”，三是“阻止经济发展沿着某些方向走，而给它规定另外的方向”。在第一种情况下，国家权力对经济发展起同向促进作用，推动它较快发展；在第二种情况下，国家权力对经济发展起反向阻碍作用，由于经济最终起决定作用，因而将会在一定时期导致国家权力的崩溃；在第三种情况下，如果国家权力强行改变经济发展方向，其作用同第二种情况相似，都会给经济发展带来巨大损害，造成大量人力和物力的浪费。

依靠国家暴力机器侵占和粗暴地毁灭经济资源，也是国家权力对经济发展起反作用的一种表现。从历史上看，这种反作用曾经在一定条件下导致某一地区和某一民族全部经济发展的毁灭。

政府和反对派之间的斗争也对经济运动发生反作用。恩格斯分析了这种斗争的性质和特点。它实际上是已经存在的经济利益不同的各阶级之间斗争的反映，但却表现为维护各种政治原则的斗争，似乎不是阶级利益的争夺，所以政治斗争是基于经济利益的阶级斗争的间接的而不是直接的反映，是头足倒置的反映。

建立无产阶级专政的国家政权，能够有力地反作用于经济的发展，而这正是无产阶级为夺取政权而斗争的重要目的。恩格斯说："如果政治权力在经济上是无能为力的，那么我们何必要为无产阶级的政治专政而斗争呢？暴力（即国家权力）也是一种经济力量！"实际上，只有在无产阶级取得政权的条件下，生产资料公有制经济才能产生和发展。

法也有相对独立性和反作用。法是同国家密切关联的社会现象。随着分工的发展，产生了职业法学家，法成为社会中一个新的独立领域。法依赖于生产和贸易，但又具有起反作用的特殊能力。法是经济状况的表现，而且"必须是不因内在矛盾而自相抵触的**一种内部和谐一致的**表现"。法的完善和发展要求它自身必须根除内部矛盾，保持内部和谐一致，这是法的相对独立性的表现。如果将经济关系都鲜明地、不加缓和地直接翻译成法律原则，会使法产生内在矛盾而自相抵触，破坏法体系的和谐，而追求法体系的内部和谐又会使经济关系的忠实反映受到破坏，不能以纯粹而彻底的形式表现统治阶级的利益。被统治阶级力量的增长也会使这种反映遭到削弱。因此，法的发展的进程表现为，一方面设法消除体系内部矛盾去建立和谐的法的体系，一方面经济的发展又必然反映为法的变化，而强制性地突破法的体系，使它陷入新的矛盾。这种矛盾运动正好表明，法既是由经济关系决定的，又具有相对独立性。

在法学家那里，为了使经济事实以法律形式获得确认，必须采取法律动机的形式，似乎法的制定和修改仅仅是为了法自身的完善，"法律形式就是一切，而经济内容则什么也不是"①。法的原则归根到底是经济关系的反映。这种反映"又对经济基础发生反作用，并且能在某种限度内改变经济基础"。比如，继承法的基础是经济关系，但英国和法国继承法的区别，并非只是出于经济的原因。然而不同的继承法都影响财产的分配，对经济起着很大的反作用。

---

① 《马克思恩格斯文集》第4卷，人民出版社2009年版，第308页。

马克思和恩格斯创立唯物主义历史观时，着重就思想观念的内容揭示其客观根源，论证经济的决定作用。恩格斯在晚年通信中，则着重分析了“形式方面”，“即这些观念等等是由什么样的方式和方法产生的”，由此进一步阐明了意识形态的相对独立性和反作用。

哲学、神学、政治、法律、经济等不同的学科各自构成分工的一个特定领域，从事该学科的人们属于分工的一个特殊部门。每一学科领域都有一定的思想材料，这些材料是在世代相继的人们的头脑中经过独立的发展道路形成的，而新的一代就以此为前提，通过对先驱所提供的现有思想材料的加工来制造思想产品。社会意识的这种历史继承性使其在受经济发展支配的前提下有自己相对独立的发展道路、发展规律，也使社会意识的发展同经济的发展具有不平衡性。比如，“经济上落后的国家在哲学上仍然能够演奏第一小提琴”，18 世纪的法国哲学、18 世纪末至 19 世纪初的德国古典哲学就是如此。经济发展对哲学的最终决定作用是通过影响对现有哲学材料的加工而发生的，“经济在这里并不重新创造出任何东西，但是它决定着现有思想材料的改变和进一步发展的方式”。而且，经济对于哲学的影响，“多半也是间接决定的，因为对哲学发生最大的直接影响的，是政治的、法律的和道德的反映”。不同社会意识形式之间的相互作用、相互影响，也是意识形态相对独立性的表现。思想家们制造的精神产品，包括他们的错误在内，都会反过来影响经济发展和全部社会发展。反作用突出地表现了意识形态的相对独立性。

经济基础的决定作用和上层建筑的反作用，构成了历史运动中的相互作用。上层建筑的不同因素包括不同形式的意识形态之间也相互作用。恩格斯说：“整个伟大的发展过程是在相互作用的形式中进行的”。“相互作用”是恩格斯反复强调的一个重要思想，是历史辩证法的重要体现。

所谓“经济唯物主义”，就是把经济说是成唯一决定性因素而否认相互作用。恩格斯指出，“说经济因素是**唯一**决定性的因素”是对唯物史观的歪曲，是把“历史过程中的决定性因素**归根到底**是现实生活的生产和再生产”这个命题“变成毫无内容的、抽象的、荒诞无稽的空话”。恩格斯总是在“归根到底”的意义上讲经济的决定作用。“归根到底”，既意味着经济因素具有根源性和终极性，起着最终的和最强有力的决定作用，同时又意味着它不具有唯一性，起作用的还有其他因素，它的作用也不一定具有直接性，而可能是通过中间环节间接地起作用的。恩格斯指出，“经济状况是基础，但是对历史斗争的进程发生影响并且在许多情况下主要是决定着这一斗争的**形式**的，还有上层建筑的各种因素”，如政治斗争，宪法和法律，政治的、法律的和哲学的理论，以及宗教观点和教义体系等。把如此复杂的相互作用简单化为单一的经济决定论，那么“把理论应用于任何历史时期，就会比解一个简单的一次方程式更容易了”。当然，这里一刻也不能忘记，相互作用的力量很不相等，“这是在**归根到底**不断为自己开辟道路的经济必然性的基础上的相互作用”。

二、历史发展中的必然性和偶然性

恩格斯在通信中论述了人们自己创造历史与社会客观规律的关系、历史发展中必然与偶然的关系。

（一）历史是由人们自己创造的

恩格斯指出：“人们自己创造自己的历史。”所谓“历史”，不外是各个世代的依次更替，它是由社会中追求着自己目的的人的活动构成的，并不是把人当做达到自己目的的工具来利用的某种特殊人格；历史规律是人们自己实践活动中的内在的、必然的联系，并不是由社会之外强加给社会的某种神秘的“天意”。离开人们自己的活动，就不能理解历史，就会陷入宿命论。

人们是怎样创造自己的历史的呢？

第一，人们是在十分确定的前提和条件下创造历史的。每一代人都要面对前一代人传承下来的生产力和社会关系，它们预先规定了新一代人的生活条件。这些条件不是由人们自己选择的。新一代人可以通过自己的活动改变环境，但他们首先必须从现有的环境出发。所以人们并不能随心所欲地创造历史。现有的环境是由多种因素构成的，其中经济的前提和条件归根到底是决定性的。政治的前提和条件以及人们的思想观念也起着一定的、不是决定性的作用，都会对人们创造历史的活动产生影响；而且在一定的条件下，还会转过来表现为主要的决定的作用。

第二，历史创造的最终结果是从许多单个意志的相互冲突中产生出来的。到现在为止，人们并不是按照共同的意志，根据一个共同的计划来创造历史的。每一个人都追求自己自觉预期的目的，希望得到使他向往的东西。各个人的意志是由于许多特殊的生活条件（其中归根到底是经济情况）而产生的。任何一个人的愿望都会受到另外任何一个人的妨碍。因此，在历史的创造中发生作用的，有无数互相交错的力量，形成了无数个力的平行四边形，由此而产生一个合力，构成了历史结果。这个结果可以看做一个作为整体的、不自觉地、不自主地起着作用的力量的产物。所以，“到目前为止的历史总是像一种自然过程一样地进行，而且实质上也是服从于同一运动规律的。”这就表明，历史发展有其客观规律，不依个人意志为转移。但是这并不意味着个人意志在历史创造中的作用等于零。既然总的合力是各个人的意志融合成的总的平均数，那也就是说，每个意志都对合力的形成起作用，都是包括在合力里面的。当人类通过社会制度的变革成为自己社会关系的主人时，人们将遵循社会规律自觉地创造历史。但是，新与旧、正确与错误之间的斗争永远不会完结，人类不断地从必然王国走向自由王国的历史也永远不会完结。

（二）经济运动作为必然的东西通过偶然事件向前发展

由于人们是在既定的现实关系的基础上创造自己的历史的，其中经济关系与其他因素起着不同的作用，因此，一方面，经济关系不管受到其他关系多大影响，都必将为自己开辟道路，它决定着历史发展的总趋势，构成一条贯穿历史始终的、唯一有助于理解历史过程的红线；另一方面，多种因素的相互作用和随机结合又使历史事件的发生具有偶然性。这样，社会历史的进程，就呈现为必然规律和偶然事件的统一，“这里表现出这一切因素间的相互作用，而在这种相互作用中归根到底是经济运动作为必然的东西通过无穷无尽的偶然事件”向前发展。否认必然性或忽视偶然性，都不能正确地认识历史。

必然性和偶然性在历史发展中的地位和作用是不同的。必然性占统治地位，偶然性是必然性的补充和表现形式。恩格斯反复强调，通过各种偶然性来为自己开辟道路的必然性，“归根到底仍然是经济的必然性”。正因为如此，除经济外的其他领域离经济越远，越是接近于纯粹抽象的意识形态，就越是在自己的发展中表现为偶然现象，它的曲线就越是曲折。但是，如果画出曲线的中轴线，那么所考察的时期越长、范围越广，这个中轴线就越接近于经济发展的轴线，与它平行而进。

比如，历史上伟大人物的出现，就是必然性与偶然性的统一。每当历史的发展需要有某种历史角色的时候，就会出现这样的人物，这是历史必然性的体现。恰巧某个伟大人物在一定时间出现于某一国家，则是一种偶然现象。但是，如果把这个人去掉，就会有另外一个人来代替他，这个代替者不论好一些或差一些，最终总是会出现的。这说明偶然性背后有必然性，它是必然性的表现形式。比如，18 世纪末，政局动荡不安、被战争弄得精疲力竭的法兰西共和国需要一个强有力的人物来执掌政权，这是历史的必然，而恰巧拿破仑这个科西嘉岛人充当了这个角色，则是个偶然现象。假如没有拿破仑这个人，他的角色会由另一个人来扮演，历史的必然性会以其他形式表现出来。

三、唯物主义历史观是历史研究工作的指南

正当马克思主义经过数十年的发展和实践检验在工人运动中广泛传播的时候，“青年派”对唯物史观的歪曲和巴尔特对马克思主义的攻击使如何对待马克思主义的问题突显出来。恩格斯着重对这一问题进行了论述。

（一）不能把历史唯物主义当作套语

“青年派”的理论家保尔·恩斯特等人自诩在研究马克思主义，甚至

声称恩格斯和他们持有相同的观点，但是“唯物主义”对他们来说只是一个套语，他们把这个套语当做标签贴到各种事物上，以为这样问题就解决了。这种用套语来构造体系的方法曲解了唯物史观的精神实质，也为巴尔特这样的资产阶级学者攻击马克思主义制造了借口。针对“青年派”的错误态度，恩格斯指出：“我们的历史观首先是进行研究工作的指南，并不是按照黑格尔学派的方式构造体系的杠杆。”黑格尔把否定之否定的辩证法规律当作正题、反题、合题的公式，用来构造自己的体系，把它变成了强制性的结构。把唯物主义历史观当作套语去构造体系，就把它同黑格尔的思辨唯心主义混同了。

恩格斯曾在给保尔·恩斯特的信中严肃批评了他的错误：“如果不把唯物主义方法当做研究历史的指南，而把它当做现成的公式，按照它来剪裁各种历史事实，那它就会转变为自己的对立物。”恩格斯还在1895年3月写的一封信中强调：“马克思的整个世界观不是教义，而是方法。它提供的不是现成的教条，而是进一步研究的出发点和**供**这种研究**使用**的方法。”① 这是恩格斯提出的正确对待马克思主义的思想原则，是所有马克思主义者必须遵循的。

（二）必须重新研究全部历史

在唯物史观创立之前，人类虽然也努力认识社会历史，积累了丰富的资料，提出了许多有价值的思想，但由于社会历史条件的局限，未能达到对历史的本质和规律的科学认识。所以，马克思、恩格斯在创立唯物主义历史观的同时，就提出了“深入研究”人类史的任务。他们说：“我们需要深入研究的是人类史，因为几乎整个意识形态不是曲解人类史，就是完全撇开人类史。”②

历史唯物主义揭示了社会发展的一般规律，但是一般规律在不同国家、不同历史时期，在社会生活的不同方面，各有其特殊的表现。对一般

---

① 《马克思恩格斯文集》第10卷，人民出版社2009年版，第691页。

② 《马克思恩格斯文集》第1卷，人民出版社2009年版，第519页。

规律的理解和对历史发展总趋势的预见不能代替对具体历史过程的认识和把握，因此，唯物史观的诞生决不是认识历史的任务的完成，而是新的重新研究的开始。恩格斯提出，“必须详细研究各种社会形态的存在条件，然后设法从这些条件中找出相应的政治、私法、美学、哲学、宗教等等观点”。这是无限广阔的领域，需要人们投入大量精力，认真地开展研究工作。

恩格斯特别强调要研究经济史。为了克服正确理解历史的障碍，抛掉学校里灌输的那些错误的历史观，必须纠正“对于经济史的不负责的忽视”。对于经济学、经济学史、商业史、工业史、农业史和社会形态史，都应该有人下功夫去钻研。为此，必须克服困难去搜集材料，对于汇集在已有的著作中的枯燥的材料也应该认真研读。

在给梅林的信中，恩格斯还通过评论梅林的《莱辛传奇》，具体论述了应该如何去研究德国历史。他提出，在研究德国历史时，只有拿法国的相应的时代来作比较，才可以得出正确的标准。法国自中世纪以来，就是阶级斗争的政治形式表现得最为鲜明、最为典型的国家。同法国作比较，有利于理解贯穿在历史发展过程中的客观逻辑，从而为认识德国的历史找出正确的标准。历史比较法是唯物辩证法在历史研究中的重要体现。

恩格斯论历史唯物主义的书信中关于经济基础和上层建筑的关系、关于历史发展中必然性和偶然性的关系等的论述，对于我们完整、准确地理解和运用历史唯物主义的理论和方法科学地研究社会和历史，具有重要的指导作用。他关于应当以唯物主义历史观为指导、重新研究全部历史的论述，为马克思主义史学的发展指示了明确的方向。

延伸阅读：

1. 马克思：《马克思致帕维尔·瓦西里耶维奇·安年科夫》，《马克思恩格斯文集》第10卷，人民出版社2009年版。
2. 列宁：《唯物主义和经验批判主义》第六章，《列宁专题文集·论辩证唯物主义和历史唯物主义》，人民出版社2009年版。

卡·马克思《路易·波拿巴的雾月十八日》（节选）学习导读

《路易·波拿巴的雾月十八日》是马克思总结法国1848年革命经验和评述1851年12月2日路易·波拿巴政变的重要著作。

马克思在19世纪40年代创立唯物主义历史观之后，即以此为指导，对社会历史问题进行重新研究。恩格斯认为，《路易·波拿巴的雾月十八日》这部著作，“是运用这个理论的十分出色的例子”①。马克思用这段历史检验了他的理论，“这个检验获得了辉煌的成果”。

马克思把这部著作定名为“路易·波拿巴的雾月十八日”，含有讽刺意味。法国大革命后的共和八年雾月十八日，即1799年11月9日，拿破仑第一发动政变，实行军事独裁，改行帝制。1851年12月2日，他的侄子路易·波拿巴（1808—1873年）步他的后尘，发动政变，解散立法国民会议。随后，路易·波拿巴废除“二月革命”后重新建立起来的共和国，复辟帝制，于1852年12月2日正式宣布自己为法兰西皇帝，称拿破仑第三。马克思用这个标题，意在讽刺路易·波拿巴的政变“演出了雾月十八日的可笑的模仿剧”②。

《路易·波拿巴的雾月十八日》共七篇，完稿于1852年3月25日以前。同年5月，魏德迈以单行本形式出版了这部著作，作为不定期出版的刊物《革命》的第一期。

学习《路易·波拿巴的雾月十八日》这部著作，通过了解马克思对法国1848年革命经验的总结和对路易·波拿巴政变的评述这个范例，不仅可以帮助我们进一步领会历史唯物主义的一些重要原理，而且可以帮助我们提高运用科学的历史观和方法论研究历史问题的能力。

---

① 《马克思恩格斯文集》第10卷，人民出版社2009年版，第593页。

② 《马克思恩格斯文集》第10卷，人民出版社2009年版，第97页。

一、从1848年二月革命到1851年路易·波拿巴的政变

马克思在《路易·波拿巴的雾月十八日》一书的第六节中，概述了法国1848年革命的历史。这里对有关情况作一些说明，因为了解这些情况是理解马克思提出有关论断的必要条件。

1848年的法国革命，根源于当时法国社会的经济状况和阶级关系。以主要代表大金融资本家利益的路易·菲力浦为国王的七月王朝统治法国18年，引起了人民的不满。1845年和1846年法国发生马铃薯病虫害，导致农业歉收，地主和资本家乘机提高粮价，加剧了人民生活的贫困。1847年英国爆发的工商业总危机对欧洲大陆经济的连锁性影响，使法国工业生产急剧下滑，工厂倒闭，工人失业，小资产阶级大量破产。工人不断掀起罢工浪潮，饥民暴动几乎遍及全国，社会阶级矛盾加剧。1848年2月24日，法国爆发起义。

法国1848年革命从1848年2月24日起到1851年12月止，可以划分为三个主要时期，即：二月时期；共和国成立和制宪国民议会时期；立宪共和国和立法国民议会时期。

（一）二月时期（从1848年2月24日起到5月4日止）

这个时期是革命的序幕时期。

1848年2月24日，巴黎起义群众对政府各主要据点发动猛烈进攻，获得胜利，成立了临时政府，但胜利果实却落在资产阶级手中。临时政府于2月25日宣布成立共和国，即法兰西第二共和国。这个共和国是工业资本家与金融贵族的联合统治。

共和国成立后，工人阶级同资产阶级的矛盾迅速上升到首位。当政的资产阶级共和派要求通过共和国来确立对工人阶级和其他劳动人民的全面统治。工人阶级则提出建立“社会共和国”的模糊口号，要求实现没有剥削、没有压迫的愿望。

当时工人群众手中掌握着武器，一度争得了一些胜利成果，如实行普

选、规定劳动日减少一小时、保证工人的劳动权利、设立劳动委员会、建立国立工场等等。但是资产阶级共和派在被迫同意颁布这些法令的同时，却在暗中采取多种手段迫害和孤立工人。4 月 16 日，巴黎 10 万工人集会进行抗议。临时政府煽动小资产阶级群众举行反对工人的示威，提出了“打倒共产主义者”的口号，政治气氛对工人阶级十分不利。4 月 23 日，举行制宪议会选举，结果资产阶级共和派获得胜利。

（二）共和国成立和制宪国民议会时期（从 1848 年 5 月 4 日起到 1849 年 5 月 28 日止）

这是资产阶级共和国创立、奠定的时期。大致包括三个基本阶段：

1. 从 1848 年 5 月 4 日起到同年 6 月 25 日止

5 月 4 日，制宪会议开幕，选出执行委员会，组成共和国的新政府。5 名执委成员中，资产阶级共和派占 4 名，小资产阶级民主派占 1 名，工人阶级的代表全被排斥在外。执行委员会通过了禁止集会请愿的法令。在对外政策上，执行委员会决定支持俄国和奥地利镇压波兰民族革命运动。

执行委员会的反人民政策，激起了巴黎工人的愤慨。5 月 15 日，巴黎 15 万工人举行示威游行。示威群众向制宪议会提出给失业者工作、对富豪征课重税、成立劳动部、允许工人代表参加政府、援助波兰革命等要求。执行委员会调集军队，驱散示威群众，逮捕了布朗基、阿尔伯等工人领袖。5 月 17 日，执行委员会任命前阿尔及利亚总督卡芬雅克（1802—1857）为军政部长，把大批军队调进巴黎，禁止群众集会。6 月 22 日，制宪会议下令封闭国立工场，18 至 25 岁的未婚男工一律编入军队，其余工人则送往常有霍乱流行的沼泽地带——索伦垦荒或作其他苦役。

巴黎工人为回应资产阶级的挑衅，于 6 月 22 日举行游行示威，进行抗议。当晚，示威工人发动起义。起义工人以建立“社会民主共和国”为中心口号，以 45 000 人对抗 25 万人以上的政府军队，经过 6 月 23 日至 26 日 4 天的浴血奋战，最后被镇压下去。

六月起义虽然失败了，但意义重大。马克思说：“这是分裂现代社会的两个阶级之间的第一次大规模的战斗。这是保存还是消灭**资产阶级**制度的斗争。”①

2. 从1848年6月25日起到同年12月10日止

六月起义失败后，卡芬雅克被任命为国家首脑，组成了清一色的资产阶级共和派政府，巩固了资产阶级共和派右翼的专政。卡芬雅克采取一系列反动措施，如解散全国所有的国家工场、封闭政治团体和进步报刊等，严重地打击了工人阶级，也损害了农民和小资产阶级的利益。1848年11月，制宪议会通过法兰西第二共和国宪法，即1848年宪法。根据宪法规定，立法权赋予一院制的议会，3年改选一次；总统任期4年，不得连任，但握有军政大权，有权直接任免官吏。但是资产阶级共和派右翼的统治并不巩固。它的税收和财政政策引起众多的农民和小资产者的怨恨；多数大资产阶级属于保皇派，不拥护共和而拥护君主政体。在12月10日进行的总统选举中，代表大资产阶级中最反动、最富有侵略性阶层利益的路易·波拿巴当选为总统。

3. 从1848年12月20日起到1849年5月28日止

路易·波拿巴就职后，任命“七月王朝”的最后一个大臣、君主派分子巴罗组阁。巴罗集结代表金融巨头、大工业家的奥尔良派和代表大地主的正统派组织了秩序党内阁。但是资产阶级共和派在制宪国民议会中仍占多数，并依靠立法大权与波拿巴及其秩序党内阁进行斗争。秩序党内阁利用各阶层对共和政府的不满，在全国各地掀起要求立即解散制宪议会的请愿运动，并以武力相威胁，迫使制宪会议于1849年1月自动宣布解散，并决定在1849年5月进行立法国民议会的选举。

1849年初，立法国民议会的选举运动开始。2月间，小资产阶级民主派和小资产阶级社会主义者联合组成新山岳派参加议会选举，提出了以共和制度、普选权和劳动权等为内容的竞选纲领。5月13日选举的结果，资产阶级共和派和新山岳派均遭失败。秩序党以绝对优势完全控制了议会。资产阶级共和派统治彻底垮台。

---

①《马克思恩格斯文集》第2卷，人民出版社2009年版，第101页。

（三）立宪共和国和立法国民议会时期（从1849年5月28日起到1851年12月2日止）

这个时期，大致分为三个小阶段：

1. 从1849年5月28日起到同年6月13日止

1849年5月28日，立法议会开幕，开始了立宪共和国的正常活动。当时秩序党与新山岳派之间在对外政策问题上发生冲突。路易·波拿巴为得到天主教会的支持，出兵协助罗马教皇镇压意大利革命。小资产阶级民主派利用宪法关于禁止动用军队干涉别国人民自由的规定，在立法国民议会上提出反对意见，并于6月13日发动保卫宪法的示威游行，结果遭军队驱散，其领袖人物赖德律-洛兰逃往英国。小资产阶级民主派被击败。

2. 从1849年6月13日起到1850年5月31日止

从1849年6月13日起，秩序党独揽议会制共和国大权，实行议会专政。它着手制定一系列镇压人民、禁止任何民主活动和出版进步书刊的法令，使革命沿着下降线发展。路易·波拿巴则依靠秩序党逐步加强了自己的统治。

击败共和派、摧毁民主派后，统治集团内部的纷争日趋表面化，由哪个君主派来恢复王权成为斗争焦点。路易·波拿巴既反对正统派复辟波旁王朝，也反对奥尔良派复辟七月王朝，他力图自己称帝。他一面成立反动组织“十二月十日社”，加强自己的力量；一面竭力削弱秩序党。他罢免了秩序党的巴罗内阁，组织并亲自领导由波拿巴分子组成的新内阁，使秩序党失去了行政权。继后，由于小资产阶级民主派与无产阶级的联合势力又再次兴起，波拿巴不得不暂时联合秩序党对付这种威胁。民主势力的威胁消除以后，路易·波拿巴又转而对付秩序党。1850年5月31日，在波拿巴的策动下，通过了《1849年3月15日选举法修正案》。该法案规定，在固定居住地居住三年以上并直接纳税的人才有表决权。这实际上废除了普选权。该法案的通过，使秩序党人把持的立法议会在人民心目中更加威信扫地。

3. 从1850年5月31日起到1851年12月2日止

波拿巴在同秩序党的斗争中集注意力于军权。1851年1月，他用自己的亲信取代了奥尔良派尚加尔涅将军的巴黎卫戍司令的职务，使军队脱离了秩序党的控制。部分议员出于私利也离开秩序党阵营，天主教的首领亦投向路易·波拿巴。1851 年 2 月开始的工商业危机，使大资产阶级和地方官吏要求加强行政权，拥护路易·波拿巴建立稳定的“强有力的政府”。路易·波拿巴从各方面巩固自己的统治地位以后，于 1851 年 10 月间要求议会修改宪法，包括恢复普选权、取消总统不得连任的条款等，借以取悦群众，进一步打击秩序党的残余，为政变作准备。1851 年 7 月 19 日议会拒绝修改宪法后，路易·波拿巴决心以武力来保持统治地位。1851 年 12 月 2 日是奥斯特利茨战役和拿破仑加冕称帝的纪念日。路易·波拿巴于 12 月 1 日深夜调集 7 万多军队占领巴黎，解散立法国民议会，逮捕秩序党分子及一切反对他的议员。这就是法国历史上有名的路易·波拿巴政变。紧接着他调集重兵，镇压了共和派在巴黎和外省进行的武装反抗，逮捕反抗者，在全国实行警察恐怖。

（四）路易·波拿巴对帝制复辟的拙劣模仿

路易·波拿巴于拿破仑帝国倾覆后，被逐出法国，寄居瑞士。1832 年拿破仑的儿子死后，他被确定为法定的继承人。路易·波拿巴效仿拿破仑，时刻梦想恢复帝业。1836 年、1840 年，他两次组织暴动，企图夺取政权，均遭失败，后被判终身监禁。1846 年，他越狱逃往英国；1848 年法国二月起义爆发后，回国重登政治舞台。他一面伪装同情劳动人民，写了反资本主义的小册子《论消灭贫困》；一面暗中同大资产阶级勾结。路易·波拿巴之所以能当选总统，主要是在当时特殊的阶级斗争背景下，他不仅得到了流氓无产阶级的支持，而且得到多方面的拥护。他首先是得到占法国人口大多数的农民的拥护。这是因为，卡芬雅克政府的反动措施加重了农民负担，处于破产境地的农民把路易·波拿巴看做是“好皇帝”拿破仑一世的再现。他们高呼着“取消捐税，打倒富人，打倒共和国，皇帝万岁！”的口号，投路易·波拿巴的票。城市小资产阶级出于对资产阶级共和派政府财政政策的抗议也投路易·波拿巴的票。大资产阶级和大土地所有者把路易·波拿巴视为复辟君主制的象征也投了他的票。路易·

波拿巴利用这些矛盾，巧使诡计，从一个普通军官一跃而成为总统。1851年12月2日，路易·波拿巴发动政变，开始了对帝制复辟的拙劣模仿。1852年1月14日，路易·波拿巴公布新宪法，把总统任期改为10年，规定政府对总统负责。11月21—22日，路易·波拿巴强迫人民赞同参议员提出的恢复帝制的决议。12月2日，路易·波拿巴正式宣布自己为法兰西皇帝，称拿破仑三世。由此法兰西第二帝国代替法兰西第二共和国。

二、法国阶级斗争的局势、条件与波拿巴的政变

如何解释1848年革命这一历史事件和评价波拿巴这个历史人物？一场人民革命为何以帝制复辟而终结呢？对此，人们提出了各自的不同看法。

恩格斯指出："当时事变像晴天霹雳一样震惊了整个政治界，有的人出于道义的愤怒大声诅咒它，有的人把它看做是脱离革命险境的办法和对于革命误入迷途的惩罚，但是所有的人对它都只是感到惊异，而没有一个人理解它。"如法国作家维克多·雨果（1802—1885年）撰写了《小拿破仑》一书。他在书中对政变的主要发动者作了尖刻和机智的痛骂。事变本身被描绘成一个晴天霹雳。他认为这个事变只是某一个人的暴力行为。然而当他说这个人表现了世界历史上空前强大的个人主动性时，他就不是把这个人写成小人物而是写成巨人了。再如蒲鲁东写的《从十二月二日政变看社会革命》，想把政变描述成以往历史发展的结果。但是，他关于政变的历史构想不知不觉地变成了对政变主角所作的历史辩护，从而陷入了客观历史编纂学家所犯的主观唯心主义错误。

马克思与雨果、蒲鲁东等人不同，他不仅深知法国历史，更为重要的是，他运用唯物主义历史观对1848年革命进行科学的分析，从而证明了"法国**阶级斗争**怎样造成了一种局势和条件，使得一个平庸而可笑的人物有可能扮演了英雄的角色"。他还通过总结这场革命的历史经验，提出了许多有重要意义的科学论断。

（一）基于经济利益的阶级斗争是马克思用以理解法兰西第二共和国历史的钥匙

法国的阶级斗争在欧洲国家中具有典型性。“法国是这样一个国家，在那里历史上的阶级斗争，比起其他各国来每一次都达到更加彻底的结局；因而阶级斗争借以进行、阶级斗争的结果借以表现出来的变换不已的政治形式，在那里也表现得最为鲜明。”正因为如此，“马克思不仅特别热衷于研究法国过去的历史，而且还考察了法国时事的一切细节，搜集材料以备将来使用。因此，各种事变从未使他感到意外。”

马克思认为：“一切历史上的斗争，无论是在政治、宗教、哲学的领域中进行的，还是在其他意识形态领域中进行的，实际上只是或多或少明显地表现了各社会阶级的斗争，而这些阶级的存在以及它们之间的冲突，又为它们的经济状况的发展程度、它们的生产的性质和方式以及由生产所决定的交换的性质和方式所制约。这个规律对于历史，同能量转化定律对于自然科学具有同样的意义。”马克思运用这个历史运动的规律解释了法兰西第二共和国的历史。

马克思认为，运用这个规律来分析历史问题，必须看到各个阶级之间、同一阶级不同集团之间的斗争都有着深刻的经济原因。“在不同的财产形式上，在社会生存条件上，耸立着由各种不同的，表现独特的情感、幻想、思想方式和人生观构成的整个上层建筑。整个阶级在其物质条件和相应的社会关系的基础上创造和构成这一切。通过传统和教育承受了这些情感和观点的个人，会以为这些情感和观点就是他的行为的真实动机和出发点。”而在实际上，其“真实动机和出发点”恰恰是人们由自身的阶级地位所决定的物质利益。比如，正统派和奥尔良派是秩序党中的两个大集团。它们彼此分离，“决不是由于什么所谓的原则，而是由于各自的物质生存条件”，即资本和地产的竞争。

怎样看待政治家、著作家与社会阶级的关系？马克思指出，确定一些个人是否为某一阶级的代表人物，决不应只简单地以他们外观上属于哪一阶级来作出判断，而要以这些人物的思想是受哪个阶级的社会生活界限的限制为依据。他在揭露民主派代表人物的小资产阶级性时说过：“不应该认为，所有的民主派代表人物都是小店主或崇拜小店主的人。按照他们所受的教育和个人的地位来说，他们可能和小店主相隔天壤。使他们成为小资产者代表人物的是下面这样一种情况：他们的思想不能越出小资产者的生活所越不出的界限，因此他们在理论上得出的任务和解决办法，也就是小资产者的物质利益和社会地位在实际生活上引导他们得出的任务和解决办法。一般说来，一个阶级的**政治代表**和**著作界代表**同他们所代表的阶级之间的关系，都是这样。"①

阶级分析是马克思从迷离混沌的阶级社会历史中找出其规律性时所采用的基本方法。他用这种方法来理解法兰西第二共和国的历史，许多问题就迎刃而解了。

（二）资产阶级为反对无产阶级统治把政权送给波拿巴

法国资产阶级为什么接受波拿巴的政变？马克思指出："法国资产阶级反对劳动无产阶级的统治，它把政权送给了以十二月十日会的头目为首的流氓无产阶级。"

1848 年法国的二月革命不同于 1789 年法国大革命的重要特点在于：伴随资本主义的发展，无产阶级已经走上政治斗争的舞台。不仅资产者的背后到处都有无产阶级，而且在革命的第二天，无产阶级总要提出完全不是资产者和小市民所希望的要求。在六月起义中，工人提出了"社会的民主的共和国"的要求，虽然这种要求被"扼杀在**巴黎无产阶级**的血泊中"，但是其性质已经"是保存还是消灭**资产阶级**制度的斗争"了。这种两个根本对立的阶级之间的斗争与资产阶级同一阶级内部不同阶层之间的斗争在性质上是完全不同的。

马克思把法国资产阶级划分为共和派、秩序党（又分为正统派和奥尔良派）、波拿巴派。共和派代表了普遍的资产阶级统治的愿望和要求，它的政治理想就是将资产阶级不成熟的统治形式君主国转变为成熟的统治形式共和国。秩序党是大资产阶级的政治代表（正统派代表大地产所有

① 《马克思恩格斯文集》第 2 卷，人民出版社 2009 年版，第 501 页。

者，奥尔良派代表金融贵族)，它极力坚守旧秩序，以维护自己集团的特殊利益，反对普遍的资产阶级共同利益，因而反对任何变革。波拿巴派代表的是资产阶级的独裁专政的行政权力，因而坚决反对共和国的政体形式。尽管在整个1848年至1850年法国的阶级斗争中，资产阶级各派别之间的斗争占有重要的地位，但是相对于资产阶级和无产阶级之间的斗争来说，这种斗争是处在次要地位的。正如马克思在分析金融贵族复辟时所指出的，共和派资产阶级感到直接的大量的威胁自己财产和利益的是工人，“诚然，**金融巨头是在削减他们的利润，但是这和无产阶级消灭利润比起来，又算得了什么呢**?”① 因此在他们感到资产阶级成熟的统治形式——共和国不足以有力地镇压无产阶级时，他们就从比较完备的形式后退，放弃议会权力，赋予行政机关以愈来愈大的权力，即采用更加残暴的专制统治形式。波拿巴的胜利不是政权的转移，只不过是代表资产阶级独裁专政的行政权力的胜利。它表明资产阶级在不同时期可以根据不同情况采取不同的统治形式。

波拿巴和秩序党对资产阶级共和派的胜利，是法国资产阶级结束革命、开始走向全面反动的标志。这是法国阶级斗争的必然结局。

（三）波拿巴的突然袭击使巴黎无产阶级失去起义的指挥者

1851年11月2日夜间，路易·波拿巴发动军事政变。12月4日，资产者和小店主曾经唆使无产阶级起来战斗，然而巴黎无产阶级为什么没有举行起义呢?

原因在于：其一，由于资产阶级的镇压，“革命工人阶级当中的基本力量和精华，有的已经在六月起义中被残杀，有的则在六月事件之后在数不清的**种种**借口下被流放或者被关进监狱”②，“无产阶级从这次失败后，就退到革命舞台的**后台**去了”③。革命力量的损失已使无产阶级很难立即行动起来。其二，巴黎无产阶级知道，这时任何重大起义都会使资产阶级

---

① 《马克思恩格斯文集》第2卷，人民出版社2009年版，第155页。

② 《马克思恩格斯全集》第11卷，人民出版社1995年版，第262页。

③ 《马克思恩格斯文集》第2卷，人民出版社2009年版，第478页。

重新活跃起来，使它和军队协调起来，反过来镇压工人。加之，12 月 1 日深夜，路易·波拿巴以突然的袭击使巴黎的无产阶级又一次失掉了它的领袖，失掉了街垒战的指挥者。工人成为一支没有指挥官的军队，自然没有力量组织起义。其三，从根本上说，法国无产阶级还不成熟，思想上还在一定程度上受着小资产阶级民主派的影响，马克思主义并未在法国无产阶级中取得统治地位；政治上没有解决同盟军问题，特别是没有获得农民的支持；组织上还只是秘密团体，还没有组成为坚强的无产阶级革命政党。

对于这些情况，马克思在《1848 年至 1850 年的法兰西阶级斗争》中曾经作过分析。

（四）“小农的政治影响表现为行政权支配社会”

波拿巴能够获胜，一个决定性的因素，是得到了法国社会中人数最多的一个阶级——小农的支持。这是因为，1793 年宪法，特别是雅各宾派的土地法，使农民得到好处，他们把这些同拿破仑联系在一起，以为一个名叫拿破仑的人将会把一切美好的东西送还给他们。路易·波拿巴就是借助“拿破仑观念”在农民中的广泛影响，把自己冒充为拿破仑。而且，从临时政府时期起，农民就因资产阶级增加税收使他们负担“革命”费用而“构成了反革命方面的主力军”，即站到路易·波拿巴一边，成为反对资产阶级的主要力量。这样，农民就在 1848 年 12 月选举中投票给路易·波拿巴，拥他为总统。后来他又把自己变成了法国的皇帝。

马克思指出，小农的政治影响表现为行政权支配社会。这是因为：一方面，数百万家庭的经济条件使他们的生活方式、利益与教育程度与其他阶级的生活方式、利益与教育程度各不相同并互相敌对，所以他们就形成一个阶级。另一方面，“各个小农彼此间只存在地域的联系，他们利益的同一性并不使他们彼此间形成共同关系，形成全国性的联系，形成政治组织，就这一点而言，他们又不是一个阶级。”正因为如此，“他们不能以自己的名义来保护自己的阶级利益，无论是通过议会或通过国民公会。他们不能代表自己，一定要别人来代表他们。他们的代表一定要同时是他们的主宰，是高高站在他们上面的权威，是不受限制的政府权力，这种权力保护他们不受其他阶级侵犯，并从上面赐给他们雨水和阳光。”分散的小农经济的生产方式，使得他们希望能有一个善良的真命天子，有一个强有力的行政权力，来保持小农经济的农村社会秩序的安定并保护自己。所以，在国民会议与波拿巴、立法权与行政权的斗争中，小农支持后者，不是偶然的。

正是在这个意义上，即小农把自己的希望和幻想寄托在波拿巴的身上，马克思才说波拿巴“代表法国社会中人数最多的一个阶级——**小农**”。这个论断并不表明，马克思认为波拿巴真正是劳动农民利益的代表者，因为他在当时就指出：波拿巴王朝所代表的不是革命的农民，而是保守的农民；“是愚蠢地固守这个旧制度，期待帝国的幽灵来拯救自己和自己的小块土地并赐给自己以特权地位的农村居民”。而在这之前，他还曾经明确地讲过，是“农民的轻信使他当上了总统”①。

三、马克思对从二月革命到波拿巴政变时期法国阶级斗争历史经验的总结

（一）要认识资产阶级害怕群众的本性

马克思指出：“当群众墨守成规的时候，资产阶级害怕群众的愚昧，而在群众刚有点革命性的时候，它又害怕起群众的觉悟了。”这是因为：资产阶级在反对封建专制主义、为资本主义的发展扫清障碍的斗争中，感到自己力量的弱小，不能不利用工人和农民的力量，所以这时它害怕群众的愚昧；可是，从根本上说，资产阶级的利益与工农群众的利益是不一致的，如果群众在斗争中觉醒，日益意识到自己独立的利益，进而组织起来为自己的利益而斗争，这是它不能容许的，所以在群众刚有点革命性的时候，它又害怕起群众的觉悟了。资产阶级的这种本性，使它一旦获得胜

① 《马克思恩格斯文集》第2卷，人民出版社2009年版，第129页。

利，第一个目标就是剥夺工农手中的武装，进而用血腥镇压来回报工人农民的独立要求。

（二）必须摧毁资产阶级的国家机器

马克思对1848—1851年法国阶级斗争中尖锐提出的一个重大而尖锐的理论问题，即无产阶级革命同资产阶级国家的关系问题作了科学的回答。他明确指出：过去一切革命都是使国家机器更加完备，而这个机器是必须打碎，必须摧毁的。这个结论，"是马克思主义国家学说中主要的基本的东西"①。

马克思是怎样得出这个结论的呢？

第一，通过历史地考察法国资产阶级国家机器的演变过程，深化了对资产阶级国家机器的结构、职能的认识。他说：法国的行政权力有庞大的官僚机构和军事机构，有复杂而巧妙的国家机器。这个可怕的寄生机体，"是在专制君主时代，在封建制度崩溃时期产生的，同时这个寄生机体又加速了封建制度的崩溃"。第二次法国革命是要破坏一切地方的、区域的、城市的和各省的特殊权力，造成全国的公民的统一，为此它必须发展中央集权，这就同时扩大了政府权力的容量、属性和帮手的数目。拿破仑组建了这个国家机器。正统王朝和七月王朝并没有增添什么新的东西，不过是扩大了分工。在镇压1848年巴黎工人六月起义中，实行了纯粹的资产阶级共和派专政，加强了政府权力的集中化。随后，资产阶级面对无产阶级等被奴役的阶级及其斗争，感觉到自己软弱无力，从其阶级统治比较完备的状况下退缩下来，放弃议会权力，赋予行政机关以愈来愈大的权力，依靠军事官僚机器来加强自己的统治。1851年12月2日波拿巴发动政变，实行独裁统治，用行政权力消灭了议会权力，使国家似乎成了完全独立于社会之上的力量。一个基本事实是，以往"一切变革都是使这个机器更加完备，而不是把它摧毁"。那些争夺统治权而相继更替的政党，都把夺得这个庞大国家建筑物视为自己胜利的主要战利品。正因为资产阶

① 《列宁专题文集·论马克思主义》，人民出版社2009年版，第200页。

级国家机器是资产阶级压迫和奴役无产阶级的工具，所以无产阶级就不能简单地把压迫自己的国家机器拿过来作为解放自己的工具，而必须把它摧毁。

第二，考察了法国资产阶级国家的本质特征。他指出，常备军和官僚机构是中央集权的资产阶级国家的本质特征。这个庞大的资产阶级国家机器通过压制、镇压社会特别是被奴役阶级的不满和反抗，维护资产阶级的政治利益；通过安插人员、高额薪俸和各种形式的政府补贴等，来补充其用利润、利息、地租和酬金形式所不能获得的东西，以维护资产阶级的经济利益。所以他提出了“**推翻资产阶级！工人阶级专政！**”的口号。

（三）农民的两重性与实现工农联盟的重要性

第一，农民具有两重性。

马克思认为，农民作为劳动者，具有伟大的革命潜力。农民之所以能够具有革命性，一是因为它作为劳动者，同剥削者、压迫者存在着根本利害冲突，天然具有反抗剥削和压迫的本性；二是因为资本主义的发展，必然不断剥夺农民，使广大农民落入无产阶级的队伍。但是，作为小私有者，他们又有保守的一面。法国农民具有根深蒂固的“拿破仑观念”，对波拿巴的幻想集中反映了这一面。

第二，农民是无产阶级同盟军。

这主要有两方面原因：其一，小块土地所有制和资产阶级的利益不能相协调。在法国大革命时期，农民曾是资产阶级的同盟军。但是，在1848年革命中，农民却被资产阶级出卖了。从临时政府时期起，资产阶级就增加农民的税收负担，到波拿巴政权下农民的处境更加恶化了。由于资本主义生产方式日益发展，小块土地所有制和资产阶级的利益已经不能相协调，而只能日益成为大资本榨取和吞食的对象，成为农民受奴役和贫困的根源。处境日益恶化的农民逐渐革命化，开始接受无产阶级的革命思想宣传，逐渐地站到无产阶级一面。其二，无产阶级和农民的根本利益是一致的。在资本主义奴役下，农民所受的剥削和工业无产阶级所受的剥削只是在形式上不同罢了。剥削者是同一个：“资本”。“只有资本的瓦解，才能使农民地位提高；只有反资本主义的无产阶级的政府，才能结束农民经济上的贫困和社会地位的低落。"① 这样，在无产阶级革命进程中，"农民就把负有推翻资产阶级制度使命的**城市无产阶级**看做自己的天然同盟者和领导者"。

第三，无产阶级应当与农民实行联合。

马克思指出，无产阶级领导的工农联盟，是夺取革命胜利的基本阶级力量和前提条件。在一个农民占人口多数的国家里，无论是反对封建主义还是反对资本主义的革命斗争，革命阶级能否与农民结成联盟，直接关系到革命的成败。法国二月革命的结局和巴黎工人六月起义的失败充分地证明了这一点。在二月革命尤其是巴黎工人六月起义中，由于农民的态度是冷淡的甚至是仇视的；由于资产阶级竭力唆使农民仇视工人，致使工人陷入孤军奋斗的境地，终于遭到失败。因此，马克思指出："在革命进程把站在无产阶级与资产阶级之间的国民大众即农民和小资产者发动起来反对资产阶级制度，反对资本统治以前，在革命进程迫使他们承认无产阶级是自己的先锋队而靠拢它以前，法国的工人们是不能前进一步，不能丝毫触动资产阶级制度的。"② 又说："法国农民一旦对拿破仑帝制复辟感到失望，就会把对于自己小块土地的信念抛弃；那时建立在这种小块土地上面的全部国家建筑物都将会倒塌下来，于是**无产阶级革命就会形成一种合唱，若没有这种合唱，它在一切农民国度中的独唱是不免要变成孤鸿哀鸣的。**"

第四，无产阶级是工农联盟的领导者。

马克思指出：无产阶级是彻底革命的阶级，它能成为社会革命利益的汇集中心，在斗争中"直接在自己的处境中找到自己革命活动的内容和材料"③。农民会在斗争实践中逐渐认识到，只有无产阶级才能真正代表他们的利益，从而把无产阶级看作自己的先锋队和天然同盟者。

马克思的这些观点，进一步阐明了唯物主义历史观关于国家与革命等

---

① 《马克思恩格斯文集》第 2 卷，人民出版社 2009 年版，第 160—161 页。
② 《马克思恩格斯文集》第 2 卷，人民出版社 2009 年版，第 89 页。
③ 《马克思恩格斯文集》第 2 卷，人民出版社 2009 年版，第 88 页。

重要原理，丰富了无产阶级革命的战略策略思想。

马克思的《路易·波拿巴的雾月十八日》是运用唯物主义历史观研究历史的范例。他以基于经济利益的阶级斗争作为基本线索，对法国二月革命到波拿巴政变时期的历史作出了令人信服的解读和总结。而他之所以能够做到这一点，也是与他十分注意系统地收集和科学地分析这个时期的历史资料分不开的。这些原则和方法，是我们在进行历史研究时必须遵循的。马克思在总结这个时期法国阶级斗争历史经验时所得出的基本结论，也为我们研究世界和中国的历史，提供了有益的启示。

延伸阅读：

1. 马克思：《路易·波拿巴的雾月十八日》第一至六节，《马克思恩格斯文集》第2卷，人民出版社2009年版。
2. 马克思：《1848年至1850年的法兰西阶级斗争》，《马克思恩格斯文集》第2卷，人民出版社2009年版。

卡·马克思《不列颠在印度的统治》《不列颠在印度统治的未来结果》学习导读

马克思在1853年写的《不列颠在印度的统治》和《不列颠在印度统治的未来结果》，是他运用唯物史观比较系统地考察殖民主义问题的重要著作。

随着资本主义的发展和国际交往的扩大，民族和地区的历史越来越成为世界历史。不过，这个世界历史并不是全世界各民族的普遍繁荣与和谐发展的历史，其基本特点之一恰恰在于“它使未开化和半开化的国家从属于文明的国家，使农民的民族从属于资产阶级的民族，使东方从属于西方”①。所以，为了揭示资本主义社会的发展规律以及世界历史的发展规律，我们不仅要研究资本主义国家自身的历史发展，而且要研究它们的殖民地、附属国的境况和命运，研究这两者之间的相互关联及其前景。

在1848—1849年法国和德国革命之后，马克思集中力量总结这两个资本主义国家革命的经验，撰写了《1848年至1850年的法兰西阶级斗争》等著作。与此同时，他对被压迫人民的民族解放斗争也给予了越来越多的关切，并且联系无产阶级革命的前景来考察和研究民族与殖民地问题，撰写了一批相关论著。

英国是当时最主要的资本主义国家，而印度则是英国最主要的殖民地。马克思在上述两篇文章中就英国对印度的统治及其未来结果的论述，对于研究资本主义、殖民主义的历史及其相互关联，对于考察民族、殖民地问题及其与无产阶级革命前景的相互关联，都提供了典型性的例证，具有重要的意义。

---

① 《马克思恩格斯文集》第2卷，人民出版社2009年版，第36页。

一、西方殖民者入侵时的印度社会

资本主义的兴起，是同它在东方的殖民掠夺联系在一起的。

印度是西方殖民者竞相争夺的重要对象之一。当时的印度包括今天的印度、巴基斯坦和孟加拉国等广大的地区。这是一个和欧洲一样大的、幅员 15 000 万英亩的国家。

英国在印度的殖民主义活动首先是通过东印度公司进行的。这个始建于 1600 年的英国贸易公司，是英国在印度等亚洲国家推行殖民掠夺政策的工具，它从 18 世纪中叶起即已拥有军队和舰队，成为巨大的从事侵略扩张的军事力量。在逐步排挤葡萄牙、荷兰、法国等势力的同时，从 1757 年起到 1849 年的 92 年间，东印度公司通过发动多次侵略战争并采取其他手段，实现了英国对全印度的征服。

西方殖民者入侵时，印度正处在封建社会的晚期。它的基层社会组织是村社。印度人一方面把他们的农业和商业所凭借的主要条件即大规模公共工程交给中央政府去管理；另一方面他们又散处于全国各地，通过农业和制造业的家庭结合而聚居在各个很小的中心地点。这些家庭式公社本来是建立在家庭工业上面的，靠着手织业、手纺业和手耕农业的特殊结合而自给自足。这种村社制度使每一个这样的小结合体都成为独立的组织，过着自己独特的生活。

村社制度在印度的古代就存在。到了近代，它越来越严重地束缚着印度经济的发展和社会的进步。这从马克思的有关分析中可以看得很清楚。

首先，马克思指出：农村公社的最坏的一个特点，即社会分解成许多固定不变、互不联系的原子的现象。它们各自同其他村庄几乎没有往来，没有推动社会进步所必需的愿望和行动。印度社会结构中的这种“孤立状态是它过去处于停滞状态的主要原因”。因为“它们使人屈服于外界环境，而不是把人提高为环境的主宰；它们把自动发展的社会状态变成了一成不变的自然命运”。

其次，马克思又指出：这些田园风光的农村公社不管看起来怎样祥和无害，却始终是东方专制制度的牢固基础。因为“它们使人的头脑局限在极小的范围内，成为迷信的驯服工具，成为传统规则的奴隶，表现不出任何伟大的作为和历史首创精神”。

再次，马克思还认为，印度是一个不仅存在着伊斯兰教徒和印度教徒的对立，而且存在着部落与部落、种姓与种姓对立的国家，“是一个建立在所有成员之间普遍的互相排斥和与生俱来的排他思想所造成的均势上面的社会”。在众多孤立的、分散的、自给自足的村社的基础之上，这个国家必定会形成封建的割据和纷争，而不可能形成持久的、巩固的统一。

正因为如此，马克思认为，入侵者是在“一无抵抗、二无变化的社会的消极基础上”建立他们的帝国的。

诚然，这里所说的“一无抵抗、二无变化的社会”，不能从绝对的意义上去理解。一方面，印度人民包括一些爱国的王公曾经进行过不止一次反对入侵者的斗争，但由于人民群众受到封建制度的束缚，处于分散、孤立的状态，由于封建势力的割据和纷争，以致不可能形成统一的、持久的、足以有效遏制乃至战胜入侵者的强大力量；另一方面，印度社会也并非陷于绝对的停滞，从 17 世纪中叶以来，一些城市中已经开始出现资本主义性质的手工工场和包买商制度等资本主义的萌芽，但是由于它们的数量很少，发展缓慢，力量过于微弱，还远不足以突破封建制度的坚硬的躯壳，改变“社会的消极基础”。

基于以上事实，马克思得出的结论是：这样的国家，这样的社会，是“注定要做征服者的战利品”的。他写道：“英国在印度的统治是怎样建立起来的呢？大莫卧儿的无上权力被它的总督们摧毁，总督们的权力被马拉塔人摧毁，马拉塔人的权力被阿富汗人摧毁；而在大家这样混战的时候，不列颠人闯了进来，把他们全都征服了。”历史的事实就是这样。

二、殖民主义者的入侵和印度人民的深重灾难

（一）英国在印度的统治

英国殖民者在侵略印度的过程中，采取了直接的军事占领和建立藩属

国两种形式。这样，在英国的统治下，印度就被分成了两部分：一部分是东印度公司直接领有的殖民地，即“英属印度”；另一部分是附属国体系，即“印度土邦”。在“英属印度”，全部官职由英国人垄断，契约文官都是由东印度公司董事们从英国送来的贵族子弟，在农村由村社上层为他们征税，村社继续起着基层政权的作用。在“印度土邦”，则保留王公制度，由王公们在英国的“监护”下继续进行统治，并为其服务和效力。在印度被全部征服时，这样的土邦共有554个，其人口占总人口的四分之一，其面积占总面积的五分之二。①

在早期，英国对印度的统治，主要是进行直接的殖民掠夺；而在18世纪末、19世纪初英国完成工业革命以后，其殖民政策的一个重要目的，是把印度不仅变成英国倾销商品的市场，而且更要变成其廉价原料的供应地。这就是马克思所说的：在过去，在大不列颠的各个统治阶级中，“贵族只是想征服它，金融寡头只是想掠夺它，工业巨头只是想通过廉价销售商品来压垮它。但是现在情势改变了。工业巨头们发现，使印度变成一个生产国对他们大有好处”。

无论是采取何种统治方式和实行何种殖民政策，其出发点和归宿都是为了掠夺印度的财富，奴役印度的人民，以满足英国资产阶级的利益。

（二）“资产阶级文明的极端伪善和它的野蛮本性”

马克思对英国殖民主义进行了无情的揭露。他指出：“当我们把目光从资产阶级文明的故乡转向殖民地的时候，资产阶级文明的极端伪善和它的野蛮本性就赤裸裸地呈现在我们面前，它在故乡还装出一副体面的样子，而在殖民地它就丝毫不加掩饰了。”这从下面的历史事实，可以看得很清楚。

从1757年起，东印度公司就通过扶植傀儡、拥立省督的手段，获取“酬金”和“礼金”，勒索“赔偿费”（它发动侵略印度的战争，却要印度人加倍偿付其战争费用）；它借助手中的权势，把贸易变成强制和劫

---

① 林承节：《殖民统治时期的印度史》，北京大学出版社2004年版，第40—41页。

掠；它利用获得的征收田赋的权力，对印度人民进行敲骨吸髓的压榨。据估计，从1757年至1815年的58年间，英国从印度掠取的财富约达10亿英镑。在整个18世纪期间，由印度流入英国的财富，主要是通过对印度的直接搜刮和掠夺得到的，而不是通过比较次要的贸易手段。

印度农民是英国殖民者的主要掠夺对象。殖民者向农民征收巨额土地税，以致劳动条件的再生产、生产资料的再生产都严重地受到威胁，以致生产的扩大或多或少成为不可能，并压迫直接生产者，使他们只能得到维持肉体生存的最小限量的生活资料。马克思指出，印度自古以来就存在着三个政府部门：财政部门、战争部门和公共工程部门。英国殖民者从印度人手里接收了财政部门和战争部门，却完全忽略了公共工程部门。19世纪初，他们在孟加拉等三省的全部收入，用于印度农业水利灌溉工程的不足百分之一，直接导致了印度农业的衰败。早在18世纪末，孟加拉已经有三分之一地区变成丛林。到1830年，马德拉斯又有四分之一的土地荒废。在整个印度，遍地荒凉，饥馑不断，居民大批死亡。①

在英国殖民者对印度的直接掠夺中，征收田赋占有重要的地位。为了保障田赋收入，他们改变了印度原有的土地关系。东印度公司首先在孟加拉等地实行柴明达尔制。柴明达尔是孟加拉的世袭包税人。根据新的规定，这些包税人成为土地所有者（地主），由他们直接向政府缴纳土地税（田赋）。1820年，英国殖民者在印度南部地区实行莱特瓦尔（莱特，意为农民；莱特瓦尔，意为农民持有者）制。根据这一制度，个体农户成为土地所有者，也是土地纳税人。他们处于东印度公司的直接控制下，应缴的税额由该公司确定。他们实际上成了殖民者统治的国家的佃农。19世纪40年代，英国殖民者又在信德和旁遮普地区实行农村租佃制。根据这一制度，村社为缴纳土地税的单位，村社农民对土地有占有权。整个村社的土地税税额确定以后，由村社头人向农民摊派，并实行联保制度。村社也变形了。以上这些制度加强了英国“对印度的封建剥削和殖民掠夺，

① 周一良、吴于廑：《世界通史》（近代部分上册），人民出版社1972年版，第231页。

培育了一批驯顺的帮凶作为巩固殖民统治的社会基础，并使印度逐步沦为英国的农业——原料附庸”[①]。

英国殖民者对印度实行的殖民剥削，毁灭了印度的纺织工业以及其他手工业：一方面，英国殖民者依靠机器生产的成本低廉的工业品，使印度依靠手工生产的工业品无法与之竞争；另一方面，他们又利用其宗主国的地位实行单方面的自由贸易——英国输入印度的工业品享受法定的免税或实际免税的特惠，而印度货物输往英国则被课以高额关税，使英国在竞争中处于特殊有利的地位。在这种情况下，不列颠入侵者就“打碎了印度的手织机，毁掉了它的手纺车”。英国对印度的出口迅速增加，而印度制成品的出口则日益萎缩。[②] 曾经发达的印度手工业遭到致命的打击，许多手工业者丧失了生计。总督本丁克承认：“这种悲惨的境况，在商业史上是无与伦比的。棉织工人的白骨使印度平原都白色一片了。”以纺织品闻名于世的城市迅速衰败，农村的家庭手工业也被摧毁。建立在家庭工业上面的、或者说建立在“农业和制造业的结合”基础上的村社，随之逐步趋于解体。

（三）印度人“失掉了旧世界，但没有获得新世界”

马克思认为，印度灾难的开端，可以追溯到遥远的古代，并不是始于英国殖民者的入侵。但是，不列颠人给印度带来的灾难，与印度过去所遭受的一切灾难比较起来，“在本质上属于另一种，在程度上要深重得多”。这又是什么缘故呢？

从历史上看，野蛮的征服者被他们所征服的臣民的较高文明所征服，这是一条永恒的规律。相继侵入印度的阿拉伯人、土耳其人、鞑靼人和莫卧儿人，由于自身的文明程度低于印度，他们不久就被印度化了。他们带来的破坏，只触及印度社会的表面。尽管在政治上占统治地位的集团、个

---

① 宋则行、樊亢主编：《世界经济史》（上卷），经济科学出版社1998年版，第140—141页。

② 宋则行、樊亢主编：《世界经济史》（上卷），经济科学出版社1998年版，第142页。

人以及他们实行统治的方式在不断改变，但是封建社会的经济基础仍然保持着，封建社会的基层组织即村社也仍然保持着。所以马克思说：“无论印度过去在政治上变化多么大，它的社会状况却始终没有改变。”

英国殖民者与以往的入侵者不同。不列颠人是第一批文明程度高于印度的征服者。马克思之所以说他们给印度带来比过去深重得多的灾难，不只是因为他们在亚洲式专制的基础上建立起来了欧洲式专制，事实上，这两种专制的结合更为可怕，更主要的是因为他们不只是像以往入侵者进行的破坏那样只触及印度的表面，而是把印度社会的基层组织、经济基础，把印度社会的整个结构摧毁了。“他们破坏了本地的公社，摧毁了本地的工业，夷平了本地社会中伟大和崇高的一切，从而毁灭了印度的文明。”

英国殖民者来到印度是为了掠夺而不是为了建设，是为了把印度变成任凭自己宰割的殖民地而不是像英国一样的资本主义国家。所以，马克思说：英国“摧毁了印度社会的整个结构，而且至今还没有任何重新改建的迹象。”“印度人失掉了他们的旧世界而没有获得一个新世界，这就使他们现在所遭受的灾难具有一种特殊的悲惨色彩。”因为在过去，无论经历怎样的动荡、混乱、饥饿和死亡，印度的社会生活还是会回复到原先的秩序和轨道的；而如今，原先的秩序和轨道已经被摧毁，动荡、混乱、饥饿和死亡在持续，人们由于“既丧失自己的古老形式的文明又丧失祖传的谋生手段”而陷于无助与无奈的绝望境地，深重的灾难似乎变得没有尽头了。

正因为如此，作为伟大的无产阶级革命家，马克思对殖民地人民遭受的苦难怀着深切的同情，对殖民主义者的罪行进行了严厉的谴责和愤怒的声讨。

三、殖民主义者的入侵和印度社会的变化

（一）用历史的观点考察印度社会的变动

马克思说，印度宗法制社会组织即村社的解体，从感情上来说，是让

人感到难过的。“但是从历史观点来看”，仅仅停留在这种感情上面，就不够了。对于英国在印度的统治及其造成的破坏，不仅要揭露它的罪恶，重要的是应当以严格的科学态度，对它进行历史的考察，揭示它的未来结果。

马克思认为，不应当把英国殖民者入侵以前的印度社会加以美化。他不同意把过去的印度看作是什么黄金时代。既然村社制度已经成了印度经济发展和社会进步的障碍，那么它的被破坏就是不值得惋惜的了，尽管印度人在这个过程中付出了过于沉重的代价。

还应当看到，英国殖民者之所以会给印度社会造成严重的破坏性的后果，“这与其说是由于不列颠收税官和不列颠士兵的粗暴干涉，还不如说是由于英国蒸汽机和英国自由贸易的作用”。以手工业为基础的落后的生产力，是无法与以蒸汽机为动力的先进的生产力相匹敌的。“不列颠的蒸汽机和科学在印度斯坦全境彻底摧毁了农业和制造业的结合”，这是一个无法避免的结局。而这种农业和制造业相结合的自然经济的解体，在客观上会对商品经济的发展起某种促进作用，由此为印度资本主义的兴起创造某种前提。

正是在这个意义上，马克思说：英国破坏了那些半野蛮半文明的公社，摧毁了它们的经济基础，“结果，就在亚洲造成了一场前所未闻的最大的、老实说也是唯一的一次**社会**革命”。尽管“英国在印度斯坦造成社会革命完全是受极卑鄙的利益所驱使，而且谋取这些利益的方式也很愚蠢”，但是，“英国不管犯下多少罪行，它造成这个革命毕竟是充当了历史的不自觉的工具”。

能不能把马克思这个论断理解为，如果没有英国殖民者的入侵及其残暴统治，印度社会将永久地停留在封建社会、印度经济将永久地停留在自给自足的自然经济的基础之上呢？不能。认为一个社会如果没有外力推动就将永远停止不动的观点，是同唯物史观的基本思想完全不符合的。这不是也不可能是马克思的思想。毛泽东在分析外国资本主义入侵前后中国社会的状况时说过：“中国封建社会内的商品经济的发展，已经孕育着资本主义的萌芽，如果没有外国资本主义的影响，中国也将缓慢地发展到资本主义社会。外国资本主义的侵入，促进了这种发展。”① 这个分析，基本上也可以适用于印度。事实上，既然世界历史已经进入资本主义时代，既然资本主义的萌芽已经开始在印度发生和发展起来，那么，没有英国殖民者的入侵，印度社会也将逐步地发生变化，印度村社制度也将会缓慢地解体。英国殖民者的入侵，只是用一种猛烈和残暴的方式促进了这个过程，并且使印度人民为此蒙受了具有特殊悲惨色彩的深重苦难而已。

（二）经济、政治、社会生活的变化和新阶级的崛起

前面已经讲过，英国在印度的统治，在早期主要是进行直接的掠夺；在完成工业革命以后，更主要的是把印度变成英国倾销商品的市场尤其是廉价原料的供应地，变成英国资本主义的经济附庸。

马克思指出，英国的工业巨头们为了达到变印度为生产国的目的，首先就要供给印度水利设备和国内交通工具。

为了把印度变成牢固可靠的商品销售市场和原料产地，英国殖民当局设置了一些用以剥削和控制印度的经济工具和组织机构。19 世纪 40 年代开始在印度修建铁路。1813 年以后，英国资本家在印度广设银行：创立汇兑银行，从事对外贸易活动，融通资金和进行结算业务；成立许多管区银行，以便于英国产品向印度内地的销售和对内地资源的榨取。为了便于对印度的殖民控制和经济剥削，1818 年英国殖民当局开始统一印度的货币制度。② 英国殖民主义者出于自私的动机而不得不在印度采取的这些步骤，将带来它没有预先设想的而且也是不愿意看到的后果。根据马克思的提示，这些后果主要有：

首先，印度自己的现代工业将产生和发展起来。本来，英国的工业巨头们之所以愿意在印度修筑铁路，完全是为了要降低他们的工厂所需要的棉花和其他原料的价格。但是，他们一旦把机器应用于一个有铁有煤的国家的交通运输，他们就无法阻止这个国家自己去制造这些机器了。印度人

---

① 《毛泽东选集》第 2 卷，人民出版社 1991 年版，第 626 页。

② 宋则行、樊亢主编：《世界经济史》（上卷），经济科学出版社 1998 年版，第 142—143 页。

是特别有本领适应完全新的劳动并取得管理机器所必需的知识的。而随着印度机器工业的兴起和资本主义经济的发展，印度的资产阶级和无产阶级也将形成和发展起来，它们将成为新兴的反对殖民主义的力量。

其次，由铁路系统产生的现代工业，必然会瓦解印度种姓制度所凭借的传统的分工，而种姓制度则是印度进步和强盛的主要障碍。同这个历史进程相适应，在种姓制度下受传统分工束缚的主要群众——农民将逐步觉醒，而不会长久地继续“成为迷信的驯服工具，成为传统规则的奴隶”了。

再次，为了统治印度，英国殖民者需要培植一批具有新知识的印度知识分子。事实上，从那些在英国人监督下在加尔各答勉强受到一些很不充分的教育的印度当地人中间，正在崛起一个具有管理国家的必要知识并且熟悉欧洲科学的新的社会群体。而印度的这些新兴的知识分子，不会永久充当殖民者的驯服工具，他们中的许多人将成为印度重建的重要力量之一。

最后，为了利用印度人去统治印度人，英国殖民者需要培植掌握新式武器的由印度人组成的军队。而“由不列颠的教官组织和训练出来的印度人军队，是印度自己解放自己和不再一遇到外国入侵者就成为战利品的必要条件”。

据此，马克思才说，尽管“他们的重建工作在这大堆大堆的废墟里使人很难看得出来”，但是“这种工作还是开始了”。

（三）英国在印度要完成的双重使命

基于以上的分析，马克思说：“英国在印度要完成双重的使命：一个是破坏的使命，即消灭旧的亚洲式的社会；另一个是重建的使命，即在亚洲为西方式的社会奠定物质基础。”

这里所说的破坏的使命，前面已经讲过了。这里所说的重建的使命，主要并不是指英国殖民主义统治造成的直接现实，而是指它的“未来结果”。这就是说，殖民主义者为统治和奴役印度而采取的措施和步骤，并不会使印度直接成为“西方式的社会”，但是它们将会最终违背殖民者本来的意愿，产生出埋葬殖民主义的物质基础和社会力量；就像在资本主义国家中，资本主义发展的结果，“资产阶级不仅锻造了置自身于死地的武器；它还产生了将要运用这种武器的人——现代的工人，即**无产者**”① 一样。这就是历史的辩证法。

四、反对殖民主义、摆脱外国枷锁，是东方社会获得重建与新生的前提

（一）殖民主义者没有也不能使印度获得重建与新生

尽管英国殖民者摧毁了印度社会的整个结构，并在印度“为西方式的社会奠定物质基础”，但马克思强调的是：“英国资产阶级将被迫在印度实行的一切，既不会使人民群众得到解放，也不会根本改善他们的社会状况，因为这两者不仅仅决定于生产力的发展，而且还决定于生产力是否归人民所有。”

这里涉及两个问题。首先，是关于生产力的发展问题。

“不列颠的蒸汽机和科学在印度斯坦全境彻底摧毁了农业和制造业的结合”，虽然在客观上对商品经济的发展起某种促进作用，由此为印度资本主义的兴起创造了某种前提；但是，英国殖民者在印度享有的种种特权，对印度经济命脉和金融、海关等的控制，对印度人进行的敲骨吸髓的压榨，变印度为英国所需的原料产地和商品倾销市场的殖民政策等，将严重地阻碍印度民族资本主义工商业的发展；他们在印度培植地主作为殖民统治的社会支柱，对土邦制度加以维持和利用等，更使印度的主要群众——农民继续遭受封建性的压迫和剥削，严重地阻碍农村生产力的解放和发展，成为印度工业发展的根本性的制约因素。这就是说，在考察外国资本主义的入侵和印度社会的变化时，我们不能仅仅看到商品经济和资本主义生产的发展这一个方面；还应当看到和这个变化同时存在而且阻碍这

① 《马克思恩格斯文集》第2卷，人民出版社2009年版，第38页。

个变化的另一个方面。

其次，是关于生产力是否归人民所有的问题。

生产力是人们利用自然、改造自然的能力，表示人们在生产过程中对自然界的关系，生产力具有它本身的自然属性。人类的生产又都是在一定的生产关系下进行的，是在一定的社会形式中发展的。生产力也就有为谁占有、怎样占有和为谁的利益而生产的问题，这就是生产力的社会属性。作为唯物主义历史观的创立者，马克思充分肯定生产力的发展在社会发展中的最终决定作用，但他不是孤立地，而是联系着一定的生产关系来考察生产力的。作为伟大的无产阶级革命家，他关心“生产力是否归人民所有”这个问题。英国殖民者的目的，是为了把印度变成任凭自己宰割的殖民地，以便发展英国自身的资本主义。所以，对于作为殖民地的印度来说，“生产力归人民所有”是根本无从谈起的。

由此可见，要使生产力得到充分发展，要使生产力归人民所有，并由此使人民群众得到解放并根本改善他们的社会状况，其前提就是推翻殖民主义的统治。这是马克思分析英国在印度的统治及其未来结果所得出的最重要的结论。

正因为如此，马克思对印度人民反抗英国殖民主义的斗争给予了极大同情和坚决支持。对于 1857 年至 1858 年的印度民族大起义，他写道：“人民企图赶走竟敢对自己的臣民这样滥用职权的外国征服者，难道不对吗？如果英国人能够冷酷无情地干出这种事情，那末就算起义的印度人在起义和斗争的狂怒中犯下了硬说是他们犯下的那些罪行和暴虐，又有什么奇怪呢?”① 1858 年 1 月 14 日，他在致恩格斯的信中不仅肯定了印度人民对民族压迫的反抗，并且指出，“印度使英国不断消耗人力和财力，现在是我们最好的同盟军”②。

（二）印度社会重建与新生的前提是进行“伟大的社会革命”

怎样才能推翻殖民主义的统治，使印度社会得到重建与新生？这就是

① 《马克思恩格斯全集》第 12 卷，人民出版社 1962 年版，第 296 页。
② 《马克思恩格斯全集》第 29 卷，人民出版社 1972 年版，第 250 页。

要进行“伟大的社会革命”。因为英国殖民者的统治是印度发展的枷锁。只有经过革命，“完全摆脱英国的枷锁”，摧毁外国殖民主义者享有的种种特权，摧毁外国殖民主义的社会支柱——封建势力的统治，印度才能独立自主地得到发展，才能具有使“生产力归人民所有”的可能性。所以马克思强调：“在大不列颠本国现在的统治阶级还没有被工业无产阶级取代以前，或者在印度人自己还没有强大到能够完全摆脱英国的枷锁以前，印度人是不会收获到不列颠资产阶级在他们中间播下的新的社会因素所结的果实的。”

不过，马克思并没有对印度的未来表示悲观。他指出：“资产阶级历史时期负有为新世界创造物质基础的使命：一方面要造成以全人类互相依赖为基础的普遍交往，以及进行这种交往的工具；另一方面要发展人的生产力，把物质生产变成对自然力的科学支配。资产阶级的工业和商业正为新世界创造这些物质条件，正像地质变革创造了地球表层一样。”

这就是说，马克思是用唯物史观并联系无产阶级革命的前景来考察殖民主义问题的。他揭示了资本主义文明、进步及其在全世界扩张的矛盾性质，指明了解决这种矛盾的途径和依靠力量。他写道：“只有在伟大的社会革命支配了资产阶级时代的成果，支配了世界市场和现代生产力，并且使这一切都服从于最先进的民族的共同监督的时候，人类的进步才会不再像可怕的异教神怪那样，只有用被杀害者的头颅做酒杯才能喝下甜美的酒浆。”

尽管印度人民面临的现实苦难是无比的深重，马克思还是满怀信心地预言，“在比较遥远的未来，这个巨大而诱人的国家将得到重建”。他相信，既然随着印度工业和商业的兴起，新的阶级力量特别是无产阶级将不可遏制地成长起来，那么，不管未来的道路多么漫长和曲折，殖民主义的统治终将被推翻，印度社会终将得到重建和新生。

马克思在论述不列颠在印度的统治及其未来结果时，深刻地揭露了殖民主义的侵略给殖民地人民造成的深重苦难，科学地提出并论证了英国殖民主义者“充当了历史的不自觉的工具”这个论断，强调了反对殖民主义、摆脱外国枷锁是东方社会获得重建和新生的前提，阐明了民族殖民地问题与资本主义国家无产阶级革命前景的相互关系，对于我们研究近代世界历史尤其是东方国家的历史，具有重要的指导意义和启示作用。

延伸阅读：

1. 马克思：《中国革命和欧洲革命》，《马克思恩格斯文集》第2卷，人民出版社2009年版。
2. 马克思：《波斯和中国》，《马克思恩格斯文集》第2卷，人民出版社2009年版。
3. 列宁：《亚洲的觉醒》，《列宁专题文集·论资本主义》，人民出版社2009年版。
4. 列宁：《落后的欧洲和先进的亚洲》，《列宁专题文集·论资本主义》，人民出版社2009年版。

卡·马克思《给维·伊·查苏利奇的复信》学习导读

马克思在1881年3月写的《给维·伊·查苏利奇的复信》，是论述俄国农村公社命运和社会发展前景的重要著作。复信草稿中提出的关于“俄国可以不通过资本主义制度的卡夫丁峡谷”的论述，对于科学地认识经济不发达国家在一定条件下可以进行社会主义改造的问题，具有重要的启示性作用。

一、对俄国农村公社和俄国社会发展问题的研究和探讨

（一）在俄国农村公社和社会发展问题上的争论

世界许多地区都经历过农村公社这个发展阶段。一些国家的农村公社后来消失了；一些国家曾长期保留着农村公社的遗迹。在俄国，由于各种独特情况的结合，直到19世纪八九十年代，农村公社仍然在全国范围内存在着，全部耕地的半数左右仍然是农村公社的公有财产。

俄国农民的公社所有制是普鲁士政府的顾问哈克斯特豪森于1845年发现的。俄国思想家赫尔岑得悉后，便据此认定俄国农民是真正的社会主义体现者、天生的共产主义者。他的这种认识传给了巴枯宁，又由巴枯宁传给了特卡乔夫。民粹派特卡乔夫说，俄国人民的绝大多数“都充满着公有制原则的精神”，他们是“本能的、传统的共产主义者”。他鼓吹俄国可以无条件地借助农村公社直接过渡到社会主义。革命民主主义者车尔尼雪夫斯基也把俄国农村公社看做从现存社会形式过渡到新的发展阶段的手段，这个新阶段一方面高于俄国的公社，另一方面也高于阶级对立的西欧资本主义社会。

1861年农奴制改革以后，俄国的资本主义进一步发展起来，农村公

社逐步趋向解体。与特卡乔夫等的观点相对立，俄国的自由派经济学家们希望，首先摧毁农村公社，以便过渡到资本主义制度。

1872年，马克思的《资本论》第一卷俄文译本出版。俄国有一些自称是马克思主义者的人，以马克思主义的名义，“说农村公社是一种陈腐的形式，历史、科学社会主义，总而言之，所有一切最不容争辩的东西，都已断定这种陈腐的形式必然灭亡”。当有人反驳他们说：“你们是用什么方法从他的《资本论》中推论出这一点的呢？他在《资本论》中并没有分析土地问题，也没有谈过俄国啊。”他们的回答是：“要是谈到俄国的话，他是会说这个话的。”①

根据这些情况，俄国“劳动解放社”成员、女革命家维·伊·查苏利奇特地给马克思写信，向他求教。她说：俄国公社的发展前途问题“在我看来是个生死攸关的问题，对我们社会主义政党来说尤其如此”。“要是您肯对我国农村公社可能遭到的各种命运发表自己的观点，要是您肯对那种认为由于历史的必然性，世界上所有国家都必须经过资本主义生产的一切阶段这种理论阐述自己的看法，那末您会给我们多大的帮助啊。”“我以我的同志们的名义，恳请您给予我们这种帮助。”②

（二）马克思对查苏利奇咨询的答复

马克思对查苏利奇提出的关于俄国公社和俄国社会的发展问题十分重视。实际上，在这之前，马克思、恩格斯已经对这个问题进行过研究。在1874年至1875年间写的《流亡者文献》的第五篇文章《论俄国的社会问题》中，恩格斯就驳斥了特卡乔夫的观点，强调农村公社向社会高级形式的过渡必须具备一定的条件。1877年，马克思在《给〈祖国纪事〉杂志编辑部的信》中，则驳斥了《祖国纪事》上的文章强加给他的观点，即认为马克思同俄国自由派一样，认为对俄国来说没有比消灭农民公有制和急速进入资本主义更为刻不容缓的事了。他表示，他并不无条件地否定

① 《马克思恩格斯与俄国政治活动家通信集》，人民出版社1987年版，第378页。

② 《马克思恩格斯与俄国政治活动家通信集》，人民出版社1987年版，第377、378、379页。

"'俄国人为他们的祖国寻找一条不同于西欧已经走过而且正在走着的发展道路'的努力"①。

在给查苏利奇复信的过程中，马克思拟了四个草稿。他最后寄出的复信，只有寥寥几行。其中说：我"在《资本论》中所作的分析，既没有提供肯定俄国农村公社有生命力的论据，也没有提供否定俄国农村公社有生命力的论据"。我对此问题所作的研究使我深信："这种农村公社是俄国社会新生的支点；可是要使它能发挥这种作用，首先必须排除从各方面向它袭来的破坏性影响，然后保证它具备自然发展的正常条件。"

在这之后，马克思、恩格斯对这个问题继续进行深入的研究，并且结合新的历史情况，提出了重要的意见。这主要体现在 1882 年他们为《共产党宣言》俄文第二版所写的序言和恩格斯在 1894 年所写的《〈论俄国的社会问题〉跋》等著作中。

为了比较准确地理解马克思给查苏利奇的复信，我们有必要认真研究复信的草稿；如果能联系阅读在此前后马克思、恩格斯就这个问题发表的意见，就更有助于做到这一点。

二、俄国农村公社的二重性与两种可能的发展

（一）俄国的国情与俄国农村公社的特征

俄国是一个地跨欧、亚两洲的国家。从 9 世纪起，俄国进入封建主义时期，这个时期延续了约一千年。1861 年农奴制改革以后，俄国开始走上资本主义道路，资本主义经济迅速发展起来。但在马克思于 1881 年 3 月给维·伊·查苏利奇复信时，俄国的资本主义还没有得到充分的发展，它的经济还远远落后于西欧国家，在广大农村中还广泛保留着前资本主义的生产方式。"俄国是在全国范围内把'农业公社'保存到今天的唯一的欧洲国家"。

① 《马克思恩格斯文集》第 3 卷，人民出版社 2009 年版，第 463 页。

农业公社不是原始公社的原生形态类型。马克思指出："在古代和现代的西欧的历史运动中，农业公社时期是从公有制到私有制、从原生形态到次生形态的过渡时期。"

（二）俄国农村公社的两种可能的发展

俄国农村公社将朝着什么方向发展？是资本主义私有制注定要消灭公社的土地公有制呢，还是公社的土地公有制有可能直接过渡到更高级形式的公有制即现代的社会主义公有制？这是关于农村公社命运的两种不同的答案。

对于这个问题，马克思并没有简单地做出肯定或否定的结论。他认为，农业公社具有二重性。一方面，公有制以及公有制所造成的各种社会联系，使公社基础稳固；另一方面，房屋的私有、耕地的小块耕种和产品的私人占有又使那种与较原始的公社条件不相容的个性获得发展。正因为如此，它面临着两种可能的选择，具有两种可能的发展道路。这就是，"或者是它所包含的私有制因素战胜集体因素，或者是后者战胜前者。先验地说，两种结局都是可能的"。至于究竟会是哪一种结局，那么应该说，"一切都取决于它所处的历史环境"。

三、俄国跨越"资本主义制度的卡夫丁峡谷"的可能性及条件

（一）俄国可以不通过资本主义制度的卡夫丁峡谷

马克思并不赞同俄国自由派经济学家们的主张，即必须首先摧毁农村公社，以便过渡到资本主义制度。他认为，"'农业公社'所固有的二重性能够赋予它强大的生命力"。这是俄国之所以能够长时期地在全国范围内把"农业公社"保存下来的原因。"从理论上说，俄国'农村公社'可以通过发展它的基础即土地公有制和消灭它也包含着的私有制原则来保存自己；它能够成为现代社会所趋向的那种经济制度的**直接出发点**"。这是因为：第一，土地公有制使它有可能直接地、逐步地把小地块个体耕作转

化为集体耕作，并且俄国农民已经在没有进行分配的草地上实行着集体耕作。第二，俄国农民习惯于劳动组合关系，这有助于他们从小地块劳动向合作劳动过渡。此外，俄国土地的天然地势也适合于大规模地使用机器。

不过，应当看到，当时俄国公社的公有制是同农业本身中小地块劳动这个私人占有相联系的；俄国的公社存在了几百年，但是在它内部从来没有出现过要把它自己发展成高级的公有制形式的促进因素。要使它发展成高级的公有制形式，要使集体劳动在农业本身中能够代替小地块劳动这个私人占有的根源，必须具备两样东西：在经济上有这种改造的需要，在物质上有实现这种改造的条件。

马克思认为，在俄国，在经济上进行这种改造的需要是存在的，因为对农民的压迫耗尽了农民的土地的地力，使他们需要大规模组织起来的合作劳动。至于实现这种改造的条件，如“设备、肥料、农艺上的各种方法等等集体劳动所必需的一切资料，到哪里去找呢?”马克思认为，这种条件在俄国也是有可能具备的。他说：如果说土地公有制是俄国农村公社的集体占有制的基础，那么，它的历史环境，即它和资本主义生产同时存在，则为它提供了大规模地进行共同劳动的现成的物质条件。“和控制着世界市场的西方生产**同时存在**，就使俄国可以不通过资本主义制度的卡夫丁峡谷，而把资本主义制度所创造的一切积极的成果用到公社中来”，可以“占有资本主义生产使人类丰富起来的那些成果”。

这里所说的“一切积极的成果”包括哪些内容，马克思并没有具体指明；但是从他的相关论述来看，我们可以肯定，在经济上讲，这种成果至少应当包括先进的生产力、经济形式和管理方法方面符合社会化大生产需要的部分。因为这是俄国公社不通过资本主义制度而发展为高级的公有制形式所不可缺少的物质基础。

为什么马克思把不经过资本主义制度称作跨越“卡夫丁峡谷”呢?这是因为，在资本主义制度下，生产力得到了迅速的发展。但与此同时，创造社会财富的广大无产者却成为少数资产者的雇佣奴隶，过着贫困、屈辱的生活。这就是马克思为什么用古代罗马军队在卡夫丁峡谷所蒙受的羞辱，来比喻劳动者在资本主义制度下的境遇的原因。

在经济文化落后的国家和地区，为什么在一定条件下可以实现这种跨越式的发展呢？这是因为，在这个交通和信息已经相当发达的世界上，这些国家和地区在发展生产时可以把当时西方国家已经达到的先进技术作为自己的出发点，而不需要重复这些国家以往技术进步的每一个阶段、每一个步骤。马克思预见到自由派经济学家们要否认上述进化在理论上的可能性，于是他向他们提出这样的问题："俄国为了获得机器、轮船、铁路等等，是不是一定要像西方那样先经过一段很长的机器工业的孕育期呢？也可以向他们提出这样的问题：他们怎么能够把西方需要几个世纪才建立起来的一整套交换机构（银行、股份公司等等）一下子就引进到自己这里来呢？"显然，这些问题是那些自由派经济学家们所无法回答的。

（二）俄国跨越"资本主义制度的卡夫丁峡谷"的条件

马克思肯定"俄国可以不通过资本主义制度的卡夫丁峡谷"，但同时又指出，这必须具备一定的历史条件。否则，实现这种跨越是不可能的。这些条件就是：

第一，"必须有俄国革命"。

基于对农业公社所固有的二重性的分析，马克思指出，这种二重性不仅能够赋予公社强大的生命力，同样"也可能逐渐成为公社解体的根源"。因为：（1）在俄国，土地不时在各个家长之间进行分配，并且每家各自耕种自己的一份土地。这就有可能造成公社社员间在富裕程度上的极大差异。几乎在一切地方，公社社员中总有几个富裕农民，有时是百万富翁，他们放高利贷，榨取农民大众的脂膏。（2）公社成员私有财产的逐步积累，起着破坏经济平等和社会平等的作用，这导致在公社内部产生利益冲突，还可能导致耕地逐步变为私有财产，造成私人占有森林、牧场、荒地等。事实上，耕地的公有制只是还表现在一次又一次的重新分配土地上，"只要这种重新分配土地的做法一终止或通过决定被废止，就会出现小农的农村"①。（3）国家的财政搜刮，商业、地产、高利贷的随意剥

① 《马克思恩格斯文集》第4卷，人民出版社2009年版，第457页。

削，激发着公社内部原来已经产生的各种利益的冲突，加速了公社的各种瓦解因素的发展。（4）国家帮助那些吮吸公社血液的新资本主义寄生虫去发财致富，开始创造一个由比较富裕的少数农民组成的农村中等阶级，并逐步把大多数农民变为无产者。很明显，这些“破坏性影响的这种共同作用，只要不被强大的反作用打破，就必然会导致农村公社的灭亡”。

由于政府和那些转化为资本家的所谓“社会新栋梁”正在使公社处于危险境地，所以，马克思强调，“要挽救俄国公社，就必须有俄国革命”。因为只有这样，才有可能停止并摧毁它们对农村公社自由发展造成的“破坏性影响”。马克思相信：“如果革命在适当的时刻发生，如果它能把自己的一切力量集中起来以保证农村公社的自由发展，那么，农村公社就会很快地变为俄国社会新生的因素，变为优于其他还处在资本主义制度奴役下的国家的因素。”

后来，恩格斯还对这个问题做过进一步的说明。他说：“要想保全这个残存的公社，就必须首先推翻沙皇专制制度，必须在俄国进行革命。”除了革命将停止并摧毁对农村公社自由发展的“破坏性影响”以外，俄国的革命还“会把这个民族的大部分即农民从构成他们的‘天地’、他们的‘世界’的农村的隔绝状态中解脱出来，不仅会把农民引上一个大舞台，使他们通过这个大舞台认识外部世界，同时也认识自己，了解自己的处境和摆脱目前贫困的方法；俄国革命还会给西方的工人运动以新的推动，为它创造新的更好的斗争条件，从而加速现代工业无产阶级的胜利”①。

第二，俄国革命和西方革命的“互相补充”。

在马克思给查苏利奇复信之前，恩格斯在1874年5月至1875年4月所写的《论俄国的社会问题》中就已经指出：“如果有什么东西还能挽救俄国的公社所有制，使它有可能变成确实富有生命力的新形式，那么这正是西欧的无产阶级革命。”② 马克思在复信中虽然没有直接论述这一点，

---

① 《马克思恩格斯文集》第4卷，人民出版社2009年版，第466、467页。

② 《马克思恩格斯文集》第3卷，人民出版社2009年版，第399页。

但在他与恩格斯合写的《共产党宣言》1882年俄文版序言中着重对此进行了论述：俄国公社这一固然已经大遭破坏的原始土地公共占有形式，是能够直接过渡到高级的共产主义的公共占有形式呢？或者相反，它还必须先经历西方的历史发展所经历的那个瓦解过程呢？“对于这个问题，目前唯一可能的答复是：假如俄国革命将成为西方无产阶级革命的信号而双方互相补充的话，那么现今的俄国土地公有制便能成为共产主义发展的起点。”① 后来，恩格斯在忆及这个序言时再次强调：无论马克思还是他本人都认为，俄国在公社的基础上达到社会主义的改造的“第一个条件，是**外部的推动**，即西欧经济制度的变革，资本主义在最先产生它的那些国家中被消灭”②。

为什么说没有西方无产阶级革命的胜利，俄国在公社的基础上是不可能达到社会主义改造的呢？这是因为：俄国进行社会主义改造、实现跨越式发展的重要条件，是必须由“目前还是资本主义的西方作出榜样和积极支持”③；而没有西方无产阶级革命的胜利，这些条件是不可能具备的。

第一，从历史上看，从氏族社会遗留下来的农业共产主义在任何地方和任何时候除了本身的解体以外，都没有从自己身上生长出任何别的东西。俄国的农村公社也不会自然地从自身发展出公有制的高级形式。要做到这一点，需要由西方做出榜样。“只有当资本主义经济在自己故乡和在它兴盛的国家里被克服的时候，只有当落后国家从这个榜样上看到‘这是怎么回事’，看到怎样把现代工业的生产力作为社会财产来为整个社会服务的时候——只有到那个时候，这些落后的国家才能开始这种缩短的发展过程。”④ 这就是说，西方无产阶级革命的胜利将对落后的国家提供社会主义优于资本主义的榜样。所以，“西欧无产阶级对资产阶级的胜利以及与之俱来的以社会管理的生产代替资本主义生产，这就是俄国公社上升到同样的阶段所必需的先决条件”。“这不仅适用于俄国，而且适用于处

---

① 《马克思恩格斯文集》第2卷，人民出版社2009年版，第8页。

② 《马克思恩格斯文集》第10卷，人民出版社2009年版，第649页。

③ 《马克思恩格斯文集》第4卷，人民出版社2009年版，第459页。

④ 《马克思恩格斯文集》第4卷，人民出版社2009年版，第459页。

在资本主义以前的阶段的一切国家。"①

第二，农村公社是原生的社会形态的最后阶段，同时也是向次生形态过渡的阶段，即以公有制为基础的社会向以私有制为基础的社会的过渡。要脱开原有的轨道，使俄国农民无须经过资产阶级的小块土地所有制的中间阶段，而直接向高级形式过渡，"这只有在下述情况下才会发生，即西欧在这种公社所有制彻底解体以前就胜利地完成无产阶级革命并给俄国农民提供实现这种过渡的必要条件，特别是提供在整个农业制度中实行必然与此相联系的变革所必需的物质条件"②。

不过，无论是俄国革命还是西欧胜利的无产阶级革命，都没有"在适当的时刻发生"。1861 年农奴制改革之后，俄国在短短的时间里就奠定了资本主义生产方式的全部基础。与此同时，也就举起了连根砍断俄国农村公社的斧头。"随着农民的解放，俄国进入了资本主义时代，从而也进入了土地公有制迅速灭亡的时代"③。

马克思 1877 年在《给〈祖国纪事〉杂志编辑部的信》中曾经预言："如果俄国继续走它在 1861 年所开始走的道路，那它将会失去当时历史所能提供给一个民族的最好的机会，而遭受资本主义制度所带来的一切灾难性的波折。"④ 这样的结果，终于在俄国成为事实了。

四、马克思给查苏利奇复信提供的历史启示

马克思《给维·伊·查苏利奇的复信》，通过科学地论述俄国的农村公社命运和社会发展前景，为我们提供了运用唯物主义历史观和方法论研究历史的重要启示。这里着重讲两个问题。

---

①《马克思恩格斯文集》第 4 卷，人民出版社 2009 年版，第 459 页。
②《马克思恩格斯文集》第 3 卷，人民出版社 2009 年版，第 399 页。
③《马克思恩格斯文集》第 4 卷，人民出版社 2009 年版，第 460 页。
④《马克思恩格斯文集》第 3 卷，人民出版社 2009 年版，第 464 页。

（一）关于历史发展的多样性与统一性问题

人类社会历史的发展，是多样性与统一性的结合。这是马克思研究社会历史问题时坚持的一个原则。

从原始社会的共产制共同体和合作生产或集体生产；经过阶级社会的私有制经济，再回复到“古代”类型的集体所有制和集体生产的高级形式，这是人类社会历史发展的总趋势，也就是它的统一性。这对于各个国家都是适用的。但是，由于各国的历史环境和基本国情不尽相同，它们所经历的具体的发展阶段和所走的具体的历史道路，也就各有其特殊性。这也就是人类社会历史发展的多样性。

基于这烊的观点，马克思不赞成“那种认为由于历史的必然性，世界上所有国家都必须经过资本主义生产的一切发展阶段”的理论。可是一些人提出这种说法，恰恰是以他在《资本论》中对资本主义生产的起源所做的分析为依据的。

针对这种情况，马克思明确指出，他在分析资本主义生产的起源时所说的历史必然性，是指在资本主义制度的基础上，生产者和生产资料的彻底分离。而其“全部过程的基础是**对农民的剥夺**”。这种剥夺只是在英国才彻底完成了，西欧的其他一切国家都正在经历着同样的运动。这个分析是不是适用于包括俄国在内的一切国家呢？马克思强调，他是把这一运动的“历史必然性”明确地限制在西欧各国的范围内的。如果把它普遍化，认为它适用于一切国家，就不符合他的原意了。

就俄国来说，它面临的问题与西方是不同的。在这种西方的运动中，是把一种私有制形式变为另一种私有制形式，即以自己的劳动为基础的私有制被以剥削他人劳动即以雇佣劳动为基础的资本主义私有制所排挤。相反，在俄国农民中，则是要把他们的公有制变为私有制。把针对这种西方的运动所提出的论断，无条件地移植到俄国，应用到情况和性质极不相同的俄国农民问题上来，显然是不适当的。

那么，是不是说马克思对于资本主义生产起源的历史概述根本不适用于俄国呢？也不是。在特定的历史条件下，它才可以被应用到俄国去。这就是：假如俄国想要遵照西欧各国的先例成为一个资本主义国家，它不先把很大一部分农民变成无产者就达不到这个目的；而它一旦倒进资本主义制度的怀抱，它就会和尘世间的其他民族一样受那些铁面无情的规律的支配。

总之，马克思强调，决不能离开各国的历史环境和具体国情，“把我关于西欧资本主义起源的历史概述彻底变成一般发展道路的历史哲学理论，一切民族，不管它们所处的历史环境如何，都注定要走这条道路，——以便最后都达到在保证社会劳动生产力极高度发展的同时又保证每个生产者个人最全面的发展的这样一种经济形态”①。

马克思创立的唯物主义与唯心主义历史观的不同，在于它始终站在现实历史的基础上，而不是从观念出发来解释实践。不研究具体的历史环境，把关于西欧资本主义起源的历史概述变成一切民族都注定要走的一般发展道路的历史哲学理论，实际上就是回到了从观念出发来解释实践的老路上。所以马克思说：“这样做，会给我过多的荣誉，同时也会给我过多的侮辱。”②

历史事变及其发展进程，都是在特定的历史环境中展开的，有其内在的规律性。为了揭示这种规律性，我们必须对历史进行具体的研究，而不能由一般的历史哲学理论出发加以推演。因为“使用一般历史哲学理论这一把万能钥匙，那是永远达不到这种目的的，这种历史哲学理论的最大长处就在于它是超历史的”③。实际上，极为相似的事变发生在不同的历史环境中就会引起完全不同的结果。所以，简单地进行历史的类比是解决不了问题的。正确的研究方法应当是，把这些演变分别加以研究，弄清其历史背景、具体情况、发生原因，然后再把它们加以比较，这样，“我们就会很容易地找到理解这种现象的钥匙”④。

马克思在考察俄国公社命运和社会发展时使用的这种方法，是我们在研究其他社会历史问题时也应当借鉴的。

---

① 《马克思恩格斯文集》第 3 卷，人民出版社 2009 年版，第 466 页。
② 《马克思恩格斯文集》第 3 卷，人民出版社 2009 年版，第 466 页。
③ 《马克思恩格斯文集》第 3 卷，人民出版社 2009 年版，第 467 页。
④ 《马克思恩格斯文集》第 3 卷，人民出版社 2009 年版，第 466—467 页。

（二）关于经济落后的国家在一定的条件下可以发展社会主义的问题

马克思在1881年给查苏利奇复信的时候，俄国资本主义还刚刚发生不久。如果说在西欧，农民公社所有制在社会发展的一定阶段上成了农业生产的桎梏和障碍，因而渐渐被取消了；那么，在俄国本土，“它一直保存到今天，这首先就证明农业生产以及与之相适应的农村社会状态在这里还处在很不发达的阶段”①。这种情况同时也表明，当时俄国资本主义的发展在整体上还处在很不发达的阶段。

在通常的情况下，随着俄国资本主义的发展，农村公社制度将会逐步解体，公社的公有制将被农民的私有制所代替，而由于资本主义的发展必定会把很大一部分农民变成无产者，农民的私有制将被资本主义私有制所代替。既然这样，马克思又是根据什么理由认为“俄国可以不通过资本主义制度的卡夫丁峡谷”、农村公社有可能“是俄国社会新生的支点”的呢？要弄清楚这个问题，必须了解马克思的世界历史理论，即“历史向世界历史的转变”② 的理论。

在《德意志意识形态》中，马克思、恩格斯指出：在资本主义兴起以后，随着生产力的普遍发展和与之相适应的人们普遍交往的建立，就使得“每一民族都依赖于其他民族的变革”；使得“地域性的个人为**世界历史性的**、经验上普遍的个人所代替”③。正因为如此，我们在研究近代以来各国的历史时，就必须具有世界历史的眼光，就必须把它们置于广阔的时代背景之下。马克思就是运用这种世界历史理论来考察俄国问题，才得出上述具有创新意义的结论的。

当时的俄国虽然是一个资本主义刚刚起步、经济文化还比较落后的国家，但是它有可能实现跨越式的发展，即没有“经过资本主义生产的一切发展阶段”就直接提出社会主义改造的问题，这是因为：

第一，“一切历史冲突都根源于生产力和交往形式之间的矛盾。”这

---

① 《马克思恩格斯文集》第3卷，人民出版社2009年版，第397页。
② 《马克思恩格斯文集》第1卷，人民出版社2009年版，第541页。
③ 《马克思恩格斯文集》第1卷，人民出版社2009年版，第538页。

是没有疑问的。但是，“不一定非要等到这种矛盾在某一国家发展到极端尖锐的地步，才导致这个国家内发生冲突。由广泛的国际交往所引起的同工业比较发达的国家的竞争，就足以使工业比较不发达的国家内产生类似的矛盾”①。俄国这样一个经济文化还比较落后的国家，也是有可能提出社会主义改造的要求的。马克思在复信中特别提到：在俄国公社面前，资本主义制度正经历着危机，这种危机只能随着资本主义的消灭，随着现代社会回复到“古代”类型的公有制而告终。因此，农村公社的这种发展，是符合我们时代历史发展的方向的。

第二，尽管俄国社会的生产力还没有在资本主义制度下得到充分的发展，但是农村公社“目前处在这样的历史环境中：它和资本主义生产的同时存在为它提供了集体劳动的一切条件。它有可能不通过资本主义制度的卡夫丁峡谷，而占有资本主义制度所创造的一切积极的成果”。它可以通过开展国际交往，采取以积极的态度吸取资本主义制度所创造的一切有益成果的办法，来为进行社会主义改造奠定物质基础。

第三，西方无产阶级革命的胜利，将为俄国在公社的基础上进行社会主义改造“作出榜样”和提供“积极支持”②。

对后面的两点，我们已经在前面作过论述，这里就不再细说了。

应当指出的是，马克思关于“俄国可以不通过资本主义制度的卡夫丁峡谷”的论断，虽然在当时并没有成为直接的现实，但是这种设想的提出，从历史观和方法论的角度来说，对于人们考察经济比较落后国家的社会发展问题，是具有重要的理论和实践意义的。因为它清楚地告诉人们，那种不考虑具体的历史环境，认为一个国家在资本主义得到高度发达以前绝对不可能进行社会主义革命的观点，不是马克思的观点，而是对马克思观点的误读或教条主义的歪曲。

马克思的上述思想，对于我们认识经济文化比较落后的中国在民主革命胜利以后能够进行社会主义改造，走上社会主义道路，提供了有力的指导。

---

① 《马克思恩格斯文集》第1卷，人民出版社2009年版，第567—568页。

② 《马克思恩格斯文集》第4卷，人民出版社2009年版，第459页。

延伸阅读：

1. 恩格斯：《流亡者文献》第五篇《论俄国的社会问题》，《马克思恩格斯文集》第3卷，人民出版社2009年版。
2. 马克思：《给〈祖国纪事〉杂志编辑部的信》，《马克思恩格斯文集》第3卷，人民出版社2009年版。
3. 恩格斯：《〈论俄国的社会问题〉跋》，《马克思恩格斯文集》第4卷，人民出版社2009年版。

弗·恩格斯《家庭、私有制和国家的起源》（节选）学习导读

《家庭、私有制和国家的起源》（以下简称《起源》）写于1884年3月至5月，是恩格斯阐发历史唯物主义原理的一部重要著作。它科学地阐明了人类社会早期发展阶段的历史，探讨了原始社会的家庭关系、氏族制度及其演变，论述了私有制和国家的起源，进一步丰富和发展了历史唯物主义的基本原理。

在19世纪60年代以前，“社会的史前史、成文史以前的社会组织，几乎还没有人知道”①。其后，情况发生了很大的变化。以1860年出版的巴斯提安三卷本的《历史上的人》一书为标志，人们开始对人类文化的起源作系统、科学的研究，多种文化人类学专著纷纷问世。如巴霍芬的《母权论》（1861年）、麦克伦南的《原始婚姻》（1865年）、拉伯克的《文明的起源和人的原始状态》（1870年）、摩尔根的《血亲制度和姻亲制度》（1871年）等，形成了人类学史上的进化论学派。美国杰出的社会科学家、人类学进化论学派的代表人物之一摩尔根的《古代社会》（1877年）一书，在人类学和文化学研究史上是一部划时代的科学巨著。他通过对印第安人的氏族制度、家庭、婚姻等具体社会结构、社会形式的详细探讨，提出了一系列关于追溯人类社会早期历史的独到见解。他认为婚姻和家庭是一个历史范畴，家庭是随着社会的发展而形成、发展的。他用从北美印第安人的血缘团体中找到的钥匙，解开了氏族这一原始社会制度基本组织的起源和本质之谜，证明了母系氏族是原始社会的基本单位，人类社会从母系氏族向父系氏族、从母权制向父权制发展的普遍性。他认为，人类从蒙昧时代向野蛮时代和文明时代过渡的决定性力量是生活资料生产的进步。私有制的产生导致专偶家庭的产生和文明社会的建立。

摩尔根的《古代社会》一书在原始社会研究中引起了革命。恩格斯

---

① 《马克思恩格斯文集》第2卷，人民出版社2009年版，第31页。

指出，在论述社会的原始状况方面，这是一本像达尔文学说对于生物学那样具有决定意义的书。“摩尔根的伟大功绩，就在于他在主要特点上发现和恢复了我们成文史的这种史前的基础”。他“在他自己的研究领域内独立地重新发现了马克思的唯物主义历史观，并且最后还对现代社会提出了直接的共产主义的要求”①。

马克思对摩尔根的《古代社会》一书极为重视。他从1881年5月至1882年2月，花了近十个月的时间精心研究了这部著作，并作了大量摘录与分析、批判性的批注和补充。马克思在摘录中，一是增加了许多自己掌握的材料，如古希腊、古罗马的大量具体材料，使其内容更加充实；二是对某些论点作了重要纠正；三是对原始材料和观点给予了新的概括和总结；四是对摩尔根的观点作了阐发和补充。

恩格斯说，马克思晚年对摩尔根《古代社会》所作的科学研究工作，意在“联系他的——在某种限度内我可以说是我们两人的——唯物主义的历史研究所得出的结论来阐述摩尔根的研究成果”，以发展和丰富唯物主义历史观，完善自己的社会形态理论。但马克思没有来得及写出系统的著作就逝世了，这一遗志是由恩格斯完成的。恩格斯认为，他写作《起源》这部书，“在某种程度上是实现遗愿”，完成亡友马克思的未竟事业。

1884年初，恩格斯在整理马克思的遗物时，发现了马克思对摩尔根《古代社会》一书所做的摘要。恩格斯详尽而透彻地研究了马克思的摘录、评语，又深入研究了摩尔根的原著。他充分利用了马克思对《古代社会》一书摘要的结构、评语和评论中所表述的思想，用历史唯物主义观点对其进行了科学整理。《起源》就是在此基础上写成的，它的副标题就是“就路易斯·亨·摩尔根的研究成果而作”。不过恩格斯并非只是对摩尔根的著作作客观的叙述。他认为对摩尔根的著作“不作批判的探讨，不利用新得出的成果，不同我们的观点和已经得出的结论联系起来阐述，那就没有意义了”②。此前，恩格斯在1881—1882年期间撰写了《论日耳

① 《马克思恩格斯文集》第10卷，人民出版社2009年版，第513页。

② 《马克思恩格斯文集》第10卷，人民出版社2009年版，第516页。

曼人的古代社会历史》、《马尔克》等著作，他利用这些已有的科学研究成果，修正、丰富了摩尔根著作的内容。他说："在关于希腊和罗马历史的章节中，我没有局限于摩尔根的例证，而是补充了我所掌握的材料。关于凯尔特人和德意志人的章节，基本上是属于我的"。经济方面的论证，"我把它全部重新改写过了。最后，凡是没有明确引证摩尔根而作出的结论，当然都由我来负责"。

《起源》首次于1884年10月以单行本的形式在苏黎世出版。以后曾多次再版，并经作者补充、修订。现在通行的是第四版的文本，其结构由第一版、第四版的序言和第一至九章的正文构成。其中第九章是全书的总结。该章概括地分析了氏族制度的解体以及私有制、阶级、国家产生的一般条件和基本过程，阐述了私有制、阶级和国家的必然灭亡以及阶级社会必将为无阶级的共产主义社会所代替的历史必然性。

《起源》一书在马克思主义发展史上具有重要的地位，列宁曾誉之为"现代社会主义的基本著作之一"①。

下面着重对该书的第九章作一些介绍和解读。

一、原始社会："共产制共同体"

《起源》中所说的原始社会的"共产制共同体"，也就是我们今天所说的原始公社制（primitive commune system）。这是以生产资料原始公社所有制为基础的社会制度，是人类历史上"完全形成人"的第一个社会形态，是人类历史发展的第一个阶段。它始于二三百万年之前人类的出现，终于国家的产生，占了全部人类历史绝大部分的时间。

摩尔根根据"生活资料生产的进步"、"生产上的技能"的进步，借用16世纪西班牙神父塞·法·阿科斯塔的分类法和术语，把人类社会分

---

① 《列宁专题文集·论辩证唯物主义和历史唯物主义》，人民出版社2009年版，第284页。

为蒙昧时代、野蛮时代和文明时代。前两个时代属于“史前各文化阶段”，即原始社会。蒙昧时代和野蛮时代各自又分为低级、中级、高级三个阶段。文明时代则包括整个阶级社会的历史过程。

恩格斯说：“随同人，我们进入了**历史**。”① 原始社会的历史，从社会制度演进的角度来考察，可以分为血缘家族和氏族公社两个大的阶段。与上述根据“生活资料生产的进步”、“生产上的技能”的进步所划分的时代相对应，血缘家族主要是在蒙昧时代低级阶段、中级阶段存在。氏族则在蒙昧时代中级阶段产生、在高级阶段继续发展，而在野蛮时代低级阶段达到“全盛时代”。在野蛮时代的中级和高级阶段，它继续存在，并开始逐步走向衰落直至解体。原始社会由此结束，人类进入文明时代即阶级社会。

在《起源》的第一版序言中，恩格斯指出：“根据唯物主义观点，历史中的决定性因素，归根结底是直接生活的生产和再生产。但是，生产本身又有两种。一方面是生活资料即食物、衣服、住房以及为此所必需的工具的生产；另一方面是人自身的生产，即种的繁衍。”人类的社会制度是受这两种生产的制约的。“劳动越不发展，劳动产品的数量，从而社会的财富越受限制，社会制度就越在较大程度上受血族关系的支配。”

在原始社会的早期，人类刚从动物界分离出来，人口极度稀少，生产力十分低下。为了进行共同的生产和生活，人们按照血族关系形成为集体，这就是血缘家庭或血缘家族。马克思在《路易斯·亨·摩尔根〈古代社会〉一书摘要》中说：“**血缘家庭**是第一个‘**有组织的社会组织形式**’。”②

按照摩尔根的意见，血缘家庭或血缘家族，是从动物状态向人类状态过渡时期那种杂乱的性关系的原始状态中发展起来的第一种家庭形式和婚姻形式。与原始群的杂乱的性关系不同，“在这里，婚姻集团是按照辈分来划分的”③。所有的兄弟姐妹，包括从兄弟姐妹，再从兄弟姐妹，都互

---

① 《马克思恩格斯文集》第9卷，人民出版社2009年版，第421页。
② 《马克斯恩格斯全集》第45卷，人民出版社1985年版，第348页。
③ 《马克斯恩格斯文集》第4卷，人民出版社2009年版，第47页。

为夫妻，但是，亲子之间、不同辈之间的婚姻被禁止了。

摩尔根认为，由于“自然选择的原则在发生作用”①，家庭组织上的进步，就表现为在排除了父母与子女之间的性关系之后，又排除了兄弟与姐妹之间的这种关系，于是就出现了第二种家庭形式和婚姻形式，这就是普那路亚家庭。即：一个集团的一群男人或女人，同另一个集团的一群女人或男人通婚。这样一来，随着族外婚制的实行，原来的血缘家庭就被氏族代替了。所以，恩格斯说：“看来，**氏族**制度，在绝大多数情况下，都是从普那路亚家庭中直接发生的。”②

在这之后，由于自然选择的原则进一步发生作用，家庭形式又有了新的进步。这就是，“由于婚姻禁规日益错综复杂，群婚就越来越不可能；群婚就被**对偶制家庭**排挤了”③。不过，这种对偶制家庭还没有成为社会的经济单位。

那么，原始社会到底有哪些本质特征呢？

血缘家庭早已绝迹，摩尔根是根据夏威夷人的亲属称谓，推断出远古曾经存在过这种婚姻形式的。我们对于血缘家庭时期的原始社会历史，已经无法具体描述。一些学者认为，大多数史前的狩猎者过着 25 至 50 人的血缘家庭的集体生活。一个血缘家庭就是一个公社。但是，由于摩尔根对北美印第安人的氏族进行过深入的考察，并从中找到了解开希腊、罗马和德意志上古史中的谜团的钥匙，因此，我们对氏族公社时期的原始社会历史，已经有可能作出大体上比较切合实际的说明。

根据氏族制度时期的情况，原始社会的本质特征，可以着重指出以下几点：

（一）生产力水平低下与共同生产

在原始公社制度下，生产力水平极为低下。

人类在蒙昧时代的高级阶段以前，是属于旧石器时代、中石器时代。

① 《马克斯恩格斯文集》第 4 卷，人民出版社 2009 年版，第 49 页。
② 《马克斯恩格斯文集》第 4 卷，人民出版社 2009 年版，第 52 页。
③ 《马克斯恩格斯文集》第 4 卷，人民出版社 2009 年版，第 58 页。

到蒙昧时代的高级阶段，则进入新石器时代。它开始于弓箭发明之前，终结于发明制陶术之前。蒙昧时代是以获取现成的天然产物为主的时期。人工产品主要是用作获取天然产物的辅助工具。

野蛮时代开始于制陶术的发明，包括新石器时代、青铜时代、铁剑和铁犁铁斧时代，结束于文字的出现。这个时代，是学会畜牧和农耕的时期，是学会靠人的活动来增加天然产物生产的方法的时期。

在原始社会时期，由于生产力水平十分低下，生活资料非常贫乏，人们只有聚处群居，彼此协作，共同生产，以群体的联合力量与集体行动来弥补个体力量的不足，才能维持人类自身的生存和延续。

（二）直接分配产品

在生产力极其低下的条件下，劳动所得只能满足集团成员最低的生活需要，所以，产品分配只能按平均原则在公社全体成员间进行，否则一些成员就不可能存活。由于这时生活资料极其有限，没有任何剩余产品，所以不可能产生人剥削人的现象。

（三）实行原始共产制

根据以上情况，恩格斯指出：在进入文明时代即阶级社会之前，“先前的一切社会发展阶段上的生产在本质上是共同的生产，同样，消费也是在较大或较小的共产制共同体内部直接分配产品。生产的这种共同性是在极狭小的范围内实现的，但是它随身带来的是生产者对自己的生产过程和产品的支配。”

在氏族制度下，在母系氏族时期，“男女分别是自己所制造的和所使用的工具的所有者：男子是武器、渔猎用具的所有者，妇女是家内用具的所有者。家户经济是共产制的，包括几个、往往是许多个家庭。凡是共同制作和使用的东西，都是共同财产：如房屋、园圃、小船”，即实行原始共产制。

（四）没有任何内部对立

在原始社会的历史上，氏族是继血缘家庭之后社会的基本组织和生产单位。氏族制度经过了母系氏族和父系氏族两个时期。

恩格斯说："氏族制度是从那种没有任何内部对立的社会中生长出来的，而且只适合于这种社会。"① 从一定的角度去观察，可以说"这种十分单纯质朴的氏族制度是一种多么美妙的制度呵！"这主要体现在以下几个方面：

第一，没有强制性质和压迫性质的权力机构，社会结构简单而自然。

在氏族制度下，由于没有任何内部对立，所以"没有士兵、宪兵和警察，没有贵族、国王、总督、地方官和法官，没有监狱，没有诉讼，而一切都是有条有理的"②。"除了舆论以外，它没有任何强制手段"。社会组织是自然生成的，组织结构仅仅由氏族、胞族、部落、部落联盟这样的简单机构组成，它们代表着不同的血缘集团，各自管理着自己内部的事务。在血缘组织内部，这些组织机构代表全体氏族成员的意愿，执行人民大会的决议。

母系氏族时期，每个氏族都有一个氏族长，一般选举年长而德高望重的妇女担任。氏族长领导和组织氏族的生产和生活，与氏族其他成员的社会地位平等，一起参加劳动而不享有特权。氏族内的重大事情，如选举、撤换氏族长或军事领袖，发动战争或媾和，收养外人入族，决定血族复仇等，均由氏族议事会民主讨论决定。氏族长对内管理氏族的日常公共事务，如调解纠纷、安排生产生活、裁定氏族成员遗物的继承、主持宗教祭祀活动等；对外代表氏族参加部落议事会，拥有决策权。

父系氏族时期，氏族长由氏族成员选举产生，一般由年龄最高的男子担任。任氏族长无一定的年限，不是终身职务，不世袭，不称职者可以罢免。氏族长从事生产劳动，无特权。氏族长按习惯法有权处理氏族内部的事务，遇有重大事宜，由氏族长召开各家族长老组成的氏族会议民主讨论解决。

在氏族成员心目中，"部落、氏族及其制度，都是神圣而不可侵犯

① 《马克斯恩格斯文集》第4卷，人民出版社2009年版，第111页。
② 《马克斯恩格斯文集》第4卷，人民出版社2009年版，第111页。

的，都是自然所赋予的最高权力，个人在感情、思想和行动上始终是无条件服从的”①。

第二，有自我解决冲突的能力。

氏族时代生产和生活的内容都非常简单，氏族成员之间的关系主要是血缘关系，再加上外界自然的压力，“自尊心、公正、刚强和勇敢”② 是社会风尚的主流，即使发生一些争端和纠纷，也“都由当事人的全体即氏族或部落来解决，或者由各个氏族相互解决；血族复仇仅仅当做一种极端的、很少应用的威胁手段”③。

第三，权利和义务没有区别。

由于氏族事务是大家共同的事情，所以，在氏族制度内部，还没有权利和义务的分别；参与公共事务，实行血族复仇或为此接受赎罪，究竟是权利还是义务这种问题，对氏族成员来说是不存在的；在他们看来，这种问题正如吃饭、睡觉、打猎究竟是权利还是义务的问题一样荒谬。

与此同时，恩格斯又指出：“氏族制度的伟大，但同时也是它的局限，就在于这里没有统治和奴役存在的余地。”当时，人们之所以不能不在氏族制度下共同生产、共同消费，之所以没有统治和奴役存在的可能性，是由当时生产力水平极其低下、没有剩余产品这种情况决定的。但是，生产力总是要向前发展的，而随着社会生产力发展到一定高度，私有制和阶级、统治和奴役关系，就不可避免地产生出来了。这样，“没有统治和奴役存在的余地”的氏族制度，也就注定地要走向解体和灭亡。

二、私有制和阶级的产生

私有制和阶级都是历史范畴，不是从来就有的，也不是永恒存在的。它们是在人类历史发展到一定阶段上产生的，也只存在于一定阶段上。恩

① 《马克斯恩格斯文集》第 4 卷，人民出版社 2009 年版，第 112 页。
② 《马克斯恩格斯文集》第 4 卷，人民出版社 2009 年版，第 111 页。
③ 《马克斯恩格斯文集》第 4 卷，人民出版社 2009 年版，第 111 页。

格斯对氏族制度下随着生产力的发展私有制和阶级产生的情况，进行了具体描述和深入分析。

（一）生产力的发展与剩余产品的出现

人类进入野蛮时代的低级阶段，开始由采集经济向原始农业畜牧业过渡，动物驯养成为野蛮时代的重要特征，也产生了原始纺织手工业。这时出现了少量剩余产品。到野蛮时代中级阶段，出现织布机、矿石冶炼和金属加工、用青铜制造的工具和武器，生产力得到进一步提高，进入到稳定的原始农业和畜牧业阶段。“一切部门——畜牧业、农业、家庭手工业——中生产的增加，使人的劳动力能够生产出超过维持劳动力所必需的产品。”到了野蛮时代高级阶段，“一切文明民族都在这个时期经历了自己的英雄时代：铁剑时代，但同时也是铁犁和铁斧的时代”。社会生产力进一步提高，剩余产品进一步增多。

恩格斯说：“在相当早的生产发展阶段上，人的劳动力就能够提供大大超过维持生产者生存所需要的产品了，这个发展阶段，基本上就是产生分工和个人之间的交换的那个阶段。”这就为私有制和阶级的产生创造了必要的前提。

（二）三次社会大分工与交换和商品生产的出现

在原始社会早期，人类主要过着采集和狩猎生活。人口是极其稀少的，“分工是纯粹自然产生的；它只存在于两性之间。男子作战、打猎、捕鱼，获取食物的原料，并制作为此所必需的工具。妇女管家，制备衣食——做饭、纺织、缝纫”。

第一次社会大分工发生在野蛮时代的中级阶段，是游牧部落从野蛮人群中分离出来，即开始了游牧部落和没有畜群的落后部落之间的分工。这样，在各不同部落成员之间进行交换以及把交换作为一种经常制度来发展和巩固的条件具备了。

在这个阶段，以冶陶术的发明为标志，生产工具得到改善，劳动生产率得到提高。工业方面开始使用织布机、进行矿石冶炼和金属加工。青铜器的发明和使用，促使按性别和年龄的自然分工发展成为社会职业的分化。畜牧业、农业、家庭手工业的生产都由此得到了发展，交换也随之得到了发展。

第二次社会大分工出现在野蛮时代高级阶段，是手工业和农业的分工。由于生产力的发展，铁器的发明和普遍使用，生产的工具和战争的武器都有了改进，建筑业、织布业、金属加工业、农副产品加工业逐步发展起来，生产日益多样化。如此多样的活动，已经不可能由同一个人来进行，于是手工业和农业便分离了。而随着生产分为农业和手工业两大部门，出现了直接以交换为目的的生产，即商品生产，贸易的规模和范围随之进一步扩大。

第三次社会大分工发生在文明时代之初，其主要内容是产生了一个不从事生产而只从事商品交换的商人阶级，从而使商业同生产部门分离。这一次大分工是在前两次社会大分工的基础上产生的，巩固了第二次社会大分工的成果，标志着人类彻底告别野蛮时代。

（三）社会大分工与社会大分裂

随着分工和交换的发展，私有制和阶级也逐步地形成和发展起来了。因为“分工和私有制是相等的表达方式，对同一件事情，一个是就活动而言，另一个是就活动的产品而言”①。而“分工的规律就是阶级划分的基础”②。

私有制和阶级是怎样随着分工和交换的发展而逐步地形成和发展起来的呢？恩格斯在这部著作中，主要讲述了以下几个途径：

第一，在第一次社会大分工之后，经常性的交换发生和发展起来。起初是部落和部落之间通过各自的氏族酋长来进行交换；但是当畜群开始变为特殊财产（1884 年版为“私有财产”）的时候，个人交换便越来越占优势，终于成为交换的唯一形式。这样，氏族内部就慢慢开始了贫富的分

---

① 《马克思恩格斯文集》第 1 卷，人民出版社 2009 年版，第 536 页。
② 《马克思恩格斯文集》第 3 卷，人民出版社 2009 年版，第 562 页。

化，拥有较多财富的氏族贵族和富人便逐渐出现了。在第二次社会大分工之后，出现了直接以交换为目的的生产即商品生产，贵金属成为货币商品，随之也就出现了非生产者统治生产者及其生产的新手段。“谁有了它，谁就统治了生产世界。”

第二，由于随着生产力的发展，人的劳动力能够生产出超过维持劳动力所必需的产品，即剩余产品，吸收新的劳动力成为必要和可能的事情。新的劳动力首先是由战争提供的。战争中的俘虏不再被杀掉甚至被吃掉，而是变成了奴隶。恩格斯指出：“第一次社会大分工，在使劳动生产率提高，从而使财富增加并且使生产领域扩大的同时，在既定的总的历史条件下，必然地带来了奴隶制。”在第二次社会大分工之后，在前一阶段上刚刚产生并且是零散现象的奴隶制，现在成为社会制度的一个根本的组成部分；奴隶们不再是简单的助手了；他们被成批地赶到田野和工场去劳动。第三次社会大分工的社会意义在于，新出现的商人阶级根本不从事生产但完全夺取了生产领导权，并在经济上使生产者服从自己；这部分人成了每两个生产者之间的不可缺少的中间人。这样就使前两次社会大分工已经开始的奴隶制生产方式最终确立起来，使对奴隶的强制成为整个社会的基础。

第三，随着分工的发展，生产工具和生产技术的改进，几十个人在一起共同劳动已经不再是生产上的必需，而由小家庭进行的个体生产开始成为可能了。同时，各个家庭之间的财产差别，更炸毁了旧的共产制家庭公社和它实行的土地的共同耕作。“耕地起初是暂时地，后来便永久地分配给各个家庭使用，它向完全的私有财产的过渡，是逐渐进行的。”随着向文明时代过渡，专职商人的出现、铸造货币的流行，出现了地产这种财富。土地完全私有，并且可以出卖和作为债务抵押的商品。“这些小块土地作为世袭财产而属于他们了。”恩格斯说过，“财产的集中是一个规律”，它“是私有制所固有的”[①]。土地私有，使财富迅速地积聚和集中到一个人数很少的阶级手中。这样，除了奴隶主与奴隶的对立之外，自由

① 《马克思恩格斯文集》第1卷，人民出版社2009年版，第83页。

民中的富人和穷人的阶级分化和对立也进一步发展起来了。

（四）母系氏族被父系氏族取代

与生产力发展和社会分工相适应，“对家庭的革命”也发生了。

本来，氏族制度是从族外群婚制中产生出来的。当时的人们只知其母不知其父，其出身和世系只能按母系计算。妇女在生产和家务劳动中占有重要地位。所以，最初的氏族是母系氏族。“在共产制家户经济中，大多数或全体妇女都属于同一氏族，而男子则来自不同的氏族，这种共产制家户经济是原始时代普遍流行的妇女占统治地位的客观基础”①。

第一次社会大分工以后，情况有了很大的变化。这时，“谋取生活资料总是男子的事情，谋取生活资料的工具是由男子制造的，并且是他们的财产。畜群是新的谋取生活资料的工具，最初对它们的驯养和以后对它们的照管都是男子的事情。因此，牲畜是属于他们的；用牲畜交换来的商品和奴隶，也是属于他们的。这时谋生所得的全部剩余都归了男子；妇女参加它的享用，但在财产中没有她们的份儿。”这样，在家庭中，男子就由于在生产中所占地位的上升并依恃自己掌握的财富而使自己挤上了首位，而把妇女挤到了第二位。畜群和奴隶“这些财富，一旦转归家庭私有并且迅速增加起来，就给了以对偶婚和母权制氏族为基础的社会一个强有力的打击”②。母系氏族终于被父系氏族所取代。这时，人们的出身和世系不再按母系而是按父系计算，并且开始实行父系财产继承制。为了确保亲子对于父系财产的继承，对偶婚制逐步过渡到了专偶制。对偶婚制家庭变成了专偶制家庭即家长制家庭。妻子“被贬低，被奴役，变成丈夫淫欲的奴隶，变成单纯的生孩子的工具了”③。所以恩格斯认为：“母权制被推翻，乃是**女性的具有世界历史意义的失败**。”④

随着个体化劳动和个体家庭的发展，家长制家庭逐渐成为整个社会的

---

①《马克思恩格斯文集》第4卷，人民出版社2009年版，第60页。
②《马克思恩格斯文集》第4卷，人民出版社2009年版，第66页。
③《马克思恩格斯文集》第4卷，人民出版社2009年版，第68页。
④《马克思恩格斯文集》第4卷，人民出版社2009年版，第68页。

经济单位。这样一来，在古代的氏族制度中就出现了一个裂口：个体家庭已经成为一种力量，并且以威胁的姿态起来与氏族对抗了。正因为如此，恩格斯说："随着家长制家庭的出现，我们便进入成文史的领域，从而也进入比较法学能给我们以很大帮助的领域了。"①

三、国家的起源和实质

（一）氏族制度的过时与国家的产生

国家不是从来就有的，而是随着经济的发展、社会关系的变化，主要是阶级的产生而产生的。

氏族制度是怎样被国家所代替的呢？

第一，"氏族制度是从那种没有任何内部对立的社会中生长出来的，而且只适合于这种社会。"但是，随着生产力水平的提高、社会分工的发展，私人占有和阶级陆续出现。"现在产生了这样一个社会，它由于自己的全部经济生活条件而必然分裂为自由民和奴隶，进行剥削的富人和被剥削的穷人"。他们之间的对立不但不能调和，反而日益尖锐化。氏族制度"面对着没有它的参与而兴起的新因素，它显得软弱无力"。历史已经发展到这个阶段，"所缺少的只是这样一个机关，它不仅使正在开始的社会分裂为阶级的现象永久化，而且使有产者阶级剥削无产者阶级的权利以及前者对后者的统治永久化"②。

第二，氏族原本实行军事民主制。在氏族制度的发展进程中，先是两个或几个氏族组成部落，而后又由若干亲属部落成立亲属部落的联盟，而不久，各亲属部落又在其整个领土上融合为一个民族［Volk］。"军事首长、议事会和人民大会构成了继续发展为军事民主制的氏族社会的各机关。"但是，当战争能够带来物质财富和奴隶的时候，进行掠夺性的战争

① 《马克斯恩格斯文集》第4卷，人民出版社2009年版，第70页。

② 《马克斯恩格斯文集》第4卷，人民出版社2009年版，第125页。

成了经常的行当，这就加强了军事首长的权力。他们开始利用这种权力，来为自己谋取利益，并且最后僭取这种权力使之变成了世袭制。这样，“整个氏族制度就转化为自己的对立物：它从一个自由处理自己事务的部落组织转变为掠夺和压迫邻近部落的组织，而它的各机关也相应地从人民意志的工具转变为独立的、压迫和统治自己的人民的机关了。”

第三，“氏族制度的前提，是一个氏族或部落的成员共同生活在纯粹由他们居住的同一地区中。”但是，随着分工和交换的发展，这种情况不可能继续存在了。在同一个地区中，不再是氏族或部落的成员共同生活，而是不同氏族或部落的成员杂居在一起；其居民也不再主要是有血缘关系的亲属、具有平等地位的人，而是包括了奴隶主和奴隶、被保护民和外地人。每一个社会团体“都是由属于极不相同的氏族、胞族和部落的人们组成的”。这就是说，氏族制度存在的前提已经不存在了，它已经不可能像过去那样承担起管理社会公共事务的任务。

根据以上分析，恩格斯着重指出：“氏族制度已经过时了。它被分工及其后果即社会之分裂为阶级所炸毁。它被**国家**代替了。”

（二）国家与氏族组织的不同点

恩格斯指出，与氏族组织相比较，国家有两个突出的不同点：

国家和旧的氏族组织不同的地方，第一点就是它按地区来划分它的国民。由于在同一个地区中，不同氏族或部落的成员杂居在一起，由血缘关系形成和联结起来的旧的氏族公社已经不能适应新的形势了。“因此，按地区来划分就被作为出发点，并允许公民在他们居住的地方实现他们的公共权利和义务，不管他们属于哪一氏族或哪一部落。这种按照居住地组织国民的办法是一切国家共同的。”

按地域划分国民，使人类突破了血缘关系的限制，拓宽了人类的社会视野和交往范围，扩大了经济、文化交流范围和人类通婚的范围，分别从不同的方面促进着经济、政治、文化乃至人类体质的长足发展。

国家和旧的氏族组织的第二个不同点，是公共权力的设立。“这种公共权力已经不再直接就是自己组织为武装力量的居民了。”氏族是以血缘关系为纽带的社会组织，氏族酋长代表全体氏族成员的意志，管理氏族的内部事务，权限极小，不存在强制性，管理机构本身也没有任何物质实体。文明社会与氏族公社不同，它已经分裂为敌对的阶级。如果这些阶级都有“自己组织”的武装，就会导致它们之间的武装斗争。于是国家形成了。国家与氏族不同，它是在具有暴力性质的阶级斗争中产生的，构成这种权力的，不仅有武装的人，而且还有物质的附属物，如监狱和各种强制设施，这些都是以前的氏族社会所没有的。

国家的公共权力是凌驾于全社会之上的、与人民大众分离的权力。它所代表的意志和利益不再是全体社会成员的，而只是部分人的，具体地说就是统治阶级的，但是它的管理对象却是全体社会成员，自身拥有独立于全体社会成员之外的物质实体，使管理具有了强制性质，从根本上改变了人类社会的管理方式。

国家诞生于阶级斗争，可是它的职能除了控制阶级斗争、调控社会冲突之外，还有管理社会经济、防卫外敌侵犯、对外代表全社会等职能，国家的公共权力就是全面履行这些职能的平台。

职业官吏是公共权力的掌握者。“官吏既然掌握着公共权力和征税权，他们就作为社会机关而凌驾于社会之上。”职业官吏拥有的权力虽然大，可是无法赢得类似于氏族酋长享有的威望与尊重。作为同社会相异化的力量的代表，“文明时代最有势力的王公和最伟大的国家要人或统帅，也可能要羡慕最平凡的氏族酋长所享有的，不是用强迫手段获得的，无可争辩的尊敬”。

（三）国家是阶级矛盾不可调和的产物

恩格斯指出：“国家决不是从外部强加于社会的一种力量。”“确切地说，国家是社会在一定发展阶段上的产物；国家是承认：这个社会陷入了不可解决的自我矛盾，分裂为不可调和的对立面而又无力摆脱这些对立面。而为了使这些对立面，这些经济利益互相冲突的阶级，不致在无谓的斗争中把自己和社会消灭，就需要有一种表面上凌驾于社会之上的力量，这种力量应当缓和冲突，把冲突保持在‘秩序’的范围以内；这种从社会中产生但又自居于社会之上并且日益同社会相异化的力量，就是国家。”这说明，国家是阶级矛盾不可调和的产物和表现。在阶级矛盾客观上不能调和的时候和条件下，就产生了国家。

需要指出的是，这里所说的国家要保持的“秩序”，并不是社会全体成员之间的和谐共处，而是压迫阶级统治被压迫阶级的“秩序”，保持这种“秩序”的目的正是为了使这种压迫合法化、固定化；而这里所说的国家要“缓和冲突”，并不是要根本否定少数人对多数人的压迫，其实际含义主要是剥夺被压迫阶级用来推翻压迫者的一定的斗争手段和斗争方式。所以，国家并不像资产阶级思想家宣扬的那样，是调和阶级矛盾的。国家的存在本身，恰恰证明了阶级矛盾的不可调和。

诚然，“政治统治到处都是以执行某种社会职能为基础”① 的。但是，这并没有改变国家作为阶级压迫工具的实质。因为历史上那些执行社会职能的人形成了自己的特殊利益，逐步和人民大众分离，其结果就使得起先社会的公仆变成了社会的主人。

（四）国家是在经济上占统治地位的阶级的国家

尽管国家在表面上是凌驾于社会之上的力量，但它既不是中立的，更不是属于全体居民的。恩格斯说：“由于国家是从控制阶级对立的需要中产生的，由于它同时又是在这些阶级的冲突中产生的……在经济上占统治地位的阶级的国家，这个阶级借助于国家而在政治上也成为占统治地位的阶级，因而获得了镇压和剥削被压迫阶级的新手段。”这段话揭示了国家的阶级本质。这是因为，政治是经济的集中表现。一方面，在经济上占统治地位的阶级，需要一种强制力量来维护自身的特殊利益，即压迫和剥削广大劳动者的利益；另一方面，也只有在经济上占统治地位的阶级，才有能力建立专门的军队、警察、法庭、监狱、行政机关等等。所以，国家总是经济上占统治地位的阶级的国家。

国家是在经济上占统治地位的阶级的国家，这是一个普遍的原则。在

---

① 《马克思恩格斯文集》第 9 卷，人民出版社 2009 年版，第 187 页。

国家发展的低级阶段，奴隶制和中世纪封建国家是直接宣告国家是少数压迫阶级用来对付广大被压迫阶级的机关。在国家的最高形式——民主共和制下，不再正式讲什么财产的差别，在法律上公民一律享有平等的权利，但是这并不意味着财富不再操控政治权力，它采用了间接地也是更可靠地运用它的权力的方式。如直接收买官吏、政府和交易所结成联盟等。所以，美国、法国等民主共和国，仍然是这些国家中在经济上占统治地位的资产阶级的国家，而且是资产阶级所能采用的最好的政治外壳。

（五）国家是阶级压迫的工具

正因为国家是在经济上占统治地位的阶级的国家，所以“它在一切典型的时期毫无例外地都是统治阶级的国家，并且在一切场合在本质上都是镇压被压迫被剥削阶级的机器”。但也有例外的时期，那时互相斗争的各阶级达到了势均力敌的地步，以致国家权力作为表面上的调停人而暂时获得了对于两个阶级的某种独立性。

国家的暴力机关，是国家作为阶级压迫工具的主要标志，其中常备军和警察是国家权力的主要强力工具。历史上出现的特殊的例外现象和表面上的某种“独立性”，是由各国的具体社会历史条件和阶级力量对比的情况决定的。这并不表明，这时的国家就是中立的、非阶级的国家了。因为国家运用强力工具，是为了维护当时的社会秩序，这种社会秩序根本上是有利于在经济上占统治地位的那个阶级的，所以从本质上讲，它仍然是在经济上占统治地位的那个阶级的国家。

（六）阶级和国家的消失

国家作为阶级压迫的工具，它的存在是以阶级和阶级斗争的存在为前提的。所以恩格斯指出，“阶级不可避免地要消失”，而“随着阶级的消失，国家也不可避免地要消失”。在共产主义社会，“将把全部国家机器放到它应该去的地方，即放到古物陈列馆去，同纺车和青铜斧陈列在一起”。

这样，恩格斯就对马克思主义的国家学说作出了系统的阐明和深刻的论证。

四、“文明时代”的历史演进与未来发展

（一）文明时代的基础：阶级对阶级的剥削

恩格斯指出：“由于文明时代的基础是一个阶级对另一个阶级的剥削，所以它的全部发展都是在经常的矛盾中进行的。”这种矛盾表现在，生产的每一进步，同时也就是被压迫阶级即大多数人的生活状况的一个退步。一个阶级的任何新的解放，必然是对另一个阶级的新的压迫。这种情况在一切阶级社会都是如此，在资本主义社会中更是如此。由于机器的采用，资产阶级从行会、工场手工业中成长起来，成为经济上独立的阶级，最后推翻了封建地主阶级成为统治阶级，同时却迫使广大的生产者破产，转化成受其剥削的工人阶级。文明时代把一切权利都赋予了剥削阶级，而把一切义务都推给了被剥削阶级。这种区别和对立，表明了剥削阶级和被剥削阶级之间在一切方面的不平等和利益上的尖锐对立。

（二）历史上的三大奴役形式和三种剥削阶级国家机关

整个文明时期社会的历史，经历了三大奴役形式。“奴隶制是古希腊罗马时代世界所固有的第一个剥削形式；继之而来的是中世纪的农奴制和近代的雇佣劳动制。”在这三大时期所特有的三大奴役形式中，前两大时期的两大奴役形式是公开的、赤裸裸的，而近代的雇佣劳动制则是隐蔽的、更巧妙、更狡猾的奴役形式，是在虚伪的平等、自由的口号下进行的。“公开的而近来是隐蔽的奴隶制始终伴随着文明时代。”

与三大奴役形式相适应，人类社会也产生了三种剥削阶级国家机关，即奴隶制国家机关、中世纪封建国家机关、资产阶级国家机关。这些国家在本质上都是剥削阶级镇压被剥削阶级的国家。但具体的阶级内涵不同。“古希腊罗马时代的国家首先是奴隶主用来镇压奴隶的国家，封建国家是贵族用来镇压农奴和依附农的机关，现代的代议制的国家是资本剥削雇佣劳动的工具。”

（三）未来社会将是氏族社会“在更高形式上的复活”

摩尔根在回顾人类历史时说过：“自从文明时代开始以来所经过的时间，只是人类已经经历过的生存时间的一小部分，只是人类将要经历的生存时间的一小部分。社会的瓦解，即将成为以财富为唯一的最终目的的那个历程的终结，因为这一历程包含着自我消灭的因素。管理上的民主，社会中的博爱，权利的平等，教育的普及，将揭开社会的下一个更高的阶段，经验、理智和科学正在不断向这个阶段努力。**这将是古代氏族的自由、平等和博爱的复活，但却是在更高级形式上的复活**。”

恩格斯在《起源》这部著作中，就是以摩尔根的这段话作为结束语的。他深信，人类通过广泛而深刻的一系列的革命，必将使这种理想境界得到实现。

恩格斯的这部著作科学地论述了家庭、私有制和阶级、国家的起源，系统地阐明了马克思主义的国家学说，揭示了人类社会发展的历史趋势，对于我们深入领会历史唯物主义的基本原理，准确把握人类社会发展的规律，进一步坚定中国特色社会主义信念，具有重要意义。这部著作所阐明的重要原理，不仅对于原始社会史的研究，而且对于整个人类历史的研究，都有着直接的指导作用。这部著作“从叙述历史开始，讲国家是怎样产生的”，这也为我们“提供了正确观察问题的方法”。①

延伸阅读：

1. 恩格斯：《家庭、私有制和国家的起源》第一至八部分，《马克思恩格斯文集》第 4 卷，人民出版社 2009 年版。

---

① 《列宁专题文集·论辩证唯物主义和历史唯物主义》，人民出版社 2009 年版，第 284 页。

第二编 列宁著作导读

《什么是"人民之友"以及他们如何攻击社会民主党人?》学习导读

《什么是"人民之友"以及他们如何攻击社会民主党人?》(以下简称《什么是"人民之友"》)是列宁批驳俄国自由主义民粹派观点、捍卫马克思主义科学世界观的重要著作。该书写于1894年春夏，共三编，当年分编出版(其中第二编至今没有找到)。在第一编中，列宁通过批判米海洛夫斯基的唯心史观和他在社会学研究中的主观唯心主义方法，系统地阐述了唯物主义历史观的基本思想，捍卫了唯物主义历史观的崇高地位。

一、反对自由主义民粹派，捍卫唯物主义历史观

(一)在俄国传播马克思主义必须批判民粹主义

1861年俄国废除农奴制后，资本主义得到发展，工人阶级队伍逐渐壮大。从19世纪80年代开始，俄国出现了一批马克思主义团体，开始在俄国传播马克思主义。当时在一些工人和同情革命的知识分子中流行的民粹主义思想，成了传播马克思主义的主要思想障碍。

早期的民粹派大都是坚决反对封建沙皇专制制度的民主革命者。他们穿着农民装"到民间去"，试图在农民中发动反对沙皇政府的斗争。但是民粹派不懂得社会发展的规律，把资本主义在俄国的出现看作是一种"偶然的"现象，认为俄国可以在小生产的基础上通过村社直接走向社会主义；不承认工人阶级是俄国最先进的阶级，把农民小生产者看作实现社会主义的主要依靠力量；认为历史是"英雄"创造的，人民群众是"群氓"。19世纪80年代后，民粹派发生了分化，一部分民粹派分子继续坚持反对沙皇政府的立场；大多数民粹派分子放弃了反对沙皇政府的斗争，主张同沙皇政府调和妥协，与俄国自由派合流，变成了自由主义民粹派。

19世纪80年代，普列汉诺夫从民粹主义转向马克思主义，1883年创

立了“劳动解放社”。他撰写了《社会主义与政治斗争》等一批著作宣传马克思主义，批判民粹主义，给民粹主义以沉重的打击。但是，直到19世纪90年代初期，民粹主义仍然博得一些革命青年的同情。只有从思想上、理论上彻底批判民粹主义，才能为进一步传播马克思主义、促进工人运动与社会主义的结合、创立俄国马克思主义政党扫清道路。这个任务是由列宁完成的。

（二）列宁回击自由主义民粹派对唯物主义历史观的进攻

《什么是“人民之友”》一书的副标题是“答《俄国财富》杂志反对马克思主义者的几篇文章”。列宁在全书开头就指出:“《俄国财富》对社会民主党人发动进攻了。”当时《俄国财富》杂志在自由主义民粹派的理论家米海洛夫斯基等人领导下成了自由主义民粹派的中心。米海洛夫斯基在该刊1893年第10期宣布要对俄国的马克思主义者“论战”，随后该刊连续发表了几篇“批判”马克思主义的文章。列宁在《什么是“人民之友”》第一编中彻底批驳了米海洛夫斯基发表在该刊1894年第1期和第2期上的《文学和生活》一文，揭露了这些以“人民之友”自居者其实是“社会民主党最凶恶的敌人”。

米海洛夫斯基采用曲解、捏造等不正当的手法攻击马克思主义。他声称：马克思只有经济理论，没有哲学；马克思宣布自己发现了唯物主义历史观，但是这个历史观从来没有论证和检验过；唯物主义历史观企图说明“一切”，说明“人类的全部过去”；唯物主义历史观是“经济唯物主义”，只讲经济的作用，不考虑“社会生活的全部总和”；马克思关于历史必然性的思想否定了个人活动和道德观念的作用，把个人当成了受历史必然性支配的傀儡；马克思关于历史进程的观点，是建立在黑格尔的三段式上的；等等。这些说法，从根本上否定唯物主义历史观，具有相当大的迷惑性。

《什么是“人民之友”》是一部论战性著作。正是这部著作以及列宁后来写的《俄国资本主义的发展》完成了从思想上、理论上彻底粉碎民粹主义的任务。该书第一编以论战的方式对唯物史观基本原理及其历史地位作出了深刻的阐述，是我们学习时应着重领会的内容。

列宁的论述主要集中在两个问题上。一是通过论证“社会经济形态的发展是一种自然历史过程”，阐明了历史唯物主义的基本原理和方法；二是通过论述马克思从提出到检验唯物主义历史观的过程，阐明了历史唯物主义的科学真理性和历史地位。以下我们分别讨论这两个问题。

二、社会经济形态的发展是一种自然历史过程

马克思在《资本论》第1卷第1版序言中说：“本书的最终目的就是揭示现代社会的发展规律。”他又说：“我的观点是：社会经济形态的发展是一种自然历史过程。”列宁指出，只要把这两句话对照一下就可以看出，“《资本论》的基本思想就在于此”①。列宁在《什么是“人民之友”》一书中对唯物史观的阐述，正是围绕着“马克思关于社会经济形态发展的自然历史过程这一基本思想”展开的。

（一）用唯物主义的观点和方法研究社会历史

马克思主义和民粹主义在社会历史观中的对立，是历史唯物主义和历史唯心主义的对立。这种对立首先表现于对研究对象、研究任务和研究方法的不同看法。

米海洛夫斯基等主观社会学家把“一般社会”当作自己的研究对象，他们所争论的是“一般社会是什么，一般社会的目的和实质是什么”这一类的问题。米海洛夫斯基说：“社会学的根本任务是阐明那些使人的本性的这种或那种需要得到满足的社会条件。”他用来衡量社会现象的标准，是所谓“人的本性”。在他看来，事物有合乎心愿的，有不合乎心愿的，社会学研究的任务就是“找到实现合乎心愿的事物，消除不合乎心愿的事物的条件”，即“找到实现如此这般理想的条件”。他明确提出：

① 《列宁专题文集·论辩证唯物主义和历史唯物主义》，人民出版社2009年版，第156—157页。

“社会学应从某种空想开始。”

列宁一针见血地指出：“这句话绝妙地说明了他们的方法的实质。”从“空想”开始，以先验的“人的本性”和主观“愿望”为尺度，去研究虚构出来的“一般社会”，寻找实现“理想”的条件，这就是他们给自己规定的研究对象、研究任务和研究方法。所以他们的社会学是“主观社会学”，他们的方法是“社会学中的主观方法”。米海洛夫斯基就是社会学主观学派的代表人物。

列宁指出：“既然你连任何一个社会形态都没有研究过，甚至还未能确定这个概念，甚至还未能对任何一种社会关系进行认真的、实际的研究，进行客观的分析，那你怎么能得出关于一般社会和一般进步的概念呢?”米海洛夫斯基关于“一般社会”的种种议论，实际上是把历史上特定社会形态即资本主义社会形态下的范畴普遍化、永恒化，所以这是一种资产阶级观念。“资产者最大的特点，就是把现代制度的特征硬套在一切时代和一切民族身上。”① 这些理论“不过是把英国商人的资产阶级思想或俄国民主主义者的小市民社会主义理想充做社会概念罢了”。

与以往长期统治着社会历史理论领域的唯心主义历史观相对立，马克思给自己提出的任务是“揭示现代社会的经济运动规律”。这里所说的“现代社会”，就是资本主义社会，而不是什么“一般社会”。列宁说：“他抛弃了所有这些关于一般社会和一般进步的议论，而对**一种**社会（资本主义社会）和**一种**进步（资本主义进步）作了**科学的**分析。”

马克思认为，判断一个时代不能以它的意识为根据，而应该考察它的物质生活中的矛盾，考察“生产的经济条件方面所发生的物质的、可以像自然科学那样精确地确定的变革”。他把物质决定意识的基本原理彻底地贯彻到社会历史领域。所以马克思对资本主义社会的研究，是从客观实际出发去揭示其本身固有的规律，而不是从空想出发用“人的本性”去评论它和设计它。列宁指出，“伟大的空想社会主义者及其渺小的模仿者

① 《列宁专题文集·论辩证唯物主义和历史唯物主义》，人民出版社 2009 年版，第 174 页。

即主观社会学家”用“人的本性”去评论现代制度，而马克思不限于评价和斥责这个制度，他对这个制度作了科学的解释，对它的活动规律作了客观分析。列宁指出：“社会主义学说正是在它抛弃了关于合乎人的本性的社会条件的议论，而着手唯物主义地分析现代社会关系并说明现在剥削制度的必然性的时候取得成就的。”①

（二）把社会经济形态的发展看做是自然历史过程，揭示社会发展的规律

马克思的《资本论》专门研究资本主义社会的发展规律，“社会经济形态的发展是一种自然历史过程”是他研究得出的结论。

马克思是如何得出这一重要结论的呢？列宁指出，马克思“所用的方法，就是从社会生活的各种领域中划分出经济领域，从一切社会关系中划分出**生产关系**，即决定其余一切关系的基本的原始的关系”。

在唯物史观创立之前，社会学家们都是直接着手探讨和研究政治法律形式，而不善于往下探究生产关系这样简单的、原始的关系，他们一碰到政治法律形式是由当时人类某种思想产生的事实，就停了下来，似乎社会关系是由人们自觉地建立起来的，社会历史是由人们的思想动机支配的。列宁指出，这种历史观是同对历史事实的观察相矛盾的。因为，社会成员自觉地按照某种原则建立一定的完整的社会关系，这是从来没有过的事情。实际的情形是，大众只是不自觉地去适应社会关系，而且根本不了解自己生活于其中的是特殊的历史的社会关系。

那么，人们的社会关系是如何产生的呢？列宁引证了马克思在《〈政治经济学批判〉序言》中对唯物主义历史观所做的经典性表述。按照马克思的观点，一定的上层建筑是由作为生产关系之总和的经济基础决定的，而一定的生产关系是由一定发展阶段的物质生产力决定的。所以社会关系并不是人们从主观愿望出发自觉地建立的，它归根到底是由物质生产

① 《列宁专题文集·论辩证唯物主义和历史唯物主义》，人民出版社2009年版，第205页。

力决定的。列宁反复指明，马克思的基本思想是把社会关系分成物质的社会关系和思想的社会关系，思想的社会关系是物质的社会关系的上层建筑，而物质的社会关系是不以人的意志和意识为转移而形成的，是人维持生存的活动即生产劳动的结果。对政治法律形式的说明，要在物质生活关系中去寻找。马克思正是通过这样的划分，才得出了社会经济形态的发展是一种自然历史过程的科学结论，揭示出社会发展的客观规律，从而把人类对社会的认识提高到了科学的水平。

在这以前，社会学家面对错综复杂的社会现象，分不清重要现象和不重要现象，由于他们对社会的考察局限于政治法律形式和人们的思想，所以不能发现各国社会现象中的重复性和常规性，至多只能记载这些现象，收集素材。只有按照唯物史观的要求，从各种社会关系中划分出生产关系，才能找到分析社会现象的客观标准。因为，正是生产关系的总和构成了社会的经济结构。而一分析生产关系，就可以看出社会现象中的重复性和常规性，把重复性这个一般科学标准应用到对社会的认识上来，把各国社会制度概括为社会形态这个基本概念，从而“使人有可能从记载（和从理想的观点来评价）社会现象进而以严格的科学态度去分析社会现象”。比如，不同资本主义国家由于历史和现实的种种原因各有其特殊性，呈现出纷繁复杂的不同社会现象，但只要分析生产关系就可以看到，资本家占有生产资料剥削雇佣劳动是其共同特征，这样就可以把在欧洲和非欧洲有关国家表现得不同的现代制度归结为一个共同基础，从而在划分出一个资本主义国家和另一个资本主义国家不同之处的同时，研究一切资本主义国家的共同之处。只有这样的研究，才能使对社会历史的认识成为真正的科学。

同自然史相比，人类社会的历史发展有其特殊性，即人类史是我们自己创造的，而自然史不是我们自己创造的。但是，“不管这个差别对历史研究，尤其是对各个时代和各个事变的历史研究如何重要，它丝毫不能改变这样一个事实：历史进程是受内在的一般规律支配的。”① 其原因就在

① 《马克思恩格斯文集》第4卷，人民出版社2009年版，第302页。

于，在社会发展中是物质的生产力决定物质的社会关系，物质的社会关系决定思想的社会关系。生产力和生产关系、经济基础和上层建筑的矛盾运动，推动着社会的发展和社会形态的合乎规律的更替。马克思正是在这个意义上指出社会形态的发展是一种自然历史过程。这一基本思想，“从根本上摧毁了”唯心主义历史观“以社会学自命的幼稚说教”。

基于以上的分析，列宁概括说：“只有把社会关系归结于生产关系，把生产关系归结于生产力的水平，才能有可靠的根据把社会形态的发展看做自然历史过程。”这“两个归结”的概括对我们理解唯物主义历史观具有重要的方法论意义。马克思正是通过这“两个归结”，也就是通过对生产力与生产关系、经济基础与上层建筑之间关系的分析，才得出了“物质生活的生产方式制约着整个社会生活、政治生活和精神生活的过程”，“不是人们的意识决定人们的存在，相反，是人们的社会存在决定人们的意识”① 的根本结论，创立了历史唯物主义，结束了唯心主义在社会历史领域中的统治，把对历史的认识置于科学的基础之上。不弄懂“两个归结”的科学方法，就难以树立唯物主义的历史观，也不能深刻理解对社会历史的认识为什么能成为科学和怎样才能成为科学。

三、历史唯物主义是唯一科学的历史观

针对米海洛夫斯基攻击马克思没有自己的哲学，诋毁唯物主义历史观的言论，列宁阐明了历史唯物主义是唯一科学的历史观。

（一）《资本论》的问世使唯物主义历史观从天才的假设成为得到科学证明的原理

米海洛夫斯基问道：“马克思在哪一部著作中叙述了自己的唯物主义历史观呢?”他回答说，“没有这样的著作”。他还说，马克思“在 40 年

---

① 《马克思恩格斯文集》第 2 卷，人民出版社 2009 年版，第 591 页。

代末发现并宣布了一个崭新的唯物主义的和真正科学的历史观"①，但是"这个理论〈唯物主义理论〉一直没有被科学地论证过和检验过"②。

列宁强调，历史唯物主义指出了唯一科学的说明历史的方法。马克思抛弃了关于一般社会的议论，从分析事实开始，通过研究资本主义这一社会形态，探明了社会形态的发展是自然历史过程。所以，读了《资本论》以及《共产党宣言》、《哲学的贫困》，"竟在那里找不到唯物主义，还有比这更可笑的怪事吗!"应该反问："马克思在哪一部著作中没有叙述过自己的唯物主义历史观呢?"

列宁还着重通过对《资本论》的理论和方法的阐述，驳斥了历史唯物主义"没有被科学地论证过和检验过"的责难。

我们知道，马克思的唯物主义历史观是在19世纪40年代诞生的。马克思和恩格斯1845年至1846年合著的《德意志意识形态》标志着它的形成。马克思1847年撰写出版的《哲学的贫困》，第一次以论战的方式概述了它的主要观点。1848年发表的《共产党宣言》向全世界宣示了这一崭新的世界观。1859年马克思在《〈政治经济学批判〉序言》中表述的"我研究政治经济学所得到的结果"，就是他在40年代形成的唯物史观的基本原理。不过，在19世纪40年代，马克思自己的政治经济学的科学体系还没有诞生，唯物史观还没有通过对资本主义社会经济形态的分析得到全面的验证，所以列宁说，唯物主义历史观"在那时**暂且**还只是一个假设"，虽然它"本身已经是天才的思想"，"是一个第一次使人们有可能以严格的科学态度对待历史问题和社会问题的假设"。

1848年席卷欧洲的革命风暴使唯物主义历史观刚刚诞生就经受了革命实践的检验。在《路易·波拿巴的雾月十八日》、《德国的革命和反革命》等著作中，马克思和恩格斯成功地运用历史唯物主义总结了法国、德国革命的经验。这是唯物史观科学真理性的有力证明。

---

① 《列宁专题文集·论辩证唯物主义和历史唯物主义》，人民出版社2009年版，第169页。

② 《列宁专题文集·论辩证唯物主义和历史唯物主义》，人民出版社2009年版，第181页。

在《资本论》中，马克思通过全面、深刻地分析资本主义社会的历史与现实，验证了历史唯物主义的基本原理。

列宁指出，马克思揭示资本主义的发展规律时，他的分析“仅限于社会成员之间的生产关系”，“一次也没有利用这些生产关系以外的任何因素来说明问题”。马克思从分析商品开始，阐明了商品生产和商品交换必然地产生了货币，在进一步的发展中，货币转化为资本，产生了剩余价值的生产。马克思的分析使人们看到，商品社会经济组织怎样发展，怎样变成资本主义社会经济组织而在资本主义生产关系中造成了资产阶级和无产阶级这两个对抗的阶级，又怎样提高社会劳动生产率而“带进一个与这一资本主义组织本身的基础处于不可调和的矛盾地位的因素”，即造成了与资本主义私有制生产关系相对抗的强大的社会化的生产力。正是这种生产力发展到与资本主义生产关系不相容时将炸毁资本主义的外壳，敲响资本主义私有制的丧钟。马克思完全用生产关系来说明资本主义社会形态的构成和发展，“以对资本主义制度的这种**客观**分析，证明了资本主义制度变为社会主义制度的**必然性**”①。

但是，马克思在分析社会历史问题时从来没有局限于经济的领域。米海洛夫斯基把历史唯物主义曲解为“经济唯物主义”，“硬说它荒谬到不愿考虑社会生活的全部总和”。这是完全违背事实的。列宁指出，马克思主义者“是最先提出不仅必须分析社会生活的经济方面而且必须分析社会生活的各个方面这一问题的社会主义者”。《资本论》的研究并不以通常意义的“经济理论”为限。对资本主义生产关系的分析构成了《资本论》的骨骼，与此同时，马克思在《资本论》中“又随时随地探究与这种生产关系相适应的上层建筑，使骨骼有血有肉”，因而，“这部书使读者看到整个资本主义社会形态是个活生生的形态”。这里有资本主义社会日常生活的各个方面，有它的生产关系所固有的阶级对抗的实际社会表现，有维护资本家阶级统治的资产阶级政治上层建筑，有资产阶级的自由

① 《列宁专题文集·论辩证唯物主义和历史唯物主义》，人民出版社2009年版，第178页。

平等之类的思想，有资产阶级的家庭关系等等。生产力和生产关系、经济基础和上层建筑，它们是社会的有机组成部分，彼此依存、相互作用。所以，马克思主义要求我们"把社会看做活动着和发展着的活的机体"来进行研究。

《资本论》"把堆积如山的实际材料总结为几点概括性的、彼此紧相联系的思想"，把对客观实际的深入分析上升到了社会历史观的高度。如同达尔文推翻了神创论，探明了物种的变异性和承续性，第一次把生物学放在完全科学的基础上一样，"马克思也推翻了那种把社会看做可按长官意志（或者说按社会意志和政府意志，反正都一样）随便改变的、偶然产生和变化的、机械的个人结合体的观点，探明了作为一定生产关系总和的社会经济形态这个概念，探明了这种形态的发展是自然历史过程，从而第一次把社会学放在科学的基础之上"。

《资本论》是运用唯物史观分析一个最复杂的社会形态的范例，这种运用就是对唯物史观的科学性的检验，它同时表明，"十分自然，这种方法也必然适用于其余各种社会形态"。所以列宁得出结论说："自从《资本论》问世以来，唯物主义历史观已经不是假设，而是科学地证明了的原理。"

（二）唯物主义历史观是唯一科学的说明历史的理论和方法

在《什么是"人民之友"》一书中，列宁还通过批驳米海洛夫斯基其他一些攻击唯物史观的观点，阐明了历史唯物主义理论和方法的科学性。其中最值得注意的是关于历史必然性和关于马克思的辩证方法的论述。

米海洛夫斯基歪曲和攻击唯物史观关于历史必然性的思想，宣扬"决定论和道德观念之间的冲突"、"历史必然性和个人作用之间的冲突"①，认为肯定决定论就否定了道德观念在历史上的作用，肯定历史必然性就否定了个人在历史上的作用，把个人当成了纯粹被动的"傀儡"。

---

① 《列宁专题文集·论辩证唯物主义和历史唯物主义》，人民出版社 2009 年版，第 179 页。

列宁驳斥了米海洛夫斯基在这个问题上对唯物主义历史观的曲解，指出这里的所谓冲突完全是米海洛夫斯基捏造出来的。按照唯物主义历史观，经济关系归根到底决定着历史的发展，而道德等被经济关系所决定的思想观念也在历史中起着重要作用。历史发展有其必然的趋势，而体现着历史必然趋势的“合力”正是由无数个人意志构成的。所以，历史唯物主义既坚持决定论，反对理性、良心、自由意志等决定历史发展的唯心史观，又承认思想观念的作用；既确认历史必然性，反对英雄创造历史的唯心史观，又肯定个人在历史上的作用，把这两方面统一起来。列宁阐明了历史发展中这种辩证统一的关系：“决定论思想确认人的行为的必然性，摒弃所谓意志自由的荒唐的神话，但丝毫不消灭人的理性、人的良心以及对人的行动的评价。恰巧相反，只有根据决定论的观点，才能作出严格正确的评价，而不致把什么都推到自由意志上去。同样，历史必然性的思想也丝毫不损害个人在历史上的作用：全部历史正是由那些无疑是活动家的个人的行动构成的。”① 这里的问题并不在于是否承认个人的作用，而在于如何看待个人作用同历史必然性的关系以及同人民群众作用的关系。列宁指出：“在评价个人的社会活动时会发生的真正问题是：在什么条件下可以保证这种活动得到成功？有什么保证能使这种活动不致成为孤立的行动而沉没在相反行动的汪洋大海里？”② 唯物史观强调，历史活动是群众的活动，在历史活动中重要的是行动着的群众；同时又确认，英雄、杰出人物，只有当他们能在不同程度上正确理解社会发展条件、理解应当如何改变这些条件时，才能在社会生活中起重大的积极作用。同样，唯物史观从来没有否认过道德等思想观念的作用，它进一步指明的是，应当正确看待思想观念的作用同经济的决定作用的关系。米海洛夫斯基宣扬冲突论的

---

① 《列宁专题文集·论辩证唯物主义和历史唯物主义》，人民出版社 2009 年版，第 179 页。

② 《列宁专题文集·论辩证唯物主义和历史唯物主义》，人民出版社 2009 年版，第 179—180 页。

目的是，“想把这个冲突解决得使道德观念和个人作用占上风”①，即坚持唯心主义历史观。他之所以用“冲突”论曲解和攻击关于历史必然性的思想，是因为这个思想同他的唯心主义历史观和主观唯心主义方法是不相容的。

米海洛夫斯基还歪曲和攻击马克思的辩证方法，把它混同于黑格尔的唯心辩证法，声称马克思的许多论断是按照黑格尔的三段式即肯定、否定、否定之否定的公式推导出来的，并将其说成是唯物主义历史观的“基石”。列宁分两点驳斥了这一谬论，阐述了马克思的辩证方法。

第一，列宁阐明了马克思的辩证法与黑格尔辩证法的本质区别。

列宁指出，米海洛夫斯基在读马克思主义文献时常常碰见“辩证方法”、“辩证思维”，他以为这个方法“就是按黑格尔三段式的规律来解决一切社会学问题”，但这种看法是荒谬的。马克思的辩证方法，“正是社会学中的科学方法”，这个方法就是“把社会看做处在不断发展中的活的机体”，“客观地分析组成该社会形态的生产关系，研究该社会形态的活动规律和发展规律”。凡是读过恩格斯在《反杜林论》和《社会主义从空想到科学的发展》中，以及马克思在《哲学的贫困》和《资本论》中关于辩证方法的定义和论述的人都可以看出，其中根本没有说到黑格尔的三段式。马克思在《资本论》第 1 卷第 2 版的跋中明确指出，他的辩证方法不仅和黑格尔的方法不同，而且“截然相反”。黑格尔把观念当作现实事物的创造主，而马克思认为“观念的东西不过是物质的东西的反映”。米海洛夫斯基所攻击的，是马克思著作中没有而由他自己捏造出来的东西，他不过是像唐·吉诃德一样，在“用骑士姿态”攻击自己想像出来的对象。

第二，列宁批驳了米海洛夫斯基攻击马克思依靠黑格尔的三段式来证明社会革命和建立生产资料公有制的必然性的观点。

米海洛夫斯基说，马克思关于未来必然建立公有制的观点“纯粹是

---

① 《列宁专题文集·论辩证唯物主义和历史唯物主义》，人民出版社 2009 年版，第 179 页。

维系在黑格尔三项式链条的最末一环上的”。列宁指出，这些攻击马克思的论据“**完全**是从杜林那里**拿来**的”。恩格斯在《反杜林论》中已经彻底批驳了杜林的谬论，“给了杜林一个绝妙的答复”，而“这个答复对米海洛夫斯基先生也是完全适用的”。列宁在引用恩格斯《反杜林论》中的有关论述之后着重指出，马克思并没有把辩证法当作证明的工具，不是通过三段式进行推导，而是通过历史的、经济的具体分析，才得出资本主义私有制必然被公有制所代替这个结论的。只是在此基础上，马克思才说，“这是否定的否定”，“这还是一个按一定的辩证规律完成的过程”。列宁指出，如果这个历史的过程“同时又是辩证的过程，那么这不是马克思的罪过”。事实上，马克思的辩证方法要求，不能从任何原则或公式出发，而必须从客观实际出发，去揭示社会历史的内在规律性。这种“辩证方法决不是三段式”，不是可以任意套用的公式，而是指导科学研究的方法，它“恰恰是社会学中的唯心主义方法和主观主义方法的否定”①。

通观全编，列宁通过批驳米海洛夫斯基对马克思主义的攻击，深入地论述了历史唯物主义的基本原理，令人信服地阐明了，在我们还没有看见另一种科学地解释某种社会形态的活动和发展的尝试以前，“唯物主义历史观始终是社会科学的同义词”，“是唯一科学的历史观”。

学习列宁的这部著作，对于我们深入理解历史唯物主义的基本原理，在历史研究中自觉地坚持唯物史观的指导、反对唯心主义和主观主义的方法，具有重要的意义。

延伸阅读：

1. 列宁：《重要论述摘编》，《列宁专题文集·论辩证唯物主义和历史唯物主义》，人民出版社 2009 年版。

---

① 《列宁专题文集·论辩证唯物主义和历史唯物主义》，人民出版社 2009 年版，第 203 页。

《卡尔·马克思》（节选）《国家与革命》（节选）学习导读

《卡尔·马克思》写于 1914 年 7—11 月间，是列宁介绍马克思生平、事业和学说的著作。这篇文章是列宁为《格拉纳特百科辞典》撰写的一个词条。1925 年，第一次按照手稿全文刊在列宁《论马克思恩格斯和马克思主义》一书中。全文除序言外，分为“马克思传略”和“马克思主义概述”（以下简称“概述”）两部分。“概述”又分为“马克思的学说”（主要指马克思的哲学学说）、“马克思的经济学说”、“马克思的社会主义理论”和“无产阶级阶级斗争的策略”四个方面。阶级斗争是“马克思的学说”中的一节内容。文章把阶级斗争的理论作为马克思整个世界观的重要组成部分加以论述。

《国家与革命》写于 1917 年 8—9 月间，是列宁在十月革命前夕写成的一部系统阐发马克思主义国家学说，进一步发展无产阶级革命和无产阶级专政理论的重要著作。这本书在 1918 年以单行本出版。1919 年再版时在第二章中增加了第三节，即“1852 年马克思对问题的提法”一节。

本教材所选编部分，着重发挥了马克思主义关于阶级斗争和无产阶级专政的理论。

一、资产阶级学者关于阶级斗争的观点及其局限性

（一）资产阶级历史学家对阶级斗争历史发展的考察

发现社会中有阶级存在和发现各阶级之间的阶级斗争，并不是从马克思开始的。早在马克思之前，随着资本主义的确立和阶级矛盾的产生，关于阶级划分和阶级斗争的问题，就被人们提出来并从不同方面作过探讨。马克思明确指出：“无论是发现现代社会中阶级的存在还是发现这些阶级

间的斗争，都不是我的功劳。在我以前很久，资产阶级的历史学家就叙述过这种阶级斗争的历史发展，资产阶级的经济学家也对这些阶级作过经济的剖析。”

马克思在这里说的资产阶级历史学家，主要是指法国复辟时期的一批历史学家，如梯叶里、基佐、米涅等人。他们在自己的著作中，从资产阶级立场出发，提出在法国社会存在着阶级对立和阶级斗争。他们认为，阶级斗争是了解中世纪以来法国历史发展的关键，是政治事变的发条，是理解资产阶级革命的钥匙；各阶级生存条件的不同，是社会上各阶级斗争的基础，阶级斗争是社会发展的力量。

如梯叶里认为，决定阶级斗争的是各阶级的“实际利益”，即财产关系。历史学家不应该只写国王和贵族的历史，也应该写资产阶级的历史。在英国，“各阶级和各种利益的斗争”是日耳曼人占领这个国家最主要的后果之一。而英国 17 世纪的革命运动，则是第三等级反对贵族的斗争，是阶级斗争的表现。基佐认为，17 世纪的英国革命和 18 世纪的法国革命的历史，就是阶级斗争的历史。他指出：“我们社会的各种阶级斗争贯穿着我们的历史。1789 年的革命是这种斗争的最普遍的、最强有力的表现。”① 他还指出：大部分著作家、学者、历史学家或政治家，企图以某一社会的政治制度来解释这个社会的特定的状态，它的文明的程度和种类。假如从研究社会本身开始，以便认识和理解它的政治制度，这将更加聪明些。“为着理解政治制度，应该研究社会中的不同阶层及其相互关系。为着理解这些不同的社会阶层，应该知道土地关系的性质。”② 基佐不仅把资产阶级革命的历史理解为阶级斗争的历史，而且把土地关系看作是探究阶级关系的基础。米涅认为，中世纪以来的法国历史就是阶级斗争史。法国革命所经历的时期“就是构成法兰西民族的几个阶级争夺政权”的年代。“两个敌对阶级在准备国内战争和国外战争。”米涅尖锐地批判封建制度，认为“不可能回避革命”，第三等级与封建贵族之间必然展开

① 转引自普列汉诺夫：《阶级斗争学说的最初阶段》，三联书店 1965 年版，第 25 页。
② 转引自《普列汉诺夫哲学著作选集》第 1 卷，三联书店 1959 年版，第 583 页。

生死搏斗。[①] 法国大革命就是一场阶级斗争。他还认为革命的原因存在于社会各阶级的不同物质利益中。他指出：贵族阶级的利益是同国民派的利益对立的。

（二）资产阶级经济学家对阶级的经济剖析

马克思所说的资产阶级经济学家，主要是指法国的重农主义者魁奈和杜尔哥以及英国古典经济学家亚当·斯密和大卫·李嘉图等人。这些经济学家对各阶级的存在作过经济分析。魁奈就曾经把社会阶级分为三类：一是土地所有者阶级，二是生产者阶级（即从事农业生产的所有人员），三是不生产者阶级（即从事工商业活动的所有人员）。杜尔哥发展了魁奈的观点，对魁奈的三个阶级划分做了重要的补充。他把生产者阶级分为农业资本家阶层和农业劳动者阶层；把不生产者阶级分为工业资本家阶层和工业劳动者阶层。这种划分，在一定程度上反映了资本主义社会中雇佣工人和资本家两大阶级的情况，初步明确了划分阶级的经济基础和标准。

亚当·斯密和大卫·李嘉图在阶级划分问题上又前进了一步。如斯密认为，在资本主义社会里，有三个基本阶级：工人阶级、资本家阶级和地主阶级。与这三个阶级相适应的有三种收入：劳动的收入——工资，资本的收入——利润，土地的收入——地租。李嘉图认为，工资、利润和地租是资本主义社会的基本收入，这些基本收入要在土地所有者、资本家及工人之间以地租、利润和工资的形式进行分配。他们通过对三个阶级的三种收入的分析，在一定程度上研究了资本主义生产关系的内在联系，反映了资本主义的阶级对立关系。

马克思对这些资产阶级学者发现现代社会中阶级的存在和阶级之间的斗争的功劳，给予了肯定。比如，他说过，李嘉图揭示并说明了阶级之间的经济对立，“这样一来，在政治经济学中，历史斗争和历史发展过程的

① ［法］M. 米涅著，北京编译社译：《法国革命史》，商务印书馆 1977 年版，第 3 页。

根源被抓住了，并且被揭示出来了”①。

（三）资产阶级学者的阶级斗争学说的局限性

马克思在发现现代社会中存在着阶级和阶级斗争这一点上，肯定了上述资产阶级历史学家和经济学家的功劳。但这并不是说他们已经建立起科学的阶级斗争学说。他们的阶级斗争学说有其局限性。这主要表现在两个方面：

第一，他们的阶级斗争学说是建立在唯心史观的基础上的。他们虽然把阶级关系、土地关系和财产关系联系起来，看到了阶级对立同经济利益之间的关系，但是对财产关系的来源的解释却是唯心的。他们认为，财产关系产生的根源不是经济发展本身运动的结果，而是由于一个民族对另一个民族进行“征服”的结果。什么原因使得一个民族要去“征服”另一个民族呢？米涅认为，人的本性中固有一种统治别人的欲望，就是它（统治欲）产生了“征服”。基佐认为世界的构造和运动取决于人的情感、思想以及道德上、精神上的倾向。

第二，他们承认阶级斗争是社会发展的发条，但仅局限于资产阶级反对封建主义的斗争。他们否认当时列入“第三等级”的各个社会集团之间的利益上的对立，把无产阶级反对资产阶级的斗争看成是“社会的灾难”、“疯狂的举动”、“最大的祸害”。

对于上述资产阶级学者阶级斗争学说的阶级局限性，马克思也作出过论述。比如，他指出，梯叶里这位“法国历史编纂学中‘阶级斗争’之父”，竟然“令人奇怪”地对有人看到无产阶级与资产阶级的对立而“感到愤怒”。他花了许多精力来证明，资产阶级起着第三等级中一切成分的代表者的作用。②

正因为如此，科学的阶级斗争学说不是由上述资产阶级学者创立的。

---

① 《马克思恩格斯全集》第26卷（第二册），人民出版社1973年版，第183页。

② 《马克思恩格斯全集》第28卷，人民出版社1973年版，第381、382页。

二、马克思主义关于阶级和阶级斗争的基本观点

（一）列宁关于阶级的定义

什么是阶级？马克思在《资本论》第三卷的第51章《阶级》中已指出应该从何处去寻找阶级的定义。他指出，不能离开生产关系单纯从分配关系和收入来源来解释阶级的差别。但他没有来得及进一步阐发这个原理从而做出关于阶级的定义。

列宁在《伟大的创举》这篇文章里第一次给阶级下了一个科学的定义。他说："所谓阶级，就是这样一些大的集团，这些集团在历史上一定的社会生产体系中所处的地位不同，同生产资料的关系（这种关系大部分是在法律上明文规定了的）不同，在社会劳动组织中所起的作用不同，因而取得归自己支配的那份社会财富的方式和多寡也不同。所谓阶级，就是这样一些集团，由于它们在一定社会经济结构中所处的地位不同，其中一个集团能够占有另一个集团的劳动。"①

列宁在阶级定义中主要说明了以下四个问题：

第一，"在历史上一定的社会生产体系中所处的地位不同"。这是关于阶级定义的总的论述。一定的社会生产体系，指的是与一定生产力发展相适应的生产关系体系。一定的社会生产体系包括三个方面：对生产资料的关系，在社会劳动组织中的作用，产品的分配方式。所谓在一定社会生产体系中的地位不同，就是指在这三个方面的不同。

第二，"对生产资料的关系不同"。这是阶级划分的基础。在奴隶社会、封建社会、资本主义社会里，奴隶主阶级、封建阶级和资产阶级占有全部或大部分生产资料，而奴隶阶级、农民阶级和无产阶级，则不占有或很少占有生产资料。这样，前者就能利用自己占有的生产资料，对劳动人民进行经济上的剥削，占有他们的剩余劳动。这种关系大部分是在法律上明文规定了的。在法律中把人们对生产资料的关系明文规定下来，就叫做财产关系。财产关系属于法律关系，是上层建筑，它的基础是生产关系。

---

① 《列宁专题文集·论社会主义》，人民出版社2009年版，第145页。

生产关系是财产关系的基础，财产关系是生产关系在法律上的表现。

第三，“在社会劳动组织中所起的作用不同”。对生产资料的占有关系不同，决定着各阶级在社会劳动组织中的地位不同。占有生产资料的阶级，必然在生产中居于领导或指挥地位，专门从事生产的管理或者指定代理人管理；不占有生产资料的阶级，无权从事生产的管理，被迫从事繁重的劳动。物质财富归根到底是由劳动者创造的。

第四，“取得自己支配的那份社会财富的方式和多寡也不同”。这也就是分配方式的不同。分配方式是由对生产资料的关系不同和在社会劳动组织中的作用不同所决定的。例如，在资本主义社会，由于资本家占有和控制全部生产资料，并在生产中处于领导者、指挥者或决策者的地位，因而就能够占有工人所创造的剩余价值，占有大量的社会财富；工人因为不占有生产资料，一无所有，在社会劳动组织中处于被支配的地位，因而只能获得勉强补偿劳动力价值的工资。

最后一句话是总结，说明阶级的实质。这就是：在一定社会经济结构中（即生产关系体系中）处于不同地位的各个社会集团，其中一个集团能够占有另一个集团的劳动。这表明，在对抗性的社会经济结构中，基本阶级关系实质上就是剥削和被剥削的关系。

由此可见，马克思主义是根据人们在生产关系中的不同经济地位来划分阶级的。虽然阶级在形成之后，会具有相应的政治思想以及其他多方面的特征，但是，阶级之所以成为阶级，归根到底决定于它的经济方面。这是划分阶级的客观标准。

（二）列宁对马克思 1852 年致魏德迈的信的阐发

1852 年 3 月 5 日，马克思给国际工人运动的著名活动家约瑟夫·魏德迈写了一封书信，就无产阶级专政和阶级斗争问题作了深刻和高度集中的概括。

约瑟夫·魏德迈（1818—1866 年），是德国和美国早期工人运动的卓越活动家。1848 年革命失败后流亡瑞士，1851 年迁往美国。当时，旅居美国的德国小资产阶级政论家海因岑攻击马克思主义的阶级斗争理论，把当时的阶级斗争说成是受马克思主义者的挑唆才兴起的，并声称阶级矛盾和阶级斗争可以在“人性”面前消失。1852 年 1 月 29 日，魏德迈在《纽约民主主义者报》上撰文驳斥了海因岑的谬论。马克思读到该文后，便写了致魏德迈的信。

马克思在信中高度评价了魏德迈的文章，同时阐明了自己对阶级和阶级斗争问题的基本观点。马克思指出，发现阶级和阶级斗争的存在，并不是他的功劳，他的新贡献在于证明了以下几点：“（1）**阶级的存在**仅仅同**生产发展的一定历史阶段**相联系；（2）阶级斗争必然导致**无产阶级专政**；（3）这个专政不过是达到**消灭一切阶级**和进入**无阶级社会**的过渡……”① 55 年后，即 1907 年，德国社会民主党左派领袖梅林在该党理论刊物《新时代》上公开发表了这封信。

列宁认为，马克思给魏德迈的信极其鲜明地表达了马克思的阶级斗争理论和国家学说的实质，因此在《国家与革命》出第二版时专门增加了“1852 年马克思对问题的提法”一节，并对此作了进一步的阐发。

1. 阶级的存在仅仅同生产发展的一定阶段相联系

马克思的这个科学论断说明，阶级首先是一个历史范畴。阶级的产生、发展和消亡都同生产发展相联系，有其物质的根源和历史的规律性。

在遥远的古代，生产力水平十分低下，没有剩余产品，不可能产生“一个集团占有另一个集团的劳动”的情况，因而也就没有阶级。随着生产力的发展，人的劳动产品除了能够维持自身的生存外，还有了一定的剩余，这就使产品的私人占有和剥削成为可能。随着社会分工和交换的发展，阶级终于出现。将来，随着生产力的高度发展，阶级将由于失去其存在的条件而归于消亡。

2. 阶级斗争必然导致无产阶级专政

马克思的这个科学论断，揭示了阶级斗争发展的客观趋势和无产阶级专政的历史必然性。

自从人类社会产生阶级以来，依次出现了奴隶制国家、封建制国家和

---

① 《马克思恩格斯文集》第 10 卷，人民出版社 2009 年版，第 106 页。

资本主义国家。这些国家的存在，都是为了用强力维持一定的社会形态和特定阶级的剥削条件。

阶级斗争的核心问题是国家政权问题。一个阶级反对另一个阶级的斗争，最终都会表现为争夺统治权的斗争。封建主反对奴隶主的斗争是这样，资产阶级反对封建主的斗争是这样，无产阶级反对资产阶级的斗争也是这样。国家政权从一个阶级手里转到另一个阶级手里，这是革命的首要的和基本的标志。

资产阶级社会的阶级斗争，主要就是无产阶级和资产阶级的斗争。虽然在资本主义社会中还存在其他阶级和等级，但是，在同资产阶级对立的一切阶级中，只有无产阶级是真正革命的阶级，只有无产阶级这一特殊阶级才能领导进行推翻资产阶级的斗争。无产阶级反对资产阶级斗争的结局，必然是无产阶级以暴力打碎资产阶级的国家机器，建立起无产阶级的革命专政。

3. 无产阶级专政是达到消灭一切阶级和进入无阶级社会的过渡

无产阶级专政是国家的一种类型，是国家的最后一种形态。

无产阶级专政不同于历史上其他阶级的专政，它不是保护阶级剥削利益的工具。无产阶级专政的历史任务在于，运用专政手段镇压少数剥削者的反抗，同时实行社会主义改造，建立新的生产关系，大力发展生产力，进而消灭对立的阶级，促进社会全面进步和人的全面发展，最后消灭阶级差别，进入无阶级的共产主义社会。因此，无产阶级专政只是人类从阶级社会进入无阶级社会的一个过渡性质的阶段。

列宁进一步强调了无产阶级专政的必要性。他指出："在革命以后的长时期内，剥削者必然在许多方面保持巨大的事实上的优势"。"如果剥削者只在一国内被打倒（这当然是典型的情况，因为几国同时发生革命是罕有的例外），他们**依然比**被剥削者**强大**"①。因此，从资本主义向共产主义的过渡时期"必然是阶级斗争空前残酷，阶级斗争形式空前尖锐的时期"，因此，这个时期的国家不可避免地应当是"新型民主"和"新型

① 《列宁选集》第3卷，人民出版社1995年版，第611—612页。

专政”的国家，即对无产阶级和广大劳动群众实行民主，而对资产阶级及一切剥削者实行专政的国家。

正因为如此，列宁指出：“只有懂得**一个**阶级的专政不仅对一般阶级社会是必要的，不仅对推翻了资产阶级的**无产阶级**是必要的，而且对介于资本主义和‘无阶级社会’即共产主义之间的整整一个**历史时期**都是必要的。”列宁认为，这正是马克思主义国家学说的实质所在。无产阶级专政的国家“当然不能不产生非常丰富和多样的政治形式，但本质必然是一样的：都是**无产阶级专政**”。

（三）只有承认阶级斗争同时又承认无产阶级专政的人才是马克思主义者

列宁明确提出：无产阶级专政理论是马克思主义阶级斗争理论区别于资产阶级阶级斗争理论的根本点。因为阶级斗争学说是由资产阶级在马克思以前创立的，一般说来，阶级斗争学说也是资产阶级可以接受的。所以谁要是仅仅承认阶级斗争，那他还不是马克思主义者，他还可以不超出资产阶级思想和资产阶级政治的范围。把马克思主义局限于阶级斗争学说，就是歪曲马克思主义，把马克思主义变为资产阶级可以接受的东西。只有承认阶级斗争，同时也承认无产阶级专政的人，才是马克思主义者。是否承认无产阶级专政是区分真假马克思主义的试金石。马克思主义者同平庸的小资产者（以及大资产者）之间的最深刻的区别就在这里。

三、坚持马克思主义的阶级斗争理论和阶级分析方法

（一）阶级斗争理论是发现社会规律性的指导性线索

阶级斗争理论是马克思主义最根本的理论之一。列宁指出，马克思主义阶级斗争理论对于科学地研究阶级社会的历史具有极为重要的指导意义。他说：“马克思主义提供了一条指导性的线索，使我们能在这种看来

扑朔迷离、一团混乱的状态中发现规律性。这条线索就是阶级斗争的理论。”人类几千年的文明史，从社会发展的直接动力来说，就是阶级斗争的历史。离开了阶级斗争，就无法理解阶级社会的发展。

如果说近代以前阶级斗争在历史中的作用还较为隐蔽的话，那么，近代欧洲伴随封建制度土崩瓦解而来的汹涌澎湃的革命，则非常明显地展示了阶级斗争的作用。列宁分析了法国大革命以来欧洲许多国家的历史，指出法国复辟时期的一些历史学家如梯叶里、基佐、米涅、梯也尔在总结当时的事变时，已经“不能不承认阶级斗争是了解整个法国历史的锁钥”。“而当今这个时代，即资产阶级取得了完全胜利、设立了代议机构、实行了广泛的（甚至是普遍的）选举制、有了供群众阅读的廉价的日报等等的时代，已经建立起势力强大的、范围不断扩大的工人联合会和企业主同盟等等的时代，更加清楚地（虽然有时是用很片面的、‘和平的’、‘立宪的’形式）表明，阶级斗争是事变的推动力。”阶级斗争之所以是阶级对立社会发展的直接动力，是因为阶级斗争根源于阶级之间物质利益的根本对立，根源于社会经济关系的冲突。一切阶级斗争，归根结底都是围绕着经济利益这个轴心展开的。

在阶级社会中，生产力和生产关系、经济基础和上层建筑的矛盾发展到一定程度时，必然会通过阶级矛盾和阶级斗争表现出来。当社会基本矛盾极端尖锐化时，即当旧的生产关系变成生产力发展的桎梏时，只有通过先进阶级反对反动阶级的革命斗争，推翻反动阶级的统治，才能建立新的社会形态，以解放和发展生产力，推动社会前进。即使在同一社会形态的量变过程中，被剥削阶级反对剥削阶级的斗争也会不同程度地打击剥削阶级的统治，迫使统治阶级不得不调整某些经济关系和政策，使社会矛盾得到一定程度的缓和，从而或多或少地推动社会的发展和进步。总之，正如马克思所说：“没有对抗就没有进步。这是文明直到今天所遵循的规律。”①

① 《马克思恩格斯全集》第4卷，人民出版社1958年版，第104页。

（二）阶级分析是测定历史发展整个合力的基本方法

为了求得对阶级社会的本质及其规律的正确认识，必须运用马克思主义关于阶级和阶级斗争的观点去分析阶级社会的社会现象和社会历史。

运用马克思主义的阶级分析方法去分析阶级社会的历史，要求我们必须全面地分析各阶级在社会政治经济生活中所处的地位，主要是占有生产资料和支配劳动成果的情况，以及对于国家政权的影响力；分析各阶级的政治态度和思想观念；分析各阶级中不同阶层的区别和矛盾，以及由此而产生的不同政治倾向；分析各阶级之间的阶级关系，以及阶级力量对比的历史性和变动性；严格区分有阶级性和不带阶级性的社会矛盾的差别；等等。这样，我们才能准确把握各阶级之间的关系和阶级力量的对比，把握社会运动和社会生活的脉搏。

列宁指出："在一系列历史著作中，马克思提供了用唯物主义观点研究历史、分析**每个**阶级以至一个阶级内部各个集团或阶层所处地位的光辉而深刻的范例"，清楚地说明"马克思为了测定历史发展的整个合力，分析了多么纷繁复杂的各种社会关系以及从一个阶级到另一个阶级、从过去到将来的各个**过渡**阶段"。

（三）进行阶级分析必须提出"对谁有利"的问题

进行阶级分析，要点在于在判断一切历史人物和历史事件时，必须善于看出它反映着哪个阶级的利益，为哪个阶级的利益服务。列宁说：在拉丁语中有"对谁有利?"这样一句话，"要是一下子看不出是哪些政治集团或者社会集团、势力和人物在维护某些提议、措施等等，那总是要提出'对谁有利?'这个问题的。"① 必须懂得，"**谁**直接维护某种政策，这并不重要，因为在现代高尚的资本主义制度下，任何一个富翁随时都可以'雇用'或者收买或者招来任何数量的律师、作家甚至议员、教授、神父等等，让他们来为各种各样的观点辩护。""重要的是这些观点、这些提

① 《列宁全集》第23卷，人民出版社1990年版，第61页。

议、这些措施**对谁有利**。”①

马克思主义关于阶级和阶级斗争的理论，对于我们正确地认识和分析阶级社会和有阶级斗争存在的社会的历史，有重要的指导意义。

中国正处于并在相当长时期内仍将处于社会主义初级阶段。“我们的生产力发展水平很低，远远不能满足人民和国家的需要，这就是我们目前时期的主要矛盾”。“社会主义社会中的阶级斗争是一个客观存在，不应该缩小，也不应该夸大”。“社会主义社会目前和今后的阶级斗争，显然不同于过去历史上阶级社会的阶级斗争，这也是客观的事实，我们不能否认”②。这些情况，是我们在运用马克思主义的阶级观点和阶级分析方法研究和处理社会主义初级阶段有关阶级斗争的社会问题和历史问题时必须切实注意的。

延伸阅读：

1. 列宁：《民粹主义的经济内容》，《列宁全集》第1卷，人民出版社1984年版。
2. 列宁：《伟大的创举》，《列宁专题文集·论社会主义》，人民出版社2009年版。
3. 列宁：《对谁有利?》，《列宁全集》第23卷，人民出版社1990年版。

---

① 《列宁全集》第23卷，人民出版社1990年版，第61页。

② 《邓小平文选》第2卷，人民出版社1994年版，第182页。

《论国家》学习导读

《论国家》是列宁1919年7月11日在斯维尔德洛夫大学讲演的记录，最初由苏联列宁研究院于1929年1月18日发表在《真理报》上。斯维尔德洛夫大学是苏联培养党政干部的第一所高等学校。列宁曾到这所学校作过两次论国家的讲演。1919年8月29日讲演的题目是《关于国家，国家的意义、产生及阶级的产生》，可惜的是，这次讲演的记录未能被保存下来。

列宁在《论国家》中针对当时各国资产阶级、国内孟什维克和社会革命党人散布的关于国家问题的谬论和对苏维埃政权的攻击，围绕“什么是国家，它是怎样产生的，为彻底推翻资本主义而奋斗的工人阶级政党——共产党对国家的态度基本上应当是怎样的”，具体论述了四个方面的重要问题。

一、正确认识国家问题的重要性

（一）国家问题是一个极其复杂而又被弄得混乱不堪的问题

列宁在讲演的开头就强调国家问题是一个“困难的问题”。之所以困难，是因为它既是“一个最复杂最难弄清的问题”，又是“一个被资产阶级的学者、作家和哲学家弄得最混乱的问题”。他们往往把这个问题同宗教问题混为一谈，“说国家是一种神奇的东西，是一种超自然的东西”，“是上天赋予的力量”。他们一方面宣称资产阶级的国家是最民主、最自由的全民的国家，是人民意志的表现；另一方面竭力诽谤苏维埃政权破坏自由和民权制度。

一切剥削阶级的思想家、政治家为什么要在国家问题上制造混乱呢？这是因为“它比其他任何问题更加牵涉到统治阶级的利益（在这一点上它仅次于经济学中的基本问题）。国家学说被用来为社会特权辩护，为剥削的存在辩护，为资本主义的存在辩护”。各种国家观点的争论，对国家作用和意义的种种估计，实际上反映和表现着各个不同阶级之间的斗争。

（二）国家问题是全部政治的根本问题

列宁在讲演中，强调国家问题是全部政治的“根本问题”。因为地主、资产阶级是依靠他们所掌握的国家政权来维护他们对劳动人民的剥削和压迫的；无产阶级和劳动群众要自觉地维护自己的利益、争取自身的解放，就必须弄清楚国家的实质和对国家问题应采取的态度。这在当时的情况下尤其具有重要的意义。列宁说：“在目前这个时候，在社会主义革命在全世界已经开始并且恰好在几个国家内获得胜利的时候，在反对全世界资本的斗争特别尖锐的时候，这个问题即国家问题就具有最大的意义，可以说，已经成为最迫切的问题，成为当代一切政治问题和一切政治争论的焦点了。”

正因为如此，列宁强调：“只有学会独立地把这个问题弄清楚，你们才能认为自己的信念已经十分坚定，才能在任何人面前，在任何时候，很好地坚持这种信念。”后来，列宁更明确地讲道：“一切革命的根本问题是国家政权问题。不弄清这个问题，便谈不上自觉地参加革命，更不用说领导革命。”①

（三）正确认识国家问题必须坚持历史分析方法和阶级分析方法

怎样才能学会独立地正确认识国家问题呢？列宁认为，一是要坚持历史分析方法。他说：“对于用科学眼光分析这个问题来说是最重要的，那就是不要忘记基本的历史联系，考察每个问题都要看某种现象在历史上怎样产生、在发展中经过了哪些主要阶段，并根据它的这种发展去考察这一事物现在是怎样的。”恩格斯的《家庭、私有制和国家的起源》一书提供了这种正确观察问题的方法。要认真研读这部著作。二是要坚持阶级分析

---

① 《列宁选集》第3卷，人民出版社1995年版，第19页。

方法。他强调：我们始终都要记住历史上社会划分为阶级的这一基本事实。起初是无阶级的社会——父权制原始社会；然后是奴隶制社会；之后是农奴制社会；再后是农奴制被资本主义所取代。只有以社会的这种阶级划分作为基本的指导线索来观察国家，“我们才能给国家的实质和意义的问题找到一个确切的回答”。

二、国家实质上是维护阶级统治的机器

（一）原始社会没有阶级，也就没有国家

列宁根据历史的和阶级的分析方法来观察国家，得出的结论是：“国家不是从来就有的。曾经有过一个时候是没有国家的。”国家是个历史现象，它是社会发展到一定阶段的产物。

在第一种人剥削人的形式、第一种阶级划分（奴隶主和奴隶）的形式尚未出现以前，存在着父权制或有时称为克兰制的家庭，社会结构是一种原始共产主义民主制。在这种以血缘关系为纽带“而自然形成的共同体”中，虽然也存在管理活动，但这种管理活动与以后形成的国家所从事的管理活动有着本质的区别。其特点是，管理所依靠的不是强力，而是管理者的威信和被管理者服从的自觉性。正如列宁所指出的：“我们看到的是风俗的统治，是族长所享有的威信、尊敬和权力”，“但是在任何地方我们都看不到一种特殊**等级**的人分化出来管理他人并为了管理而系统地一贯地掌握着某种强制机构即暴力机构”。原始民主制中的权力是处于社会之中的“自然发生的共同体的权力”，而不是像国家权力那样成为独立的、站在社会之上的支配主体。

（二）社会的阶级划分和国家的起源与实质

列宁指出：“历史告诉我们，国家这种强制人的特殊机构，只是在社会划分为阶级，即划分为这样一些集团，其中一些集团能够经常占有另一些集团的劳动的地方和时候，只是在人剥削人的地方，才产生出来的。”

原始社会是实行共产制的共同体，又没有剩余物，所以不可能产生专门分化出来实行管理并统治社会上其余一切人的特殊集团；也没有人需要用有组织的、专门的暴力对一些人进行镇压。所以，当时既不需要、也不可能产生国家。在原始社会末期，随着生产力的发展，出现了私有制和社会阶级的划分，即出现了“一些集团能够经常占有另一些集团的劳动”的情况，才有了国家。列宁指出：“只有当社会划分为阶级的第一种形式出现时，当奴隶制出现时，当某一阶级有可能专门从事最简单的农业劳动而生产出一些剩余物时，当这种剩余物对于奴隶维持最贫苦的生活并非绝对必需而由奴隶主攫为己有时，当奴隶主阶级的地位已经因此巩固起来时，为了使这种地位更加巩固，就必须有国家了。”

国家产生的标志是：其一，它有从社会中分化出来的几乎专门从事管理或主要从事管理的人组成的特殊集团。他们高居社会之上，成为统治者，成为国家代表。其二，有由专门从事管理或主要从事管理的人组成的特殊机构，即其装备同每个时代的技术水平相适应的暴力机构——武装队伍、监狱及其他强迫他人意志服从暴力的手段，这个暴力机构表现了国家的实质和意义。其三，这个集团总是把暴力机构把持在自己手中，而且不断加强它。这个特殊机构之所以需要，正是为了维护特定阶级的利益，即“一些集团能够经常占有另一些集团的劳动”的制度。

国家的起源、存在标志和基本特征都表明，“国家是维护一个阶级对另一个阶级的统治的机器”。

（三）国家形式的多样性与国家的阶级本质

列宁进一步讲到国家形式与国家阶级本质的问题。他指出：“国家形式是多种多样的。”在奴隶占有制时期，有君主制和共和制、贵族制和民主制的区别。在农奴制占优势的国家里，既有君主制也有共和制。在资本主义社会里，有民主共和制、君主立宪制等。但是，国家形式的多种多样并不改变国家的阶级本质。奴隶占有制时代的国家，不论是君主制还是贵族的或民主的共和制，都是奴隶占有制国家。在农奴制国家里，始终只有地主——农奴主才被认为是统治者，农奴制农民根本没有任何政治权利。

资产阶级国家只能是资产阶级的专政。

列宁讲的这个问题，就是我们常讲的国体和政体的关系问题。国体，是讲国家的本质，指的是“社会各阶级在国家中的地位”①，它表现的是国家的阶级性质。政体指的是国家的形式、政权构成形式，即统治阶级是以什么形式来组织国家和进行政治统治，以什么方式、方法来控制和管理国家以实现本阶级的统治。在二者的关系上，一方面，国体即国家的阶级本质从根本上决定着政体的选择和采用，政体必须服从并服务于统治阶级组织、完善和巩固其统治的需要。另一方面，统治阶级在决定自己的国家选择何种政体时，除了考虑本阶级的需要外，也不能不考虑各种社会政治力量的要求，不能不受到政治力量对比的制约；同时，一个国家的具体历史条件、文化传统和民族构成、民族习惯、民族心理以及国际环境等因素，也都会影响这个国家的政体和国家结构形式的选择。由于具体历史条件的不同，相同性质的国家完全可能选择不同的政体。比如，同样是资本主义国家，美国和英国一个采用了共和制，一个保留了君主制。反之，不同性质的国家完全可能选择相同的政体。如社会主义国家和资本主义国家都可以选择民主共和制政体。同一性质的同一国家，在不同的历史时期也可能采用不同的政体。如近代法国经历过共和制和帝制的多次交替。但这些都不改变各自国家的阶级本质。

三、历史上三种类型的剥削阶级国家

列宁指出，人类史上有众多国家经历过或经历着奴隶制、农奴制和资本主义社会；与此相应，也先后产生了三种类型的剥削阶级国家：奴隶制国家、农奴制国家和资本主义国家。这三种类型的剥削阶级国家各有自己的具体特征。

---

① 《毛泽东选集》第2卷，人民出版社1991年版，第676页。

（一）奴隶占有制国家

奴隶占有制国家是奴隶主握有权力、能够管理所有奴隶的机构。它是人类社会发展史上第一种国家类型、第一个出现的剥削阶级专政的国家。“奴隶主和奴隶是第一次大规模的阶级划分。前一集团不仅占有一切生产资料（即土地和工具，尽管当时工具还十分简陋），并且还占有人。”奴隶主和奴隶阶级的基本划分，是奴隶制国家产生的阶级基础。奴隶主享有一切权利，不仅可以占有和买卖奴隶，而且可以随意杀戮奴隶。而奴隶则没有任何政治权利、经济权利，没有人身自由和安全，他们不过是奴隶主的会说话的生产工具。

奴隶制国家的形式是多种多样的。那时已经有君主制和共和制、贵族制和民主制的区别。奴隶占有制共和国按其内部结构来说可以分为两种：贵族共和国和民主共和国。在贵族共和国中参加选举的人是少数享有特权的人，在民主共和国中参加选举的是全体，但仍然是奴隶主的全体，奴隶是除外的。这种基本情况最清楚地表明了国家的实质。它说明国家“是一个阶级压迫另一个阶级的机器，是迫使一切从属的阶级服从于一个阶级的机器”。“管理形式确实是多种多样，但本质只是一个：奴隶没有任何权利，始终是被压迫阶级，不算是人”。

（二）农奴制国家

农奴制国家是人类历史上第二种类型的剥削阶级的国家。农奴制国家的特点：一是绝大多数人——农奴制农民完全依附于极少数占有土地的地主。农奴、农民和地主、农奴主的阶级矛盾是社会的主要矛盾。二是最主要的生产资料——土地由大土地所有者占有；农民被束缚在土地上，但有了一个独立生产、生活的单位——家庭。农民（当时农民占大多数，城市人口极少）被禁锢在土地上，他们可以在地主给他的那一块土地上为自己劳动一定的天数，其余的日子则替地主耕种土地，并以劳役或实物的形式将维持家庭生产和生活以外的剩余劳动无偿交付给土地所有者。三是农奴制农民已不算是地主的直接私有物。农民在一定程度上是属于他自己的了；由于交换和贸易关系有了更广泛的发展，农民解放的机会也日益增多。

农奴制国家的形式也多种多样，有的是共和制，有的是君主制。实行君主制时权力归一个人掌握；实行共和制时，从地主中选举出来的人多数可以参政。但始终只有地主—农奴主才被认为是统治者。农奴制的农民根本没有任何政治权利。

（三）资本主义国家

资本主义国家是人类历史上第三种类型的剥削阶级国家。它是“存在着土地和生产资料的私有制、资本占统治地位的国家”，是“资本家用来控制工人阶级和贫苦农民的机器”。

资本主义国家建立在资本家占有生产资料以用于剥削雇佣工人的经济基础之上。占统治地位的资产阶级和受到剥削压迫的无产阶级的对立是资本主义生产关系中的主要矛盾。资产阶级国家的本质是资产阶级对无产阶级的政治统治，是资产阶级的专政。

但是资本主义国家宣扬实行全民自由，代表全体人民的意志，否认它是阶级的国家。这就形成了世界各国政治争论中的一个基本问题：如何看待资本主义国家、特别是资本主义的民主共和国？

关于这个问题，列宁说，只要“牢牢把握住社会划分为阶级的事实，阶级统治形式改变的事实，把它作为基本的指导线索，并用这个观点去分析一切社会问题，即经济、政治、精神和宗教等等问题”，就会真相大白。

资产阶级国家宣扬的全民自由的口号，开始是为了反对农奴制国家，从封建农奴主手中夺权，其结果是资本主义国家的代表获得自由，只是拥有财产人的自由。所谓“全民自由”，无非就是“私有财产自由”。它表明资本主义社会是“以私有制为基础的社会，以资本权力为基础的社会，以完全控制一切无产工人和劳动农民群众为基础的社会”。

资产阶级国家的普选制和立宪会议及议会，丝毫也不能改变事情的实质。因为“国家的统治形式可以各不相同：在有这种形式的地方，资本就用这种方式表现它的力量，在有另一种形式的地方，资本又用另一种方式表现它的力量，但实质上政权总是操在资本手里，不管权利有没有资格限制或其他限制，不管是不是民主共和国，反正都是一样”。“资本既然存在，也就统治着整个社会，所以任何民主共和制、任何选举制度都不会改变事情的实质”。当然，民主共和制和普选制同农奴制比较起来是一大进步。它使无产阶级和劳动人民获得某种表达自己的利益要求和进行政治活动的机会，可以利用资本主义民主争得某些实际利益，还可以通过参与政治过程聚集力量，获得政治斗争经验。这就使无产阶级有可能组成整齐的有纪律的队伍去同资产阶级进行有步骤的斗争。但是，在资产阶级民主制度下，无产阶级受压迫、受剥削的地位并没有、也不可能从根本上得到改变。

驳斥资产阶级关于他们的国家实行所谓“全民自由”等等谎言的最雄辩的证据是事实。事实是，只要私有制存在，资产阶级的国家即使是民主共和制的国家，也无非是资本家镇压工人的机器。列宁指出：欧洲的瑞士和美洲的北美合众国都是民主共和国。“其实，瑞士和美国都是资本在实行统治，只要工人试图真的稍稍改善一下自己的处境，就立刻会引起一场国内战争。……罢工发生时，资产阶级就武装起来，雇用士兵去镇压罢工，而且在任何地方，对工人运动的镇压，都不如瑞士和美国那样凶暴残忍；在任何一国的议会里，资本的势力都不如这两个国家那样强大。资本的势力就是一切，交易所就是一切，而议会、选举则不过是傀儡、木偶……”这些事实有力地揭露了资产阶级民主的虚伪性和这类共和制国家的阶级实质。

四、无产阶级夺取国家政权及其历史任务

（一）无产阶级必须夺取政权并掌握国家机器

列宁指出：“不管一个共和国用什么形式掩饰起来，就算它是最民主的共和国吧，如果它是资产阶级共和国，如果它那里保存着土地和工厂的私有制，私人资本把全社会置于雇佣奴隶的地位，换句话说，如果它不实

现我们党纲和苏维埃宪法所宣布的那些东西，那么这个国家还是一部分人压迫另一部分人的机器。”正因为如此，无产阶级的任务就是：认清资产阶级国家的本质，“把这个机器夺过来，由必将推翻资本权力的那个阶级来掌握”。

需要说明的是，这里讲的要夺取国家政权，并不是说要由无产阶级直接掌握资产阶级的国家机器。马克思早就说过：“奴役他们的政治工具不能当成解放他们的政治工具来使用。”① “工人阶级不能简单地掌握现成的国家机器，并运用它来达到自己的目的”②，而必须把它打碎和摧毁，代之以无产阶级的国家机器。这就是列宁说的，国家机器要“由必将推翻资本权力的那个阶级来掌握”的意思。

资产阶级国家机器分为两个主要部分：一部分是典型的阶级压迫和阶级统治机器，如资本主义国家的军队、警察和官僚机构等，这部分国家机器，尤其是资产阶级军队“是支持旧制度的最坚硬的工具，是维护资产阶级纪律、支持资本统治、保持并培养劳动者对资本的奴隶般的驯服和服从的最坚固的柱石”③。无产阶级必须予以彻底摧毁，代之以无产阶级的新的国家机器，否则，无产阶级就不能解除自己身上的枷锁。另一部分则是履行社会管理职能的机构，这部分机构具有双重性，它们既是服务于资产阶级的工具，又是具有专门技术特点、组织和管理日常社会事务的机关。对于这部分机构，无产阶级可以加以改造、利用，使其转变为服务于社会主义社会职能的机构。

（二）利用新的国家机器去“消灭一切剥削”

社会主义国家是一种新型国家，“是**新型**民主的（对无产者和一般穷人是民主的）和**新型**专政的（对资产阶级是专政的）国家”④。

无产阶级从资本家那里把国家机器夺过来，由自己掌握以后，其基本

① 《马克思恩格斯文集》第3卷，人民出版社2009年版，第218页。
② 《马克思恩格斯文集》第3卷，人民出版社2009年版，第151页。
③ 《列宁选集》第3卷，人民出版社1995年版，第641—642页。
④ 《列宁专题文集·论马克思主义》，人民出版社2009年版，第207页。

任务是要利用国家机器去消灭一切剥削。这就是要进行社会主义改造，剥夺剥夺者，建立社会主义的生产资料公有制，实行按劳分配的分配制度，消灭剥削关系，同时大力发展社会生产力，消除社会两极分化，最终实现全体人民的共同富裕，促进社会全面进步和人的全面发展，造成资产阶级既不能存在、也不能产生的条件，推动社会向更高的阶段发展。

（三）国家将随着阶级和阶级差别的消灭而自行消亡

列宁预言："到世界上再没有进行剥削的可能，再没有土地占有者和工厂占有者，再没有一部分人吃得很饱而一部分人却在挨饿的现象的时候，就是说，只有到再没有发生这种情形的可能的时候，我们才会把这个机器毁掉。那时就不会有国家了，就不会有剥削了。"

无产阶级的最终目标，是实现共产主义。到那时，"国家政权对社会关系的干预在各个领域中将先后成为多余的事情而自行停止下来。那时，对人的统治将由对物的管理和对生产过程的领导所代替。国家不是'被废除'的，**它是自行消亡的**"①。

国家与革命的问题，是历史唯物主义的基本问题之一。在《论国家》中，列宁运用历史的和阶级的分析方法对这个问题作了简明、通俗而又深刻的论述，这对我们认清国家问题的实质和它的历史发展，对我们进行历史研究，都具有直接的指导作用。

延伸阅读：

1. 列宁：《国家与革命》，《列宁专题文集·论马克思主义》，人民出版社 2009 年版。
2. 列宁：《马克思主义论国家》，《列宁全集》第 31 卷，人民出版社 1984 年版。

---

① 《马克思恩格斯文集》第 3 卷，人民出版社 2009 年版，第 562 页。

《论我国革命——评尼·苏汉诺夫的札记》学习导读

《论我国革命》是列宁在1923年1月16日和17日口授的一篇论述俄国社会主义革命的重要文章。文章写成后，由列宁夫人克鲁普斯卡娅转交《真理报》编辑部，在同年5月30日《真理报》第117号上发表。原文无标题，标题是由《真理报》编辑部加的。

尼·苏汉诺夫是俄国的孟什维克。在1922年柏林—彼得堡—莫斯科格尔热宾出版社出版的《革命札记》一书的第3卷和第4卷中，苏汉诺夫以“俄国的生产力还没有达到足以实现社会主义的水平”作为唯一的论据，否定俄国进行社会主义革命和社会主义建设的必要性和可能性。这也是当时第二国际领导人对俄国革命所采取的共同立场。

在《论我国革命》一文中，列宁通过评尼·苏汉诺夫的札记，对俄国孟什维克和第二国际领导人否定俄国社会主义革命的基本论点做出了总结性的答复。在文章中，他创造性地论证了俄国进行社会主义革命的社会历史条件，批驳了那种把西欧发展道路固定化、公式化的错误倾向，划清了马克思主义与庸俗生产力论的界限。

由于列宁当时在病中，他口授的这篇文章是很简短的，但是由于它回答了国际共产主义运动面临的一个崭新的关键性问题，因而在理论上具有重要意义。列宁阐明的有关思想，不仅在当时对于捍卫俄国的社会主义事业起了重要的作用，而且在今天对于我们正确认识经济文化比较落后的国家在一定条件下走上社会主义的发展道路问题，也具有重大的指导意义。

一、关于俄国社会主义革命问题的争论

（一）苏汉诺夫等对俄国社会主义革命的否定

革命前的俄国是一个经济落后的国家。直到1913年，它主要还是一

个农业国。在工农业总产值中，工业占 42.1%，农业占 57.9%。对于俄国这样的国家在一定条件下能不能搞社会主义的问题，在国际共产主义运动中存在着很大的争论。

俄国十月社会主义革命前后，第二国际的领导人伯恩施坦就认为，由于俄国的“农业还占优势，工业也刚刚拥有就整个说来很少受过训练的工人阶级”，因此，“俄国的社会发展还根本够不上实现社会主义社会”。考茨基更认为，俄国在民主革命之后必须“加速资本主义的发展”，只有当无产阶级在“资本主义发展的基础上成熟起来”之后，才能进行社会主义革命。普列汉诺夫在十月革命前也讲过，“俄国历史还没有磨好将来要用它烤成社会主义的面粉”。“无产阶级专政只有在雇佣工人构成居民多数时才是可能的”。类似的观点在俄国孟什维克内部占统治地位。苏汉诺夫的《革命札记》集中地反映了这种观点。他认为，列宁关于俄国民主革命向社会主义革命过渡的理论，“缺少对俄国社会主义的‘客观前提’的分析，即对社会经济条件的分析”。在他看来，俄国的生产力还没有达到足以实现社会主义的水平，因此，俄国并不具备实现社会主义的客观前提。

总起来说，按照他们的观点，一个国家必须像西欧发达国家那样，资本主义经济高度发达了，无产阶级占总人口的多数并且成熟起来了，才具备进行社会主义革命的条件。他们并且以为，只有这样看问题，才是坚持了马克思主义。

（二）苏汉诺夫等对马克思主义的教条主义的歪曲

由于俄国孟什维克和第二国际领导人是打着坚持马克思主义的旗号，来否定俄国社会主义革命的，因此，为了驳斥他们的有关论点，列宁认为，首先必须弄清楚马克思主义在这个问题上的基本观点究竟是怎样的。

马克思的确说过：“彻底的社会革命是同经济发展的一定历史条件联系着的；这些条件是社会革命的前提。因此，只有在工业无产阶级随着资本主义生产的发展，在人民群众中至少占有重要地位的地方，社会革命才有可能。”[①] 这个观点无疑是完全正确的，因为如果没有资本主义生产的发展，没有资本主义生产方式自身固有的生产社会化和生产资料私人占有的矛盾的发展，社会主义革命这个任务就是不可能被提出来的；如果没有工业无产阶级的形成和发展，社会主义革命就会缺少一种原动力，它的发生也就是不可能的，更不要说赢得胜利了。

但是，马克思主义的创始人并没有对这种资本主义生产的发展程度和文化的发展程度规定出绝对的标准，也没有说过工业无产阶级必须占到全人口的多数，不具备这些条件，任何国家都不应当进行社会主义革命。正因为如此，列宁在文章中说，固然，建立社会主义需要一定的文化水平，但是“谁也说不出这个一定的‘文化水平’究竟是什么样的，因为这在各个西欧国家都是不同的”。

事实上，社会主义革命并不是单纯的经济过程，并不是似乎经济发展到一定的高度这个革命就自然会发生了；这个革命是不是发生、能不能胜利，不仅取决于经济条件，而且还取决于阶级力量对比的状况。这一点，从马克思、恩格斯对德国从资产阶级革命向无产阶级革命转变的论述中可以得到证明。

19 世纪 40 年代后期，马克思、恩格斯在《共产党宣言》中指出：“德国的资产阶级革命只能是无产阶级革命的直接序幕。”[②] 当时德国的资本主义经济是不是已经高度发达了呢？没有。德国是在 19 世纪 30 年代才进入工业革命阶段的。到 1848 年革命时，德国还没有建立起自己的机器制造业，工业中工厂生产的比重还不大，工场手工业和零散的小工业还占主要地位。德国依然是一个农业国。1849 年，参加关税同盟各邦的农业人口占总人口的 70%。虽然如此，马克思、恩格斯还是认为，德国的无产阶级在民主革命之后可以直接进行社会主义革命。这是“因为同 17 世纪的英国和 18 世纪的法国相比，德国将在整个欧洲文明更进步的条件下，拥有发展得多的无产阶级去实现这个变革”[③]。

---

① 《马克思恩格斯文集》第 3 卷，人民出版社 2009 年版，第 404 页。
② 《马克思恩格斯文集》第 2 卷，人民出版社 2009 年版，第 66 页。
③ 《马克思恩格斯文集》第 2 卷，人民出版社 2009 年版，第 66 页。

列宁在文章中讲到了马克思对德国能不能进行无产阶级革命这个问题的看法。他特别指出 1856 年 4 月 16 日马克思在给恩格斯的信中所讲的话："德国的全部问题将取决于是否有可能由某种再版的农民战争来支持无产阶级革命。如果那样就太好了……"①。这说明，马克思在考察德国无产阶级革命问题时，着重关注的并不是德国资本主义经济是不是高度发达，而是阶级力量对比的状况，即占人口少数的无产阶级在发动革命时，能不能得到占人口多数的农民的支持。他们认为，如果阶级力量对比的状况有利于无产阶级，是应当不失时机地去进行社会主义革命的。苏汉诺夫们这些"自称的马克思主义者"又是怎样看待马克思的这个重要论断的呢？列宁指出，"对马克思的这个直接指示，他们也像猫儿围着热粥那样绕来绕去，不敢触及"。

由此可见，苏汉诺夫们所宣扬的观点，即一个国家必须资本主义经济高度发达了，无产阶级成了全人口的多数并且成熟起来了，才具备进行社会主义革命的条件这种观点，并不是马克思、恩格斯的观点，而是他们附加在马克思主义上面的东西，是从他们对马克思主义所作的教条式的理解中推演出来的。

这里有一个对马克思主义的科学理解和把握的问题。

马克思和恩格斯都认为，"经济状况是基础，但是对历史斗争的进程发生影响并且在许多情况下主要是决定着这一斗争的**形式**的，还有上层建筑的各种因素"②。但是，无论是苏汉诺夫们还是考茨基们，都并不了解历史发展中各种因素的相互作用，把经济因素说成是唯一决定性的因素，这样，他们就"把这个命题变成毫无内容的、抽象的、荒诞无稽的空话"③了。这种理论，并不是马克思主义，而是"被第二国际的首领们庸俗化了的所谓'生产力'论"④，是对于马克思主义的教条主义的歪曲。

---

①《马克思恩格斯文集》第 10 卷，人民出版社 2009 年版，第 131 页。
②《马克思恩格斯文集》第 10 卷，人民出版社 2009 年版，第 591 页。
③《马克思恩格斯文集》第 10 卷，人民出版社 2009 年版，第 591 页。
④《斯大林选集》上卷，人民出版社 1979 年版，第 202 页。

二、俄国进行社会主义革命的时代和社会历史条件

在揭露苏汉诺夫们对待马克思主义所作的教条主义的歪曲之后，列宁着重对俄国为什么会发生社会主义革命和怎样看待俄国社会主义革命的问题进行了论述。

俄国并不是脱离世界的一种孤立的存在。考察俄国的革命问题，必须具有世界历史眼光。列宁指出，俄国革命“是和第一次帝国主义世界大战相联系的革命。这样的革命势必表现出一些新的特征”。

为什么这样讲呢？因为资本主义的发展首次开创了世界历史。所以，对于一个国家的革命问题，是不能离开整个国际环境孤立地加以考察的。这种情况，到了帝国主义时代就表现得更加明显。正因为如此，仅仅根据某一个国家的经济状况去分析无产阶级革命的前提已经不够了。“因为个别国家和个别民族的经济已经不是独立自在的单位，已经变成所谓世界经济的整个链条的各个环节”①。“因为整个体系已经成熟到发生革命的程度，这个体系中存在着工业不够发达的国家并不能成为革命的不可克服的障碍”②。也正因为如此，列宁指出，帝国主义发展不平衡的规律，使得一个国家的无产阶级革命有可能突破帝国主义统治的薄弱环节，首先取得胜利。而当时的俄国就是这样的一个国家。

苏汉诺夫们在考察俄国革命时，只是孤立地考察俄国资本主义经济的发展水平，而没有考察俄国所处的时代条件和国际环境，没有考察俄国由于参加世界大战必然给革命带来的新特点。

针对这种情况，列宁尖锐地质问苏汉诺夫们：既然特殊的环境把俄国卷入了帝国主义世界大战，使俄国具备了进行社会主义革命的条件，即“有条件实现像马克思这样的‘马克思主义者’在1856年谈到普鲁士时曾作为一种可能的前途提出来的‘农民战争’同工人运动的联合，那该

---

① 《斯大林选集》上卷，人民出版社1979年版，第204页。

② 《斯大林选集》上卷，人民出版社1979年版，第205页。

怎么办呢？”“既然毫无出路的处境十倍地增强了工农的力量，使我们能够用与西欧其他一切国家不同的方法来创造发展文明的根本前提，那又该怎么办呢？”列宁的意思是很清楚的：我们应当不失时机地去进行社会主义革命，夺取政权，建立苏维埃制度，以便在此基础上发展生产力、发展文明；而不应当坐失历史机遇，照走西欧国家的固定道路，去容忍已经把工农群众逼入绝境的资本主义制度，待到俄国资本主义高度发达之后再去进行社会主义革命。

当然，列宁并不认为，一个国家能不能进行社会主义革命，根本就不需要考虑它的经济条件。他讲过：人们常常说，俄国是一个落后的、农民的、小资产阶级的国家，因此根本谈不上社会革命。“但是他们忘记了，战争使我们处于特殊的境地，与小资产阶级并存的还有大资本。”① 事实上，革命前的俄国是一个封建的军事的帝国主义国家。“战争异常地加速了垄断资本主义向国家垄断资本主义的转变，**从而**使人类异常迅速地接近了社会主义，历史的辩证法就是如此。”“帝国主义战争是社会主义革命的前夜。这不仅因为战争带来的灾难促成了无产阶级的起义（如果社会主义在经济上尚未成熟，任何起义也创造不出社会主义来），而且因为国家垄断资本主义是社会主义的最充分的**物质**准备，是社会主义的**前阶**，是历史阶梯上的一级，在这一级和叫作社会主义的那一级之间，**没有任何中间级**。”② 这就是说，俄国之所以发生社会主义革命，不仅由于在当时俄国的阶级力量的对比方面无产阶级处于优势，而且也由于当时的俄国社会也已经具备了走向社会主义的必要的物质基础。

在这里，列宁是否只是讲了俄国的无产阶级可以夺取政权，并不认为当时的俄国已经可以采取社会主义的步骤呢？不是。列宁明确地讲过：在用革命手段争得了共和制和民主制的 20 世纪的俄国，不走向社会主义，不采取走向社会主义的步骤，就不能前进。③ 事实上，对于当时的俄国来说，只有建立社会主义制度，才能为生产力的发展开辟广阔的道路，并经

① 《列宁全集》第 29 卷，人民出版社 1985 年版，第 436 页。
② 《列宁专题文集·论资本主义》，人民出版社 2009 年版，第 235 页。
③ 《列宁专题文集·论资本主义》，人民出版社 2009 年版，第 234 页。

过一定的历史过程，为社会主义制度奠定坚实的物质技术基础。

三、世界历史发展的一般规律和各国历史发展的特殊性

（一）在革命时期要有极大的灵活性，不能把西欧的发展道路固定化、公式化

列宁对俄国社会主义革命所做的论述，是同苏汉诺夫等人的设想大相径庭的。他们认为，俄国只有像西欧国家那样，先在资本主义制度下使经济文化高度发达以后，才有可能进行社会主义革命。他们不善于从实际出发来思考俄国革命的历史特点，把西欧的发展道路固定化、公式化了。

针对这种情况，列宁指出，无论是俄国的小资产阶级民主派还是第二国际的“英雄”们，“都自称马克思主义者，但是对马克思主义的理解却迂腐到无以复加的程度”。他们只看到过资本主义和资产阶级民主在西欧发展的固定道路，对于他们来说，对这条道路作相应的改变是不可想象的。“马克思主义中有决定意义的东西，即马克思主义的革命辩证法，他们一点也不理解。”他们不懂得具体问题具体分析才是马克思主义的活的灵魂。他们只会盲目模仿，不敢离开西欧道路一步。似乎那个国家没有达到西欧发达国家的经济文化水平，那个国家就绝对不能进行社会主义革命。

为了批驳他们的这种僵化的观点，列宁引证了马克思的话：“在革命时刻要有极大的灵活性”；指出苏汉诺夫等人完全不了解甚至根本没有注意到马克思的这个重要思想。他们不懂得，一个真正的马克思主义者不仅应当向书本学习，尤其应当在马克思主义的世界观、方法论的指导下向实践学习。不研究新的历史条件、总结新的实践经验，而只是从公式出发，用一种固定的公式随处套用，想要得出对有关问题的正确答案，是不可能的。马克思主义的创始人早就讲过，历史常常是跳跃式地和曲折地前进的；如果可以不加分析地把理论应用于任何历史时期，那就会比解一次方

程式更容易了。而考茨基们和苏汉诺夫们观察问题的方法就是这样。

所以，列宁告诫人们："按考茨基思想编写的教科书在当时是很有益处的。不过现在毕竟是丢掉那种认为这种教科书规定了今后世界历史发展的一切形式的想法的时候了。应该及时宣布，有这种想法的人简直就是傻瓜。"

（二）正确认识世界历史发展的一般规律与个别发展阶段上的特殊性的关系

在阐明了俄国发生社会主义革命的条件之后，列宁进一步回答了怎样看待俄国进行社会主义革命这个问题，即：这样做，是不是离开了世界历史发展的一般规律？

社会主义是比资本主义更高级的社会形态，它应当建立在高度发达的物质技术基础之上，这是没有疑问的。这个一般规律和总的路线没有也不会改变。俄国所改变的，只是它的发展顺序而已。俄国不是像西欧国家那样，首先在资本主义制度下使生产力充分发展起来、使社会文化水平提高起来，而后待到革命时机成熟时再去进行社会主义革命；而是抓住历史提供的机遇，发动社会主义革命，而后利用这个革命所创造的条件，采取走向社会主义的步骤，使生产力充分发展起来、使社会文化水平提高起来，从而使社会主义建立在高度发达的物质技术基础之上。

由于苏汉诺夫们不承认历史发展的顺序可以作这种改变，列宁就质问他们："你们说，为了建立社会主义就需要文明。好极了。那么，我们为什么不能首先在我国为这种文明创造前提，如驱逐地主，驱逐俄国资本家，然后开始走向社会主义呢？你们在哪些书本上读到过，通常的历史顺序是不容许或不可能有这类改变的呢？"既然建设社会主义需要一定的文化水平，"我们为什么不能首先用革命手段取得达到这个一定水平的前提，**然后**在工农政权和苏维埃制度的基础上赶上别国人民呢？"

列宁认为："世界历史发展的一般规律，不仅丝毫不排斥个别发展阶段在发展的形式或顺序上表现出特殊性，反而是以此为前提的。"因为俄国是介于文明国家和东方国家即欧洲以外的各个国家之间的国家，它就能够而且势必表现出某些特殊性。矛盾的普遍性从来都是寓于特殊性之中的。世界各国历史的发展，从来都是社会发展的一般规律与它在特定国家及其个别发展阶段上的特殊规律的统一。

还应当注意到，尽管列宁认为俄国这样的国家在一定条件下可以而且应当进行社会主义革命，但是，他从来没有认为社会主义可以长久地建立在落后的物质、文化的基础之上。他清醒地认识到，“我们曾经是而且现在还是一个小农国家，因此我们向共产主义过渡比在其他任何条件下困难得多”①。他强调，“只有当国家实现了电气化，为工业、农业和运输业打下了现代大工业的技术基础的时候，我们才能得到最后的胜利”②。发展顺序的改变，归根到底不仅并没有改变、而且是为了更有效地实现社会主义应当建立在高度发达的物质技术基础之上这个一般规律。

历史表明，俄国的社会主义革命并没有阻碍俄国社会生产力的发展。相反，正是依靠发挥社会主义的优越性，经过一个时期的努力，俄国从一个落后的国家变成了欧洲的第一强国、世界的第二强国。这个无可辩驳的历史事实，是列宁在《论我国革命》一文中所阐明的上述观点的正确性的最有力的证明。

四、东方国家的革命与近现代中国的历史发展道路

（一）东方国家革命的特殊性

马克思主义认为，社会主义必然代替资本主义，这是社会历史发展的总趋势。但是由于国情不同，各国走向社会主义的具体形式和具体道路将会具有不同的特点。所以，列宁在指明俄国革命有别于以前西欧各国的革命之后，进一步指出：“这些特殊性到了东方国家又会产生某些局部的新

---

① 《列宁选集》第 4 卷，人民出版社 1995 年版，第 352 页。
② 《列宁专题文集·论社会主义》，人民出版社 2009 年版，第 182 页。

东西”。“在东方那些人口无比众多、社会情况无比复杂的国家里，今后的革命无疑会比俄国革命带有更多的特殊性”。因为俄国与西欧国家同为资本主义国家，只是资本主义发展的程度不同和其他社会历史条件不同，它们的革命进程就已经有了明显的差别，那么，对于许多尚处在前资本主义阶段或殖民地、半殖民地、半封建社会的东方国家来说，它们的革命将“带有更多的特殊性”，更是理所当然的了。

对于这个问题，1919 年 11 月 22 日，列宁在全俄东部各民族共产党组织第二次代表大会上的报告中作了比较具体的说明。他指出：“东方大多数民族的处境比欧洲最落后的国家俄国还要坏”①。因此，东方各民族的共产党人面临着全世界共产党人所没有遇到过的一个任务，就是必须以共产主义的一般原理和实践为根据，适应欧洲各国没有的特殊条件，善于把这种理论和实践经验运用于主要群众是农民、需要解决的任务不是反对资本而是反对中世纪残余的斗争中。“你们必须找到特殊的形式，把全世界先进无产者同东部那些往往处在中世纪生活条件下的被剥削劳动群众联合起来。”②

列宁对俄国东部各民族共产党人所讲的这个原则，对东方国家的共产党人也是适用的。实际上，对于东方国家来说，不仅只有首先进行民主革命才能进行社会主义革命，而且那里的民主革命和社会主义革命也都将带有各自的历史特点。

所以，我们在研究近现代东方国家的历史发展时，必须注意考察这些国家的历史特点，注意认清这些国家的革命“带有更多的特殊性”这个问题。

（二）正确认识近现代中国的历史发展道路

列宁在《论我国革命》一文中所阐明的观点，对于正确认识近现代中国的历史发展道路，澄清在这些问题上的某些思想混乱，有重要的意

① 《列宁专题文集·论无产阶级政党》，人民出版社 2009 年版，第 232 页。
② 《列宁专题文集·论无产阶级政党》，人民出版社 2009 年版，第 232 页。

义。因为中国从1920年关于社会主义的论战开始，在长时间里，一些论者都是以考茨基等人鼓吹的庸俗生产力论为武器，来否定中国的先进分子和人民群众所作的社会主义选择的。

近代以来，中国是一个半殖民地半封建社会而不是资本主义社会。对于中国来说，像西欧国家那样，首先使资本主义生产高度发达起来，而后再进一步考虑进行社会主义革命，这条道路是行不通的。毛泽东说过："资产阶级的共和国，外国有过的，中国不能有，因为中国是受帝国主义压迫的国家。"① 帝国主义列强决不容许中国成为独立的资本主义国家，从而丧失它们在中国的殖民主义利益，并在国际上增加一个竞争对手。所以，中国共产党只能从中国实际出发，首先领导人民进行反帝反封建的新式的资产阶级民主革命，创建工人阶级领导的人民共和国，而后不停顿地带领中国人民走上社会主义的发展道路。

新中国成立后，仍然有一个"向何处去"的问题，即究竟是走资本主义道路还是走社会主义道路的问题。以毛泽东为代表的中国共产党人正是"根据列宁关于过渡时期的学说，总结了中华人民共和国成立以来的经验，在我国国民经济恢复阶段将要结束的时候，即一九五二年，提出了党在过渡时期的总路线"②。在这条总路线的指引下，中国共产党领导人民顺利地实现了从新民主主义到社会主义的转变，开始了在社会主义道路上实现中华民族伟大复兴的历史征程。

对于经济落后的国家在一定的条件下可以搞社会主义的问题，毛泽东的观点同列宁《论我国革命》一文中阐明的思想完全一致。在这个问题上，邓小平的观点同列宁、毛泽东的观点，也是完全一致的。1977年10月，针对经济文化比较落后的中国能不能搞社会主义这种疑问，邓小平在同加拿大林达光教授夫妇谈话时说："列宁在批判考茨基的庸俗生产力论时讲，落后的国家也可以搞社会主义革命。我们也是反对庸俗的生产力论的，我们采取了和十月革命不同的方式，农村包围城市。当时中国有了先

---

① 《毛泽东选集》第4卷，人民出版社1991年版，第1471页。
② 《毛泽东文集》第6卷，人民出版社1999年版，第389页。

进的无产阶级的政党，有了初步的资本主义经济，加上国际条件，所以在一个很不发达的中国能搞社会主义。这和列宁讲的反对庸俗的生产力论一样。”①

诚然，一个经济落后的国家在一定条件下走上社会主义道路之后，必须充分发挥社会主义制度的优越性，大大发展生产力，努力推进经济、政治、文化、社会等各方面的建设，以便为巩固和发展社会主义奠定强大的物质技术基础和牢固的思想文化等方面的基础。

总之，科学地理解和掌握唯物主义历史观，划清马克思主义与庸俗生产力论的界限，是正确认识中国社会主义事业的兴起和发展这一中国近现代历史上的基本问题的重要思想前提。

延伸阅读：

1. 列宁：《无产阶级专政时代的经济和政治》，《列宁专题文集·论社会主义》，人民出版社 2009 年版。
2. 列宁：《论粮食税》，《列宁专题文集·论社会主义》，人民出版社 2009 年版。
3. 列宁：《论合作社》，《列宁专题文集·论社会主义》，人民出版社 2009 年版。

① 《邓小平年谱》上卷，中央文献出版社 2004 年版，第 223 页。

《民族和殖民地问题提纲初稿》《民族和殖民地问题委员会的报告》学习导读

《民族和殖民地问题提纲初稿》是列宁在 1920 年 6 月为共产国际第二次代表大会起草的文件之一；《民族和殖民地问题委员会的报告》是他在 1920 年 7 月代表民族和殖民地问题委员会就有关问题向大会所作的报告。

共产国际二大于 1920 年 7 月 19 日至 8 月 17 日先后在俄国的彼得格勒和莫斯科举行。民族和殖民地问题是大会讨论的重要议题之一。列宁的提纲是作为这个问题的决议草稿提交大会的。英属印度的代表罗易向大会提交了《关于民族和殖民地问题的补充提纲》。由 20 人组成的民族和殖民地问题委员会于 7 月 25 日审议了这两个提纲。委员会对列宁的提纲稍作修改后予以通过。罗易的提纲主要是根据印度和亚洲其他受英国压迫的民族的情况写成的。列宁认为，这"对我们有十分重大的意义"。同时也批评了其中的某些观点。罗易的提纲经修改后，也经委员会通过。7 月 26 日，这两个提纲被提交大会审议。当天，列宁代表委员会向大会作报告，对提纲的基本思想进行说明。他说："我们委员会一致通过了修改后的提纲初稿和补充提纲。这样，我们在一切最重要问题上完全取得了一致的意见。"① 7 月 28 日，大会通过了这两个提纲。

《民族和殖民地问题提纲初稿》和《民族和殖民地问题委员会的报告》，系统地阐明了共产党在民族和殖民地问题上的立场和任务，是共产国际在这个问题上制定的第一个完整的革命纲领。

列宁对民族和殖民地问题进行过深入研究。在《我们纲领中的民族问题》（1903 年 7 月）、《关于民族问题的批评意见》（1913 年 10—12 月）、《论民族自决权》（1914 年 2—5 月）等著作中，列宁不仅阐明了关于民族殖民地问题的许多重要的理论观点，而且论述了研究这个问题应当

① 《列宁专题文集·论资本主义》，人民出版社 2009 年版，第 277 页。

坚持的原则和采取的方法。这些原则和方法，对于科学地认识和正确地解决民族和殖民地问题，有重要的指导作用。

列宁指出："在分析任何一个社会问题时，马克思主义理论的绝对要求，就是要把问题提到**一定的**历史范围之内；此外，如果谈到某一国家（例如，谈到这个国家的民族纲领），那就要估计到在同一历史时代这个国家不同于其他各国的具体特点。"① 比如，在资本主义上升的时期和帝国主义时代，在同一时代中的西欧国家同俄国、同东方国家，其民族问题的状况和面临的任务，是不一样的。所以，对于这个问题，必须"用具体的历史的方法研究"②。

列宁认为，马克思主义者不仅"坚决要求在一般的历史基础上提出问题，而且正是要求在阶级基础上提出问题"③。也就是说，应当用马克思主义的观点，即用阶级斗争的观点来观察现代的民族生活④，使民族要求服从阶级斗争利益。因为无产阶级是"把各民族无产者之间的联合看得高于一切，提得高于一切，从工人的阶级斗争**着眼**来估计一切民族要求，一切民族的分离"⑤ 的。

列宁指出，马克思主义者完全承认民族运动的历史合理性，然而不要把这种承认变成替民族主义辩护，因此应该极严格地仅限于承认这些运动中的进步东西。⑥

列宁强调："各民族完全平等，各民族享有自决权，各民族工人打成一片，——这就是马克思主义教给工人的民族纲领，全世界经验和俄国经验教给工人的民族纲领。"⑦

这些原则和方法，也是列宁在《民族和殖民地问题提纲初稿》和

---

① 《列宁专题文集·论马克思主义》，人民出版社 2009 年版，第 302 页。
② 《列宁选集》第 2 卷，人民出版社 1995 年版，第 376 页。
③ 《列宁选集》第 2 卷，人民出版社 1995 年版，第 461—462 页。
④ 《列宁选集》第 2 卷，人民出版社 1995 年版，第 335 页。
⑤ 《列宁选集》第 2 卷，人民出版社 1995 年版，第 385 页。
⑥ 《列宁选集》第 2 卷，人民出版社 1995 年版，第 347 页。
⑦ 《列宁选集》第 2 卷，人民出版社 1995 年版，第 401 页。

《民族和殖民地问题委员会的报告》时所遵循的。了解这些原则和方法，将有助于我们理解这两个重要的文献。

一、世界划分为少数压迫民族和多数被压迫民族

民族是历史上形成的，是人类发展到一定阶段的产物。“从部落发展成了民族和国家”①，这是马克思主义关于人类历史上最初形成民族的重要观点。民族一般具有共同的语言、地域、经济生活和共同的心理素质。它是一个相对稳定的共同体。作为一个历史范畴，民族有其形成、发展、消亡的过程。

在近代世界的历史上，民族和殖民地问题不是一个孤立的问题，它是整个社会发展、革命发展的总问题的一部分。

列宁指出，研究民族问题，必须“准确地估计具体的历史情况，首先是经济情况”。因为民族问题只有和发展着的历史条件联系起来才能得到解决。准确地认识某个民族所处的经济、政治和文化条件，是解决该民族究竟应当怎样处理自己事情的关键因素。

在资本主义上升时期，民族问题是和战胜封建主义、发展资本主义的斗争相联系的。民族运动的目的，是建立独立的最能满足资本主义发展要求的民族国家。“这种运动的经济基础就是：为了使商品生产获得完全胜利，资产阶级必须夺得国内市场，必须使操同一种语言的人所居住的地域用国家形式统一起来”②。近代西欧国家的情况，基本上就是这样。

与此同时，由于对殖民地的掠夺是资本原始积累的最重要的来源之一，随着资本主义向世界的扩张，在东方，殖民地、附属国反对西方资本主义宗主国的民族解放运动也发展起来了。尽管这种运动的情况不尽相

① 《马克思恩格斯文集》第9卷，人民出版社2009年版，第557页。

② 《列宁选集》第2卷，人民出版社1995年版，第370页。

同，有的是封建王公领导的，有的是当地的资产阶级领导的，但它在多数情况下，具有资产阶级民主运动的性质。

在这个时期，殖民地、半殖民地的民族解放斗争，属于旧的资产阶级民主主义革命的范畴，属于旧的世界资产阶级民主主义革命的一部分。

在帝国主义时代，民族和殖民地问题有了新的情况和意义。

帝国主义是垄断的资本主义，是资本主义发展的最高阶段。资本输出，瓜分世界，是帝国主义的重要特征。列宁指出："垄断是从殖民政策生长起来的。在殖民政策的无数'旧的'动机以外，金融资本又增加了争夺原料产地、争夺资本输出、争夺'势力范围'（即进行有利的交易、取得租让、取得垄断利润等等的范围）直到争夺一般经济领土的动机。"① 他用无可辩驳的论据证明：资本主义在当时已经划分出极少数特别富强的国家（其人口不到世界人口的1/10，即使按最"慷慨"和最夸大的估计，也不到1/5），它们专靠"剪息票"来掠夺全世界。在向共产国际二大所作的报告中，他指出：帝国主义的特点，"就是现在全世界已经划分为两部分，一部分是为数众多的被压迫民族，另一部分是少数几个拥有巨量财富和强大军事力量的压迫民族。世界人口的大多数属于被压迫民族"。他们占世界总人口的70%左右。这些被压迫民族有些处于直接的殖民地附属地位，有些是像波斯、土耳其、中国这一类的半殖民地国家，还有一些则是被帝国主义大国的军队打败，由于签订了和约而深深地陷入依附于帝国主义大国的地位。研究民族和殖民地问题，必须准确地估计这种新的历史情况。

由于世界上划分为被压迫民族和压迫民族两部分，在这个时期，民族问题变成了附属国和殖民地被压迫民族摆脱帝国主义桎梏的世界问题。在第一次世界大战和俄国十月社会主义革命以后的新的世界历史时代，被压迫民族解放斗争的锋芒是直接针对国际帝国主义的，虽然它本身还不是社会主义革命，但在客观上是帮助与帝国主义相对立的社会主义力量的，所

① 《列宁专题文集·论资本主义》，人民出版社2009年版，第209页。

以它在革命的阵线上来说，已经是属于世界无产阶级社会主义革命的一部分了。①

正因为如此，列宁着重指出：被压迫民族和压迫民族之间的区别是提纲中最重要的思想。因为只有认清这个基本的历史情况，才能把握帝国主义时代民族和殖民地问题的根源和实质，制定出无产阶级及其政党在资本主义国家和殖民地、半殖民地国家处理这个问题的正确的策略路线。

二、全世界无产者和被压迫民族联合起来

（一）各民族和各国无产者及劳动群众应该共同进行革命斗争

由于在金融资本和帝国主义的时代，“为数无几的最富裕的先进资本主义国家对世界大多数人实行殖民奴役和金融奴役”，是世界上存在民族压迫和民族不平等现象的总根源，所以，反对帝国主义的“殖民奴役和金融奴役”，就成了为推翻民族压迫、实现民族解放和消灭民族不平等现象、实现民族平等所必需实现的首要任务。正如共产国际二大所指出的，对于殖民地和附属国来说，“外国的压迫始终妨碍着社会生活的自由发展；因此，革命的第一步应当是推翻外国的压迫”②。

大会认为：世界革命历史正经历着这样一个时期，在这个时期中，“非欧洲被压迫各国的人民群众与欧洲无产阶级运动，由于世界资本主义的集中化，不可分割地联系在一起了”。从殖民地所取得的超额利润，是现代资本主义财力的最主要来源。欧洲工人阶级只有在这种源泉完全枯竭时，才能够推翻欧洲资本主义。“为了世界革命的完全成功，这两种力量

---

① 参见《毛泽东选集》第2卷，人民出版社1991年版，第667页。

② 《共产国际、联共（布）与中国革命文献资料选辑（1917—1925）》，北京图书馆出版社1997年版，第146页。

的共同行动是必要的"①。

正因为如此，列宁强调：共产国际在民族和殖民地问题上的全部政策，主要应该是使各民族和各国无产者和劳动群众为共同进行革命斗争、打倒地主和资产阶级而彼此接近起来。因为只有这种接近，才能保证战胜资本主义，如果没有这一胜利，便不能消灭民族压迫和民族不平等的现象。所以，各国共产党必须直接帮助附属国或没有平等权利的民族（例如爱尔兰、美国的黑人等）和殖民地的革命运动。

1920 年 12 月，列宁在一个报告中说，共产国际为东方各民族提出了这样的口号："全世界无产者和被压迫民族联合起来！"他指出："从现在的政治情况来看，这样的提法是正确的"②。

（二）民族解放运动与苏维埃国家应当结盟

十月革命以后，世界形势发生了新的变化：一方面，欧洲掀起了一个革命浪潮，巴伐利亚、芬兰、匈牙利等一度建立了苏维埃共和国；另一方面，帝国主义通过发动武装干涉和支持反革命叛乱，企图将新生的俄罗斯苏维埃共和国扼杀在摇篮里。针对这种情况，列宁认为："目前的世界政治形势把无产阶级专政提上了日程"，即把无产阶级专政由一国的变成国际的（至少几个先进国家的）专政。同时，各民族的相互关系，全世界国家体系，将取决于少数帝国主义国家反对苏维埃运动和以苏维埃俄国为首的各个苏维埃国家的斗争。据此，他提出：必须实行使一切民族解放运动和一切殖民地解放运动同苏维埃俄国结成最密切的联盟的政策；同时，苏维埃俄国应当一方面团结各国先进工人的苏维埃运动，另一方面团结殖民地和被压迫民族的民族解放运动。

尽管后来形势的发展并没有完全符合列宁当时的预计，比如，欧洲革命被镇压下去了，社会主义突破一国的范围在多国得到实现是到第二次世

---

① 《共产国际、联共（布）与中国革命文献资料选辑（1917—1925）》，北京图书馆出版社 1997 年版，第 144—145 页。

② 《列宁选集》第 4 卷，人民出版社 1995 年版，第 326 页。

界大战以后才发生的事；但是，他提出的应当使苏维埃国家与民族解放运动结盟的思想，在根本上是正确的，具有长远的意义。因为在反对帝国主义的斗争中，这两种力量有着共同的战略利益，它们有必要、也有可能联合起来。

在论述苏维埃国家这个问题时，列宁还提出了“联邦制是各民族劳动者走向完全统一的过渡形式”的主张。

本来，列宁曾经多次指出，“马克思主义者是反对联邦制和分权制的”。“在各种不同的民族组成一个统一的国家的情况下，并且正是由于这种情况，马克思主义者是决不会主张实行任何联邦制原则，也不会主张实行任何分权制的”①。既然如此，这时他又为什么要在提纲中提出实行“联邦制”这个主张呢？这个问题，必须联系当时特定的政治形势进行考察，才能找到答案。

当时的情况是，在1917年二月革命以后，俄国的政权落到了资产阶级手中。俄国的边疆地区也建立了许多资产阶级民族政府。十月革命以后，这些政府纷纷宣布脱离俄国而独立。而边疆地区的工人、农民，则同俄国中部的工农政府联合起来，以革命战争推翻这些资产阶级民族政府，建立了苏维埃政权。在这种情况下，为了使这些分散的国家能够走向统一，列宁才提出“联邦制是各民族劳动者走向完全统一的过渡形式”这个主张的。

由此可见，列宁关于“联邦制是各民族劳动者走向完全统一的过渡形式”的主张，是针对当时这种特定的形势提出来的。所以，我们不能把实行联邦制作为多民族国家在任何情况下都必须遵循的普遍原则。

中国的情况与当时俄国的情况不同。秦汉以来，中国就是统一的多民族国家。近代以来，各族人民在革命斗争中的团结进一步加强。在总人口中，汉族占绝大多数；少数民族只占不到十分之一，并且呈现出大分散、小聚居的状态；汉族和少数民族之间以及几个少数民族之间往往互相杂居或交错聚居。实行单一制而不是联邦制的国家结构形式，在统一的多民族

---

① 《列宁选集》第2卷，人民出版社1995年版，第358页。

国家中实行民族区域自治制度，符合中国的实际和全国各族人民的根本利益。

（三）划清无产阶级国际主义与资产阶级民族主义的原则界限

为了实现和巩固无产者与被压迫民族的国际团结，列宁提出，必须坚持无产阶级的国际主义。

资本是一种国际力量。资本主义各国的资产阶级尽管有种种矛盾，但是它们在反对社会主义国家、反对本国无产阶级革命和被压迫民族解放运动等方面有着共同的利益，并且往往为此而采取联合行动。针对这种情况，无产阶级在反对帝国主义的斗争中，就必须坚持国际主义的原则，号召“全世界无产者联合起来”、“全世界无产者和被压迫民族联合起来”。列宁指出：没有世界各国和各民族的无产阶级以至全体劳动群众自愿要求结盟和统一的愿望，战胜资本主义这一事业是不能胜利完成的。

坚持无产阶级的国际主义，“第一，要求一个国家的无产阶级斗争的利益服从全世界范围的无产阶级斗争的利益；第二，要求正在战胜资产阶级的民族，有能力有决心为推翻国际资本而承担最大的民族牺牲”。

坚持无产阶级的国际主义，同维护民族独立和国家主权是一致的。恩格斯早就说过：“国际联合只能存在于国家之间，因而这些**国家**的存在、它们在内部事务上的自主和独立也就包括在国际主义这一概念本身之中。”①

坚持无产阶级的国际主义，必须与资产阶级的民族主义划清界限。在这之前，列宁就讲过：“资产阶级的民族主义和无产阶级的国际主义——这是两个不可调和的敌对口号，这两个同整个资本主义世界的两大阶级营垒相适应的口号，代表着民族问题上的**两种**政策（也是两种世界观）。”②

资本主义国家的资产阶级往往把本阶级的私利冒充全民族的利益，以

① 《马克思恩格斯全集》第39卷，人民出版社1974年版，第84页。

② 《列宁选集》第2卷，人民出版社1995年版，第339页。

民族矛盾掩盖阶级矛盾，抽象地或从形式上提出平等问题，散布“在资本主义制度下各民族能够和平共居和一律平等的市侩的民族主义幻想”。这将毒化无产阶级的意识，对于反对帝国主义的斗争是极其有害的。因为在实际上，“每一个现代民族中，都有两个民族”①。“当发生任何真正严肃而深刻的政治问题时，人们是按阶级而不是按民族来进行组合的”②。所以，列宁指出：马克思主义者的民族纲领“要维护国际主义原则，毫不妥协地反对资产阶级民族主义（哪怕是最精致的）毒害无产阶级”③。

当然，也要看到，资产阶级的民族主义在不同的历史时期和不同的历史条件下，其作用是不同的。在帝国主义和无产阶级革命的时代，我们反对压迫民族的资产阶级民族主义，但对于被压迫民族的资产阶级民族主义则应当进行具体的分析。列宁明确地讲过，“**每个**被压迫民族的资产阶级民族主义，都有**反对**压迫的一般民主主义内容，而我们**无条件**支持的正是这种内容，同时要严格地区分出谋求本民族特殊地位的趋向”④，并且反对这种趋向。同时，他提醒“各国有觉悟的共产主义无产阶级对于受压迫最久的国家和民族的民族感情残余必须持特别小心谨慎的态度”，为了更快地消除他们的不信任心理和各种偏见，“必须作出一定的让步”。

三、落后国家民族革命运动的性质、意义和前途

列宁在报告中说：“我想特别强调一下落后国家的资产阶级民主运动问题。”

这里所说的落后国家，主要是指受帝国主义压迫的殖民地、半殖民地国家。这些国家最重要的特点就是资本主义前的关系还占统治地位，即封建关系或宗法关系、宗法农民关系占优势。这些国家里几乎没有工业无产

① 《列宁选集》第2卷，人民出版社1995年版，第344页。
② 《列宁选集》第2卷，人民出版社1995年版，第349页。
③ 《列宁选集》第2卷，人民出版社1995年版，第340页。
④ 《列宁选集》第2卷，人民出版社1995年版，第386页。

阶级；主要群众是农民，他们处于半封建依附状态。

对于全世界的共产党人来说，怎样对待这些国家的民族运动、资产阶级民主运动，怎样在这些国家中开展工作，是一个全新的问题。

在提纲中，列宁提出了在“比较落后的国家和民族”中进行工作要特别注意的几个方面。其中具有普遍意义的问题主要是：

（一）民族运动的资产阶级民主性质

怎样判断落后国家民族运动的性质？列宁的观点是：“任何民族运动都只能是资产阶级民主性质的，因为落后国家的主要居民群众是农民，而农民是资产阶级资本主义关系的体现者。”

应当怎样理解列宁关于“民族运动具有资产阶级民主性质”这个判断呢？列宁在论述十月革命以前的俄国革命时曾经说过：“我国革命的资产阶级民主主义内容，指的是消灭俄国社会关系（秩序、制度）中的中世纪制度，农奴制度，封建制度。”① 这个革命的根本问题是农民的土地问题。“他们的最终目的并没有超出资本主义的范围，在全部土地转交给全体农民和全体人民的情况下，资本主义会更广泛地更蓬勃地发展起来。”② 因为小农经济是不可能长期稳定的，它必定要分化出大批的农村雇佣劳动者和少数农业资本家来的。这个分析，对于我们理解列宁的上述判断，可以提供直接的启示。

在落后国家，民族问题实质上是农民问题，农民问题是民族问题的基础、内在本质，农民是民族运动的基本队伍。正因为如此，列宁强调，必须特别援助落后国家中反对地主、反对大土地占有制、反对各种封建主义现象或封建主义残余的农民运动，竭力使农民运动具有最大的革命性。“认为无产阶级政党（如果它一般地说能够在这类国家里产生的话）不同农民运动发生一定的关系，不在实际上支持农民运动，就能在这些落后国家里实行共产主义的策略和共产主义的政策，那就是空想”。

---

① 《列宁专题文集·论社会主义》，人民出版社 2009 年版，第 241 页。

② 《列宁选集》第 1 卷，人民出版社 1995 年版，第 674 页。

在提纲中，列宁所以要“各国共产党必须帮助这些国家的资产阶级民主解放运动”，其主要的根据和根本的意义就在这里。

（二）被压迫国家中资产阶级的两重性和无产阶级政党的领导作用

应当怎样认识被压迫国家的资产阶级？这是共产党人为了正确对待落后国家资产阶级民主运动所必须解决的问题。

列宁对被压迫国家资产阶级的两重性做出了科学的分析，指出他们“往往是，甚至可以说在多数场合下都是一方面支持民族运动，另一方面又按照帝国主义资产阶级的意旨行事，也就是同他们一起来反对一切革命运动和革命阶级”。

在讨论中，列宁表示不赞成关于共产国际不应当支持殖民地国家资产阶级民主运动的观点。他说：在俄国，我们在反对沙皇制度时支持过自由派的解放运动。印度共产主义者必须支持资产阶级民主运动，但又不同它融为一体。与此同时，他也表示赞成把提纲初稿中的“资产阶级民主”的提法一般都改为“民族革命”。他说：这样修改，意思是说，只有在殖民地国家的资产阶级真正具有革命性质的时候，在这种运动的代表人物不阻碍共产党人用革命精神去教育、组织农民和广大被剥削群众的时候，共产党人才应当支持并且一定支持这种运动。

根据以上的分析，列宁的结论是：共产国际应当同殖民地和落后国家的资产阶级民主派结成临时联盟，但是不要同他们融合，要绝对保持无产阶级运动的独立性。

对于这个问题，大会通过的补充提纲还作过进一步的论证，指出：殖民地附属国内存在着相距日远的两种运动，即资产阶级民族主义的民主运动和工农为摆脱各种剥削而进行的群众性斗争。第一种运动企图控制第二种运动。共产国际应当反对这一类的控制。诚然，在殖民地、半殖民地国家，由于资本主义前的关系占统治地位，直接进行社会主义革命的条件还不具备。因此，补充提纲强调：“殖民地革命在最初时期不会是共产主义革命，然而要是它从头起就由共产主义先锋队所领导，那末革命群众，由于渐次地获得革命经验，将走上达到所抱目的的正确道路。”①

（三）落后国家在一定条件下可以过渡到苏维埃制度，然后过渡到共产主义

既然在殖民地半殖民地国家，“还谈不到纯粹的无产阶级运动”，那么，这类落后民族的国民经济是不是必然要经过资本主义发展阶段呢？这是共产党人为了正确制定这类国家的民族纲领时所必须答复的又一个问题。列宁说：我们对这个问题的答复是否定的。对此，补充提纲还进一步指出，落后民族要经过资本主义发展阶段，会遇到很大的困难。因为“强制地向东方各民族移植的外国帝国主义，无条件地阻止了他们的社会与经济的发展，剥夺了他们达到欧美已经达到的水平的可能性”②。

那么，殖民地半殖民地的民族运动的前景究竟将会是怎样的，共产党人在民族运动中应当争取实现一种什么前景呢？对此，列宁创造性地提出了在无产阶级及其政党的领导下实行“两个过渡”的思想。他说：“在先进国家无产阶级的帮助下，落后国家可以不经过资本主义发展阶段而过渡到苏维埃制度，然后经过一定的发展阶段过渡到共产主义。”

这里所说的苏维埃制度，是指劳动者的采取代表会议形式的政权。所谓“过渡到苏维埃制度”，就是说在这些国家中首先要解决建立劳动者的政权问题。因为只有在苏维埃成为唯一的国家机构时，全体被剥削者才能真正参加国家管理。也只有这样，劳动者才能真正为自身的利益去进行建设，使社会与经济得到发展。所以，列宁说，“我们现在最重要的任务之一，就是要考虑如何在各个非资本主义国家内为组织苏维埃运动奠定头一块基石”。

尽管在这些被压迫的落后国家中几乎没有工业无产阶级，列宁仍然认为，“我们在那里还是担负起了领导者的作用，并且也应该担负起领导者

① 《共产国际、联共（布）与中国革命文献资料选辑（1917—1925）》，北京图书馆出版社1997年版，第147页。

② 《共产国际、联共（布）与中国革命文献资料选辑（1917—1925）》，北京图书馆出版社1997年版，第145页。

的作用”。因为没有无产阶级及其政党的领导，要组织苏维埃运动、建立苏维埃制度，是根本不可能的。补充提纲明确指出，在这些国家中，最主要和必要的任务就是建立农民和工人的共产主义组织，以便能够领导他们走向革命和创立苏维埃共和国。① 这是实行第一个“过渡”的必要条件。

至于如何实行第二个“过渡”，即建立苏维埃制度以后应当采取什么手段才能过渡到共产主义，列宁并没有具体地进行说明。他认为，这不可能预先指出。实际经验会给我们启示。

列宁关于“两个过渡”的思想，为殖民地附属国的民族解放运动指出了一条全新的道路，昭示了一个光明的前景。

总起来说，列宁所阐明的这些重要思想，不仅对于帮助共产国际和殖民地半殖民地国家的共产党人（包括中国共产党人）制定正确的路线和政策，推动国际共产主义运动和民族解放运动的发展，起过重要的作用，并且具有重大的理论价值。我们要科学地研究近代民族和殖民地问题的历史，可以从中获得教益。

延伸阅读：

1. 马克思、恩格斯：《关于波兰的演说》，《马克思恩格斯文集》第 1 卷，人民出版社 2009 年版。
2. 列宁：《我们纲领中的民族问题》，《列宁选集》第 1 卷，人民出版社 1995 年版。
3. 列宁：《关于民族问题的批评意见》，《列宁选集》第 2 卷，人民出版社 1995 年版。
4. 列宁：《论民族自决权》，《列宁选集》第 2 卷，人民出版社 1995 年版。

---

① 参见《共产国际、联共（布）与中国革命文献资料选辑（1917—1925）》，北京图书馆出版社 1997 年版，第 146 页。

第三编 毛泽东著作导读

《矛盾论》学习导读

《矛盾论》是毛泽东最重要的哲学代表作之一，写作于 1937 年 8 月。它和《实践论》一起，标志着毛泽东哲学思想体系的形成，为马克思主义中国化奠定了哲学世界观和方法论的基石。《矛盾论》总结中国革命的历史经验，继承和发展马克思、恩格斯和列宁的辩证法思想，全面系统地阐述了唯物辩证法的核心——对立统一规律，为人们提供了认识世界、改造世界的锐利武器，对史学研究也具有十分重要的指导意义。

一、运用对立统一规律观察社会现象，解决社会问题

（一）对立统一规律是唯物辩证法最根本的规律

《矛盾论》开篇就指出：“事物的矛盾法则，即对立统一的法则，是唯物辩证法的最根本的法则。”这一论断是对列宁哲学思想的继承。列宁认为，“可以把辩证法简要地规定为关于对立面的统一的学说。这样就会抓住辩证法的核心，可是这需要说明和发挥。”① 《矛盾论》正是抓住这一“核心”，对它作了系统的说明和发挥。

毛泽东指出，对立统一的法则“是自然和社会的根本法则，因而也是思维的根本法则”。对立统一规律在客观世界中的重要地位决定了它在唯物辩证法理论中的核心地位。所以，我们要紧紧围绕这个核心来学习和运用唯物辩证法。

（二）唯物辩证法是同形而上学相对立的宇宙观

“在人类的认识史中，从来就有关于宇宙发展法则的两种见解，一种

① 《列宁专题文集·论辩证唯物主义和历史唯物主义》，人民出版社 2009 年版，第 141 页。

是形而上学的见解，一种是辩证法的见解，形成了互相对立的两种宇宙观。”

宇宙观，又称世界观。在哲学世界观中，由于对世界本原问题的不同回答，形成了唯物主义和唯心主义两个基本派别，而辩证法和形而上学总是分别同唯物主义或唯心主义结合在一起，通常也被称为两种发展观。

形而上学的基本特征，是用孤立的、静止的和片面的观点去看世界。孤立的观点，就是看不到事物之间的联系。静止的观点，就是看不到事物的发展，只看到事物数量的增减、场所的变更，看不到一事物可以变成另一种事物。片面的观点，就是只看到矛盾的一方而看不到另一方，也就是否认事物的矛盾。在历史上，形而上学曾经长期同唯心主义结合在一起，属于唯心主义世界观。形而上学也曾经同唯物主义结合在一起，比如十七、十八世纪英、法等国具有形而上学特征的唯物主义哲学就是如此。

辩证法是同形而上学相对立的发展观。辩证法也有唯物主义和唯心主义之分。在古代有朴素的唯物主义的辩证法。产生于 18 世纪末、19 世纪初的德国哲学家黑格尔的唯心主义辩证法，把辩证法思想系统化了。马克思主义的辩证法是唯物辩证法。唯物辩证法的基本特征，是用联系的、发展的和对立统一的全面的观点去看世界，“主张从事物的内部、从一事物对他事物的关系去研究事物的发展，即把事物的发展看做是事物内部的必然的自己的运动，而每一事物的运动都和它的周围其他事物互相联系着和互相影响着。”以历史唯物主义为指导去研究社会历史，必须把唯物主义和辩证法结合起来，既坚持唯物主义，反对唯心主义，又坚持历史的辩证法，反对形而上学。

唯物辩证法和形而上学的分歧归结到一点，就在于是否承认事物的矛盾以及内部矛盾是事物发展的动力。毛泽东曾概括说：“所谓形而上学，就是否认事物的对立统一、对立斗争（两分法）、矛盾着对立着的事物在一定条件下互相转化走向它们的反面，这样一个真理”。① 而唯物辩证法主要地就是教导人们去观察、分析矛盾和解决矛盾。所以，坚持唯物辩证

① 《毛泽东文集》第 8 卷，人民出版社 1999 年版，第 348 页。

法，反对形而上学，关键就是掌握对立统一规律。

（三）事物发展的根本原因在于事物内部的矛盾性

内部矛盾是事物发展的内因，一事物与他事物的相互联系、相互影响是事物发展的外因。

形而上学主张外因论。它认为事物变化的原因不在其内部而在外部，在于外力的推动。对于社会的变化，它不是从社会内部矛盾去找原因，而是用社会外部的地理、气候等条件去说明。比如18世纪法国启蒙学者孟德斯鸠认为，气候是决定社会政治制度最强有力的因素，土地的肥瘠和面积的大小也决定社会政治制度。这种“地理环境决定论”就是一种外因论。外因论不能解释事物的质的多样性，不能解释一种质变为他种质的现象。

唯物辩证法认为事物发展的根本原因在于其内部的矛盾性，而不在事物外部，发展是事物内部的必然的自己的运动。内因和外因不是互不相干而是彼此关联的，外因对事物发展的影响是通过影响事物内部矛盾的变化而发生的。所以，内因是根据，外因是条件，外因通过内因而起作用。

地理、气候等自然环境是人类生存和社会发展的重要条件。但是，社会的变化，主要是由于社会内部矛盾如生产力和生产关系之间、阶级之间、新旧之间等等矛盾的发展。在通常的情况下，地理、气候等自然条件自身的变化是非常缓慢的，不能引起社会的迅速变化。帝国主义的俄国变为社会主义的苏联，封建的闭关锁国的日本变为帝国主义的日本，中国的封建社会变成半殖民地半封建社会，以及中国革命的发生、发展等等，都不能用并无显著变化的地理和气候条件来解释。这就是说，分析一个国家、一个社会的历史，我们首先要着重考察它的内部状况即内因，同时也要考察它的外部条件，把握它的内因、外因的相互关联。比如，俄国十月革命开创了世界历史的新纪元，对世界各国特别是中国产生了深刻影响。这表明在历史日益成为世界历史的条件下，各国之间的互相影响是极其巨大的。但是，中国革命之所以发生、发展，根本原因在于中国社会内部的矛盾。十月革命送来的马克思列宁主义之所以使中国革命的面目为之一新，是因为它适合了中国社会的需要，是因为它同中国实际相结合，并且被中国人民所掌握了。这是一个外因通过内因而起作用的生动例证。

（四）用矛盾普遍性原理观察和分析事物的矛盾运动

坚持唯物辩证法，反对形而上学，就要深入研究事物的矛盾法则，首先从分析矛盾的普遍性入手。

所谓矛盾的普遍性，“其一是说，矛盾存在于一切事物的发展过程中；其二是说，每一事物的发展过程中存在着自始至终的矛盾运动。”当旧过程被新过程代替时，新过程又包含着新矛盾，开始它自己的矛盾发展史。所以，没有矛盾就没有世界。

运用对立统一规律，就是分析事物的矛盾。矛盾的普遍性、绝对性，意味着矛盾分析方法的普遍适用性。学习《矛盾论》，就是要学习用矛盾分析方法去认识一切事物，分析中国和世界的历史，并科学地预见历史的未来走向。

二、从矛盾的特殊性入手来认识事物的本质

认识任何事物都必须分析矛盾，但如何分析矛盾呢？这就必须从分析矛盾的特殊性入手。这是认识事物的基础。这也是《矛盾论》研究的重点。

（一）从几种情形深入研究矛盾的特殊性

毛泽东对矛盾的特殊性分五种情形作了详尽的阐述。

一是各种物质运动形式中的矛盾都带特殊性。机械运动、物理运动、化学运动、生物运动和社会运动的特殊本质，是由各自特殊的矛盾所规定的。科学体系中学科的划分，其客观根据就是科学对象所具有的特殊的矛盾性。二是每一种物质运动形式在其发展长途中每一个过程的矛盾都带特殊性。比如，先后交替的各种社会形态，就是社会运动在其发展长途中的

不同过程，它们的矛盾各有其特殊性，决定了各社会形态的特殊本质。三是每一个发展过程中矛盾的各个方面都有其特殊性。只有研究矛盾各方面的特点，才能认识矛盾总体的特殊性。四是各个发展过程在其各个发展阶段上的矛盾都带有特殊性。不注意各阶段中矛盾的特点，就不能适当地处理事物的矛盾。五是各个发展阶段上的矛盾的各个方面都有特殊性。不研究矛盾各方面的特点，就不能从总体上认识各阶段的矛盾。

总起来说，认识事物的矛盾，要坚持全面的观点，既从矛盾的总体上，又从矛盾的各方面去分析；要坚持发展的观点，对事物不同过程、不同阶段矛盾的特点作层层深入的分析。

（二）人的认识是在由特殊到一般、由一般到特殊的循环往复中不断深化的

由于特殊的矛盾构成一事物区别于他事物的特殊本质，不认识矛盾的特殊性就无从辨别事物，所以人类认识运动的秩序，是先从认识个别的特殊的事物开始，而不能是先从认识一般开始。“人们总是首先认识了许多不同事物的特殊的本质，然后才有可能更进一步地进行概括工作，认识诸种事物的共同的本质。”这就是“由特殊到一般”。

有了对事物共同本质的认识后，人们又以这种认识为指导，“继续地向着尚未研究过的或者尚未深入地研究过的各种具体的事物进行研究，找出其特殊的本质”。这就是“由一般到特殊”。由此新获得的对事物特殊本质的认识，又可以补充、丰富和发展对事物共同本质的认识，这又是新一轮的“由特殊到一般”了。“人类的认识总是这样循环往复地进行的，而每一次的循环（只要是严格地按照科学的方法）都可能使人类的认识提高一步，使人类的认识不断地深化。”一条重要的认识发展规律就这样被揭示出来了。

进行历史研究，也必须遵循这个认识发展规律。毛泽东后来说过：研究通史的人，如果不研究个别社会、个别时期的历史，是不能写出好的通史来的。研究个别社会，就是找出个别社会的特殊规律。把个别社会的特殊规律研究清楚了，那么整个社会的普遍规律就容易认识了。

教条主义的错误就在于不是从实际（特殊）出发，而是从“本本”（一般）出发，把一般真理当成了凭空出现的纯粹抽象的公式，颠倒了上述人类认识真理的正常秩序。正因为如此，用教条主义的态度去指导革命、处理问题或研究历史，是肯定要犯错误的。

（三）具体地分析具体的情况是马克思主义的活的灵魂

马克思主义的最本质的东西，马克思主义的活的灵魂，就在于具体地分析具体的情况。矛盾特殊性的原理是这一原则的重要哲学理论基础。

毛泽东指出，“离开具体的分析，就不能认识任何矛盾的特性”。这样就不可能认识一事物与他事物相区别的本质，也就不可能找到正确处理矛盾的方法和途径。因为不同质的矛盾，只有用不同的方法才能解决。比如：无产阶级和资产阶级的矛盾，用社会主义革命的方法去解决；人民大众和封建制度的矛盾，用民主革命的方法去解决；殖民地和帝国主义的矛盾，用民族革命的方法去解决；社会主义社会中工人阶级和农民阶级的矛盾，用农业集体化和农业机械化的方法去解决；共产党内的矛盾，用批评和自我批评的方法去解决。教条主义者离开具体分析，千篇一律地使用一种自以为不可改变的公式到处硬套，结果只能将本来可以做得好的事情弄得很坏。

（四）研究问题忌带主观性、片面性和表面性

主观性、片面性和表面性，是人们认识活动中常见的错误。毛泽东把辩证法和认识论结合起来，对这些现象作了深刻的分析。

所谓主观性，就是不知道客观地看问题，也就是不知道用唯物的观点去看问题。马克思主义坚持能动的反映论，认为人的认识只有同客观实际相符合才是真理。所以只有从客观实际出发，避免主观随意性，才能达到暴露周围世界的内在矛盾，从其总体和内部联系上把握周围世界的发展。

所谓片面性，就是不知道全面地看问题。全面地看问题，就要从分析矛盾双方的特点入手，达到对矛盾总体的认识。既然矛盾的各方面都是事物本身所固有的，人们要真正地认识事物，就必须把握它的一切方面、一

切联系。虽然人的认识只能不断地接近对象，而不可能达到最后的完成，但是只有要求全面性，才能不断地前进，防止错误，防止僵化。

所谓表面性，就是对矛盾总体和矛盾各方的特点都不去看，否认深入事物里面精细地研究矛盾的必要，满足于粗枝大叶地看到一点矛盾的形相。这样就不能真正地认识事物和解决矛盾，不能不在工作中出乱子。

片面性、表面性也是主观性。因为，客观事物本来是互相联系的和具有内部规律的，人们不去如实地反映这些情况，而只是片面地或表面地看它们，那就是主观主义的表现。

要对历史进行科学的研究，必须反对主观主义，反对主观性、片面性和表面性。

（五）运用唯物辩证法要把握事物矛盾问题的精髓

在论述矛盾的普遍性和特殊性之后，毛泽东进一步阐明了两者的关系，提出了“关于事物矛盾的问题的精髓”的论断。

“矛盾的普遍性和矛盾的特殊性的关系，就是矛盾的共性和个性的关系。”由于事物范围的极其广大和发展过程的无限性，在一定场合为普遍性的东西，在另一场合则变为特殊性，反过来也是如此，所以矛盾的普遍性和特殊性的区分是相对的。例如生产社会化和生产资料私人占有的矛盾，对于资本主义各国来说是矛盾的普遍性，对整个社会历史发展来说，则是一定历史阶段上的矛盾的特殊性。分析矛盾的普遍性和特殊性的关系，必须把问题放在某一个确定的具体范围去讨论。

每一个事物内部不但包含了矛盾的特殊性，而且包含了矛盾的普遍性。矛盾的特殊性和普遍性是相互联结而不是彼此分离的。这是因为：

一方面，“普遍性即存在于特殊性之中”。“共性，即包含于一切个性之中，无个性即无共性。”不研究特殊性、个性，就不能认识普遍性、共性。比如，离开对具体社会形态的研究去讨论“一般社会”，只能臆造出毫无结果的理论，而不可能揭示社会发展的普遍规律。

另一方面，“在特殊性中存在着普遍性”。在个性中存在着共性，个别一定与一般相联而存在。看不到特殊性中包含着普遍性，就不能自觉地从认识个别的和特殊的事物扩大到认识一般的事物，就根本否认了科学理论产生的可能性及其指导作用。

人类认识之所以是由特殊到一般、又由一般到特殊的循环往复的发展过程，正是因为每一事物内部既包含了矛盾的特殊性又包含了矛盾的普遍性，正是由普遍性和特殊性、共性和个性既彼此区别又相互联结的关系决定的。而运用马克思主义理论对具体情况做具体分析，就是以普遍性的认识为指导去研究那些尚未深入研究过的或新冒出来的具体事物的特殊性，达到普遍性与特殊性、理论与实际相统一的认识，其客观依据也在于矛盾的普遍性与特殊性的辩证关系。

把握矛盾的普遍性与特殊性的关系，是运用对立统一规律乃至全部唯物辩证法理论去分析事物矛盾，认识和改造世界的关键所在。“这一共性个性、绝对相对的道理，是关于事物矛盾的问题的精髓，不懂得它，就等于抛弃了辩证法。”

三、研究事物发展过程中的主要矛盾和主要矛盾方面及其转化

（一）研究任何过程都要抓住其主要矛盾

在复杂事物的发展过程中，有许多的矛盾存在，其中必定有一种起着领导的决定的作用，它的存在和发展规定或影响着其他矛盾的存在和发展。这就是主要的矛盾。其他处于次要和服从地位的矛盾，则是非主要矛盾。

研究事物的矛盾，不能把过程中所有的矛盾平均看待，而必须把它们区别为主要的和次要的两类，用全力找出主要矛盾。捉住了这个主要矛盾，一切问题就迎刃而解了。这就是研究任何实际问题或理论问题都应该采用的抓主要矛盾的方法。毛泽东说：“万千的学问家和实行家，不懂得这种方法，结果如堕烟海，找不到中心，也就找不到解决矛盾的方法。”

进行历史研究，必须运用这个方法。比如，研究封建社会的历史，必

须抓住地主阶级和广大农民这对主要矛盾。研究资本主义社会的历史，必须抓住资产阶级和工人阶级这对主要矛盾。研究半殖民地半封建中国社会的历史，必须抓住“帝国主义和中华民族的矛盾，封建主义和人民大众的矛盾”① 这些主要矛盾，尤其是帝国主义和中华民族的矛盾这对各种矛盾中的最主要的矛盾。

（二）事物性质的变化是由矛盾主要方面和非主要方面的互相转化造成的

事物中每一矛盾的两方面，其发展也是不平衡的，不可以平均看待。其中必有一方面处于支配地位，起主导作用。这就是矛盾的主要方面。他方面则是矛盾的次要方面。“事物的性质，主要地是由取得支配地位的矛盾的主要方面所规定的。”由于主要矛盾在事物内部的多种矛盾中起着决定的作用，所以事物的本质是由主要矛盾，特别是主要矛盾的主要方面所规定的。

矛盾的主要方面和次要方面的区别不是固定不变的，而是互相转化的。矛盾双方斗争力量的增减，决定着双方在不同过程或不同阶段上互易其位置。当这种转化发生时，事物的性质也就随着起变化。

毛泽东特别指出，生产力和生产关系、理论和实践、经济基础和上层建筑这些矛盾，其双方的地位也是可以在一定的条件下互相转化的。生产力、实践、经济基础，一般地表现为主要的决定的作用。但是，当着不变更生产关系，生产力就不能发展的时候，生产关系的变更就起了主要的决定的作用。当着没有革命的理论，就不会有革命的运动的时候，革命理论的创立和提倡就起了主要的决定的作用。当着政治文化等上层建筑阻碍着经济基础的发展的时候，对于政治上和文化上的革新就成为主要的决定的东西了。这样看问题，并不违反唯物论，“因为我们承认总的历史发展中是物质的东西决定精神的东西，是社会的存在决定社会的意识；但是同时又承认而且必须承认精神的东西的反作用，社会意识对于社会存在的反作

---

① 《毛泽东选集》第2卷，人民出版社1991年版，第631页。

用，上层建筑对于经济基础的反作用。这不是违反唯物论，正是避免了机械唯物论，坚持了辩证唯物论”。

（三）“新陈代谢是宇宙间普遍的永远不可抵抗的规律”

“依事物本身的性质和条件，经过不同的飞跃形式，一事物转化为他事物，就是新陈代谢的过程。”由于任何事物内部都有其新旧两个方面的矛盾，而每一矛盾双方的主次地位都是可以互相转化的，所以经过曲折的斗争，新的方面由小变大，上升为支配的东西；旧的方面则由大变小，变成逐步归于灭亡的东西。“而一当新的方面对于旧的方面取得支配地位的时候，旧事物的性质就变化为新事物的性质。”

毛泽东阐明的新陈代谢规律对于正确认识社会历史具有重要意义。为什么历史中的每一个阶段都会走向衰落和灭亡，而被新的更高的阶段所代替呢？就是因为事物内部都有新与旧的矛盾，而矛盾双方的主次地位都可以在一定条件下相互转化，由此决定了新陈代谢是普遍的永远不可抵抗的规律。比如，在资本主义社会中，资产阶级已从旧的封建时代的附庸地位转化成了取得支配地位的力量，而随着生产力的发展，资产阶级由新变旧，无产阶级作为新的力量逐步壮大起来，最后夺取政权成为统治阶级，社会的性质，就由旧的资本主义社会转化成新的社会主义社会。在中国，由于帝国主义处在矛盾的主要地位，使中国由独立国变成了半殖民地，但是，中国人民在斗争中生长起来的力量必然会打倒帝国主义，把中国由半殖民地变成独立国，同时，国内旧的封建地主阶级将被打倒，人民将在无产阶级领导下由被统治者变为统治者，这时中国社会的性质就会由旧的半殖民地半封建社会变为新的民主的社会，即新民主主义社会。“世界上总是这样以新的代替旧的，总是这样新陈代谢、除旧布新或推陈出新的。”

四、研究矛盾诸方面的同一性和斗争性

矛盾就是对立面的统一。对立和统一，或斗争和同一，是矛盾双方之

间同时存在的两种关系，斗争性和同一性是矛盾的两种基本属性。

（一）有条件的相对的同一性和无条件的绝对的斗争性相结合，构成了一切事物的矛盾运动

矛盾的同一性又称统一性，包含两层含义。第一，矛盾双方在一定条件下相互依存。每一矛盾的双方，都以和它对立的方面为自己存在的前提，双方共处于一个统一体中。第二，矛盾双方在一定条件下相互转化。这告诉我们，客观事物中矛盾诸方面的统一不是死的、凝固的，而是生动的、有条件的、可变动的、暂时的、相对的，是依一定条件向其反面转化的。矛盾的转化都是有条件的，不具备一定的必要的条件，就不能转化。

矛盾的斗争性，是指矛盾双方的互相排斥、互相对立。矛盾的斗争性是无条件的。无论什么事物的运动都采取相对静止和显著变动两种状态，而两种状态的运动都是由事物内部矛盾双方的互相斗争所引起的。当事物的运动只有数量的变化而没有性质的变化时，事物呈现出相对静止的状态；当量变达到某个最高点，引起统一物的分解，发生性质的变化时，事物呈现出显著变动的状态。事物总是不断地由量变发展到质变，由相对静止的状态转变到显著变动的状态，而矛盾的斗争则存在于两种状态中，并经过质变达到矛盾的解决。所以，“对立的统一是有条件的、暂时的、相对的，而对立的互相排除的斗争则是绝对的。”

矛盾的同一性和斗争性是彼此结合在一起的两种属性。正是这二者的结合构成了一切事物的矛盾运动。事物的矛盾法则，就是矛盾的双方既对立又统一，推动事物发展的法则。一方面，“斗争性即寓于同一性之中”。矛盾的斗争是一定的统一体中的斗争，不能离开同一性单独存在。另一方面，“在同一性中存在着斗争性”。看不到同一性中有斗争性，就抹煞了矛盾双方的差别，否认了矛盾，把事物当了凝固不变的东西。所以，坚持唯物辩证法，必须全面把握矛盾双方之间既对立又统一的关系。

矛盾的同一性和斗争性及其相互关系的原理告诉人们：任何事物都在一定阶段上具有相对的稳定性，同时又自始至终都是在发展变化的；任何事物的发展都是一个由量变到质变的过程。所以，人类社会的发展也总是

交替采取渐变和突变这两种形式，或者说表现为和平进化和革命变革这两种状态的交替。在通常的情况下，人类社会是以渐变的方式演进，这时改良、改革对历史发展起着推动作用；当着社会矛盾空前尖锐，不推翻现存的反动政权就不能改变陈腐的生产关系、解放和发展生产力，而推动变革的社会力量也相应地成长起来了，这时革命就会被提上议事日程，并成为历史发展的主要动力。由此可见，把某种社会制度、社会秩序固定化，否认进化和变革的意义，是反历史、反科学的。不具体考察各个时期社会矛盾的特殊情况和历史特点，无条件地排斥一切革命，而把改良绝对化、神圣化，更是反历史、反科学的。

（二）对抗是矛盾斗争的一种形式，而不是它的一切形式

研究矛盾的斗争性，必须区分对抗和非对抗这两种形式，并注意它们的相互转化。

“对抗是矛盾斗争的一种形式”，即外部冲突的形式，比如人类历史中剥削阶级和被剥削阶级之间的对抗、战争的爆发、炸弹的爆炸，就是对抗的形式。对抗“不是矛盾斗争的一切形式”，矛盾的斗争还有非对抗的形式，即不表现为外部冲突的形式。

矛盾斗争形式的不同，是由矛盾性质的不同决定的。“矛盾和斗争是普遍的、绝对的，但是解决矛盾的方法，即斗争的形式，则因矛盾的性质不同而不同。”有些矛盾具有公开的对抗性，有些矛盾则不具有对抗性。具有对抗性的矛盾并非任何时候都表现为对抗的斗争形式。在阶级社会中，剥削阶级和被剥削阶级长期并存于一个社会中，互相斗争着，但要待两阶级的矛盾发展到一定阶段的时候，双方才取外部对抗的形式。对抗性的矛盾和非对抗性的矛盾是可以相互转化的。“根据事物的具体发展，有些矛盾是由原来还非对抗性的，而发展成为对抗性的；也有些矛盾则由原来是对抗性的，而发展成为非对抗性的。”解决这两种不同性质的矛盾，要用不同的方法。不能用对抗的形式去解决一切矛盾，也不能不用对抗的形式去解决对抗性的矛盾。我们坚持马克思列宁主义的社会革命论，是因为存在着对抗性的矛盾，“舍此不能完成社会发展的飞跃，不能推翻反动

的统治阶级，而使人民获得政权”。我们反对用过火的斗争解决党内正确思想和错误思想的矛盾，是因为党内矛盾主要是是非问题而不是敌我问题，一般不具有对抗性，犯错误的同志如果改正错误，就不会发展为对抗。

列宁说：“对抗和矛盾断然不同。在社会主义下，对抗消灭了，矛盾存在着。”后来，毛泽东总结新的历史经验，提出了正确处理社会主义社会中人民内部矛盾和敌我矛盾两类不同性质矛盾的学说，这是马克思主义的辩证法思想在社会主义实践中的重要发展。

矛盾分析方法是唯物辩证法的根本方法。全面、深入地学习、理解《矛盾论》的丰富内容，坚持用对立统一的观点和矛盾分析的方法去观察和处理一切问题，对于我们科学地研究社会发展的历史，恰当地评价历史事件、历史人物，尤其是研究和评价社会主义社会的发展历史、共产党自身发展的历史，具有重要的方法论意义。

延伸阅读：

1. 列宁：《哲学笔记》（节选），《列宁专题文集·论辩证唯物主义和历史唯物主义》，人民出版社2009年版。
2. 毛泽东：《读西洛可夫、爱森堡等著李达、雷仲坚译〈辩证法唯物论教程〉中译本第三版）一书的批注》，《毛泽东哲学批注集》，中央文献出版社1988年版。
3. 毛泽东：《读米丁等著沈志远译（辩证唯物论与历史唯物论）（上册）一书的批注》，《毛泽东哲学批注集》，中央文献出版社1988年版。
4. 毛泽东：《关于差别和矛盾问题》，《毛泽东文集》第2卷，人民出版社1999年版。

《如何研究中共党史》学习导读

《如何研究中共党史》，是1942年3月30日毛泽东在中央学习组的讲话。现已收入《毛泽东文集》第2卷。

中国共产党在它成立后的二十年间，取得过重大的胜利，也遭遇过严重的失败。失败的主要原因是党的中央领导机构在路线、方针方面出现了“左”的或右的错误倾向，其中危害最大的，除了以陈独秀为代表的右倾机会主义错误以外，就是以王明为代表的“左”倾教条主义错误。1935年1月的遵义会议和1938年九、十月的党的六届六中全会，分别纠正了王明在土地革命战争中后期的“左”倾错误和在抗日战争初期的右倾错误。但是由于没有来得及系统总结党的历史经验，没有从思想路线的高度深刻分析犯错误的根源，因此，党内在指导思想上仍然存在一些分歧。应该怎样看待党的历史上的路线是非的问题，突出地摆在了党中央面前。

从1940年下半年开始，毛泽东亲自主持收集、编辑和研究党的六大以来的主要历史文献，总结党的历史经验，并酝酿通过全党范围的整风解决党的思想路线问题。1941年九、十月间召开的中共中央政治局扩大会议（又称九月会议）决定成立以毛泽东为组长的中央学习组（又称中央研究组）。年底，由毛泽东主持编辑的党内重要文件汇集《六大以来》正式印制，成为整风中高级干部学习党史的主要材料。

1942年3月30日，毛泽东在中央学习组作了《如何研究中共党史》的讲话。讲话强调了研究党的历史的重要性，阐述了研究党的历史的基本原则和基本方法，提出了划分党的历史发展阶段的根据，并对党的历史的三个发展阶段作了具体分析。

一、研究党的历史的重要性

（一）我们是马克思主义的历史主义者，不应当割断历史

中华民族素有治史学史，以史资政、以史育人的优良传统。

毛泽东从青年时代起，就十分重视对历史的学习与研究，认为“读历史是智慧的事”。成为马克思主义者以后，他更加自觉地运用历史知识、借鉴历史经验来为党的事业服务。1929 年 6 月 14 日，他在给林彪的信中强调：“我们是唯物史观论者，凡事要从历史和环境两方面考察才能得到真相。”① 1930 年 5 月，他在《反对本本主义》一文中又强调：“你对于那个问题不能解决吗？那末，你就去调查那个问题的现状和它的历史吧！你完完全全调查明白了，你对那个问题就有解决的办法了。”② 1938 年 10 月 14 日，他在党的六届六中全会的政治报告中提出并阐述马克思主义中国化任务时，进一步指出：“今天的中国是历史的中国的一个发展；我们是马克思主义的历史主义者，我们不应当割断历史。从孔夫子到孙中山，我们应当给以总结，承继这一份珍贵的遗产。”③

毛泽东之所以强调我们是马克思主义的历史主义者，应当尊重历史而不应当割断历史，这是因为，人类历史是一个无穷的由低级进到高级的运动过程，由前一代人创立的历史条件是后一代人从事历史活动的前提和基础，同时历史本身又在新一代人的活动中不断被改变；历史规律是在人类绵延不断的历史活动中形成，同时又反过来决定和制约着人们的历史活动及其发展方向。因此，历史是一部充满睿智的教科书，“历史里边也有普遍真理。”④“只有讲历史才能说服人”。⑤ 既然规律存在于历史发展的过程中，研究问题应该从历史的分析开始。只有通过对历史的全面系统的考察，才能找出客观事物所固有的而不是人们主观臆造的规律，才能不迷失

① 《毛泽东文集》第 1 卷，人民出版社 1993 年版，第 74 页。
② 《毛泽东选集》第 1 卷，人民出版社 1991 年版，第 110 页。
③ 《毛泽东选集》第 2 卷，人民出版社 1991 年版，第 534 页。
④ 《刘少奇选集》上卷，人民出版社 1981 年版，第 417 页。
⑤ 《毛泽东文集》第 8 卷，人民出版社 1999 年版，第 276 页。

前进的方向。历史是人们把握今天、展望未来的一把钥匙。

学习历史、研究历史，用马克思主义的方法对历史作出科学的总结，这是中国共产党人的一项重要的学习任务。毛泽东指出："指导一个伟大的革命运动的政党，如果没有革命理论，没有历史知识，没有对于实际运动的深刻的了解，要取得胜利是不可能的。"① 在整风中，毛泽东严厉批评了党内研究历史的空气不浓厚、不注重研究历史的现象，强调应当以马克思主义的态度对待历史，指出我们"不但要懂得中国的今天，还要懂得中国的昨天和前天"。②

总之，我们必须尊重历史，决不能割断历史。

（二）如果不把党的历史搞清楚，便不能把事情办得更好

中国共产党从成立时的只有几十个人的小党，经过21年的奋斗，已经成为广大的群众性的马克思主义政党。这21年的路，是一步一个脚印走过来的，其中有胜利的辉煌，也有失败的暗淡。如果不把党在历史上走过的路搞清楚，胜利了却不知道为什么会成功，失败了也不知道为什么会碰壁，这就会产生盲目性，就会给所从事的事业带来难以想象的损失。系统地研究党的历史，研究成功和胜利、失败和挫折的经验教训，这对于继承和发扬我们党在长期斗争中形成的光荣传统，提高自觉运用共产党发展规律的能力，加强党内教育，推进各方面工作，都是必须的、必要的。这样，才能使我们站在历史的制高点上，全面总结昨天，准确把握今天，科学展望明天，更加充满信心地迎接各种挑战，开创崭新局面。

---

①《毛泽东选集》第2卷，人民出版社1991年版，第533页。

②《毛泽东选集》第3卷，人民出版社1991年版，第801页。

二、用整个党的发展过程做对象进行客观的研究

（一）“不是只研究哪一步，而是研究全部；不是研究个别细节，而是研究路线和政策。”

怎样研究党的历史呢？毛泽东首先强调，我们要“用整个党的发展过程做我们研究的对象，进行客观的研究”。

党的历史是一步一步走过来的。党的历史发展可以划分为若干个阶段。研究历史，当然要把这每一步、每一阶段的情况搞清楚，了解这一步、这一阶段是怎样走过来的，留下了哪些成功的经验或失败的教训。但是，只研究党的历史发展过程中的某一步、某一阶段，是远远不够的。我们必须完整地、系统地研究党的整个发展过程。因为党的历史发展的规律性，只有在党的整个发展的过程中才能逐步地显示出来。如果不研究党的历史的全部，而只是研究它的某一步，要全面地揭示党的历史发展的规律性，是难以做到的。而且，如果不把党的某个阶段的历史放到党的整个发展过程中去考察，并与别的发展阶段的历史进行比较，我们也不可能把这个阶段的历史真正认识清楚。不仅如此，用整个党的发展过程做研究对象，还可以使人们清晰地了解中国共产党是怎样一步一步战胜强大的敌人、克服各种艰难险阻、纠正自身的缺点错误，从只有几十人的小党成长为广大的群众性的马克思主义政党的，从而增强人们对党和党的事业的信心。

毛泽东还强调，在用整个党的发展过程做研究的对象时，我们的着力点，应当“不是研究个别细节，而是研究路线和政策”。

中国共产党要领导人民去实现自己担负的历史任务，首先和主要的，是要制定出一条正确的路线和相应的方针政策。总结党的历史经验，从根本上说，就是为了有助于做到这一点。正因为如此，毛泽东才强调我们研究党史要着重“研究路线和政策”。

党在各个时期的路线和政策是否正确，关键在于它们是否符合中国的基本国情和当时的国内外、党内外的情况，是否符合广大人民群众的根本利益和实际需要。因此，在研究党的历史、党的路线和政策时，必须紧密

地联系当时中国的基本国情、社情、民情、党情，去进行考察。特别是要注意研究党在转折时期的历史，即从这一步向下一步转变、这一阶段向下一阶段转变时期的历史，探究在各种不同的历史转折时期，党是如何分析国际国内、党内党外的局势，判断即将到来的新时期的主要矛盾，制定为完成新时期主要任务的路线、方针、政策的。只有这样研究党史，才能"使我们对今天的路线和政策有更好的认识，使工作做得更好，更有进步"。

党在各个时期的路线和政策是否正确，其判断标准是社会实践。所以，仅仅讲党有关路线和政策是如何制定出来的还不够，必须联系考察这些路线和政策在执行过程中取得的效果，即由此造成的党的事业的前进或后退、胜利或失败等的情况，才能对党的有关路线和政策得出科学的结论。

总之，不能孤立地就党史论党史，而必须联系党在各个时期的社会历史条件，联系党的路线和政策的实践效应，去对党史进行实事求是的分析。

（二）既要研究成功的经验，也要研究失败的教训

毛泽东提出："研究中国党的历史，不仅要研究胜利的历史，也还要研究失败的历史。"① 这是因为，成功和胜利的经验固然是宝贵的，是值得认真总结的；但失败和受挫的教训也是至关紧要的。事实上，"错误常常是正确的先导"。历史的经验表明："革命的政党，革命的人民，总是要反复地经过正反两方面的教育，经过比较和对照，才能够锻炼得成熟起来，才有赢得胜利的保证。"② 因此，毛泽东强调："不要把错误认为单纯是一种耻辱，要看作同时是一种财产；不能说错误路线没有用处，它是有很大的教育意义的。"③ "失败的教训同样值得研究，它可以使人少走弯路。

---

① 毛泽东会见日本共产党中央政治局委员志贺义雄一行的谈话（1961 年 6 月 21 日），转引自中央文献研究室《党的文献》、《文献与研究》编辑部编：《领袖人物谈历史文化・治国与读史》，中央文献出版社 2008 年版，第 29 页。

② 1965 年 2 月 26 日《人民日报》。

③ 毛泽东会见日本共产党中央政治局委员志贺义雄一行的谈话（1961 年 6 月 21 日），转引自中央文献研究室《党的文献》、《文献与研究》编辑部编：《领袖人物谈历史文化・治国与读史》，中央文献出版社 2008 年版，第 29 页。

王明的教条主义错误，曾给我国的革命造成很大的损失。但是他的错误对我们有帮助，教育了党，教育了人民，从这一点上讲，我本人就是他的学生。”①

应当怎样研究和总结党犯错误以致遭遇挫折与失败的教训呢？毛泽东在这前后，特别是在 1944 年做的《学习和时局》的报告中，曾提出过许多重要的论述。他指出：第一，必须划清两个界限。首先是革命还是反革命的界限；在革命队伍中则是正确和错误、成绩和缺点的界限，即弄清楚它们什么是主要的、什么是次要的。决不能因为要从犯错误中汲取教训，而夸大事态，否定党的历史的主流和本质。其次，“对于任何问题应取分析态度，不要否定一切。”例如，对于六届四中全会至遵义会议时期中央的领导路线问题，他就认为，应作两方面的分析：一方面，应指出那个时期中央领导机关所采的政治策略、军事策略和干部政策在其主要方面都是错误的；另一方面，应指出当时犯错误的同志在反对蒋介石、主张土地革命和红军斗争这些基本问题上面，和我们之间是没有争论的。即在策略方面也要进行分析。例如在土地问题上，当时的错误是实行了地主不分田、富农分坏田的过左政策，但在没收地主土地分给无地和少地的农民这一点上，则是和我们一致的。他并且认为，从历史上看，“党员群众与广大干部始终没有犯过总路线上的错误，这是没有使党受致命伤及能够迅速纠正错误的最主要的原因。总路线错误只在最高领导机关中发生与推行出去，有部分的干部与党员真心附和着，其他都是被纪律强迫去做的。就在最高领导机关中，也只是占了统治地位的人员负主要的责任，其他人员则不负主要责任（半被迫的），或不负责任（完全被迫的）。”② 再次，处理历史问题，“不应着重于一些个别同志的责任方面，而应着重于当时环境的分析，当时错误的内容，当时错误的社会根源、历史根源和思想根源，实行惩前毖后、治病救人的方针，借以达到既要弄清思想又要团结同志这样两个目的。”③ 最后，还要研究党认识错误、纠正错误并由此把党的事业推向前进的过程。这样研究失败的教训，不仅可以使人头脑清醒，少犯错

---

① 《毛泽东文集》第 7 卷，人民出版社 1999 年版，第 64—65 页。

② 《毛泽东文集》第 1 卷，人民出版社 1993 年版，第 505—506 页。

③ 《毛泽东选集》第 3 卷，人民出版社 1991 年版，第 938 页。

误，而且可以使人对党的事业具有更加坚定的信念。

三、全面的历史的研究方法

（一）“古今中外法”

“古今”是个时间概念，“所谓‘古今’就是历史的发展”，是指党史研究的纵向维度。历史既是一个不可分割的完整的、连续的、不断发展的过程；又呈现出发展的阶段性，后面阶段是在前面阶段的基础上发展起来的，要研究清楚后面阶段的历史，不了解前面阶段的历史是不行的。比如，研究中国共产党的历史，就“应该把党成立以前的辛亥革命和五四运动的材料研究一下”。只有把这些材料研究清楚了，才能阐明中国共产党为什么诞生在20世纪20年代初的中国；才能讲清楚中国共产党的成立为什么是近代中国革命发展的必然。研究历史上的具体问题也应如此。“比如反对党八股，如不联系‘五四’时反对老八股、老教条、孔夫子的教条、文言文，恐怕就不能把问题弄清楚”。

“中外”是个空间概念，“所谓‘中外’就是中国和外国，就是己方和彼方”，是指党史研究的横向维度。任何一个民族、一个国家、一个政党的历史发展，都不是孤立的，都同它所处的国际国内环境紧密地联系在一起。顾名思义，“中外”的“中”是中国，“外”是外国。研究中国共产党的历史，不能不研究国际共产主义运动史，不能不研究共产国际和联共（布）的材料；研究党在抗日战争时期的历史，也离不开对日本的战争政策以及对整个世界反法西斯战争的研究。“中外”除了指中国和外国，还包括己方与彼方的意义。“借用这个意思，也可以说，辛亥革命是‘中’，清朝政府是‘外’；五四运动是‘中’，段祺瑞、曹汝霖是‘外’；北伐是‘中’，北洋军阀是‘外’；内战时期，共产党是‘中’，国民党是‘外’。如果不把‘外’弄清楚，对于‘中’也就不容易弄清楚。”任何事物都是对立的统一，历史在发展过程中始终存在着这方面和那方面。不研究清楚那方面，这方面的也就不容易弄清楚。比如：“一九二一年到一九二七年这时期的斗争对象，是帝国主义和他的走狗北洋军阀。如不说明那时候地主怎样压迫农民，资本家怎样压迫工人，帝国主义怎样分裂中国，北洋军阀怎样对付革命，那就很难了解当时的斗争。要研究当时的国共合作，如果只看共产党的宣言而不看国民党的宣言还不够。共产党员那时是以个人名义参加国民党的，国民党是一个大团体，如果不把这个大团体搞清楚，就不能了解当时的情形和后来陈独秀犯错误的要不得。关于‘四一二’、马日事变的材料也要看。内战时，我们反对国民党，反对帝国主义的走狗，如不讲国民党如何投降帝国主义，帝国主义如何同国民党一起压迫剥削中国人民，就看不到内战的必要。如果我们不知道主要的农业生产资料土地和牛这些东西是在谁的手里，不把地主与农民对土地的所有关系搞清楚，就不会知道土地革命的必要。如果不把国民党在‘九一八’以后还是继续打共产党不去打日本这些情形讲一讲，我们反对国民党就显得没有道理、没有根据。抗战是国共合作大家抗日，国民党发表了许多文件，共产党也发表了许多文件。国民党的抗日文件有些是好的，但是它又要反共。我们自己的文件要看，国民党的文件也要看。国民党的好的文件要看，反共的文件也要看。如果不看这些材料，就不了解反对国民党反共的根据。因为他们先发表了《防制异党活动办法》这些东西，闹磨擦，我们在不妨害团结、不致引起分裂的条件下强调斗争是有必要的，如果不强调斗争，那就会又来一个陈独秀主义。”

简而言之，提倡“古今中外法”，就是主张用发展的、全面的观点和联系、比较、对照的方法研究历史，反对静止地、孤立地研究历史。

（二）研究党史必须是科学的，不是主观主义；应该找出历史事件的实质和它的客观原因

毛泽东强调：“我们研究党史，必须是科学的，不是主观主义。”科学地研究党史，就是在党史研究中必须坚持实事求是的原则。

第一，“详细地占有材料，加以科学的分析和综合的研究”①。“详细

---

①《毛泽东选集》第3卷，人民出版社1991年版，第799页。

地占有材料”，是党史研究的基础性工作。在此基础上，我们才能对历史上的事件、人物进行科学的分析和综合的研究，从而找出历史事件的实质或历史人物的本质。

第二，揭示历史发展的内部联系。任何一个历史事件或历史人物，都是特定的历史环境的产物。它们不是贸然出现、孤立存在的。要从历史发展的内部联系中，找出历史事件的客观原因，找出历史人物活动的客观根据，分析这个历史事件或人物在历史发展中的方位和作用。不过，只看客观原因还不够，“还必须看到领导者的作用，那是有很大作用的。但是领导人物也是客观的存在，搞‘左’了、搞右了，或者犯了什么错误，都是有客观原因的，找到客观原因才能解释。”

（三）“研究中共党史，应该以中国做中心，把屁股坐在中国身上。”

按照“古今中外法”，我们研究中国党的历史，还要研究世界资本主义、社会主义的历史实际，研究国际共产主义运动、研究苏联的经验。但是，这样做的出发点、立足点，还是为了更好地了解中国党的历史、了解中国的实际，解决中国面临的问题。

在党的历史上曾经有一些人“一切以外国为中心，作留声机，机械地生吞活剥地把外国的东西搬到中国来，不研究中国的特点”。毛泽东严厉批评了这种“言必称希腊”的主观主义态度，认为这种态度违背了马克思主义的一条基本原则——理论联系实际，是十分有害的。他强调，我们“不单是懂得希腊就行了，还要懂得中国；不但要懂得外国革命史，还要懂得中国革命史；不但要懂得中国的今天，还要懂得中国的昨天和前天。”① “不研究中国的特点，而去搬外国的东西，就不能解决中国的问题。如果不研究中国共产党的历史的发展，党的思想斗争和政治斗争，我们的研究就不会有结果。”不坐在中国的身上研究中国党的历史，就无法科学说明为什么在中国，共产党必须走农村包围城市的革命发展道路；就

---

① 《毛泽东选集》第3卷，人民出版社1991年版，第801页。

无法科学地论证为什么在中国，共产党必须争取、团结具有两面性的民族资产阶级，必须建立和发展革命的统一战线，等等。只有以中国为中心，坐在中国身上研究党的历史，才能弄清楚中国共产党人如何把马克思主义的基本原理同中国革命具体实际相结合，创造了中国革命的新鲜经验，创造性地发展了马克思主义，保障了中国共产党自身的健康成长，促进了中国革命的胜利发展。

（四）要编两种材料，对照起来研究

历史资料，特别是文献资料，是研究党的历史的基础。毛泽东指出："为了有系统地研究中共党史，将来需要编两种材料，一种是党内的，包括国际共产主义运动；一种是党外的，包括帝国主义、地主、资产阶级等。两种材料都按照年月先后编排。两种材料对照起来研究，这就叫做'古今中外法'，也就是历史主义的方法。"

延安整风运动期间，毛泽东曾亲自主持编辑了三部党的历史文献集，即《六大以来——党内秘密文件》、《六大以前——党的历史材料》和《两条路线》，其中既收集了代表正确路线的材料，也收集了代表错误路线的材料，以供党内主要是党的领导干部在比较和对照中研究党的历史，弄清党的历史上的原则是非。这三部文献集，对研究党的历史上的路线问题，总结党的历史经验；对延安整风运动的顺利开展，确立党的实事求是思想路线，都发挥了重要作用。至今，仍然是我们研究党史不可或缺的宝贵资料。

当然，仅仅编党内的资料，只是了解"我"的这一方，还远远不够。中国共产党的历史发展，同外部世界紧密联系在一起。这个外部世界，既有"敌"的方面，也有"友"的方面；既有中国的，也有外国的。为此，还需要编方方面面的资料集，只有这样，才能对照起来研究，才能"知己知彼"，通过比较研究，客观地、全面地揭示历史的真相。例如，研究党在抗日战争时期的历史，不仅需要编这个时期党内的资料，至少还要编中国国民党在这段历史时期的资料，还要编中国其他各党派、团体的资料，还要编日本方面的资料，还要编苏联、美英等反法西斯国家以及共产

国际方面的有关资料，等等。有了这些资料，再通过比较、分析，我们对党在抗日战争时期的历史，就能够有一个完整的、立体的清晰了解，就能够更有说服力地论证中国共产党在整个抗日战争时期是如何根据国际国内局势的变化、根据敌、我、友各方面力量的彼此消长，制定正确的抗战路线，及时调整自己的方针、政策，从而牢牢把握主动权，实现对抗日战争的领导权，并在争取抗日战争胜利的同时发展、壮大自己，使自己成为成熟的马克思主义政党。

四、中共历史的三个发展阶段

（一）就斗争目标、打击对象、党的政治路线划分阶段

中国共产党的历史发展经历了不同的阶段、不同的时期。究竟应该如何划分党的历史的发展阶段、发展时期呢？毛泽东在讲话中提出了就“斗争目标、打击对象、党的政治路线”三个方面来划分的方法；并根据这一方法，把中国共产党成立到讲话发表时20年的历史，划分为三个阶段，即大革命时期、内战时期和抗日战争时期。

概括地说，大革命时期（包括准备阶段，即1921—1927年，现在学术界通常把这6年分为党的创立时期和大革命时期或国民革命时期两个阶段）革命任务直接的表现是反对北洋军阀，打击目标主要是北洋军阀，共产党的政治路线是建立以国共合作为基础的包括全国各民主阶级的广泛的统一战线。内战时期（1927—1937年，学术界通常称之为土地革命战争时期）革命任务直接的表现是反对国民党，打击目标主要是国民党，共产党的政治路线是狭小的统一战线，是无产阶级和农民、下层小资产阶级联合。抗日时期（1937年起，毛泽东发表讲话时，这一时期还没有结束，这一时期到1945年8月日本宣布投降、中国人民抗日战争取得胜利结束）革命任务表现为反对日本侵略者及汪精卫汉奸，打击目标是日本侵略者和汉奸，共产党的政治路线是恢复国共合作，建立包括全民族抗日力量的更加广泛的统一战线。

实践证明，把“中共党史分成这三个阶段，就斗争目标、打击对象、党的政治路线讲，都合乎事实，都说得通。”对党在民主革命时期历史的阶段划分，学术界至今还是基本上沿用毛泽东在这篇讲话中提出的划分法。

（二）对各阶段党史的科学分析及其提供的启示

毛泽东在分析这三个阶段党的历史情况时，提出了一些研究党史应该注意的问题，涉及党史研究的方法论。

第一，关于各阶段历史的基本评价。

毛泽东认为：“第一个阶段内我们有正确的地方，也有错误的地方。正确的地方是实现了国共合作，打击目标是对的，革命队伍的组织是对的。后来发生了陈独秀路线，一九二七年上半年党的路线就不对了。”“第二个阶段中全国分为两个营垒。马日事变以后，有过一种盲动主义，说是‘有土皆豪，无绅不劣’。接着的立三路线是在不应该全国暴动时要暴动。‘九一八’到遵义会议，当一个民族敌人打进来，民族资产阶级、上层小资产阶级已经变化了的时候，我们的政策没有跟着变，还是过去的一套，这就发生了‘左’的东西。那时的领导路线是一切斗争否认联合。‘九一八’以后情况变化了，上层小资产阶级和民族资产阶级公开倾向我们，如孙科、黄炎培等。但是我们说他们是改良主义，说他们是我们的主要打击对象。把这些人当作主要的打击对象，是不对的。还有当时提出消灭富农，也是过左的。”“第三阶段既不是一切联合不要斗争，也不是一切斗争不要联合，而是联合与斗争的综合，联合是主，斗争是辅，要求统一下的独立性。”

简言之，第一阶段，党在政治路线上一度犯了右倾机会主义错误；第二阶段又几次犯了“左”倾机会主义错误，到第三阶段，党在政治路线上走向成熟，形成了统一战线中又联合又斗争的方针。当然，研究这三个阶段的党的历史，绝不仅仅这些内容。但是，从总结党的历史经验的视角看，这是抓住了根本，抓住了问题的关键。这样分析总结才能有效地发挥党史研究的资政功能。

“对于任何问题应取分析态度”，这是毛泽东提倡的关于历史研究的一个十分重要的方法论原则。毛泽东引用列宁的话说明，对于具体情况作具体的分析，是“马克思主义的最本质的东西、马克思主义的活的灵魂”。毛泽东认为，“我们许多同志缺乏分析的头脑，对于复杂事物，不愿作反复深入的分析研究，而爱作绝对肯定或绝对否定的简单结论。”“今后应该改善这种状况。”①

这个原则，是我们学习和研究党的历史应当自觉地遵循的。

第二，关于历史事件和历史人物的评价。

毛泽东在讲大革命准备时，着重提到了辛亥革命、五四运动两件重大历史事件。关于辛亥革命的问题，我们有专门的分析论述。这里主要谈谈毛泽东对五四运动的分析评价。毛泽东认为，“五四运动是俄国十月革命的响应，所以比辛亥革命更深刻”；“五四运动时中国无产阶级开始有了觉悟”，“那时罢工虽然没有共产党领导，但其中总有领头的人”，“陈独秀是五四运动的总司令”；“五四运动准备了大革命，没有五四运动就没有大革命”。

毛泽东在这篇讲话中论及五四运动的话虽然不多，但抓住了分析历史事件的一些基本点。

一是要弄清楚历史事件发生的国际国内背景。毛泽东强调了五四运动发生在俄国十月革命之后，是对十月革命的响应。这是五四运动发生的新的时代特点，这就使五四运动不同于过去的任何一次运动，具有新的特质。

二是由此五四运动比辛亥革命更深刻。这是“古今”法的具体运用，把两个相隔仅 8 年的历史事件对照起来加以分析，呈现出历史发展的进步性，突出了五四运动的时代贡献和历史意义。

三是中国无产阶级开始觉悟。这是历史研究中阶级分析法的体现。中国近现代历史上的事件、运动，其中都有某个阶级或政治力量起着领导或主导的作用，从而决定着这个事件的性质和发展趋势。辛亥革命是资产阶

---

① 《毛泽东选集》第 3 卷，人民出版社 1991 年版，第 938、939 页。

级革命派领导的，但是失败了。五四运动发生时虽然没有共产党，但是已经有了像陈独秀那样的先进知识分子，他们接受了俄国十月革命的影响；更为重要的是上海等地的工人在五四运动中实行了政治大罢工，为五四运动达到既定目标起到了决定性作用。

正是由于上述这些因素，五四运动后才两年，中国共产党就应运而生。中国共产党成立前的历史呈现出从中国的辛亥革命，到俄国十月革命，再到中国的五四运动，直至中国共产党成立这样的脉络。历史就是这样在相互影响、相互促进中不断地向前发展。

四是陈独秀是五四运动的总司令。这涉及到历史人物的评价，毛泽东说："陈独秀是五四运动的总司令。现在还不是我们宣传陈独秀历史的时候，将来我们修中国历史，要讲一讲他的功劳。"毛泽东首先肯定陈独秀是五四运动总司令，是有历史功劳的。陈独秀在大革命后期犯了右倾机会主义的错误，这个历史教训是要认真汲取的。尽管如此，毛泽东还是说将来修历史时，要讲一讲他的功劳。这是在历史人物的评价问题上坚持实事求是原则的一个生动的例证。

毛泽东这篇讲话的内容十分丰富。其中论述的关于中共党史研究的理论和方法，不仅对中共党史的研究有直接的指导意义，而且对整个历史的研究也提供了重要的启示。

延伸阅读：

1.《关于若干历史问题的决议》，《毛泽东选集》第 3 卷，人民出版社 1991 年版。

2. 毛泽东：《学习和时局》，《毛泽东选集》第 3 卷，人民出版社 1991 年版。

3. 毛泽东：《关于十五年来党的路线和传统问题》，《毛泽东文集》第 1 卷，人民出版社 1993 年版。

4. 周恩来：《关于党的"六大"的研究》，《周恩来选集》（上卷），人民出版社 1980 年版。

5. 任弼时:《在湘赣工作座谈会上的发言》,《建党以来重要文献选编(一九二一——一九四九)》第21册,中央文献出版社2011年版。

《关于正确处理人民内部矛盾的问题》（节选一）学习导读

《关于正确处理人民内部矛盾的问题》一文，是毛泽东 1957 年 2 月 27 日在最高国务会议第十一次（扩大）会议上的讲话。原题目是《如何处理人民内部的矛盾》，后来毛泽东根据原始记录加以整理，作了若干修改、补充，同年 6 月 19 日在《人民日报》发表。

随着 1956 年社会主义改造的基本完成和社会主义基本制度的全面确立，新中国进入开始全面建设社会主义的时期。如何建设社会主义，如何巩固和发展社会主义，成为中国共产党和中国人民面临的根本性的历史课题。毛泽东所做的《关于正确处理人民内部矛盾的问题》的讲话，连同他在此之前所做的《论十大关系》的讲话，标志着中国共产党人探索适合中国情况的社会主义建设道路的良好开局，是这个探索所取得的重要的积极成果。

毛泽东之所以着重提出关于正确处理人民内部矛盾的问题，是因为：要建设社会主义，必须充分调动广大人民群众的积极性和创造性，必须依靠广大人民群众的团结奋斗。当时的情况是，“广大群众一面欢迎新制度，一面又感到还不大习惯”。1956 年下半年以来，在党里头，社会上，人们的思想有些乱，一些地方发生工人罢工、农民退社、学生罢课等事件。人民内部矛盾开始突显出来。对这种新情况，党内许多干部缺乏足够的精神准备。他们还想用老办法来对待新问题。“你不听话，就‘军法从事’”。这种用对付敌人的办法来对待人民显然是不行的。这说明，如何认识和正确处理反映社会主义社会的各种矛盾特别是人民内部矛盾，成为一个亟待解决的重大问题。

毛泽东之所以着重提出关于正确处理人民内部矛盾的问题，同当时的国际形势也有关系。1956 年 10 月 23 日至 11 月 4 日，在匈牙利首都布达佩斯发生 20 万人的示威游行，并演变成反政府的暴乱事件。这个事件的发生，开始时与匈牙利人民要求政府摆脱斯大林个人迷信的影响和苏联大国沙文主义的控制有关，但同时与敌对势力的煽动蛊惑、乘机兴风作浪有关，也与该国政府未能及时正确解决国内的矛盾有关。这个事件警示各社会主义国家：如果不能正确认识和处理社会主义社会的各种矛盾特别是人民内部矛盾，社会主义制度将难以巩固，社会主义建设将难以顺利进行。

这里选读的这个讲话的第一部分，着重论述了以下几个方面的问题。

一、社会主义社会的基本矛盾

（一）“社会主义社会存在着矛盾，并推动社会向前发展”

社会主义社会是否存在矛盾，这是一个以何种世界观和方法论认识社会主义社会的基础性的问题。

1920 年 5 月，列宁在读布哈林的《过渡时期的经济》一书时说过，“在社会主义条件下，对抗将会消灭，矛盾仍将存在。”① 但是，由于列宁经历的苏联的社会主义实践只有 6 年多，他未能对社会主义社会的矛盾展开论述。斯大林长期领导了苏联社会主义建设的实践，但是，他在一个长时期里却否认社会主义社会存在矛盾。他认为，如果有矛盾，那它的另一头必定连着外国帝国主义。这种认识，导致他在很长一段时间内混淆了国家政治生活中两类不同性质的矛盾，把许多属于人民内部性质的矛盾当作敌我矛盾来处理。直到他在逝世前一年（1952 年）写的《苏联社会主义经济问题》一文中，才吞吞吐吐地谈到了社会主义制度下生产关系和生产力之间的矛盾，说如果政策不对，调节得不好，是要出问题的。但是，他还是没有把社会主义制度下生产关系和生产力之间的矛盾，上层建筑和经济基础之间的矛盾，当作全面性的问题提出来，还是没有认识到这些矛盾是推动社会主义社会向前发展的基本矛盾。他以为他那个天下稳固了。

对这一问题，我们应当怎样看呢？毛泽东明确地指出：“马克思主义的哲学认为，对立统一规律是宇宙的根本规律。这个规律，不论在自然

---

① 《列宁全集》第 60 卷，人民出版社 1990 年 12 月第 2 版，第 281—282 页。

界、人类社会和人们的思想中，都是普遍存在的。矛盾着的对立面又统一，又斗争，由此推动事物的运动和变化。矛盾是普遍存在的，不过按事物的性质不同，矛盾的性质也就不同。”社会主义社会也不例外。认为“我们的社会里已经没有任何矛盾了”的想法，“是不符合客观实际的天真的想法”。

正因为如此，毛泽东强调，我们必须运用对立统一规律来观察和研究社会主义社会及其历史发展，承认矛盾是社会主义社会发展的动力。他说：对立统一这个规律，在我国，懂得的人逐渐多起来了。但是，许多人还是不敢公开承认我国人民内部还存在着矛盾，正是这些矛盾推动着我们的社会向前发展。

不承认社会主义社会还有矛盾，会导致严重的后果，会“使得他们在社会矛盾面前缩手缩脚，处于被动地位”。这就是说，一方面，由于否认社会主义社会存在矛盾，他们就不会彻底地面对现实，主动地去认识矛盾、解决矛盾，自觉地推动社会主义社会的发展，实际上也就是否认社会主义社会还需要不断的改革、进步和发展。另一方面，一旦遇到事先没有预计到的、而在现实中却无法回避的矛盾，他们又可能陷于思想混乱、手足无措的境地，乃至做出错误的判断和处理，发生诸如用处理敌我矛盾的方法处理人民内部矛盾这类问题。这对于社会主义事业是十分不利的。

有鉴于此，毛泽东强调：“有必要在我国人民中，首先是在干部中，进行解释，引导人们认识社会主义社会中的矛盾，并且懂得采取正确的方法处理这种矛盾。”

（二）在社会主义社会中，基本的矛盾仍然是生产关系和生产力之间、上层建筑和经济基础之间的矛盾

社会主义社会的基本矛盾是什么？这是正确认识和处理社会主义社会中的矛盾首先要弄清楚的问题。

毛泽东提出：“在社会主义社会中，基本的矛盾仍然是生产关系和生产之间的矛盾，上层建筑和经济基础之间的矛盾。”他指出：“社会主义生产关系已经建立起来，它是和生产力的发展相适应的；但是它又还很不

完善，这些不完善的方面和生产力的发展又是相矛盾的。”“除了生产关系和生产力发展的这种又相适应又相矛盾的情况以外，还有上层建筑和经济基础的又相适应又相矛盾的情况。”即“人民民主专政的国家制度和法律，以马克思列宁主义为指导的社会主义意识形态”，这些上层建筑对于我国社会主义改造的胜利和社会主义劳动组织的建立起了积极的推动作用。而“资产阶级意识形态的存在，国家机构中某些官僚主义作风的存在，国家制度中某些环节上缺陷的存在”，又是和社会主义的经济基础相矛盾的。因此，“我们今后必须按照具体的情况，继续解决上述的各种矛盾”。

生产关系和生产力之间、上层建筑和经济基础之间会不断地出现“新的问题，新的矛盾”，不断地“需要人们去解决”。所以，正是社会主义社会中基本矛盾的运动，推动着社会主义社会的发展。

毛泽东正式提出社会主义社会的基本矛盾这个命题，并对其做出明确的表述，为人们研究社会主义社会及其历史发展提供了基本的指导线索，在马克思主义发展史上有重大意义。这个理论符合社会主义社会的实际，是完全正确的。1979 年 3 月 30 日，邓小平在党的理论工作务虚会上就讲过，“关于基本矛盾，我想现在还是按照毛泽东同志在《关于正确处人民内部矛盾的问题》一文中的提法比较好。”“当然，指出这些基本矛盾，并不就完全解决了问题，还需要就此作深入的具体的研究。但是从二十多年的实践看来，这个提法比其他的一些提法妥当。”①

（三）社会主义社会的基本矛盾不是对抗性的矛盾，可以经过社会主义制度本身不断地得到解决

社会主义社会的基本矛盾具有何种性质呢？毛泽东认为，它同旧社会的矛盾，例如同资本主义社会的矛盾，是根本不相同的；“它不是对抗性的矛盾，它可以经过社会主义制度本身，不断地得到解决”。资本主义社会的矛盾表现为剧烈的对抗和冲突，表现为剧烈的阶级斗争，那种矛盾不

---

① 《邓小平文选》第 2 卷，人民出版社 1994 年版，第 181—182 页。

可能由资本主义制度本身来解决，而只有社会主义革命才能够加以解决。其根本原因在于，资本主义社会的基本矛盾是生产的社会化和生产资料的资本主义私人占有之间的矛盾。而正是这种矛盾导致无产阶级和资产阶级的对立。因此，只有通过社会主义革命，推翻资产阶级的政治统治，以生产资料的社会主义公有制代替资本主义占有制，才能求得这一矛盾的根本解决。

社会主义社会的基本矛盾之所以具有非对抗性，其原因在于：以生产资料的公有制为基础的社会主义基本经济制度，比较旧时代生产关系更能够适合生产力发展的性质，能够容许生产力以旧社会所没有的速度迅速发展，从而使生产不断扩大，使人民不断增长的需要能够逐步得到满足。社会主义的根本政治制度（国体：人民民主专政；政体：人民代表大会制度）；社会主义的基本政治制度（国家结构形式：统一的多民族国家和单一制国家中的民族区域自治制度；政党制度：中国共产党领导的多党合作和政治协商制度）则是为最广大的人民群众享有越来越充分的人民民主而创设的，它有利于国家的统一、民族的团结和社会的稳定，并且具有高度的效能。

正因为社会主义的基本制度比起旧中国的社会制度有着极大的优越性，所以社会主义社会的基本矛盾不具有对抗性，“它可以经过社会主义制度本身，不断地得到解决”。具体地说，它可以在坚持社会主义基本制度的前提下，自觉地调整生产关系中不适应生产力发展要求的部分，调整上层建筑中不适应经济基础的部分；而不需要像在资本主义社会那样，表现为剧烈的阶级对抗和社会冲突，表现为一个阶级推翻另一个阶级的革命。

毛泽东强调：当人民推翻了帝国主义、封建主义和官僚资本主义的统治之后，中国要向哪里去？向资本主义，还是向社会主义？“事实已经回答了这个问题：只有社会主义能够救中国。”因此，我们必须坚持社会主义制度。与此同时，他又指出：“我国的社会主义制度还刚刚建立，还没有完全建成，还不完全巩固。”因此，“我们的社会主义制度还需要有一个继续建立和巩固的过程”，需要“经过社会主义制度本身”，不断地去克服它的某些具体制度和环节上的缺陷，使之逐步地完善起来。用今天的话来讲，就是要进行改革。

毛泽东提出的社会主义社会基本矛盾的学说，为进行社会主义性质的改革提供了理论依据，奠定了思想基础。1957 年 3 月，他明确地说过，“中国的改革和建设靠我们来领导”。“我们国家要有很多诚心为人民服务、诚心为社会主义事业服务、立志改革的人。我们共产党员都应该是这样的人。”经他修改的关于 1960 年国民经济报告稿指出：“根据生产力迅速发展的要求，对生产关系和上层建筑进行不断的改革，就为生产力的不断发展开辟了广阔的道路。而生产力的发展，又**迫使**生产关系和上层建筑**不能不进行**不断的改革。”①

二、社会主义社会有两类社会矛盾

（一）正确划分和处理敌我之间和人民内部两类社会矛盾

社会主义社会的基本矛盾在人与人的关系上反映出来，就表现为两类不同性质的社会矛盾，而大量地表现为人民内部矛盾。

毛泽东说：“在我们的面前有两类社会矛盾，这就是敌我之间的矛盾和人民内部的矛盾。这是性质完全不同的两类矛盾。”怎样认识这两类矛盾呢？

第一，为了正确地认识这两类不同的矛盾，应该首先弄清楚什么是人民，什么是敌人。“人民这个概念在不同的国家和各个国家的不同的历史时期，有着不同的内容。”“在现阶段，在建设社会主义的时期，一切赞成、拥护和参加社会主义建设事业的阶级、阶层和社会集团，都属于人民的范围；一切反抗社会主义革命和敌视、破坏社会主义建设的社会势力和社会集团，都是人民的敌人。”

第二，在我国现在的条件下，所谓人民内部的矛盾，包括工人阶级内

① 《建国以来毛泽东文稿》第 9 册，中央文献出版社 1996 年版，第 109 页。

部的矛盾，农民阶级内部的矛盾，知识分子内部的矛盾，工农两个阶级之间的矛盾，工人、农民同知识分子之间的矛盾，工人阶级和其他劳动人民同民族资产阶级之间的矛盾，民族资产阶级内部的矛盾，等等。我们的人民政府是真正代表人民利益的政府，是为人民服务的政府，但是它同人民群众之间也有一定的矛盾。这种矛盾包括国家利益、集体利益同个人利益之间的矛盾，民主同集中的矛盾，领导同被领导之间的矛盾，国家机关某些工作人员的官僚主义作风同群众之间的矛盾。这种矛盾也是人民内部的一个矛盾。

第三，"敌我之间的矛盾是对抗性的矛盾。人民内部的矛盾，在劳动人民之间说来，是非对抗性的；在被剥削阶级和剥削阶级之间说来，除了对抗性的一面以外，还有非对抗性的一面"——这主要是指工人阶级和民族资产阶级之间的矛盾。"这是因为我国的民族资产阶级有两面性"。在资产阶级民主革命时期，它有革命性的一面，又有妥协性的一面。在社会主义革命时期，它有剥削工人阶级取得利润的一面，又有拥护宪法、愿意接受社会主义改造的一面。"人民内部的矛盾，是在人民利益根本一致的基础上的矛盾。

第四，分清两类矛盾的不同性质，是为了采取正确的方法处理这两类矛盾。毛泽东指出："敌之我之间和人民内部这两类矛盾的性质不同，解决的方法也不同。"简单地说，前者是分清敌我的问题，后者是分清是非的问题。当然，敌我问题也是一种是非问题。比如我们同帝国主义、封建主义、官僚资本主义这些内外反动派，究竟谁是谁非，也是是非问题。"但是这是和人民内部问题性质不同的另一类是非问题"。既然如此，我们应该明确，认识矛盾的性质，而后决定处理的方针和方法。对矛盾的性质认识不清楚，矛盾的性质确定错了，在处理方针上要犯错误；方针错了，那在一系列的具体办法上都要犯错误。①

毛泽东提出的两类社会矛盾的学说，为中国共产党制定调动一切积极因素、并且尽可能地化消极因素为积极因素的建设社会主义的基本方针，

---

① 《刘少奇选集》下卷，人民出版社 1985 年版，第 301 页。

提供了理论依据。

（二）把正确处理人民内部矛盾作为国家政治生活的主题

为了调动一切积极因素建设社会主义，最重要的是必须学会正确处理人民内部矛盾。

1957 年 3 月 20 日，毛泽东在一份讲话提纲中写道："人民内部的斗争为主，还是阶级斗争为主？两者都有，都要注意，但今天突出的问题是人民内部的问题"。[①] 这就是说，要把正确处理人民内部矛盾作为国家政治生活的主题。毛泽东强调："国家的统一，人民的团结，国内民族的团结，这是我们的事业必定要胜利的基本保证。"而为了赢得和巩固这一基本保证，最重要的是正确处理和解决人民内部的矛盾。

为了提高全党同志特别是党的干部对此问题的认识，毛泽东提出，要认真从匈牙利事件中汲取教训。他说，"一般情况下，人民内部的矛盾不是对抗性的。但是如果处理得不适当，或者失去警觉，麻痹大意，也可能发生对抗。"匈牙利事件所表现的那种范围相当宽广的对抗行动，是因为有内外反革命因素在起作用的缘故。这是一种特殊的也是暂时的现象。社会主义国家内部的反动派同帝国主义互相勾结，利用人民内部的矛盾，挑拨离间，兴风作浪，企图实现他们的阴谋。"匈牙利事件的这种教训，值得大家注意。"

（三）用民主的方法、团结——批评——团结的方法，正确处理人民内部的矛盾

那么，应当怎样正确处理人民内部矛盾的问题呢？

毛泽东说，解决人民内部矛盾，要采取民主的方法、说服教育的方法，要坚持运用"团结——批评——团结"的方法和实行"百花齐放，百家争鸣"的方针。这是因为，人民内部的矛盾是在人民利益根本一致基础上的矛盾，不具有对抗性，所以不应当采取专政的办法、压服的办

① 《建国以来毛泽东文稿》第 6 册，中央文献出版社 1992 年版，第 376 页。

法。因为“压是压不服人的，只会使我们处于不利的地位。如果用压服的方法，我们就没有理，我们就输了”。而且，“如果采取压服的方法，不让百花齐放、百家争鸣，那就会使我们的民族不活泼，简单化，不讲道理，使我们党不去研究说理，不去学会说理”。马克思主义也不能发展了。[①] 这对于我们的事业是极为不利的。毛泽东说过：“百花齐放、百家争鸣的方针不但是使科学和艺术发展的好方法，而且推而广之，也是我们进行一切工作的好方法。”

在人民民主专政的国家里，人民群众是应当享有广泛的民主权利的。毛泽东认为，即使对于自己选出的政府，即使对国家的指导思想——马克思主义，也可以提出批评。他说：“马克思主义是不怕批评的，应允许互相批评，批评政府不犯罪。”[②] 为了造成生动活泼的政治局面，他主张“党内党外在一起开一些有关大政方针的会议，公开整风，党和政府的许多缺点登报批评”。[③] 1957 年 3 月，他在一份材料[④]上作过如下一些批注：针对有人认为，“经典著作是不许怀疑的”这种说法，他写道：“不许怀疑吗?”在“对党的政策的怀疑的意见是否允许争论?”这个问题旁边，他写道：“为什么不允争论呢?”当然，这种怀疑和争论并不是没有限度的。在“党员在理论上怀疑或反对马克思列宁主义的个别原理是否允许?如果根本怀疑马克思列宁主义的哲学、经济学或社会主义理论，可否留在党内?”这句话旁边，他写道：“前者是肯定的，后者是否定的。”[⑤]

总之，毛泽东认为：所谓正确处理人民内部矛盾问题，就是我们党从来经常说的走群众路线的问题。共产党员要善于同群众商量办事，任何时候也不要离开群众。“如果党群关系搞不好，社会主义制度就不可能建成；社会主义制度建成了，也不可能巩固。”[⑥] 他相信，“我们将在百花齐

---

① 《党的文献》2002 年第 5 期，第 37 页。
② 《建国以来毛泽东文稿》第 6 册，中央文献出版社 1992 年版，第 361 页
③ 《建国以来毛泽东文稿》第 6 册，中央文献出版社 1992 年版，第 544 页。
④ 指中宣部印发的《有关思想工作的一些问题的汇集》。
⑤ 《建国以来毛泽东文稿》第 6 册，中央文献出版社 1992 年版，第 411—412 页
⑥ 《建国以来毛泽东文稿》第 6 册，中央文献出版社 1992 年版，第 547 页。

放、百家争鸣中发展真理，少犯错误，将一个落后的中国变为一个先进的中国”。[①] “采取现在的方针，文学艺术、科学技术会繁荣发达，党会经常保持活力，人民事业会欣欣向荣，中国会变成一个大强国又使人可亲。”[②]

三、社会主义改造基本完成后，国家的根本任务是在新的生产关系下面保护和发展生产力

当中国进入开始全面建设社会主义时期时，毛泽东对党所面临的形势和任务作出了科学的分析。他指出：“革命时期的大规模的急风暴雨式的群众阶级斗争基本结束，但是阶级斗争还没有完全结束”。我们“现在处在转变时期：由阶级斗争到向自然界斗争，由革命到建设，由过去的革命到技术革命和文化革命。”他说，二十世纪，“上半个世纪搞革命，下半个世纪搞建设。现在的中心任务是搞建设”。[③] 他把这个“产业革命或者说经济革命”，称作是“第二个革命”。[④] 过去，我们进行了新民主主义革命和社会主义改造，为全面进行社会主义建设创造了政治前提和制度基础。虽然还有反革命，但是不多了。所以，“我们的根本任务已经由解放生产力变为在新的生产关系下面保护和发展生产力。”

毛泽东提出正确区分和处理敌我和人民内部两类矛盾，正是为了适应进入开始全面建设社会主义的新时期的这种需要。他说：“在这个时候，我们提出划分敌我和人民内部两类矛盾的界限，提出正确处理人民内部矛盾的问题，以便团结全国各族人民进行一场新的战争——向自然界开战，发展我们的经济，发展我们的文化，使全体人民比较顺利地走过目前的过

① 《建国以来毛泽东文稿》第6册，中央文献出版社1992年版，第376页。

② 《毛泽东文集》第7卷，人民出版社1999年版，第291页。

③ 逄先知、金冲及主编：《毛泽东传（1949—1976）》上卷，人民出版社2002年版，第648页。

④ 《毛泽东文集》第8卷，人民出版社1999年版，第216页。

渡时期，巩固我们的新制度，建设我们的新国家，就是十分必要的了。”

由于阶级斗争还没有完全结束，敌我矛盾仍然存在，我们人民民主专政的国家的专政职能必须坚持而不能削弱。专政的第一个作用，“就是为了解决国内敌我之间的矛盾”。此外，为了维护社会秩序和广大人民的利益，对于那些盗窃犯、诈骗犯、杀人放火犯、流氓集团和各种严重破坏社会秩序的坏分子，也必须实行专政。专政还有第二个作用，就是防御国家外部敌人的颠覆活动和可能的侵略。在这种情况出现的时候，专政就担负着对外解决敌我之间的矛盾的任务。专政的目的是为了保卫全体人民进行和平劳动，将我国建设成为一个具有现代工业、现代农业和现代科学文化的社会主义国家。这就是说，坚持人民民主专政，首先就是为了在新的生产关系下面保护和发展生产力。

但是，专政的制度不适用于人民内部。人民自己不能向自己专政，不能一部分人民去压迫另一部分人民。在人民内部是实行民主集中制。毛泽东告诫党内的同志，必须使自己的思想适应变化了的形势，不要只强调专政、守法的一面，而忽略民主的一面。

关于民主和专政的问题，在毛泽东发表讲话之前，周恩来发表过重要看法。他指出：“现在我们的人民民主专政应该是：专政要继续，民主要扩大。……这一方面是形势许可，另一方面是从整个无产阶级专政的历史中得来的经验。我们的人民民主专政是为了建设社会主义，消灭剥削阶级。专政的权力虽然建立在民主的基础上，但这个权力是相当集中相当大的，如果处理不好，就容易忽视民主。苏联的历史经验可以借鉴。所以我们要时常警惕，要经常注意扩大民主，这一点更带有本质的意义。”①

我们的国家是工人阶级领导的以工农联盟为基础的人民民主专政的国家。我们的这个社会主义的民主是任何资产阶级国家所不可能有的最广大的民主。同时，我们又要懂得：民主这个东西，有时看来似乎是目的，实际上，只是一种手段。马克思主义告诉我们，民主属于上层建筑，属于政治这个范畴。归根结底，它是为经济基础服务的。这就是说，实行民主，

---

① 《周恩来选集》下卷，人民出版社1984年版，第207页。

应当有利于全面建设社会主义，有利于在新的生产关系下面保护和发展生产力，而不是相反。

考虑到西方敌对势力打着“民主”的旗号对社会主义国家进行渗透和颠覆活动，考虑到匈牙利事件发生时国内一些人发生的思想混乱，毛泽东论述了在发扬民主时必须划清的几个界限。其主要内容是：

（1）人民应该行使自由和民主权利，“但是这个自由是有领导的自由，这个民主是集中指导下的民主，不是无政府状态。无政府状态不符合人民的利益和愿望。”针对“匈牙利事件发生以后，我国有些人感到高兴。他们希望在中国也出现一个那样的事件，有成千上万的人上街，去反对人民政府”的情况，毛泽东批评说：“他们的这种希望是同人民群众的利益相违反的，不可能得到人民群众支持的。匈牙利的一部分群众受了国外反革命力量的欺骗，错误地用暴力行为来对付人民政府，结果使得国家和人民都吃了亏。几个星期的骚乱，给予经济方面的损失，需要长时间才能恢复。”

（2）正确认识西方议会民主制的实质。针对“我国另有一些人在匈牙利问题上表现动摇”，“他们以为在我们的人民民主制度下自由太少了，不如西方的议会民主制度自由多。他们要求实行西方的两党制，这一党在台上，那一党在台下”的情况，毛泽东指出：“这种所谓两党制不过是维护资产阶级专政的一种方法，它绝不能保障劳动人民的自由权利。实际上，世界上只有具体的自由，具体的民主，没有抽象的自由，抽象的民主。在阶级斗争的社会里，有了剥削阶级剥削劳动人民的自由，就没有劳动人民不受剥削的自由。有了资产阶级的民主，就没有无产阶级和劳动人民的民主。有些资本主义国家也容许共产党合法存在，但是以不危害资产阶级的根本利益为限度，超过这个限度就不容许了。”

（3）正确认识“我们的民主集中制”。民主和自由是相对的，不是绝对的，都是在历史上发生和发展的。在人民内部，民主是对集中而言，自由是对纪律而言。这些都是一个统一体的两个矛盾着的侧面，它们是矛盾的，又是统一的，不应当片面地强调某一个侧面而否定另一个侧面。在人民内部，不可以没有自由，也不可以没有纪律；不可以没有民主，也不可以没有集中。“这种民主和集中的统一，自由和纪律统一，就是我们的民主集中制。在这个制度下，人民享受着广泛的民主和自由；同时又必须用社会主义的纪律约束自己。”人民为有效地进行生产、进行学习和有秩序地过生活，要求自己的政府、生产的领导者、文化教育机关的领导者发布各种适当的强制性的行政命令。没有这种行政命令，社会秩序就无法维持，这是人们的常识所了解的。这同用说服教育的方法去解决人民内部矛盾，是相辅相成的两个方面。

发扬人民民主，从根本上说，是为了巩固共产党的领导和社会主义制度，推进社会主义建设的事业。因此，发扬民主，必须遵循正确的政治方向。为了帮助广大人民在我国的政治生活中判断人们言论和行动的是非、辨别香花和毒草，根据我国宪法的原则、最大多数人的意志和各党派的共同主张，毛泽东提出了六条政治标准：（1）有利于团结全国各族人民，而不是分裂人民；（2）有利于社会主义改造和社会主义建设，而不是不利于社会主义改造和社会主义建设；（3）有利于巩固人民民主专政，而不是破坏或者削弱这个专政；（4）有利于巩固民主集中制，而不是破坏或者削弱这个制度；（5）有利于巩固共产党的领导，而不是摆脱或者削弱这种领导；（6）有利于社会主义的国际团结和全世界爱好和平人民的国际团结，而不是有损于这些团结。他强调：“这六条标准中，最重要的是社会主义道路和党的领导两条。”坚持这六条标准，才能坚持建设的社会主义方向，才能保持社会政治局面的稳定，以便集中力量进行现代化建设，在新的生产关系下面保护和发展生产力。这是我国的社会主义建设事业沿着正确方向胜利推进的根本政治保证。我们今天所说的四项基本原则，是对这六条标准的继承和发展。

《关于正确处理人民内部矛盾的问题》一文，为我们提供了如何以历史唯物主义的观点认识和研究社会主义社会及其发展的基本原则，对于我们研究社会主义建设的历史具有重要的指导意义。

延伸阅读：

1. 毛泽东：《关于正确处理人民内部矛盾的问题》，《毛泽东文集》第 7 卷，人民出版社 1999 年版。
2. 《再论无产阶级专政的历史经验》，《建国以来重要文献选编》第 9 册，中央文献出版社 1994 年版。
3. 毛泽东：《在省市自治区党委书记会议上的讲话》，《毛泽东文集》第 7 卷，人民出版社 1999 年版。
4. 毛泽东：《在中国共产党全国宣传工作会议上的讲话》，《毛泽东文集》第 7 卷，人民出版社 1999 年版。

《读苏联〈政治经济学教科书〉的谈话（节选）》（节选。一、四）学习导读

《读苏联〈政治经济学教科书〉的谈话（节选）》是毛泽东在社会主义建设时期总结社会主义建设规律的一篇代表性著作，对研究社会主义时期的历史有着重要的指导意义。

从 1958 年 11 月第一次郑州会议起，到 1959 年 7 月庐山会议初期，毛泽东多次提议各级领导干部读苏联《政治经济学教科书》。这部书是苏联科学院经济研究所编写的，其修订第三版由人民出版社出版了中文版。这部书的下册，阐述了马克思主义政治经济学关于社会主义建设的一般原理。毛泽东提倡读这部书的目的，是为了使各级领导干部更多地了解马克思主义经济理论，以便更好地认识与纠正“大跃进”和人民公社化运动当中已经发现的一些错误倾向，进一步探索社会主义建设的规律。

1959 年 12 月 10 日至 1960 年 2 月 9 日，毛泽东组织有陈伯达、胡绳、邓力群、田家英等参加的读书小组，先后在杭州、上海和广州，采取边读边议的方法，通读了这部《政治经济学教科书》的下册。在边读边议的过程中，毛泽东发表了许多谈话，比较系统地总结了中国革命和社会主义建设的经验，阐述了社会主义社会发展规律，并且论述了如何用马克思主义的立场、观点和方法来研究社会主义时期的问题。后经集纳整理，节选其中的部分内容收入《毛泽东文集》第 8 卷。

我们从《毛泽东文集》第 8 卷所收内容中，节选了第一、第四两个部分。这些内容，分别论述了如何结合历史分析来总结社会发展规律，如何用对立统一规律来研究社会历史过程和社会历史现象，如何正确认识革命在人类社会历史上的起因及其作用，如何认识和把握社会主义社会的矛盾运动等重要问题。

一、从历史发展过程的分析中来发现和证明规律

认识和把握规律，是社会历史研究的出发点和立脚点。毛泽东在读苏联《政治经济学教科书》的谈话中，就如何认识社会历史规律集中阐述了以下三个问题。

（一）规律存在于历史发展的过程中，是在事物的运动中反复出现的东西

人类历史发展究竟有没有规律？历史规律能不能被人类自身所认识？人类能否自己掌握自己的命运？这是在马克思主义诞生以前，所有的唯心论者和唯物论者都无法正确解答的问题。历史唯物主义第一次科学地解答了这些根本问题，使历史研究真正成为一门科学。

历史唯物主义认为，人类历史发展看似充满了偶然性，杂乱无章，实际上却循着大体一致的发展规律。毛泽东在读苏联《政治经济学教科书》的谈话中强调指出：规律是在事物的运动中反复出现的东西，不是偶然出现的东西。思想、认识是物质运动的反映。规律既然反复出现，因此就能够被认识。

他还举例说明上述论点。例如资本主义的经济危机，过去是八年到十年出现一次，经过多次的反复，就有可能使我们认识到资本主义社会中经济危机的规律。在土地改革中要实行平分土地的政策，也是经过反复多次以后才能认识清楚的。第二次国内战争的后期，当时的中央曾经主张按劳力分配土地，不赞成按人口平分土地。实践证明错的不是按人口平分土地，而是按劳动力分配土地。这个问题经过反复争论和实践，结果证明，按人口平分土地是符合我国民主革命阶段中彻底解决土地问题的客观规律的。

（二）把个别社会的特殊规律研究清楚了，整个社会的普遍规律就容易认识了

社会历史发展的规律，总是包含一般规律与特殊规律两个方面。一般

规律寓于特殊规律之中。人们认识社会历史规律，也需要通过个别社会的特殊规律来逐步认识人类社会的普遍规律。

毛泽东在读苏联《政治经济学教科书》的谈话中提出：研究通史的人，如果不研究个别社会、个别时代的历史，是不能写出好的通史来的。研究个别社会，就是要找出个别社会的特殊规律。把个别社会的特殊规律研究清楚了，那么整个社会的普遍规律就容易认识了。要从研究特殊中间，看出一般来。特殊规律搞不清楚，一般规律是搞不清楚的。例如要研究动物的一般规律，就必须分别研究脊椎动物、非脊椎动物等等的特殊规律。

他还提出，为了很好地研究中国近代以来的历史，很有必要写出一部中国资本主义发展史来。

同样地，我们要研究清楚资本主义的发展规律，不仅要研究英美法德等资本主义发达国家，还要研究亚非拉国家，研究近代中国的有关情况。只有深入研究各种类型国家的资本主义，才能更加深刻地把握世界资本主义的一般发展规律。

（三）研究问题应该从历史的分析开始，而不能只从规律出发进行演绎

对社会规律的研究以及历史研究，除了要注意从具体社会的特殊规律入手外，还要从对社会历史现象的具体分析入手。这是毛泽东在读苏联《政治经济学教科书》的谈话中，着重阐明的研究和掌握规律的又一个方法论原则。

他指出："规律自身不能说明自身。规律存在于历史发展的过程中。应当从历史发展过程的分析中来发现和证明规律。不从历史发展过程的分析下手，规律是说不清楚的。"世界上没有不能分析的事物。许多基本范畴，特别是对立统一的法则，对各种事物都是适用的。

毛泽东在具体论述中提出的以下论点，对历史研究很有启示。

第一，研究历史，要从历史实际出发，而不是从一般原理出发，不是要从一般原理中推演出历史结论，而是要从历史实际中发现其内在的规律

性。所以必须进行系统的周密的调查研究，尽可能全面、充分地掌握第一手材料。研究问题应该从历史的分析开始。

第二，研究历史，要分析矛盾。研究社会历史问题，要从生产力和生产关系的矛盾、经济基础和上层建筑的矛盾出发。研究阶级社会的历史，要研究阶级矛盾。

第三，研究问题，要从人们看得见、摸得到的现象出发，来研究隐藏在现象后面的本质，从而揭露客观事物的本质的矛盾，然后再用本质解释现象。人的认识总是先接触现象，通过现象找出原理、原则来。不能从概念入手。

二、用对立统一法则研究问题，就有了一贯的完整的世界观和方法论

对立统一规律，是自然界和人类社会发展的根本规律，也是辩证唯物主义和历史唯物主义分析社会历史问题的根本方法。毛泽东对此高度重视，将其贯穿到认识社会、改造社会的全部实践活动之中，并提出："要运用马克思主义的对立统一学说，观察和处理社会主义社会阶级矛盾和阶级斗争的新问题，观察和处理国际斗争中的新问题。"

毛泽东在读苏联《政治经济学教科书》的谈话中，就如何运用对立统一规律研究社会历史问题从以下三个方面做了论述。

（一）任何事物都有两重性

事物的两重性，是事物内部矛盾对立统一运动的结果。毛泽东认为："两重性，任何事物都有，而且永远有，当然总是以不同的具体的形式表现出来，性质也各不相同。"

在另一次讲话里，毛泽东还运用事物的两重性论述了帝国主义和一切反动派既是真老虎又是纸老虎，对待它们以及一切困难，都要把在战略上藐视同战术上重视结合起来。

毛泽东指出："同世界上一切事物无不具有两重性（即对立统一规律）一样，帝国主义和一切反动派也有两重性，它们是真老虎又是纸老虎。"历史上奴隶主阶级、封建地主阶级和资产阶级，在它们取得统治权力以前和取得统治权力以后的一段时间内，它们是生气勃勃的，是革命者，是先进者，是真老虎。在随后的一段时间，由于它们的对立面，奴隶阶级、农民阶级和无产阶级，逐步壮大，并同它们进行斗争，越来越厉害，它们就逐步向反面转化，化为反动派，化为落后的人们，化为纸老虎，终究被或者将被人民所推翻。反动的、落后的、腐朽的阶级，在面临人民的决死斗争的时候，也还有这样的两重性。所以，从本质上看，从长期上看，从战略上看，必须如实地把帝国主义和一切反动派，都看成纸老虎。从这点上，建立我们的战略思想。另一方面，它们又是活的铁的真的老虎，它们会吃人的。从这点上，建立我们的策略思想和战术思想。向阶级敌人作斗争是如此，向自然界作斗争也是如此。"这些都是从马克思主义关于宇宙发展的两重性，关于事物发展的两重性，关于事物总是当作过程出现而任何一个过程无不包括两重性，这样一个基本观点，对立统一的观点，出发的。"①

这些关于事物两重性的论述，为我们在历史研究中坚持用发展变化的观点看问题，在研究事物发展的阶段性的同时，注意分析把握事物性质变化的两重性，提供了重要的分析方法。

（二）保守和进步，稳定和变革，都是对立的统一

保守和进步，稳定和变革，是历史研究中经常遇到的两对范畴。如何看待保守和进步、稳定和变革在社会历史发展中的地位和作用，也是历史研究的重要问题。毛泽东在读苏联《政治经济学教科书》的谈话里，为我们用历史的与发展的眼光来分析和评价这些问题指明了方向。

毛泽东认为：保守和进步，稳定和变革，都是对立的统一，这也是两重性。生物的代代相传，就有而且必须有保守和进步的两重性。稻种改

---

① 《毛泽东文集》第7卷，人民出版社1999年版，第455—456页。

良，新种比旧种好。儿子比父母更聪明粗壮。这是进步，是变革。但是，如果只有进步的一面，变革的一面，那就没有一定相对稳定形态的具体的动物和植物。所以，保守的一面也有积极作用，可以使不断变革中的植物、动物，在一定时期内相对固定起来，或者说相对地稳定起来。但是如果只有保守和稳定，没有进步和变革一方面，植物和动物就没有进化，就永远停顿下来，不能发展了。

毛泽东的这段论述表明，考察事物存在与发展的条件是十分重要的。马克思主义的活的灵魂，就是对具体情况作具体分析。评价社会历史现象，评价保守和改良、稳定和变革，一定要结合当时当地的具体条件，考察它们对历史的发展，主要是起积极的、推动的作用还是消极的、阻碍的作用。

（三）事物的发展经过量变、部分质变达到质变，由此呈现出发展过程的阶段性

质变量变规律，是唯物辩证法的基本规律之一，也是对社会历史发展过程进行深入分析时需要经常运用的基本规律之一。

毛泽东指出："量变和质变是对立的统一。量变中有部分的质变，不能说量变的时候没有质变；质变是通过量变完成的，不能说质变中没有量变。质变是飞跃，在这个时候，旧的量变中断了，让位于新的量变。在新的量变中，又有新的部分质变。"这就告诉我们，要把社会看作是一个活的有机体，从其发展、变化中去把握它。

毛泽东举例说：打垮蒋介石，这是一个质变。这个质变是通过量变完成的。例如，要有三年半的时间，要一部分一部分地消灭蒋介石军队和政权。而这个量变中，同样有若干的部分质变。在解放战争期间，战争经过几个不同的阶段，每个新的阶段同旧的阶段比较，都有若干性质的区别。

量变、部分质变、质变，涉及历史上的改良、改革与革命的问题。在矛盾发展的不同阶段，需要用不同的手段来解决。当社会矛盾的发展尚处在量变和部分质变的时候，改良、改革具有不同程度的进步意义。当社会矛盾的发展已处于质变的时候，革命便成为历史发展的客观要求和主要动

力，而改良主义便可能成为维护旧有统治、消弭革命的手段。

三、人类社会一切革命的历史都证明，要进行革命，夺取政权，才有可能消灭旧的生产关系

社会革命是历史中的重要现象。毛泽东在读苏联《政治经济学教科书》的谈话里，结合中国革命和国外资产阶级革命的历史，着重论述了以下问题：

（一）革命与社会的发展

革命对社会发展具有巨大的推动作用。社会的发展到了质变的阶段，革命的发生有其客观的必然性，不是由任何人的主观意志决定的。由代表社会先进生产力发展方向的进步阶级所领导的革命，其目的是为了推翻阻碍生产力发展的反动统治，进而变革旧的生产关系，为生产力的进一步发展扫清道路。资产阶级革命是如此，无产阶级革命更是如此。

有人提出“告别革命”的口号来迷惑人。他们把革命的作用说得一无是处，企图全盘否定革命而神化改良。实际上，“告别革命”的论调是站不住脚的。第一，革命是不能“告别”的。革命是社会矛盾的客观运动的产物，不是人的主观随意而为的。第二，对社会历史发展而言，革命是好事，不是坏事，是历史发展的火车头。第三，革命所破坏的，主要是阻碍生产力发展和社会进步的东西，这是为建设扫清基地，创造前提。对于掌握了人类历史发展规律的无产阶级及其政党来说，制定科学的、符合实际的政策和策略原则，并且严格实行，不但可以避免革命对社会生产力的破坏，而且可以解放和发展社会生产力。第四，社会主义社会仍然是一个需要不断变革的社会。在社会主义条件下的改革开放，就是新中国又一次伟大的革命，是推动中国特色社会主义事业向前发展的强大动力。

（二）生产关系的革命是生产力的一定发展所引起的

毛泽东在回顾资产阶级革命的历史时指出：生产关系的革命，是生产力的一定发展所引起的。毛泽东在另一次讲话中还指出：生产力是最革命的因素。生产力发展了，总是要革命的。生产力有两项，一项是人，一项是工具。工具是人创造的。工具要革命，它会通过人来讲话，通过劳动者来讲话，破坏旧的生产关系，破坏旧的社会关系。①

生产力的发展，到什么时候提出进行革命的客观要求，关键是看受到旧的上层建筑保护的旧的生产关系是否从根本上严重阻碍了生产力的发展。

（三）先制造舆论，进行革命，夺取政权，然后解决所有制问题，再大大发展生产力，这是一般规律

毛泽东总结资产阶级革命和无产阶级革命的历史经验，概括提出："首先制造舆论，夺取政权，然后解决所有制问题，再大大发展生产力，这是一般规律。"这段重要而精彩的论述，把这种历史现象上升为一般规律的高度，发展了马克思主义经典作家关于无产阶级革命的社会物质条件的思想。

社会革命是生产力发展到一定阶段提出的客观要求，但这并不是说必须等到有了充分发展的生产力才能进行社会革命。庸俗生产力论，将社会革命的物质条件绝对化，否认在特定历史条件下社会生产力发展相对落后的国家进行社会革命的历史必然性。这一观点，实际上否认了社会革命具有解放和发展生产力的重要作用。

毛泽东指出："一切革命的历史都证明，并不是先有充分发展的新生产力，然后才改造落后的生产关系，而是要首先造成舆论，进行革命，夺取政权，才有可能消灭旧的生产关系。消灭了旧的生产关系，确立了新的生产关系，这样就为新的生产力的发展开辟了道路。"

在无产阶级革命夺取政权以前，不存在社会主义的生产关系，而资本

① 《毛泽东著作专题摘编》（上），中央文献出版社2003年版，第160—161页。

主义的生产关系，在封建社会中已经初步成长起来。在这点上，无产阶级革命和资产阶级革命有所不同。但是，这个一般规律，对无产阶级革命和资产阶级革命都是适用的，基本上是一致的。

毛泽东回顾历史，指出：从世界的历史来看，资产阶级工业革命，不是在资产阶级建立自己的国家以前，而是在这以后；资本主义的生产关系的大发展，也不是在上层建筑革命以前，而是在这以后。都是先把上层建筑改变了，生产关系搞好了，上了轨道了，才为生产力的大发展开辟了道路，为物质基础的增强准备了条件。在英国，是资产阶级革命（十七世纪）以后，才进行工业革命（十八世纪末到十九世纪初）。法国、德国、美国、日本，都是经过不同的形式，改变了上层建筑、生产关系之后，资本主义工业才大大发展起来。

这些论述，为我们在社会历史研究中既遵循历史唯物主义关于生产力决定作用的基本观点，又避免陷入庸俗生产力论，指明了方向。

四、社会主义社会的发展也存在矛盾运动，也要分阶段

毛泽东在读苏联《政治经济学教科书》的谈话里，根据中国社会主义建设的实践，继《关于正确处理人民内部矛盾的问题》之后，进一步论述了社会主义社会的矛盾运动规律等问题。

（一）在社会主义时代，矛盾仍然是社会运动发展的动力

毛泽东在读苏联《政治经济学教科书》的谈话里，进一步发挥了《关于正确处理人民内部矛盾的问题》一文中关于矛盾仍然是社会主义社会运动发展的动力的观点。

毛泽东指出："没有矛盾就没有运动。社会总是运动发展的。在社会主义时代，矛盾仍然是社会运动发展的动力。"

毛泽东既肯定了苏联《政治经济学教科书》在这个问题上的进步，

又指出了它的严重理论缺陷，认为这部教科书承认社会主义社会中生产关系和生产力的矛盾的存在，也讲要克服这个矛盾，但是不承认矛盾是动力。

社会主义社会的自身发展有没有阶段性，这也是毛泽东在纠正“大跃进”和人民公社化运动中间已经察觉的错误的过程中，不断思考的重要问题。在读苏联《政治经济学教科书》的谈话里，毛泽东指出：“社会主义这个阶段，又可能分为两个阶段，第一个阶段是不发达的社会主义，第二个阶段是比较发达的社会主义。后一阶段可能比前一阶段需要更长的时间。经过后一阶段，到了物质产品、精神财富都极为丰富和人们的共产主义觉悟极大提高的时候，就可以进入共产主义社会了。”这个观点，对于我们科学地认识中国进入社会主义社会以后的基本国情，认识社会主义社会的历史发展，具有重要意义。它是社会主义初级阶段理论的重要思想来源。

（二）要以生产力和生产关系、生产关系和上层建筑的平衡和不平衡作为纲，来研究社会主义社会的经济问题

在总结“大跃进”失误的教训中，毛泽东感受最为深切的就是综合平衡的问题。他指出：“大跃进的重要教训之一、主要缺点是没有搞平衡。”

时隔半年，毛泽东在读苏联《政治经济学教科书》的谈话里进一步提出：“我们要以生产力和生产关系的平衡和不平衡，生产关系和上层建筑的平衡和不平衡，作为纲，来研究社会主义社会的经济问题。”

应当怎样正确认识生产力和生产关系的平衡和不平衡，生产关系和上层建筑的平衡和不平衡呢？生产力和生产关系之间、生产关系和上层建筑之间的矛盾和不平衡是绝对的。上层建筑适应生产关系，生产关系适应生产力，或者说它们之间达到平衡，总是相对的。如果只有平衡，没有不平衡，生产力、生产关系、上层建筑就不能发展了，就固定了。毛泽东认为：有了这样的观点，就能够正确认识我们的社会和其他事物；没有这样的观点，认识就会停滞、僵化。

（三）社会主义社会里面的经济范畴，都是历史范畴

毛泽东把辩证唯物主义和历史唯物主义关于一切社会现象都是发展变化着的、都是历史的论点，贯彻到社会主义政治经济学之中，提出一个重要论断：社会主义社会里面的经济范畴都是历史范畴。

他认为：社会主义社会里面的按劳分配、商品生产、价值规律等等，现在是适合于生产力发展的要求的，但是，发展下去，总有一天要不适合生产力的发展，总有一天要被生产力的发展所突破，总有一天它们要完结自己的命运。能说社会主义社会里面的经济范畴都是永久存在的吗？能说按劳分配这些范畴是永久不变的，而不是像其他范畴一样都是历史范畴吗？

毛泽东还以"需要"这一经济范畴的历史变化为例，说明他的上述论点。他说：需要是不断被创造的。拿过去来说，没有文字，人们就没有对文具的需要，文字产生了，人们对文具的需要也随着创造出来了。拿现在来说，因为发明了电视机，所以人们对于它的需要也随着提出来了。人民的需要是逐步满足的。需要刺激生产的不断发展，生产也不断创造新的需要。

毛泽东在以上论述当中体现出来的用历史的眼光，用不断发展的眼光观察社会主义社会的现象与问题的精神，对于研究历史特别是社会主义建设和改革的历史很有帮助。

（四）社会主义社会也要进步和变革

社会主义社会也要进步和变革，这是科学地分析社会主义社会基本矛盾及其运动规律以后，得出的必然结论。

毛泽东在读苏联《政治经济学教科书》的谈话里，以劳动和分配关系为例，说明了社会主义社会也需要不断进步的道理。他指出：在劳动生产中人与人的关系，也是一种生产关系。生产关系包括生产资料所有制、劳动生产中人与人的关系、分配制度这三个方面。所有制方面的革命，在一定时期内是有底的。但是，人们在劳动生产和分配中的相互关系，总要不断地改进，这方面很难说有什么底。原始社会的公有制度，时间很长，

多少万年都是同样性质的，但是人们在劳动生产中的相互关系却有很多变化。可以设想，将来全世界实现共产主义以后，人们在劳动生产和分配中的相互关系，还会有无穷的变化，但是所有制方面不会有多大变化。

毛泽东还认为：社会主义制度的矛盾，是前进道路上的矛盾。社会主义制度下，虽然没有一个阶级推翻另一个阶级的革命，但是还有革命，技术革命，文化革命，也是革命。就是到了共产主义阶段，也还是要发展的。

这种不断发展、不断变化、不断改革的观点，对于研究社会主义社会的发展过程，研究其历史、现状和未来，很有帮助。

五、研究社会现象和历史现象要以辩证唯物论和历史唯物论为指导

毛泽东在读苏联《政治经济学教科书》的谈话里，对于这部教科书的研究方法提出了批评，并从正面阐述了如何运用辩证唯物主义和历史唯物主义来分析研究现实的问题。这些精辟的论述，对于历史研究具有重要的方法论价值。

（一）政治经济学和唯物史观难得分家

毛泽东指出：这本教科书，只讲物质前提，很少涉及上层建筑，即：阶级的国家，阶级的哲学，阶级的科学。“政治经济学研究的对象主要是生产关系，但是，政治经济学和唯物史观难得分家。不涉及上层建筑方面的问题，经济基础即生产关系的问题不容易说得清楚。”他认为，不从生产力和生产关系的矛盾、经济基础和上层建筑的矛盾出发，来研究问题，是这部教科书的一大缺点。

马克思写作《资本论》这部马克思主义政治经济学的奠基之作时，就是运用辩证唯物主义和历史唯物主义的世界观和方法论，揭示了资本主义社会的经济运动规律，阐述了资本主义产生、发展和必定灭亡的规律，

论证了资本主义为共产主义所取代的历史必然性。可以说，这是马克思主义研究的一个传统优势。不仅政治经济学研究是如此，史学研究是如此，与人类社会研究有密切关系的人文社会科学的各个学科都要贯彻马克思主义哲学的世界观和方法论，以学科研究对象为重点，紧紧抓住生产力和生产关系、经济基础和上层建筑的矛盾运动这一人类社会的基本矛盾，才能透过现象看本质，深刻地揭示研究对象的本质及其内在规律。

（二）没有哲学家头脑的作家，要写出好的经济学来是不可能的

毛泽东指出："没有哲学家头脑的作家，要写出好的经济学来是不可能的。马克思能够写出《资本论》，列宁能够写出《帝国主义论》，因为他们同时是哲学家，有哲学家的头脑，有辩证法这个武器。"他认为，这部教科书的作者们没有辩证法。他们做实际工作的人没有概括能力，不善于运用概念、逻辑这一套东西；而做理论工作的人又没有实际经验，不懂得经济实践。理论和实践没有结合起来。

有没有哲学家的头脑，关键不是会不会使用哲学术语，而是在研究中能不能融会贯通地运用马克思主义哲学的世界观和方法论，能不能灵活自如地运用唯物辩证法。恩格斯指出："如果不把唯物主义方法当作研究历史的指南，而把它当作现成的公式，按照它来剪裁各种历史事实，那它就会转变为自己的对立物。"① 毛泽东也针对文学艺术创作中的教条主义倾向指出："学习马克思主义，是要我们用辩证唯物主义和历史唯物主义的观点去观察世界，观察社会，观察文学艺术，并不是要我们在文学艺术作品中写哲学讲义。"②

对于历史研究来说，也应当如此。历史研究的任务，不只是要描述历史的现象，而是要揭示历史的规律性。因此，没有哲学家头脑的作家，要写出好的历史学著作来是不可能的。一个合格的马克思主义史学工作者，

---

① 《马克思恩格斯文集》第 10 卷，人民出版社 2009 年版，第 583 页。

② 《毛泽东选集》第 3 卷，人民出版社 1991 年版，第 874 页。

应当通过研读马克思主义史学经典著作，努力掌握贯穿其中的辩证唯物主义和历史唯物主义的立场、观点、方法，做到真懂、坚信、会用。

“有哲学家的头脑”，对于历史研究的另一个要求，就是要把宏观研究和微观研究有机地结合起来。历史研究一定要从具体材料出发，一定要从具体事例出发，否则就不可能深入，就会史论脱节。宏观研究一定要以微观考察为基础。但是，仅有微观考察，没有宏观研究，犹如盲人摸象，只见树木、不见森林，只见局部、不见全局，甚至以局部代替全局。因此，微观考察要同宏观研究有机结合，走出就事论事的狭小圈子，使其建立在历史唯物主义的科学思辨分析之上。只有这样，历史研究才能做到洞悉历史现象的本质，把握历史发展规律，揭示历史发展趋势。

（三）对马克思主义的基本原理必须遵守，同时要创造新的理论，写出新的著作

毛泽东指出：我们党里有人说，学哲学只要读《反杜林论》、《唯物主义和经验批判主义》就够了，其他的书可以不必读。这种观点是错的。“马克思这些老祖宗的书，必须读，他们的基本原理必须遵守，这是第一。但是，任何国家的共产党，任何国家的思想界，都要创造新的理论，写出新的著作，产生自己的理论家，来为当前的政治服务，单靠老祖宗是不行的。”

毛泽东还以马克思主义发展史为例，说明上述论点。他说：只有马克思和恩格斯，没有列宁，不写出《社会民主党在民主革命中的两种策略》等著作，就不能解决俄国 1905 年和以后出现的新问题。单有列宁的《唯物主义和经验批判主义》，还不足以对付十月革命前后发生的新问题。适应这个时期革命的需要，列宁就写了《帝国主义是资本主义的最高阶段》、《国家与革命》等著作。列宁死了，又需要斯大林写出《论列宁主义基础》和《论列宁主义的几个问题》这样的著作，来对付反对派，保卫列宁主义。我们在第二次国内战争末期和抗战初期写了《实践论》、《矛盾论》，这些都是适应于当时的需要而不能不写的。现在，我们已经进入社会主义时代，出现了一系列的新问题，如果单有《实践论》、《矛

盾论》，不适应新的需要，写出新的著作，形成新的理论，也是不行的。

为了进一步阐明这个论点，毛泽东还以近代资产阶级哲学的发展作例证。他说：无产阶级哲学的发展是这样，资产阶级哲学的发展也是这样。资产阶级哲学家都是为他们当前的政治服务的，而且每个国家，每个时期，都有新的理论家，提出新的理论。英国曾经出现了培根和霍布斯这样的资产阶级唯物论者，法国曾经出现了百科全书派这样的唯物论者，德国和俄国的资产阶级也有他们的唯物论者，各有特点，但都是为当时的资产阶级政治服务的。所以，有了英国的，还要有法国的；有了法国的，还要有德国的和俄国的。

这里提出了在社会科学研究和历史研究中如何对待马克思主义的问题。恩格斯指出："我们的理论是发展着的理论，而不是必须背得烂熟并机械地加以重复的教条。"① "每一个时代的理论思维，包括我们这个时代的理论思维，都是一种历史的产物"。"我们只能在我们时代的条件下去认识，而且这些条件达到什么程度，我们就认识到什么程度。"② 列宁指出："马克思主义的全部精神，它的整个体系，要求人们对每一个原理都要（α）历史地，（β）都要同其他原理联系起来，（γ）都要同具体的历史经验联系起来加以考察。"③ 毛泽东的上述论述同马克思、恩格斯、列宁的论述，在精神实质上都是一致的。

总之，马克思主义理论的基本原理，是放之四海而皆准的普遍真理。马克思主义老祖宗的东西绝不能丢，丢了就会丧失根本。在史学研究中，否定了这一点，就会重新陷入历史唯心主义的陷阱。马克思主义理论又是开放的、发展着的理论，需要与时俱进，研究新问题，产生新理论。在史学研究中，如果保守、僵化，搞教条主义，历史科学就难以向前推进，甚至会陷入停滞、倒退的境地。作为历史研究工作者，我们必须牢记这些历史的经验教训，结合历史研究，始终坚持马克思主义史学理论，并不断推动它的发展与创新。

---

① 《马克思恩格斯文集》第 10 卷，人民出版社 2009 年版，第 562 页。

② 《马克思恩格斯文集》第 9 卷，人民出版社 2009 年版，第 436、494 页。

③ 《列宁专题文集·论马克思主义》，人民出版社 2009 年版，第 163 页。

延伸阅读：

1. 毛泽东：《关于读书的建议》，《毛泽东文集》第 7 卷，人民出版社 1999 年版。
2. 毛泽东：《关于社会主义商品生产问题》，《毛泽东文集》第 7 卷，人民出版社 1999 年版。
3. 毛泽东：《在扩大的中央工作会议上的讲话》，《毛泽东文集》第 8 卷，人民出版社 1999 年版。
4. 毛泽东：《学习马克思主义的认识论和辩证法》，《毛泽东文集》第 8 卷，人民出版社 1999 年版。

《中国革命和中国共产党》（节选。第一章、第二章第一节）学习导读

《中国革命和中国共产党》是由毛泽东和其他几个在延安的同志于1939年冬合作写作的一个课本。第一章《中国社会》，是其他几个同志起草，经过毛泽东修改的。第二章《中国革命》，是毛泽东自己写的。本导读选讲的是它的第一章和第二章第一节。

这部著作的上述章节，系统地概括了中国的基本国情和历史发展，分析了中国古代封建社会和近代半殖民地半封建社会的特点和主要矛盾，回顾了近百年来的革命运动，为我们正确地分析中国的社会问题和革命问题提供了基本的依据，也为我们科学地认识和研究中国古代和近代社会的历史指出了明确的方向。

一、中国的基本概况和历史发展

《中国革命和中国共产党》第一章第一节，在“中华民族”这个题目下，概述了中国的基本情况和历史发展。主要讲了以下几点：

（一）就领土来说，“我们中国是世界上最大国家之一”

中国陆地广阔，海岸线漫长。中国拥有的陆地面积约为960万平方公里。“它的领土和整个欧洲面积差不多相等。”中华民族就劳动、生息、繁殖在这块广袤的土地之上。另外，作为一个国家领土的重要组成部分，中国还拥有约300万平方公里的海洋国土。

（二）就人口及其民族成分来说，“中国是一个由多数民族结合而成的拥有广大人口的国家”

中华民族是拥有56个民族的大家庭。汉族占全国总人口的十分之九

以上，主要聚居在黄河、长江、珠江三大流域和松辽平原；其他55个民族占全国总人口的不足十分之一，习惯上称为“少数民族”，即蒙古族、回族、藏族、维吾尔族、苗族、彝族、壮族、布依族、朝鲜族、满族、侗族、瑶族、白族、土家族、哈尼族、哈萨克族、傣族、黎族、傈僳族、佤族、畲族、高山族、拉祜族、水族、东乡族、纳西族、景颇族、柯尔克孜族、土族、达斡尔族、仫佬族、羌族、布朗族、撒拉族、毛南族、仡佬族、锡伯族、阿昌族、普米族、塔吉克族、怒族、乌孜别克族、俄罗斯族、鄂温克族、德昂族、保安族、裕固族、京族、塔塔尔族、独龙族、鄂伦春族、赫哲族、门巴族、珞巴族、基诺族，大多分布在边疆，居住地约占全国总面积的50~60%，形成大分散小聚居的局面。“我们说中国地大物博，人口众多，实际上是汉族‘人口众多’，少数民族‘地大物博’，至少地下资源很可能是少数民族‘物博’。”① 56个民族都是中华民族大家庭中平等的一员，在漫长的历史发展过程中，共同开发建设了祖国的大好河山，创造了灿烂的中华文明。虽然在封建专制主义的统治下，在古代和近代的历史上存在着民族压迫，发生过民族之间的冲突和战乱，但总的来说，各民族之间的相互关系是在统一的国家内不断发展的。中华民族代代相传、经久不衰，表现出了顽强的生命力和伟大的创造力。

（三）从中华文明的发展情况来说，“中国是世界文明发达最早的国家之一”

中华文明作为世界上四大古老文明之一，与其他的古老文明即古埃及文明、古巴比伦文明、古印度文明相比，其起源不是最早的，但却是唯一从未中断、一直延续至今的文明。源远流长、博大精深的中华文明对人类进步与发展产生了广泛而深远的影响，极大地丰富了世界文明的宝库。

（四）从历史传统来说，中华民族是“一个有光荣的革命传统和优秀的历史遗产的民族”

中华民族从不屈服于国内反动势力的压迫，也从不屈服于国外侵略势

① 《毛泽东文集》第7卷，人民出版社1999年版，第33页。

力的侵略。在长期反抗压迫和侵略的斗争中，中华民族曾出现过无数可歌可泣的民族英雄和革命领袖，他们创造了许多惊天动地的业绩。在斗争中，中华民族形成了以爱国主义为核心的团结统一、爱好和平、勤劳勇敢、自强不息的伟大民族精神。中华民族之所以能够历经磨难而不衰，饱尝艰辛而不屈，千锤百炼而愈加坚韧，其重要的原因之一，靠的就是不断丰富和发展的中华民族精神的激励和感召。

总之，中国是一个伟大的多民族国家，是一个地广人众、历史悠久而又富于革命传统和优秀遗产的国家。如实地认识这些基本情况，有助于增强中国人民的民族自尊心、自信心和自豪感。

二、中国古代的封建社会

本书第一章的第二、三节，论述了中国古代的封建社会和近代的半殖民地半封建社会及其历史发展。

贯穿于这两节的基本思想是：研究中国的社会历史必须研究中国的社会经济形态。社会经济形态是历史唯物主义的基本范畴之一，是指人类在一定历史发展阶段上的生产关系的总和，也指一定历史发展阶段上的经济基础及与其相适应的上层建筑的统一。只有运用马克思创立的社会经济形态学说，才能揭示同一社会历史发展阶段的社会现象的重复性和常规性，把握社会历史的发展规律。

毛泽东认为，人类历史上的阶级社会，大体上分为奴隶社会、封建社会和资本主义社会三个阶段。中国的社会发展的历史，也是如此。只是因为内部的和外部的原因，中国没有也不可能发展到完全的资本主义的社会。

本书认为，自周秦以来，中国的封建社会一直延续了三千年左右。①

① 史学界对这个问题的认识并不一致。但多数学者确认，中国自秦汉以来进入了封建社会。

封建社会是人类社会发展必经的一个独立的社会形态。封建生产方式的特征，是封建大土地所有制和适应于当时生产力的个体小生产相结合，封建主凭藉对农民的超经济强制，攫取封建地租，以不断满足自己的需要。①

世界各国的封建社会既有其共同性，又有其特殊性。中国的封建社会并不总是同“封邦建国”有必然的联系。在中国历史上，“封建”二字最早是指西周初期周天子“封邦建国”的分封制，但后来人们使用的“封建社会”系指一种特定的社会形态，与始初的“封建”词义有别。所以，虽然秦代即已“废封建，置郡县”，但作为特定的社会经济形态的封建制度并未就此终结。在此后两千多年的历史上，上述封建生产方式的基本特征（即封建社会的共同性）始终存在，中国一直处于封建社会的发展阶段。

（一）中国封建社会的主要特点和主要矛盾

研究中国封建社会的历史，必须把握中国封建社会的经济制度和政治制度所具有的以下几个主要特点：

第一，从生产力的性质、水平和社会经济生活的状况来说，“是自给自足的自然经济占主要地位”。

以个体家庭为单位并与家庭手工业牢固结合的小农经济是中国封建社会的基本生产结构。这种自给自足的小农经济曾有利于中国封建社会的经济发展和社会稳定，但同时又束缚和限制了生产力的发展，对新的生产方式具有较强的排斥力和抵抗力。②

由于农民过的基本上是自给自足的生活，地主收取地租主要是为了自己享用，所以虽有交换的发展，但是在整个社会经济生活中不起决定的作用。在长时期内，中国封建政府还实行重农抑商政策，更阻碍了商品经济的发展。

第二，从生产关系来说，是以地主阶级的土地所有制为基础。

---

① 《中国大百科全书·外国历史》上卷，中国大百科全书出版社 1990 年版，第 327 页。

② 《中国近现代史纲要》（2010 年修订版），高等教育出版社 2010 年版，第 6 页。

土地是最基本的生产资料。地主阶级拥有最大部分的土地，广大农民则没有或只有少量的土地。他们租种地主的土地，并将收获的四成、五成、六成甚至七成、八成以上作为地租，交给地主。地租占据了农民的几乎全部劳动剩余产品。这不仅压抑了农民的生产积极性，也使他们很少有能力去进行扩大再生产。

第三，从封建剥削的方式来说，农民不仅主要受到高额地租的剥削，而且还要向地主阶级的国家缴纳贡税，并从事无偿的劳役。

在封建社会里，在占主导地位的封建地主土地所有制之外，还有一定数量的“自耕农小土地所有制”。在农民中，除广大佃农之外，还有一部分自耕农。自耕农是一个不稳定的阶层。他们“是封建国家征收赋税的主要来源，也是封建国家徭役和兵役的主要承担者”。①

第四，建立在这种封建的经济基础之上的政治上层建筑，“是地主阶级的封建国家”。

封建国家的性质，“是保护这种封建剥削制度的权力机关”。它主要包括一大群的国家官吏和主要地是为了镇压农民之用的军队。地主阶级是封建统治的阶级基础，中国历代封建王朝都毫无例外地、不遗余力地维护地主阶级的利益。

中国封建社会政治的基本特征是实行高度中央集权制的封建君主专制制度。从秦始皇统一中国，建立专制主义的中央集权的封建帝国以来，历朝统治者不断加强皇权，加强中央集权，同时加紧对地方官员的控制和监督。这种封建中央集权君主专制体制，巩固了封建统治，在一定程度上维护了多民族国家的统一，同时也在很大程度上抑制了中国封建社会的生机和活力。②

由于自给自足的自然经济占主要地位，由于商品交换不发达，全国的经济联系并不紧密。在这种地方性的农业经济的基础之上，封建割据的状态在某种程度上仍然保留着。这对维护国家的统一和稳定、促进经济的交

① 林甘泉、张海鹏、任式楠：《从文明起源到现代化》，人民出版社2002年版，第171—172页。

② 《中国近现代史纲要》（2010年修订版），高等教育出版社2010年版，第6—7页。

流和发展，并不是有利的。

在中国的封建社会中，地主和农民是两个基本的阶级。“封建社会的主要矛盾，是农民阶级和地主阶级的矛盾。”

地主阶级中，有贵族官僚地主、豪强地主和商人地主三个主要等级，皇帝则是最大的地主和地主阶级的总代表。农民中，有佃农、雇农，也有自耕农等。据有的学者估算，清代后期南方的佃农约占当地总农户的50%—60%，北方则约占30%—40%。①

中国的经济、政治、文化的发展，“长期地陷在发展缓慢的状况中”。这同中国封建社会所具有的上述特点直接有关。而地主阶级残酷的剥削和压迫所造成的农民极端的穷苦和落后，“就是中国社会几千年在经济上和社会生活上停滞不前的基本原因”。

（二）农民斗争“是历史发展的真正动力”

在中国的封建社会中，“只有农民和手工业工人是创造财富和创造文化的基本的阶级”。

人类社会的历史，归根结底是生产的历史，是生产者的历史，因此，农民和手工业工人是物质财富的主要创造者，这是不难理解的。为什么说他们还是“创造文化的基本的阶级”呢？对此，毛泽东说过：“中国历来只是地主有文化，农民没有文化。可是地主的文化是由农民造成的，因为造成地主文化的东西，不是别的，正是从农民身上掠取的血汗。”② 而且，从根本上说，精神财富的创造，离开了人民群众的实践，也是不可能的。

在中国封建社会的变革和发展中，农民群众更是起到了积极的推动作用。一部封建社会史表明，许多王朝的末期，由于各种社会矛盾激化，出现深重的社会危机。有些统治阶级的有识之士虽然提出了改良对策，但都无济于事。当社会生产完全陷入绝境时，农民战争的爆发不仅是势所必然，也是摆脱社会危机的惟一出路。农民战争打击了封建王朝的黑暗统治

---

① 林甘泉、张海鹏、任式楠：《从文明起源到现代化》，人民出版社2002年版，第165—167页。

② 《毛泽东选集》第1卷，人民出版社1991年版，第39页。

和地主阶级的倒行逆施，抑制了土地兼并的恶性膨胀，用暴力迫使封建国家和地主阶级不得不在一定程度上调整封建的经济关系和政治制度，从而使社会生产力得以进一步发展。正是在此基础上，才出现了历史上的一些所谓“盛世”。正因为如此，“在中国封建社会里，只有这种农民的阶级斗争、农民的起义和农民的战争，才是历史发展的真正动力。”

由于在中国传统史学中，在历史上占主要地位的，是帝王将相、英雄豪杰、才子佳人，而劳动人民则往往被边缘化，甚至被丑化。这是历史的根本颠倒。唯物史观应该把被颠倒的历史重新纠正过来，恢复历史的真实面貌，批判否定人民群众的观点，批判各种否定、贬低人民群众在社会发展中的地位和作用的历史唯心主义观点，牢固树立推动历史前进的决定性力量是人民群众的科学观点。

（三）单纯农民战争的局限性

农民战争虽然是封建社会历史发展的真正动力，但是这种单纯的农民战争即没有先进阶级领导的旧式农民战争，具有难以克服的局限性。它无非面临两种结局：一种是在封建政权的镇压下遭到失败，一种是被地主阶级利用，成为改朝换代的工具。其根本原因在于，农民作为小生产者，不是新的生产力和新的生产关系的代表。农民的个体经济，同封建的生产关系和上层建筑并非不相容，而且相反，它正“是封建制的经济基础”。所以，起义农民提不出任何完整的社会理想来同整个封建制度相对抗，他们往往把斗争的矛头指向封建制度的某种形式或方面，如王朝官府的苛重的赋税、无尽的徭役兵役、豪强地主的土地兼并或无度的租额等等。即使提出过“均田”的主张，这固然反映出农民力图摆脱地主剥削而成为独立小生产者的愿望，但是独立的小生产是不可能构成独立的社会经济态的。在封建社会中，它只能是封建经济的附属物和补充部分。所以课本强调：“只是由于当时还没有新的生产力和新的生产关系，没有新的阶级力量，没有先进的政党，因而这种农民起义和农民战争得不到如同现在所有的无产阶级和共产党的正确领导，这样，就使当时的农民革命总是陷于失败，总是在革命中和革命后被地主和贵族利用了去，当作他们改朝换代的工具。”

三、中国近代的半殖民地半封建社会

1840年鸦片战争以后，中国社会的性质发生了巨大变化。随着外国资本主义的侵入，中国的社会经济形态“开始由古代的独立的封建的社会经济形态，逐步地改变为半殖民地的半封建的社会经济形态”。所谓半殖民地，是指中国一方面逐步殖民地化了，另一方面并没有沦为某一个资本主义国家直接统治的殖民地；所谓半封建，是指中国一方面仍然保留着封建经济，另一方面逐步发生了资本主义因素。所以，所谓半殖民地的半封建的社会经济形态，也就是“半独立的半资本主义的社会经济形态”。①

（一）外国资本主义的入侵和中国资本主义的发生、发展

中国的资本主义经济是随着外国资本主义的侵入而形成和发展起来的。

鸦片战争以后，外国资本主义的侵入破坏了中国自给自足的自然经济的基础，给资本主义造成了商品市场，而大量农民和手工业者破产，又给资本主义造成了劳动力的市场。这样，就“给中国资本主义生产的发展造成了某些客观的条件和可能。”于是，从19世纪下半期开始，中国的资本主义经济开始发生，随后，中国的资产阶级和无产阶级也逐步地形成和发展起来。

是不是没有外国资本主义的侵入，中国社会将永远停滞不前、不发生任何变化呢？不是的。毛泽东指出：“中国封建社会内的商品经济的发展，已经孕育着资本主义的萌芽，如果没有外国资本主义的影响，中国也将缓慢地发展到资本主义社会。外国资本主义的侵入，促进了这种发展。”

（二）帝国主义的目的是变中国为其殖民地半殖民地

外国资本主义的入侵是为了使中国成为独立的资本主义国家吗？不

① 《毛泽东文集》第5卷，人民出版社1996年版，第57页。

是。西方列强侵略中国的根本目的，绝不是要帮助中国发展资本主义，而是要把中国变成它们的半殖民地或殖民地。

毛泽东指出：资本主义的发生和发展，这“只是帝国主义侵入中国以来所发生的变化的一个方面。还有和这个变化同时存在而阻碍这个变化的另一个方面，这就是帝国主义勾结中国封建势力压迫中国资本主义的发展。”

这两个方面的作用，究竟哪一个方面是主要的呢？答案是后者而不是前者。课本从十个方面揭露了帝国主义列强对中国的侵略、压迫和剥削。这些都是严重阻碍中国社会进步，也不利于资本主义发展的。比如：“帝国主义列强经过借款给中国政府，并在中国开设银行，垄断了中国的金融和财政。因此，它们就不但在商品竞争上压倒了中国的民族资本主义，而且在金融上、财政上扼住了中国的咽喉。”“帝国主义列强还在中国经营了许多轻工业和重工业企业，以便直接利用中国的原料和廉价的劳动力，并以此对中国的民族工业进行直接的经济压迫，直接地阻碍中国生产力的发展。”

帝国主义列强认为，中国成为独立的资本主义国家和发达的资本主义社会，意味着它们将丧失在中国享有的殖民主义特权，并在国际上增加一个强有力的竞争对手。这是它们所不容许的。毛泽东指出：“帝国主义侵略中国，反对中国独立，反对中国发展资本主义的历史，就是中国的近代史。历来中国革命的失败，都是被帝国主义绞杀的，无数革命的先烈，为此而抱终天之恨。”辛亥革命时期，帝国主义支持袁世凯、排斥孙中山，就是有力的证据。

（三）半殖民地半封建社会的主要特点和主要矛盾

半殖民地半封建的中国社会，是近代以来在外国资本主义势力的入侵及其与中国封建势力相结合的条件下，逐步形成的一种从属于资本主义世界体系的畸形的、特殊的社会形态。中国半殖民地半封建社会的基本特点可以概括为六个方面：

1. 封建剥削制度的根基——地主阶级对农民的剥削，不但依旧保持着，而且在中国的社会经济生活中占着显然的优势。

中国是一个农业国。农业人口占全国总人口的百分之八十以上。广大无地或少地的农民租种地主及旧式富农的土地，遭受着苛重的地租剥削，同时也受到商业资本、高利贷资本的剥削。政府当局还通过征收各种苛捐杂税，直接对农民进行掠夺，并强迫农民服劳役和服兵役。在残酷的封建压迫和剥削下，中国农村的经济日益陷入绝境。这表明，中国面临着反对封建主义、进行土地制度改革的任务，而广大农民则是一个具有强烈的革命愿望和伟大的革命潜力的社会力量。

2. 民族资本主义有了某种发展，但是它没有成为中国社会经济的主要形式。

民族资本主义是当时中国比较进步的生产关系，它并在中国政治的、文化的生活中起了颇大的作用。不过，由于受到外国垄断资本的排挤，本国封建生产关系的束缚，军阀官僚政府的苛重赋税的压榨，它的发展是很艰难的，它的力量是很软弱的。它在国民经济中所占的比重很小，没有、也不可能成为其主体；在民族资本中，工业资本占的比重小，商业资本和金融资本占的比重大；而民族资本主义工业主要是轻工业，缺乏重工业的基础，不能构成独立的、比较完整的工业体系和国民经济体系；它的大部分对于外国帝国主义和国内封建主义都有或多或少的联系。这表明，当时的中国需要资本主义的发展，但是中国不可能依靠民族资本主义的发展，成为独立的资本主义国家和发达的资本主义社会。

中国的资本主义经济分为两个部分，一部分是官僚资本主义经济，这是垄断性的资本主义经济，是中国资本主义经济的主体，而掌握官僚资本的阶级——官僚资产阶级，是中国的大资产阶级；另一部分是民族资本主义经济，这是中等规模和小规模的资本主义经济，而掌握民族资本的阶级——民族资产阶级，是中等资产阶级和上层小资产阶级。对此，毛泽东没有展开具体的分析。这是因为，他说过，“写《新民主主义论》时，民族资本与官僚资本的区别在我们脑子里尚不明晰。”①《中国革命和中国共产党》是在《新民主主义论》之前写的，就更是如此了。到了1947年12月，毛泽东在《目前形势和我们的任务》中，明确地做出了这种区别，

---

①《毛泽东文集》第5卷，人民出版社1996年版，第140页。

并且提出了没收官僚资本归新民主主义的国家所有和保护民族工商业这两项基本的政策。它们与没收地主的土地归农民所有这项政策一起，共同构成了新民主主义革命的三大经济纲领。

3. 皇帝和贵族的专制政权被推翻之后先是地主阶级的军阀官僚的统治，接着是地主阶级和大资产阶级联盟的专政。

这里所说的地主阶级的军阀官僚的统治，指的是北洋军阀及其他地方军阀的统治，地主阶级和大资产阶级联盟的专政，指的是国民党统治集团的反革命军事专政。这些反动政权，维护帝国主义在华享有的特权，维护代表地主阶级与大资产阶级利益的反动的生产关系，阻碍生产力的发展。推翻这些反动政权，是争取民族独立、人民解放和实现国家繁荣富强的必要的政治前提。

4. 帝国主义不但操纵了中国的财政和经济的命脉，并且操纵了中国的政治和军事的力量。

帝国主义列强对中国的侵略、压迫，直接阻碍了中国的经济发展和社会进步，给中国人民带来了深重的灾难；它们还是中国反动势力的主要靠山。“帝国主义列强从中国的通商都市直至穷乡僻壤，造成一个买办的和商业高利贷的剥削网，造成了为帝国主义服务的买办阶级和商业高利贷阶级，以便利其剥削广大的中国农民和其他人民大众。”“于买办阶级之外，帝国主义列强又使中国的封建地主变为它们统治中国的支柱。”它们是一种支持、鼓舞，栽培、保存封建残余及其全部官僚军阀上层建筑的力量。因比，反对帝国主义的侵略、压迫，这是中国人民面临的首要任务。

5. 中国的经济、政治和文化的发展，表现出极端的不平衡。

造成这种不平衡的原因，一是由于中国处在许多帝国主义国家的统治或半统治之下；二是由于中国实际上处于长期的不统一状态，三是由于中国的土地广大。这表明，中国人民面临的斗争任务具有极大的长期性、复杂性和艰巨性。

6. 中国人民的贫困和不自由的程度非常严重。

由于遭受帝国主义和封建主义的双重压迫，广大人民，特别是农民，生活极其贫困并且毫无政治权利。对于被驱赶到饥饿和死亡线上的中国人民来说，除了奋起抗争，再也没有别的出路。因此，中国革命有着广大而深厚的群众基础。

以上这些，就是半殖民地、半封建的中国社会的特点。决定这种情况的，主要地是外国帝国主义和国内封建主义相结合的结果。因此，帝国主义和中华民族的矛盾，封建主义和人民大众的矛盾，就是近代中国社会的主要的矛盾。而帝国主义和中华民族的矛盾，乃是各种矛盾中的最主要的矛盾。

四、中国近代的革命运动

（一）近代中国革命发生和发展的基础

近代中国是一个革命的国度。中国人民的民族革命斗争，从 1840 年的鸦片战争起，就已经开始了；1911 年的辛亥革命，则是一场比较完全意义上的资产阶级民主革命；而在 1919 年五四运动和 1921 年中国共产党成立以后，中国人民的革命斗争更发展到了一个新阶段，即无产阶级领导的新民主主义革命的阶段。

“革命是不能‘制造出来’的，革命是从客观上（即不以政党和阶级的意志为转移）已经成熟了的危机和历史转折中**发展起来的**”。[①] 毛泽东指出，帝国主义和中华民族的矛盾，封建主义和人民大众的矛盾，这些矛盾的斗争及其尖锐化，就不能不造成日益发展的革命运动。伟大的近代和现代的中国革命，是在这些基本矛盾的基础之上发生和发展起来的。

（二）近代中国的革命运动及其历史意义

毛泽东指出：帝国主义和中国封建主义相结合，把中国变为半殖民地和殖民地的过程，同时也是中国人民反抗帝国主义及其走狗的过程。这是完全符合近代中国的历史实际的。

---

① 《列宁专题文集·论辩证唯物主义和历史唯物主义》，人民出版社 2009 年版，第 257 页。

从根本上说，近代以来中国的革命是被外国侵略者和本国反动势力逼迫出来的。这些斗争，包括那些一时遭到失败的斗争，都具有不可磨灭的历史意义。毛泽东在当时就强调，中国人民，百年以来，不屈不挠、再接再厉的英勇斗争，使得帝国主义至今不能灭亡中国，也永远不能灭亡中国。

以革命要付出牺牲为理由来否定革命，是完全站不住脚的。首先，如果不进行革命，而容忍帝国主义和封建主义在中国的联合统治，中国人民就会长期处在被压迫、被奴役的境地，付出更大的牺牲，遭受更多的痛苦。旧中国广大中国民众的生活惨状就充分说明了这一点。中国人民正是从痛苦的经验中懂得，改良主义在近代中国是行不通的，要争得民族独立、人民解放，必须义无反顾地走上革命的道路。其次，人们在革命中付出的代价，必将以换得历史的进步为补偿。正是由于有鸦片战争以来中国人民坚苦卓绝的革命斗争，特别是 1919 年五四运动以来 30 年的新民主主义革命，才建立了人民当家作主的新中国，中国才从根本上改变了面貌，中华民族才彻底改变了自己的悲惨命运，真正站立了起来。这种历史性的进步，离开革命和革命的胜利，是完全不可想象的。正因为如此，我们必须充分肯定近代中国革命的必要性、正义性和进步性。

延伸阅读：

1. 毛泽东：《中国社会各阶级的分析》，《毛泽东选集》第 1 卷，人民出版社 1991 年版。
2. 毛泽东：《中国革命和中国共产党》（全文），《毛泽东选集》第 2 卷，人民出版社 1991 年版。
3. 毛泽东：《中国的社会经济形态、阶级关系和人民民主革命》，《毛泽东文集》第 5 卷，人民出版社 1996 年版。
4. 毛泽东：《关于民族资产阶级和开明绅士问题》，《毛泽东选集》第 4 卷，人民出版社 1991 版。
5. 刘少奇：《关于中华人民共和国宪法草案的报告》，《刘少奇选集》下卷，人民出版社 1985 年版。

《新民主主义论》（节选。三、一一、一二、一五）《应当充分地批判地利用文化遗产》学习导读

《新民主主义论》是毛泽东在1940年1月9日在陕甘宁边区文化协会第一次代表大会上的讲演，原题为《新民主主义的政治和新民主主义的文化》，载于同年2月15日在延安出版的《中国文化》创刊号。同年2月20日，在延安出版的《解放》第98、99期合刊登载时，题目改为《新民主主义论》。后收入《毛泽东选集》第2卷。这篇著作总结了中国民主革命发展的基本规律，阐述了新民主主义的政治、经济、文化的主张，提出了新民主主义的完整理论。本文选取的主要是其中关于文化问题的论述。《应当充分地批判地利用文化遗产》是1960年12月24日毛泽东在同古巴妇女代表团和厄瓜多尔文化代表团谈话的部分内容，集中谈到了中国古代文化及文化的民族特点和多样性等问题。后收入《毛泽东文集》第8卷。

文化史是人类历史的重要组成部分。研究历史，不能不研究文化史。毛泽东在《新民主主义论》和《应当充分地批判地利用文化遗产》这两篇重要著作中关于中国不同文化形态的性质、特点及如何正确对待等问题的论述，对于我们研究中国的古代文化和近代文化及其历史发展，具有重要的指导意义。

一、一定的文化是一定社会的政治和济在观念形态上的反映

（一）一定形态的政治和经济决定一定形态的文化

任何社会都是经济、政治和文化的有机结合。正确认识和把握文化和政治、经济的关系，是历史唯物主义的一个基本要求，也是研究一切文化

问题的根本出发点。

在处理文化和政治、经济三者的关系上，有唯心史观和唯物史观两种根本对立的认识。唯心史观认为，社会意识决定社会存在，它将思想、文化、精神等因素看作历史发展的决定力量，从根本上颠倒了经济、政治与文化的关系。唯物史观则认为，社会存在决定社会意识，经济是基础，政治是经济的集中表现，而作为观念形态的文化则是经济和政治的反映。

毛泽东指出："一定的文化是一定社会的政治和经济在观念形态上的反映。"所以，对于一个时代、一个民族的文化及其发展变化，不能孤立地进行研究，必须联系这个时代、这个民族的文化赖以生存的经济和政治及其发展变化来认识和把握。

（二）一定形态的文化又给予影响和作用于一定形态的政治和经济

作为观念形态的文化，既决定于社会存在，又反作用于社会存在。文化一经产生，就具有相对独立性和历史继承性，并在一定条件下可以转化为物质力量。先进的文化反映先进的阶级、阶层、集团的利益、愿望和要求，维护它赖以产生并为之服务的有利于生产力发展的经济基础及其政治上层建筑，推动和加速社会的发展；反动的文化反映反动的阶级、阶层、集团的利益、愿望和要求，维护它赖以产生并为之服务的不利于生产力发展的经济基础及其政治上层建筑，阻碍和延缓社会的发展。

研究文化及其发展的历史，是历史研究的一个重要的方面。这对于中国共产党领导的革命事业的发展和胜利，具有重要的意义。毛泽东指出："文化是反映政治斗争和经济斗争的，但它同时又能指导政治斗争和经济斗争。文化是不可少的，任何社会没有文化就建设不起来。"①

（三）中华民族的旧政治和旧经济是中华民族的旧文化的根据，中华民族的新政治和新经济是中华民族的新文化的根据

中华民族的旧政治和旧经济，是中华民族的旧文化的根据。在封建社

---

① 《毛泽东文集》第 3 卷，人民出版社 1996 年版，第 109—110 页。

会，中国的政治是封建的政治，经济是封建的经济，而为这种政治和经济所反映的占统治地位的文化，则是封建的文化；到了近代，中国逐步成为半殖民地半封建社会，半殖民地、半封建的经济和政治占据了统治地位，而与之相适应，在文化领域则是半殖民地、半封建的文化占据统治地位。

中华民族的新政治和新经济，是中华民族的新文化的根据。中华民族的新政治和新经济，就是新民主主义的新政治和新经济，而中华民族的新文化理应是新民主主义的文化。

因此，考察中国的文化问题，决不能把它当作一种孤立的存在。因为"我们要革除的那种中华民族旧文化中的反动成分，它是不能离开中华民族的旧政治和旧经济的；而我们要建立的这种中华民族的新文化，它也不能离开中华民族的新政治和新经济。"

二、中国古代文化

（一）中国几千年的文化主要是封建时代的文化

中华民族经历了一个漫长的封建社会时期。文化是历史的，也是具体的。与原始社会和奴隶社会时期相比，虽然封建时代的文化同样带有明显的历史局限性，但中华民族历史上的灿烂文化在封建时代达到了巅峰，象征中国文化成就的典章制度、文艺作品和古代科学技术等也多是在封建时代产生和发展的。伴随着中国封建社会的发展，中国文化的发展也日益繁荣，并走在世界文化发展的前列。毛泽东指出："中国几千年的文化，主要是封建时代的文化"。①

（二）要区别封建主义发生、发展和灭亡时期的封建文化

统治阶级的思想在每一个时代都是占统治地位的思想。在封建社会，地主阶级是统治阶级。在文化领域中占据统治地位的，是反映地主阶级利

---

① 《毛泽东文集》第 8 卷，人民出版社 1999 年版，第 225 页。

益、愿望和要求的三纲五常、尊卑等级等维护封建统治的封建文化。这是我们在研究中国古代文化时首先要认识并把握的一个重要观点。

对于封建文化，要进行历史的具体的分析，不能简单地全盘否定或全盘肯定。

毛泽东指出：封建主义的东西也不全是坏的。由于地主阶级在不同历史时期所起的作用不同，代表地主阶级利益的封建文化在历史发展过程中所起的作用也不同。当封建主义还处在发生和发展的时候，它有很多东西还是不错的。因此，要对不同时期的封建文化区别对待，要注意区分封建主义发生、发展和灭亡不同时期的东西。

在中国传统文化中，儒学一直占据着主导的地位。对于孔孟之道，也应该采取分析的态度。毛泽东指出："剥削阶级当着还能代表群众的时候，能够说出若干真理，如孔子、苏格拉底、资产阶级，这样看法才是历史的看法。""孔孟有一部分真理，全部否定是非历史的看法。"① 他说过，孔子的体系是观念论（即唯心论），从认识的全体来说，是不正确的；但作为片面真理则是对的，一切观念论都有其片面真理，孔子也是一样。"观念论哲学有一个长处，就是强调主观能动性，孔子正是这样，所以能引起人的注意与拥护。"

（三）要区别封建文化和非封建、反封建文化

对于整个封建时代的文化，也要进行历史的具体的分析。

在封建社会占统治地位的，是封建文化。不过，封建时代的文化并不都是封建文化，也有非封建乃至反封建的文化。封建时代也同样孕育出反封建的因素，也有人民的东西，有反封建的东西。因此，必须要"把封建主义的东西和非封建主义的东西区别开来"、②"将古代封建统治阶级的一切腐朽的东西和古代优秀的人民文化即多少带有民主性和革命性的东西区别开来"。这是我们在研究中国古代文化时同时要认识并把握的又一个

① 《毛泽东文集》第 3 卷，人民出版社 1996 年版，第 84 页。
② 《毛泽东文集》第 8 卷，人民出版社 1999 年版，第 225 页。

重要观点。

非封建乃至反封建的文化，尽管它们在封建社会的历史上不占统治地位，但是我们不能忽略它们的重要意义。我们必须肯定，反封建主义的文化当然要比封建主义的要好。同时，对它们也要进行具体分析，不能无条件地全盘肯定。因为反封建文化也有一定的历史局限性，如封建时代的民间作品，也多少带有封建统治阶级的影响。

（四）要充分地有批判地利用中国古代文化

马克思主义应当怎样对待古代文化、怎样对待历史上的文化遗产呢？在俄国十月革命前后，以波格丹诺夫等为代表的“无产阶级文化派”否定以往的文化遗产的意义，企图通过脱离实际生活的“实验室的道路”来创造“纯粹无产阶级”的文化。列宁对这种主张提出了严肃的批评。他指出，“无产阶级文化并不是从天上掉下来的，也不是那些自命为无产阶级文化专家的人杜撰出来的”。“无产阶级文化应当是人类在资本主义社会、地主社会和官僚社会压迫下创造出来的全部知识合乎规律的发展”。“应当明确地认识到，只有确切地了解人类全部发展过程所创造的文化，只有对这种文化加以改造，才能建设无产阶级的文化”。①

毛泽东在这个问题上所持的观点，是同列宁的上述观点一脉相承的。他强调，对中国的文化遗产，应当充分地利用，批判地利用。他反复地讲过：“我们信奉马克思主义是正确的思想方法，这并不意味着我们忽视中国文化遗产和非马克思主义的外国思想的价值。”②“我们决不可拒绝继承和借鉴古人和外国人，哪怕是封建阶级和资产阶级的东西。但是继承和借鉴决不可以变成替代自己的创造，这是决不能替代的。”③之所以这样说，是因为一方面，作为意识形态的文化，具有历史的继承性。一个国家、一个民族的文化传统是不可能、也不应当加以割断的。另一方面，文化遗产的继承归根到底要受社会存在及其发展的制约。任何时代对以前的文化遗

---

① 《列宁专题文集·论社会主义》，人民出版社 2009 年版，第 394—395 页

② 《毛泽东文集》第 3 卷，人民出版社 1996 年版，第 191 页。

③ 《毛泽东选集》第 3 卷，人民出版社 1991 年版，第 860 页。

产都不会无条件地原封不动地兼容并蓄，而只能是根据社会存在的现实状况和需要，经过加工改造才予以吸取。

中国古代文化是中华民族在长期历史实践中积累下来的宝贵财富。所以，毛泽东指出："从孔夫子到孙中山，我们应当给以总结，承继这一份珍贵的遗产。"同时，我们也要清醒地认识到，这些遗产中有精华，也有糟粕；有积极因素，也有消极因素。所以毛泽东又指出，我们应当善于进行分析，应当批判地利用封建主义的文化，而不能不批判地加以利用。反封建主义的文化当然要比封建主义的好，但也要有批判、有区别地加以利用。

以对待封建时代的思想家所概括的伦理道德、行为规范的态度为例。我们首先要认识清楚，它主要是反映了地主阶级的利益和道德要求，具有阶级的和历史的局限性；但同时要看到，它的某些方面也在一定程度上反映了人们在长期的共同生活中所应当遵循的规则，是可以批判地加以利用的。比如，父慈子孝尽管是孔夫子提倡的，毛泽东还是说过，"我们主张家庭和睦，父慈子孝，兄爱弟敬，双方互相靠拢，和和气气过光景"。所以，"我们还要提倡父慈子孝"，当然，这样做，并不是无条件的。①

总之，我们只有运用马克思主义的观点对中国古代文化进行具体的分析，才能懂得应当从中吸取什么、摒弃什么，改造什么，才能正确地对它进行批判的继承。正因为如此，毛泽东提出了对中国古代文化进行清理的任务。他指出："清理古代文化的发展过程，剔除其封建性的糟粕，吸收其民主性的精华，是发展民族新文化提高民族自信心的必要条件；但是决不能无批判地兼收并蓄。"

在对待中国古代文化的问题上，我们既要反对历史虚无主义，又要反对封建复古主义。很明显，对古代文化采取虚无主义态度一概加以排斥是不正确的。我们是马克思主义的历史主义者，我们不应当割断历史。同样，对古代文化采取封建复古主义的态度主张盲目搬用更是错误的。既然一定的作为意识形态的文化是一定的政治和经济的反映，那么随着这种政

① 《毛泽东文集》第3卷，人民出版社1996年版，第115—116页。

治和经济的发展、变化，这种文化的发展、变化归根到底是不可避免的。毛泽东曾指出，中国有些人“崇拜旧的过时的思想，这些思想对于我们今天的中国不仅不适用而且有害。这样的东西必须抛弃。”① 我们尊重历史文化，是给历史以一定的科学的地位，是尊重历史的辩证法的发展，不是颂古非今，不是赞扬任何封建的毒素。“对于人民群众和青年学生，主要地不是要引导他们向后看，而是要引导他们向前看。”

三、中国近代的半殖民地半封建文化

中国近代的半殖民地半封建文化，植根于近代中国的半殖民地半封建社会的经济和政治，是中国文化在历史发展过程中的畸形演变，阻碍着历史前进的步伐。

（一）帝国主义文化与半封建文化的反动同盟

近代中国存在两种反动的文化形态，即帝国主义文化与半封建文化。

在中国，帝国主义文化，这是适应帝国主义的侵略需要、反映帝国主义在政治上经济上统治或半统治中国的东西。这是一种反动的文化，实质上是对中国人民进行思想奴役、试图从精神上来控制中国人民的工具。一切包含奴化思想的文化，都属于这一类。这类文化，“除了帝国主义在中国直接办理的文化机关之外，还有一些无耻的中国人在提倡”。

在中国还有半封建文化。在近代中国，其经济格局是微弱的资本主义经济和严重的封建经济同时并存，封建经济是汪洋大海，资本主义经济则是零星孤岛。在政治上，尽管有过君主制到共和制的演变，但在广大农村仍是地主阶级专政。在思想文化上，尽管出现了反映资产阶级政治和经济的新文化，但占统治地位的仍然是反映半封建政治和经济的旧文化即半封建文化。“凡属主张尊孔读经、提倡旧礼教旧思想、反对新文化新思想的

---

① 《毛泽东文集》第 3 卷，人民出版社 1996 年版，第 191 页。

人们，都是这类文化的代表。”

虽然帝国主义侵略势力同中国本土封建势力存在一定程度的矛盾，但在奴役和剥削人民大众和镇压人民的反抗运动上，它们的要求是一致的。帝国主义为了侵略的利益，又保护和支持中国封建主义，遏制中国资本主义的发展。随着中国社会半殖民地半封建化程度的不断加深，帝国主义文化与半封建文化在维护旧的政治和经济、反对和压制新文化上日趋一致，由此在文化上形成了帝国主义文化与半封建文化的反动同盟。帝国主义的奴化思想和封建主义的等级伦常相适应，帝国主义的沙文主义与封建的专制主义相呼应，帝国主义的分而治之与封建主义的地方割据相契合。正因为如此，毛泽东指出：“帝国主义文化和半封建文化是非常亲热的两兄弟，它们结成文化上的反动同盟，反对中国的新文化。”

（二）半殖民地半封建文化是为帝国主义封建主义服务的

在近代中国，帝国主义文化和半封建文化这两种文化结成反动同盟后形成的半殖民地半封建文化，是维护帝国主义和封建主义经济剥削和政治统治并为之服务的。正因为如此，毛泽东指出：这类反动文化“是应该被打倒的东西。不把这种东西打倒，什么新文化都是建立不起来的。不破不立，不塞不流，不止不行，它们之间的斗争是生死斗争。”

四、中国近代的旧民主主义文化

在近代中国，与旧的占优势地位的封建经济与依附于帝国主义的买办资本主义相对立的新经济，是民族资本主义经济。随着资本主义的发展而产生和壮大起来的新的政治力量，是无产阶级和资产阶级。这种新的经济、新的政治力量，就是中国新文化产生的根据。这种新文化是与封建文化、买办文化相对立的，它具有民主主义的性质，是为反帝反封建的斗争服务的。

近代以来，中国新旧文化的斗争以 1919 年发生的五四运动为界限，区分为两个不同的历史时期。五四以前，主要是资产阶级民主主义的新文化（实质上是旧民主主义文化）与封建阶级的旧文化的斗争；五四以后，无产阶级领导的新民主主义文化成了反对帝国主义文化、封建文化的主导力量。

（一）旧民主主义文化是资产阶级的文化

在五四运动之前，资产阶级领导的旧式资产阶级民主革命是推进中国革命的主要形式。与此相适应，在文化战线上形成了反对封建思想的资产阶级民主主义文化。在戊戌变法和辛亥革命时期，中国的先进分子学习和宣传西方资本主义的思想文化，并以这些思想为武器对封建文化展开论战。中国文化战线上的斗争，是资产阶级的新文化和封建阶级的旧文化之间的斗争。学校与科举之争、新学与旧学之争、西学与中学之争等，都带着这种性质，这时的斗争是由资产阶级领导的。

由于这种民主主义文化反映的是资产阶级发展资本主义的政治和经济的要求，是为旧式资产阶级民主革命服务的，因而在本质上是资产阶级的文化，即旧民主主义文化。在一定时期内和一定程度上，它在反帝反封建的斗争中具有进步意义和积极作用。

（二）旧民主主义文化的无力及其失败的必然性

中国资产阶级在经济上、政治上都很软弱，它没有勇气和能力领导一场彻底反帝反封建的革命斗争。这个弱点，不能不在它的文化思想上得到充分的反映。资产阶级的旧民主主义文化在反封建思想的斗争中固然曾经起过革命的作用，“可是，因为中国资产阶级的无力和世界已经进到帝国主义时代，这种资产阶级思想只能上阵打几个回合，就被外国帝国主义的奴化思想和中国封建主义的复古思想的反动同盟所打退了，被这个思想上的反动同盟军稍稍一反攻，所谓新学，就偃旗息鼓，宣告退却，失了灵魂，而只剩下它的躯壳了。旧的资产阶级民主主义文化，在帝国主义时代，已经腐化，已经无力了，它的失败是必然的。”而中国反帝反封建的民主革命，只有在无产阶级的领导下才能进行得彻底，才能走上胜利发展的道路。就思想文化战线来说，情况也是如此。在中国，只有无产阶级才主张彻底的民主主义，只有无产阶级领导的新民主主义文化才能是彻底的民主主义文化。

（三）从文化革命的领导者变为一定时期的盟员

五四运动以后，无产阶级领导的新民主主义文化逐步取代资产阶级领导的旧民主主义文化，成为中国文化发展的方向和主流，成为中国文化革命的领导者。同时，由于中国民族资产阶级长期受到帝国主义和封建主义的双重压迫，资产阶级文化也有反帝反封建的革命性倾向，这又与新民主主义文化反帝反封建的根本要求相适应，因而可以成为新民主主义文化在一定时期的联合对象。正如毛泽东所指出，在五四以后的新的历史时期，资产阶级文化“比较它的政治上的东西还要落后，就绝无领导作用，至多在革命时期在一定程度上充当一个盟员，至于盟长资格，就不得不落在无产阶级文化思想的肩上。”

五、中国近代的新民主主义文化

新民主主义文化，就是无产阶级领导的人民大众的反帝反封建的文化，就是民族的科学的大众的文化，就是中华民族的新文化。它属于世界无产阶级的社会主义的文化革命的一部分。

（一）新民主主义文化是无产阶级领导的反帝反封建文化

在新民主主义革命时期，中国共产党不但要有政治纲领、经济纲领，也要有文化纲领。新民主主义文化纲领用一句话来说，就是无产阶级领导的人民大众的反帝反封建的文化。这种新民主主义文化区别于旧民主主义文化的地方，首先和主要的在于它是由无产阶级领导的，是以无产阶级的科学思想体系——马克思主义亦即共产主义的思想体系为指导的。这是一个不可动摇的原则。针对国民党顽固派攻击“共产主义不适合中国国情”、要求“收起共产主义”的叫嚣，毛泽东强调，“现在的世界，依靠共产主义做救星；现在的中国，也正是这样”，所以，共产主义，“这是收起不得的，一收起，中国就会亡国。”

在中国，只有无产阶级才主张彻底的民主主义，只有无产阶级领导的新民主主义文化才能是彻底的民主主义文化。1939 年 12 月 13 日，中共中央政治局曾召开会议，研究召开陕甘宁边区文代会的有关准备工作。在会上，毛泽东首先完整地提出新文化应用“民族化、民主化、科学化、大众化”四大口号，他指出：“新文化用下面四大口号为好：民族化（包括旧形式），民主化（包括统一战线），科学化（包括各种科学），大众化（鲁迅提出的口号，我们需要的）”。他还指出：“民主主义有两派，一派是彻底的民主主义，一派是不彻底的民主主义。以提中华民族的新文化为好，即彻底的民主主义文化。”① 不久，毛泽东在 1940 年 1 月 9 日作报告时，就把中华民族的新文化概括为新民主主义文化。他提出新民主主义文化这个概念，当然不是在提倡“不要或没有民主方向的文化路线”，而是在把新文化的民主主义内容更加突出地加以强调。他并且指出，这种新民主主义的文化是大众的，因而即是民主的。它应为全民族中百分之九十以上工农劳动民众服务，并逐渐成为他们的文化。这样，他就把在文化问题上的两种民主主义，即新旧民主主义、彻底的与不彻底的民主主义的原则界限划分清楚了。

在新民主主义革命时期，“中国新的国民文化的内容，既不是资产阶级的文化专制主义，又不是单纯的无产阶级的社会主义，而是以无产阶级社会主义文化思想为领导的人民大众反帝反封建的新民主主义。”

（二）新民主主义文化是民族的、科学的、大众的文化

所谓民族的文化，就其内容来说，就是反对帝国主义压迫，主张中华民族的尊严和独立。它必须为凝聚全中国人民的力量而进行的反帝反封建斗争、争取民族独立这一崇高的事业服务。就其形式来说，就是要坚持文

---

① 中共中央文献研究室：《毛泽东年谱（1893—1949）》上卷，人民出版社 1993 年版，第 149 页。

化的民族性，发展中国文化的民族形式、民族特色和民族风格。只有适合本国特点的民族文化，才能具有强大的生命力。需要指出的是，民族的文化并不排斥学习和借鉴外来文化。对待外来文化，既要旗帜鲜明地反对反动、腐朽文化，又要注意吸收进步文化；既要防止盲目排外主义，又要坚持有批判地吸收的原则。正如毛泽东所指出："一切外国的东西，如同我们对于食物一样，必须经过自己的口腔咀嚼和肠胃运动，送进唾液胃液肠液，把它分解为精华和糟粕两部分，然后排泄其糟粕，吸收其精华，才能对我们的身体有益，决不能生吞活剥地毫无批判地吸收。"

所谓科学的文化，就是反对一切封建思想和迷信思想，主张实事求是，主张客观真理，主张理论和实践一致的文化。由于封建思想的遗毒在人民中的影响根深蒂固，迷信思想在旧中国社会上流行不衰，而反动统治者却依靠人民的愚昧来达到统治的目的。因此，必须高举科学的旗帜，反对封建思想和迷信思想，才能启发人民的觉悟，使人民摆脱愚昧状态，自觉地为自己的权利进行斗争。在反对封建思想和迷信思想时，要注意划清两条界限：在思想战线上，无产阶级的科学思想能够和中国还有进步性的资产阶级的唯物论与自然科学建立反帝反封建反迷信的统一战线，但决不能和任何反动的唯心论建立统一战线；在政治战线上，共产党员可以和某些唯心论者甚至宗教徒建立在政治行动上的反帝反封建的统一战线，但决不能赞同他们的唯心论或宗教教义。

所谓大众的文化，就是强调人民大众是文化丰富和发展的源泉，文化应当为人民大众服务。首先，文化来源于大众、来源于生活。毛泽东曾指出，"人民生活中本来就存在着文学艺术原料的矿藏，这是自然形态的东西，是粗糙的东西，但也是最生动、最丰富、最基本的东西……它们是一切文学艺术的取之不尽、用之不竭的唯一的源泉。"① 其次，为什么人服务是革命文化工作者必须解决好的根本问题。站在广大人民群众的立场上，深入群众、深入生活，及时准确地反映广大民众的要求和愿望，引导民众走上正确的革命道路，是广大革命文化工作者的责任和使命。再次，

① 《毛泽东选集》第3卷，人民出版社1991年版，第860页。

还要正确处理好普及与提高的关系；力求做到政治和艺术的统一、内容和形式的统一；语言必须接近民众，形式必须为群众所喜闻乐见。

（三）无产阶级领导的文化新军与文化领域的极大革命

在五四以后，中国产生了完全崭新的文化生力军，这就是中国共产党人所领导的共产主义的文化思想，即共产主义的宇宙观和社会革命论。这个文化生力军一旦登上历史舞台，就以新的装束和新的武器，联合一切可能的同盟军，向着帝国主义文化和封建文化展开了英勇的进攻。尽管受到反革命的血腥镇压和各类御用文人的攻击谩骂，这支文化新军还是不可遏制地生长了起来。它在社会科学领域和文学艺术领域中，不论在哲学方面，在经济学方面，在政治学方面，在军事学方面，在历史学方面，在文学方面，在艺术方面（又不论是戏剧，是电影，是音乐，是雕刻，是绘画），都有了极大的发展。“这个文化新军的锋芒所向，从思想到形式（文字等），无不起了极大的革命。其声势之浩大，威力之猛烈，简直是所向无敌的。其动员之广大，超过中国任何历史时代。”这个无可辩驳的事实，生动地证明了无产阶级文化思想的领导作用的坚强有力。当然，这种共产主义思想领导的新文化，在新民主主义革命阶段主要是无产阶级领导的人民大众的反帝反封建的文化，就其整体来说，还不是社会主义的文化。正如毛泽东所指出：“就整个社会来说，我们现在还没有形成这种整个的社会主义的政治和经济，所以还不能有这种整个的社会主义的国民文化。”

（四）在文化方面，各国人民应该根据本民族的特点，对人类有所贡献

毛泽东在阐述新民主主义文化时多次强调，我们的文化要“带有我们民族的特点”，“中国文化应有自己的形式，这就是民族形式。”1956 年 8 月，他在同音乐工作者谈话时指出：全世界“如果唱一种曲子是不行的。无论东方西方，各民族要有自己的东西。”① 只有继承并弘扬文化的

---

① 《毛泽东文集》第 7 卷，人民出版社 1999 年版，第 77 页。

民族特色，不断创造出合乎本国实际的丰富多彩的文化形式和内容，才能推动人类文化事业的繁荣发展。中国在向外国的优秀文化学习时，也“必须根据具体条件加以采用，使之适合中国的实际。”① 正因为如此，毛泽东才强调，在文化方面，各国人民应该根据本民族的特点，对人类有所贡献。这也正是中国文化在自身的发展中必须坚持的正确方向。

延伸阅读：

1. 毛泽东：《新民主主义论》，《毛泽东选集》第 3 卷，人民出版社 1991 年版。
2. 毛泽东：《在延安文艺座谈会上的讲话》，《毛泽东选集》第 3 卷，人民出版社 1991 年版。
3. 毛泽东：《关于陕甘宁边区的文化教育问题》，《毛泽东文集》第 3 卷，人民出版社 1996 年版。
4. 毛泽东：《同音乐工作者的谈话》，《毛泽东文集》第 7 卷，人民出版社 1999 年版。

① 《毛泽东文集》第 3 卷，人民出版社 1991 年版，第 192 页。

《论人民民主专政》学习导读

《论人民民主专政》，是毛泽东为纪念中国共产党成立28周年而写的重要著作。1949年6月30日由新华社首次播发，同年7月1日发表在《人民日报》上。

毛泽东写作此文前，6月15日至19日，新政治协商委员会筹备会议第一次全体会议在北平召开，它预示着新中国即将诞生。在这种形势下，怎样认识以往中国人民所走过的道路？怎样认识中国新民主主义革命取得胜利的原因和基本经验？即将诞生的新中国的国家政权具有何种性质，这个政权内部各阶级的地位及其相互关系是怎样的？等等，成为人们关注的重大问题。为此，毛泽东在《论人民民主专政》一文中，着重阐明了中国共产党人对上述问题的基本观点。这部著作对于研究中国近代史尤其是中国共产党领导的革命斗争史，具有重要的指导意义。

一、从向西方寻找真理到选择马克思主义

（一）在中国共产党出世以前先进的中国人向西方寻找真理

1840年中英鸦片战争后，在外国资本—帝国主义列强的侵略、压迫下，中国从一个独立的封建社会逐步演变为半殖民地、半封建社会。反对帝国主义、封建主义的反动统治，争得民族独立和人民解放，实现国家的繁荣富强，成为近代中国面临的根本性的历史任务。

为了挽救民族的危亡，在中国共产党出世以前，先进的中国人，经过千辛万苦，向西方国家寻找真理。毛泽东指出："洪秀全、康有为、严复和孙中山，代表了在中国共产党出世以前向西方寻找真理的一派人物。"

还在鸦片战争爆发后不久，身为官吏的开明知识分子魏源即完成了《海国图志》的撰述，提出了"师夷长技以制夷"的主张。但是，这种学习主要还限于科学技术领域。

太平天国农民战争后期，由洪仁玕拟定、洪秀全批准颁布的社会发展方案《资政新篇》，明确提出“准富者请人雇工”，对穷人“宜令作工，以受所值”，这就把向西方的学习，从生产力领域扩展到生产关系领域，即开始提倡资本主义的雇佣劳动制。

康有为、严复是19世纪末20世纪初向西方学习的代表人物。他们把向西方的学习推进到一个新的高度，即主张学习西方资本主义的政治制度和思想文化。其间，康有为大力鼓吹采用西方和日本的资产阶级政治、经济和文化制度模式，为戊戌维新运动的发动和进行作出了重要贡献。严复先后翻译了《天演论》、《原富》、《法意》、《名学》等西方有关思想学说的著作，为当时求进步的中国人提供了一种同传统儒家思想截然不同的新观念。

中国民主主义革命的先行者孙中山在向西方学习过程中形成了民族、民权、民生三大主义，即三民主义思想，在中国第一次提出了建立资产阶级共和国的完整方案。他所领导的辛亥革命，是一场比较完全意义上的资产阶级民主革命，标志着中国人向西方的学习到达了更高的阶段。

在中国共产党成立前的近80年间，向西方学习，是渴望救国救民的中国先进分子的共同选择。

为什么会出现这种情况呢？这是因为，面对外国资本—帝国主义的侵略，中国旧的封建主义思想打了败仗，这就宣告了中国封建社会的正统思想不可能成为中国人团结御侮的有效武器。于是，中国的先进分子开始睁开眼睛看世界。他们认为，“要救国，只有维新，要维新，只有学外国。”毛泽东指出，那时的外国只有西方资本主义国家是进步的，它们成功地建设了资产阶级的现代国家。日本人向西方学习有成效，中国人也想向日本人学。在那时的中国人看来，俄国是落后的，很少人想学俄国。

（二）帝国主义的侵略打破了中国人学西方的迷梦

在中国共产党出世以前，中国的先进分子曾经十分认真、十分虔诚并且是一步比一步深入地向西方学习的。学了这些新学的人们，在很长的时期内产生了一种信心，认为这些很可以救中国。

问题在于，中国人向西方学习得很多，成效却甚少。太平天国遭到中外反动派的联合绞杀，《资政新篇》的主张无从实行了。戊戌变法，有如昙花一现，仅只百日，即告夭折。“多次奋斗，包括辛亥革命那样全国规模的运动，都失败了。”

西方资本主义的建国方案为什么在中国行不通呢？毛泽东指出：“帝国主义的侵略打破了中国人学西方的迷梦。”“资产阶级的共和国，外国有过的，中国不能有，因为中国是一个受外国帝国主义压迫的国家。”资本—帝国主义列强来到中国，不是为了使中国成为一个独立、富强的资本主义国家，而是为了掠夺中国来发展它们自己的资本主义。地大物博、人口众多的半殖民地的中国，不过是它们竞相争夺的一个理想的目标而已。一个半殖民地的中国，可以为帝国主义列强提供一个极其广大的商品倾销市场；一个理想的资本输出的对象；一个廉价原料、廉价劳动力的供应地。如果中国成为一个独立、富强的资本主义国家，它当然还会同西方国家发展各方面的往来，但那样的中国是作为一个有着完整主权的国家，并且是作为它们的竞争对手同它们在平等的基础上建立和发展关系。这是外国资本—帝国主义列强所不愿意看到和不能容忍的。所以，尽管中国人认真地向西方学习，先生却老是侵略学生。“帝国主义侵略中国，反对中国独立，反对中国发展资本主义的历史，就是中国的近代史。历来中国革命的失败，都是被帝国主义绞杀的，无数革命的先烈，为此而抱终天之恨。”①

由于学习西方的结果，不仅没有使中国走向独立和富强，相反，“国家的情况一天一天坏，环境迫使人们活不下去”。这不能不使中国先进分子对以往学习西方的选择产生怀疑，并且这种怀疑，随着第一次世界大战的爆发而日益“增长了，发展了”。

（三）“十月革命一声炮响，给我们送来了马克思列宁主义”

正当中国人民在苦闷中摸索、在黑暗里苦斗的时候，1917 年 11 月 7

---

① 《毛泽东选集》第 2 卷，人民出版社 1991 年版，第 679 页。

日（俄历10月25日），“俄国人举行了十月革命，创立了世界上第一个社会主义国家。过去蕴藏在地下为外国人所看不见的伟大的俄国无产阶级和劳动人民的革命精力，在列宁、斯大林领导之下，像火山一样突然爆发出来了，中国人和全人类对俄国人都另眼相看了。”它使陷于绝望之中的中国人看到了民族解放的新希望。这是因为：

第一，由于十月革命发生在情况和中国相同（封建压迫严重）或近似（经济文化落后）的俄国而对中国人具有特殊的吸引力。它证明，经济文化不发达的国家，也可以用社会主义思想来指引自己的解放之路。第二，这个革命发出的反对帝国主义的号召，同在这个革命的基础上产生的新俄国对殖民地半殖民地人民所采取的新的平等的态度，也有力地推动中国的先进分子倾向于社会主义。第三，在这个革命中，俄国工人、农民和士兵群众在马克思主义旗帜下的革命发动及其所赢得的历史性胜利，也给予了中国人以新的革命方法的启示。所以毛泽东指出：“十月革命一声炮响，给我们送来了马克思列宁主义。十月革命帮助了全世界的也帮助了中国的先进分子，用无产阶级的宇宙观作为观察国家命运的工具，重新考虑自己的问题。走俄国人的路——这就是结论。”

在十月革命的影响下，中国产生了一批具有初步共产主义思想的知识分子。他们经过对各种社会主义思潮的比较，选择了马克思主义。

正是在十月革命的影响下，“中国人从思想到生活，才出现了一个崭新的时期。中国人找到了马克思列宁义这个放之四海而皆准的普遍真理，中国的面目就起了变化了。”

近代中国的历史进程表明，资本主义道路在中国是走不通的；为了中国的独立和富强，必须举起马克思主义的旗帜。这是中国先进分子在总结实践经验的基础上所作出的历史性选择。

二、中国革命的发展及其基本经验

（一）在中国共产党领导之下，根本上变换了中国的面目

既要革命，就要有一个革命党。在马克思主义与中国工人运动相结合的进程中，1921 年 7 月，中国最先进的革命政党、中国工人阶级的先锋队——中国共产党应运而生。

"中国产生了共产党，这是开天辟地的大事变。"毛泽东强调："中国革命的理论和实践，在中国共产党领导之下，都大大地向前发展了，根本上变换了中国的面目。"

为什么这样说呢？这是因为：在资产阶级领导时期的革命和在无产阶级领导时期的革命，区别为两个很大不同的历史阶段。而无产阶级对革命的领导，是经过共产党来实现的。在共产党成立后，"由于无产阶级的领导，根本地改变了革命的面貌，引出了阶级关系的新调度，农民革命的大发动，反帝国主义和反封建主义的革命彻底性，由民主革命转变到社会主义革命的可能性，等等。所有这些，都是在资产阶级领导革命时期不可能出现的。"①

正是在中国共产党领导下，在马克思列宁主义指引下，中国人民在斗争中逐步地赢得了胜利。"被中国人民学会了的科学的革命的新文化，第一仗打败了帝国主义的走狗北洋军阀，第二仗打败了帝国主义的又一名走狗蒋介石在二万五千里长征路上对于中国红军的拦阻，第三仗打了日本帝国主义及其走狗汪精卫，第四仗最后地结束了美国和一切帝国主义在中国的统治及其走狗蒋介石等一切反动派的统治。"

（二）资产阶级共和国让位给人民共和国

一切革命的根本问题是国家政权问题。毛泽东明确地讲过，"最根本的问题是生产力向上发展的问题"。② 而妨碍生产力发展的旧政治、旧军

---

① 《毛泽东选集》第 1 卷，人民出版社 1991 年版，第 315 页。

② 《毛泽东文集》第 3 卷，人民出版社 1996 年版，第 109 页。

事力量不取消，生产力就不能解放，经济就不能发展。因此，“第一个任务就是打倒妨碍生产力发展的旧政治、旧军事”①，即推翻代表反动统治阶级利益的国家政权，以利从根本上改变阻碍、束缚生产力发展的旧的生产关系。

从 1921 年中国共产党诞生至 1949 年新中国成立前的情况看，中国社会存在着三种政治力量，他们并各自提出了自己的建国方案。

第一种政治力量是地主阶级和买办性的大资产阶级。他们主张实行地主买办资产阶级的军事独裁统治，坚持走半殖民地半封建社会的道路。这一方案遭到了中国人民的坚决反对，其最后的代表者——国民党政权的统治也被推翻了。

第二种政治力量是民族资产阶级。民族资产阶级是指同帝国主义和封建势力联系较少的中等资产阶级和上层小资产阶级。他们是中间势力、民主革命的力量之一。在新民主主义革命时期，其政治代表是民主党派的某些领导人物和若干无党派民主人士。尽管辛亥革命的流产已经宣告资产阶级共和国方案在中国行不通，中国民族资产阶级及其代表人物还是一次又一次地把这个方案重新提出。特别是，抗日战争胜利后的一个时期内，一些民主党派的领导人物和若干无党派人士更加大力鼓吹“中间路线”或“第三条道路”，企图在国民党坚持的地主买办资产阶级专政和共产党主张的人民民主专政之外，另找一条道路，实际上就是资产阶级共和国的道路。但是，由于帝国主义不容许（这一点前面已经讲过）；同时也由于民族资产阶级在经济上、政治上的软弱性，使得他们没有勇气和能力去领导人民进行彻底反帝反封建的斗争，从而为建立资产阶级共和国扫清障碍。他们提不出彻底的土地革命纲领，不可能真正解决农民的土地问题，当然也就不可能获得最广大的群众的支持；也正因为没有广大的群众基础，他们不敢进行革命的武装斗争，没有自己建立和掌握的武装力量。在这种情况下，他们往往幻想通过改良道路来实现自己的政治主张，幻想反动统治阶级会发善心，向他们让步。但是，自身社会基础极其狭窄的中国反动统

---

① 《毛泽东文集》第 3 卷，人民出版社 1996 年版，第 108 页。

治者是既不能容忍、更经受不住任何民主改革的。他们绝不会对于建立民主共和国的要求做出原则性的让步。所以，抗日战争胜利后，资产阶级共和国的建国方案在中国仍不具备现实的可行性，它不仅没有得到中国广大人民群众的赞同，就是原本持有这种主张的人，随着革命的胜利推进，其多数也逐步改变了自己的立场，放弃走中间路线的幻想了。

第三种政治力量是工人阶级、农民阶级和城市小资产阶级。他们是进步势力、民主革命的主要力量。其政治代表是中国共产党。中国共产党主张建立工人阶级领导的人民共和国，以完成新民主主义革命，而后走向社会主义。这个建国方案最终得到最广大人民群众的高度认同，并且得到了民族资产阶级及其政治代表的多数的拥护。

总之，“就是这样，西方资产阶级的文明，资产阶级的民主主义，资产阶级共和国的方案，在中国人民的心目中，一齐破了产。资产阶级的民主主义让位给工人阶级领导的人民民主主义，资产阶级共和国让位给人民共和国。这样就造成了一种可能性：经过人民共和国到达社会主义和共产主义，到达阶级的消灭和世界的大同。”毛泽东的这段话，是对近代以来中国人民斗争历史经验的总结，它揭示了广大中国人民在长期探索、艰苦奋斗的基础上共同确认的一个历史性的真理。

正因为革命的根本问题是国家政权问题，而资产阶级共和国让位给人民共和国是中国人民进行历史性选择的结果，所以毛泽东强调：“总结我们的经验，集中到一点，就是工人阶级（经过共产党）领导的以工农联盟为基础的人民民主专政。这个专政必须和国际革命力量团结一致。这就是我们的公式，这就是我们的主要经验，这就是我们的主要纲领。”

（三）中国人民战胜敌人的三件主要武器

在为创建工人阶级领导的人民共和国而进行的伟大斗争中，在中国共产党领导下，中国人民积累了许多宝贵的经验。毛泽东指出：“一个有纪律的，有马克思列宁主义的理论武装的，采取自我批评方法的，联系人民群众的党。一个由这样的党领导的军队。一个由这样的党领导的各革命阶级各革命派别的统一战线。这三件是我们战胜敌人的主要武器。”

下面，分别对这三项基本经验作一个简要的说明。

第一，建立广泛的统一战线。

由于中国人民受到帝国主义、封建主义和官僚资本主义的严重压迫，在中国建立革命统一战线的群众基础是十分广泛的。建立广泛的统一战线，是坚持和发展革命的政治基础。

统一战线中存在着两个联盟：一个是工人阶级同农民和其他劳动人民的联盟，主要是工农联盟；一个是工人阶级同民族资产阶级和其他可以合作的非劳动人民的联盟，主要是同民族资产阶级的联盟，有时还包括与一部分大资产阶级的暂时的联盟。前者是基本的、主要的；后者是辅助的、同时又是重要的。必须坚决依靠第一个联盟，争取建立和扩大第二个联盟。

巩固和扩大统一战线的关键，是坚持工人阶级及其政党的领导权。为此，必须率领同盟者向共同的敌人作坚决的斗争并取得胜利；必须对被领导者给以物质福利，至少不损害其利益，同时对被领导者给以政治教育；必须对同工人阶级争夺领导权的资产阶级采取又联合、又斗争的政策。

第二，创建一支新型的人民军队。

由于中国没有资产阶级民主，反动统治阶级凭借武装力量对人民实行独裁恐怖统治，革命只能以长期的武装斗争作为主要形式。离开了武装斗争，就没有共产党的地位，就不能完成任何革命任务。

中国的武装斗争实质上是工人阶级领导的农民战争。中国共产党必须深入农村，发动和武装农民，在农村建立革命的根据地，以农村包围城市，才能逐步地争取革命的胜利。

为了坚持和发展中国革命，必须建立一支在工人阶级政党绝对领导下的、具有严格纪律的、同人民群众保持亲密联系的新型人民军队。没有一支人民的军队，便没有人民的一切。这支军队必须实行一系列具有中国特点的人民战争的战略战术。

第三，建设一个坚强的马克思主义政党。

在工人阶级人数很少而战斗力很强，农民和其他小资产阶级占人口大多数的中国，建设一个工人阶级先锋队的党，是极其艰巨的任务。

中国共产党的建设，是密切地联系着党的政治路线进行的，注重在端正思想路线的基础上，制定和贯彻执行党的正确的政治路线。

中国共产党首先着重党的思想建设，要求党员用工人阶级思想克服资产阶级、小资产阶级思想，解决思想上入党的问题；培育和发扬理论与实际相结合、密切联系群众和自我批评的作风；在党内斗争中实行“惩前毖后，治病救人”的方针；并创造了在全党通过批评与自我批评进行马克思主义思想教育的整风形式等。

中国共产党正是在长期的斗争实践中，把自己锻炼成了一个有纪律的、有马克思列宁主义的理论武装的、采取自我批评方法的、联系人民群众的党，成为了掌握统一战线和武装斗争这两个武器以实行对敌冲锋陷阵的英勇战士，成为了全国各族人民拥戴的领导核心。

中国共产党的坚强领导，这是中国革命走向胜利的关键。

中国共产党加强自身建设，掌握统一战线和武装斗争这两个武器，领导人民进行反帝反封建的新民主主义革命，其根本目的就是为了创建工人阶级领导的人民民主专政的人民共和国。

三、实行人民民主专政

（一）人民共和国的国体和政体

什么是国体？毛泽东曾指出：这个问题，从前清末年起，闹了几十年还没有闹清楚。其实，它只是指的一个问题，“就是社会各阶级在国家中的地位。”① 毛泽东指明的这一点，对我们正确认识这个问题至关重要。因为说到底，国体反映了国家的阶级性。任何国家都实行一定阶级的专政，不同阶级的专政形成不同的国体。而国家生活的各主要方面都会从根本上受到国体的支配和制约。

新中国的国体是什么呢？毛泽东在《新民主主义论》（1940 年 1

① 《毛泽东选集》第 2 卷，人民出版社 1991 年版，第 676 页。

月）、《论联合政府》（1945 年 4 月 24 日）等著作中都曾进行过论述，但当时还未使用“人民民主专政”这个概念。1948 年 6 月 1 日，在中共中央宣传部《关于重印“左派幼稚病”第二章前言》中，这个概念被明确地使用了。[①] 同年 9 月 8 日，毛泽东在中央政治局会议（史称“九月会议”）上所做的报告中具体地指明：“我们政权的阶级性是这样：无产阶级领导的，以工农联盟为基础，但不仅仅是工农，还有资产阶级民主分子参加的人民民主专政。”[②] 1949 年 2 月 1 日到 3 日，毛泽东在西柏坡同苏共中央代表米高扬正式会谈。其间，他解释说，人民民主专政，它的实质就是无产阶级专政。不过对我们这个国家来说，称人民民主专政更合适，更为合情合理。它是由各党各派、社会知名人士参加的民主联合政府。[③]

所谓政体问题，“是指的政权构成的形式问题，指的是一定的社会阶级采取何种形式去组织那反对敌人保护自己的政权机关”。[④] 没有适当形式的政权机关，就不能代表国家。而“新民主主义的政权组织，应该采用民主集中制，由各级人民代表大会决定大政方针，选举政府。”[⑤] 毛泽东认为，“只有这个制度，才既能表现广泛的民主，使各级人民代表大会有高度的权力；又能集中处理国事，使各级政府能集中地处理被各级人民代表大会所委托的一切事务，并保障人民的一切必要的民主活动。”[⑥]

针对有人谴责建立人民民主专政的国体是“独裁”，毛泽东明确地予以驳斥。他指出：

第一，“中国人民在几十年中积累起来的一切经验，都叫我们实行人民民主专政”。骂我们实行“独裁”或“极权主义”的外国反动派，就是实行独裁或极权主义的人们。孙中山所说压迫平民的近世各国的资产阶

---

① 《中共中央文件选集》第 17 册，中共中央党校出版社 1992 年版，第 190 页。
② 《毛泽东文集》第 5 卷，人民出版社 1996 年版，第 135 页。
③ 转引自金冲及主编：《毛泽东传》（1893—1949），中央文献出版社 2004 年版，第 947 页。
④ 《毛泽东选集》第 2 卷，人民出版社 1991 年版，第 677 页。
⑤ 《毛泽东选集》第 3 卷，人民出版社 1991 年版，第 1057 页。
⑥ 《毛泽东选集》第 3 卷，人民出版社 1991 年版，第 1057 页。

级，正是指的这些人。蒋介石的反革命独裁，就是从这些反动家伙学来的。

第二，“革命的专政和反革命的专政，性质是相反的，而前者是从后者学来的。这个学习很要紧。”因为，革命的人民如果不学会这一项对待反革命阶级的统治方法，他们就不能维持政权，他们的政权就会被内外反动派所推翻，内外反动派就会在中国复辟，革命的人民就会遭殃。

（二）对人民内部的民主方面和对反动派的专政方面互相结合

毛泽东首先说明了“人民是什么”，接着阐明了“人民的国家是保护人民的”道理。他指出，在现阶段的中国，人民是指“工人阶级，农民阶级，城市小资产阶级和民族资产阶级”。这些阶级在共产党的领导之下，团结起来，组成自己的国家，选举自己的政府，向着帝国主义的走狗即地主阶级和官僚资产阶级以及代表这些阶级的国民党反动派及其帮凶们实行专政，实行独裁。

关于“人民的国家是保护人民的”这个问题，毛泽东着重指出了两点：（1）我们现在的任务是要强化人民的国家机器，“借以巩固国防和保护人民利益。以此作为条件，使中国有可能在工人阶级和共产党的领导之下稳步地由农业国进到工业国，由新民主主义社会进到社会主义社会和共产主义社会，消灭阶级和实现大同”。（2）有了人民的国家，人民才有可能在全国范围内和全体规模上，用民主的方法，教育自己和改造自己，使自己脱离内外反动派的影响，改造自己从旧社会得来的坏习惯和坏思想。

毛泽东指出：“对人民内部的民主方面和对反动派的专政方面，互相结合起来，就是人民民主专政”。具体地说，就是：一方面，“对于人民内部，实行民主制度，人民有言论集会结社等项的自由权。选举权，只给人民，不给反动派。”在人民内部使用的方法，是民主的即说服的方法，而不是强迫的方法。人民犯了法，也要受处罚，也要坐班房，也有死刑，但这是若干个别的情形，和对于反动阶级当作一个阶级的专政来说，有原则的区别。另一方面，军队、警察、法庭等项国家机器，是阶级压迫阶级的工具。对于敌对的阶级，它是压迫的工具，它是暴力，并不是什么“仁慈的东西”。“我们对于反动派和反动阶级的反动行为，决不施仁政”。不过，对于反动阶级和反动派的人们，在他们的政权被推翻以后，只要他们不造反，不破坏，不捣乱，也给土地，给工作，让他们活下去，让他们在劳动中改造自己，成为新人。“这种对于反动阶级的改造工作，只有共产党领导的人民民主专政的国家才能做到。”应该说，人民民主专政的这两个方面，是相辅相成、互为条件的，舍弃或弱化了哪一个方面，都会损害人民民主专政。

（三）人民民主专政的基础和领导力量

毛泽东指出：“人民民主专政的基础是工人阶级、农民阶级和城市小资产阶级的联盟，而主要是工人和农民的联盟”。因为“这两个阶级占了中国人口的百分之八十到九十。推翻帝国主义和国民党反动派，主要是这两个阶级的力量。由新民主主义到社会主义，主要依靠这两个阶级的联盟。”

人民民主专政需要工人阶级的领导。因为：

第一，“只有工人阶级最有远见，大公无私，最富于革命的彻底性。”人民民主专政是在工人阶级的领导下建立起来的，也只有在工人阶级的领导下才能得到巩固和完善。第二，“整个革命历史证明，没有工人阶级的领导，革命就要失败，有了工人阶级的领导，革命就胜利了。”第三，在帝国主义时代，“中国的小资产阶级和民族资产阶级曾经多次领导过革命，都失败了”，也是明证。

毛泽东指出，固然，“民族资产阶级在现阶段上，有其很大的重要性”。为了对付帝国主义的压迫，为了使落后的经济地位提高一步，中国必须利用一切于国计民生有利而不是有害的城乡资本主义因素，团结民族资产阶级，共同奋斗。我们现在的方针是节制资本主义，而不是消灭资本主义。“但是民族资产阶级不能充当革命的领导者，也不应当在国家政权中占主要的地位”。

（四）人民民主专政必须和国际革命力量团结一致

建立和巩固人民民主专政的新中国，其重要条件之一，是中国人民必须和国际革命力量团结一致。在这一问题上，毛泽东着重分析了三种主张。

第一，关于“不要国际援助也可以胜利。”毛泽东指出：“这是错误的想法。”因为在帝国主义存在的时代，任何国家的真正的人民革命，如果没有国际革命力量在各种不同方式上的援助，要取得自己的胜利是不可能的。“人民中国的现在和将来，也是这样。”

第二，关于“我们要做生意。”毛泽东指出，这个主张“完全正确，生意总是要做的。”但大家须知，妨碍我们和外国做生意以至妨碍我们和外国建立外交关系的，不是别人，正是帝国主义者及其走狗蒋介石反动派。因此，团结国内国际的一切力量击破内外反动派，我们就有生意可做了，我们就有可能在平等、互利和互相尊重领土主权的基础之上和一切国家建立外交关系了。

第三，关于“我们需要英美的援助。”毛泽东指出：“在现时，这也是幼稚的想法。”因为“现时英美的统治者还是帝国主义者，他们会给人民国家以援助吗?”我们同这些国家做生意以及假设这些国家在将来愿意在互利的条件之下借钱给我们，这是因为这些国家的资本家要赚钱，银行家要赚利息，借以解救他们自己的危机，并不是什么对中国人民的援助。这些国家的共产党和进步党派，正在促使它们的政府和我们做生意以至建立外交关系，这是善意的，这就是援助，这和这些国家的资产阶级的行为，不能相提并论。“我们在国际上是属于以苏联为首的反帝国主义战线一方面的，真正的友谊的援助只能向这一方面去找，而不能向帝国主义战线一方面去找。”

毛泽东的这些分析，为即将诞生的新中国如何与国际革命力量团结一致，以便更好地进步和发展指明了方向。

人民民主专政的新中国的创建，标志着近代以来中国面临的争取民族独立、人民解放这个历史任务的基本完成，这就为中国人民集中力量进行建设，以实现国家的繁荣富强和人民的共同富裕，创造了前提，开辟了道路。

实际上，人民民主专政的国家政权本身，就担负着组织经济建设的重要职能。毛泽东指出："严重的经济建设任务摆在我们面前"，"人民民主专政的国家，必须有步骤地解决国家工业化的问题"，"我们必须克服困难，我们必须学会自己不懂的东西"，"我们完全可以依靠人民民主专政这个武器，团结全国除了反动派以外的一切人，稳步地走到目的地"。

（五）人民民主专政与人类进步的远景

人民民主专政与人类进步的远景问题，是《论人民民主专政》一文在开篇时所阐述的重要内容。其主要观点是：

第一，阶级消灭了，政党和国家机器将完结自己的历史使命。

政党和国家机器，是阶级斗争的工具。毛泽东指出："阶级消灭了，作为阶级斗争的工具的一切东西，政党和国家机器，将因其丧失作用，没有需要，逐步地衰亡下去，完结自己的历史使命，而走到更高级的人类社会。"

毛泽东之所以要首先说明这一问题，是因为正确认识这一问题，是中国共产党在新的起点上，进一步自觉地执行自己的历史使命的重要条件之一。中国共产党的最终目的，是要消灭阶级和阶级差别，实现共产主义。而为了走向这个目标，其基本条件就是要在中国建立和巩固人民民主专政（即无产阶级专政）。

第二，全人类都要走"阶级消灭"、"国家消亡"这一条路，问题只是时间和条件。

与以往的剥削阶级不同，无产阶级取得政权不是为了利用它去维护剥削制度，而是为了给最终消灭阶级、阶级差别和国家消亡创设条件。毛泽东指出："不承认这一条真理，就不是共产主义者；必须懂得这一条真理，才有正确的宇宙观。"他强调：作为共产主义者，必须充分重视人民民主专政的建立和巩固，必须认识坚持人民民主专政对于消灭阶级，从而使国家权力和政党逐步衰亡下去的极端重要性。

第三，全世界共产主义者比资产阶级高明，懂得事物的生存和发展的规律。

事物的生存和发展的规律是客观的，阶级、国家权力和政党，会随着人类社会全方位的进步和发展而逐步消亡是必然的。但是，资产阶级不欢迎这一条真理，“因为他们不愿意被人们推翻。被推翻，例如眼前国民党反动派被我们所推翻，过去日本帝国主义被我们和各国人民所推翻，对于被推翻者来说，这是痛苦的，不堪设想的。”毛泽东指出：全世界共产主义者比资产阶级高明，他们懂得事物的生存和发展的规律，懂得辩证法，他们看得远些。因为：（1）资产阶级政党怕说阶级的消灭，国家权力的消灭和党的消灭。我们则公开声明，恰是为着促使这些东西的消灭而创设条件，而努力奋斗。“共产党的领导和人民专政的国家权力，就是这样的条件。”（2）对于工人阶级、劳动人民和共产党，则不是什么被推翻的问题，而是努力工作，创设条件，“使阶级、国家权力和政党很自然地归于消灭，使人类进到大同境域”。康有为写了《大同书》，但是他没有也不可能找到一条到达大同的路。这条路，我们找到了。

《论人民民主专政》一文，为我们以历史唯物主义观点研究和总结近代中国的历史及其基本经验，尤其是新民主主义革命的历史及其基本经验，提供了理论上的指导原则，具有重要的意义。

延伸阅读：

1. 列宁：《无产阶级革命和叛徒考茨基》，《列宁选集》第 3 卷，人民出版社 1995 年版。
2. 毛泽东：《〈共产党人〉发刊词》，《毛泽东选集》第 2 卷，人民出版社 1991 年版。
3. 毛泽东：《新民主主义论》（第五、第七部分），《毛泽东选集》第 2 卷，人民出版社 1991 年版。
4. 毛泽东：《论联合政府》（第四部分），《毛泽东选集》第 2 卷，人民出版社 1991 年版。

《丢掉幻想，准备斗争》《唯心历史观的破产》学习导读

《丢掉幻想，准备斗争》和《唯心历史观的破产》，是毛泽东为新华社写的对于美国国务院白皮书和艾奇逊信件的五篇评论中的两篇。现已收入《毛泽东选集》第四卷。

1949 年 4 月 23 日，中国人民解放军占领国民党统治的中心南京。南京的解放，标志着国民党 22 年反动统治的崩溃。6 月中旬，新政协筹备会在北平（今北京）召开第一次全体会议，昭示着新中国即将诞生。8 月 5 日，正当美国驻华大使司徒雷登离华返美途中，美国政府发表了《美国与中国的关系》的白皮书。这是美国国务卿艾奇逊在征得总统杜鲁门同意后，组织国务院工作人员编纂的。全书包括正文八章，附件八章，外加作为该书序言的艾奇逊在编好白皮书之后于 7 月 30 日写给总统杜鲁门的一封信以及《中美关系大事纪年表》，约 100 多万字。

白皮书的正文叙述从 1844 年美国强迫中国签订《望厦条约》以来，直至 1949 年中国人民革命在全国范围内取得基本胜利时为止的中美关系，其中特别详细地叙述了 1944 年至 1949 年的五年间，美国实施扶蒋反共政策，千方百计地反对中国人民，结果遭到失败的经过。白皮书一方面披露了美国侵略中国和国民党腐败的若干事实材料，不得不承认“中国内战的不幸结果为美国政府控制所不及”，“这是中国内部势力的产物，这些势力美国也曾试图加以影响，但不能有效”①；另一方面歪曲中国革命发生和胜利的原因，掩盖美国侵华政策的实质，并坚持同中国人民为敌的政策。艾奇逊“以一个资产阶级大学教授讲述无聊课本的姿态，向人们表示他在寻求中国事变的因果关系”，“胡诌了一大篇中国近代史”。

白皮书的发表激起中国人民的极大愤慨。毛泽东对这件事十分重视，认为是用来教育中国人民的一次极好机会。他写道：“我们的革命是基本

---

① 《中美关系资料汇编》第 1 册，世界知识出版社 1967 年版，第 41 页。

上胜利了，但是很久以来还没有获得一次机会来详尽地展开讨论这个革命和内外各方面的相互关系。这种讨论是必需的，现在并已找到了机会，这就是讨论美国的白皮书。”为此，新华社于8月12日发表题为《无可奈何的供状》的评论。接着，毛泽东自己从8月14日至9月16日，连续为新华社撰写了《丢掉幻想，准备斗争》、《别了，司徒雷登》、《为什么要讨论白皮书?》、《友谊，还是侵略?》、《唯心历史观的破产》五篇评论。这些评论揭露了19世纪中叶以来美国政府对华政策的帝国主义侵略本质及其对中国革命的仇视，批评了存在于一部分人中间的对于帝国主义的不切实际的幻想，阐明了一个世纪以来中华民族奋起的历史进程，从理论上说明了中国革命的发生和胜利的原因，科学总结了一百多年来中国人民反抗帝国主义侵略的斗争经验。

这些评论，对研究中国近现代史、中国革命史，具有重要的指导意义。

一、运用唯物主义历史观认识中国革命的历史

（一）在对待中国革命历史问题上两种历史观的对立

在对待中国革命历史的问题上，始终存在着两种历史观的对立。毛泽东指出：“我们是反对历史唯心论的历史唯物论者。”

唯物主义历史观认为，生产关系和生产力之间的矛盾、上层建筑和经济基础之间的矛盾，是推动一切社会发展的基本矛盾。在阶级社会中，这些基本矛盾集中表现为阶级矛盾。阶级斗争成为阶级社会发展的直接动力。离开了阶级斗争，就无法理解阶级社会的发展。据此，毛泽东指出：“阶级斗争，一些阶级胜利了，一些阶级消灭了。这就是历史，这就是几千年的文明史。拿这个观点解释历史的就叫做历史的唯物主义，站在这个观点的反面的是历史的唯心主义。”因此，在历史研究中，坚持历史唯物主义，就必须坚持运用马克思主义的阶级、阶级斗争观点，坚持运用阶级分析方法，去观察和认识阶级社会的社会历史现象。

唯心主义历史观则否认社会发展有它本身所固有的客观规律，否认物质资料的生产、经济的发展在历史进程中的最终决定性作用，否认基于经济利益的阶级斗争是阶级社会历史发展的基本线索，把社会现象及其发展的最终原因归结为某种精神的或别的什么因素。艾奇逊在白皮书中认为中国革命发生的原因，第一是由于“人口太多了，饭少了”；第二是因为“西方的影响”。艾奇逊“好像是一个因果论者。接下来，他连这点无聊的伪造的因果论也不见了，出现了一大堆莫名其妙的事变。中国人就是那样毫无原因地相互争权夺利和猜疑仇恨。”他不敢承认，正是帝国主义和中华民族的矛盾、封建主义和人民大众的矛盾及其尖锐化，造成了日益发展的近代中国革命运动这个阶级斗争的基本事实。这是用资产阶级唯心史观胡诌、歪曲中国革命历史，诽谤、攻击中国人民革命斗争的集中体现。

（二）“无可奈何的供状”与唯心历史观的破产

白皮书“明确地供认了美国出钱出枪，蒋介石出人，替美国打仗杀中国人这样一种事实”。他们这样做，目的是帮助国民党“毁灭共产党”，变中国为美国的殖民地。白皮书同时又无可奈何地承认了扶蒋反共政策的失败。艾奇逊在他的信中不得不供认，中国内战不祥的结局超出美国政府控制的能力，这是不幸的事，却也是无可避免的。美国对于中国目前的这个局面是毫无办法了。但是，艾奇逊们又不愿意就这样“失去”中国，他们不会“放下屠刀，立地成佛”。他们寄希望于中国一部分对美国存有幻想的“民主个人主义者”再显身手，使中国最终成为美国的附庸。

白皮书“在现在这个时候发表，不是偶然的。这些文件的发表，反映了中国人民的胜利和帝国主义的失败，反映了整个帝国主义世界制度的衰落。”尽管当时的中国还有一小部分人对美国存有幻想，但是，经过人民解放战争的革命洗礼，中国的绝大多数人认清了美国帝国主义的真实面目，“整个美帝国主义在中国人民中的威信已经破产了，美国的白皮书，就是一部破产的记录。”它“无可奈何地判决自己的失败，并且无可奈何地证实中国人民和各国革命人民的胜利。”① 它宣告了艾奇逊们资产阶级唯心史观的彻底破产。

二、中国革命发生和胜利的社会原因及群众基础

（一）帝国主义入侵与中国社会阶级关系的新变化

为了说明中国革命发生和胜利的社会原因及群众基础，毛泽东在评论中透彻地分析了帝国主义的入侵所带来的中国社会阶级关系的新变化。

1840 年鸦片战争后，随着资本—帝国主义侵略的扩张及其与中国封建势力结合的加深，中国社会逐步演变为半殖民地半封建社会，中国社会的阶级关系发生了深刻的变化。

第一，帝国主义的侵略，“给中国造成了买办制度，造成了官僚资本”，中国出现了买办资产阶级（后来称为官僚资产阶级）。这部分依附于外国垄断资本的买办性的大资产阶级是中国革命的对象。

第二，“帝国主义的侵略刺激了中国的社会经济，使它发生了变化，造成了帝国主义的对立物——造成了中国的民族工业，造成了中国的民族资产阶级，而特别是造成了在帝国主义直接经营的企业中、在官僚资本的企业中、在民族资产阶级的企业中做工的中国的无产阶级。”但是，民族资本主义经济在中国整个社会经济中不占主体地位，它的发展受到外国资本主义、本国封建主义和官僚资本主义以及军阀官僚政府等多方面的阻碍，其力量很软弱。这就决定了民族资产阶级是带两重性的阶级，既可以成为革命的一种力量，又有成为买办资产阶级助手的危险。中国的无产阶级在五四运动以后，迅速成长为一支觉悟了的独立的政治力量，担负起领导革命的重任。

第三，帝国主义的侵略使封建社会原有的地主阶级和农民阶级发生了

① 新华社社论：《无可奈何的供状——评美国关于中国问题的白皮书》（1949 年 8 月 12 日），载中共中央文献研究室、中央档案馆编《建党以来重要文献选编（一九二一——一九四九）》第 26 册，中央文献出版社 2011 年版。

新的变化。一方面，随着资本主义在中国的发生、发展，一部分地主将土地剥削获得的货币投资于企业而转化为资本家。但是在整个中国社会经济中，地主占有土地、剥削农民的封建经济仍然占着优势。另一方面，“为了侵略的必要，帝国主义以不等价交换的方法剥削中国的农民，使农民破产，给中国造成了数以万万计的广大的贫农群众，贫农占了农村人口的百分之七十。”农民是帝国主义和封建主义的最大的掠夺与剥削对象。他们具有反帝反封建的革命积极性，是中国民主革命最大的依靠对象。一部分破产或失去土地后的农民流入城市，成为产业工人的后备军。

第四，帝国主义的侵略还“给中国造成了数百万区别于旧式文人或士大夫的新式的大小知识分子”。这是一个新兴的社会阶层。帝国主义的目的是为了使他们成为自己统治中国的工具。但是，随着中国革命的不断深入，这个阶层也不断地分化，最终，他们中的绝大多数走到了帝国主义预期的反面，“都造反了，或者不愿意再跟国民党走了”。

总之，“西方资产阶级就在东方造成了两类人，一类是少数人，这就是为帝国主义服务的洋奴；一类是多数人，这就是反抗帝国主义的工人阶级、农民阶级、城市小资产阶级、民族资产阶级和从这些阶级出身的知识分子，所有这些，都是帝国主义替自己造成的掘墓人，革命就是从这些人发生的。”

（二）帝国主义驱使中国人民走上反帝斗争的历史时代

有压迫，就必然有反抗。正是资本—帝国主义对中国的侵略驱使中国人民走上了反帝斗争的历史时代。

从鸦片战争时的抗英斗争开始，中国人民进行了100多年的不屈不挠的反对帝国主义侵略的斗争。

在这100多年的中国人民反帝斗争过程中，在最初一个较长的时期里，主要是反对英国帝国主义的侵略势力。1931年日本发动九一八事变，特别是1937年制造卢沟桥事变后，日本帝国主义同中华民族的矛盾成为主要矛盾，中国各族人民集中反对的是日本帝国主义的侵略。抗日战争胜利后，美帝国主义及其支持下的国民党反动派同中国人民的矛盾成为主要矛盾，中国各族人民集中反对的是美帝国主义及其支持下的国民党反动派。

在中国人民反对帝国主义侵略的斗争中，占人口绝大多数的农民特别是贫农、雇农始终是反帝斗争的主力军；作为新兴阶级的工人阶级从它产生时起就开始了反对帝国主义的斗争，在1919年五四运动中，工人阶级开始以独立的姿态登上反帝斗争的历史舞台；两年后，中国共产党成立，工人阶级及其政党开始成为反帝斗争的中流砥柱和领导力量。广大的小资产阶级也是反帝斗争的重要力量。民族资产阶级在一定时期、一定程度上也参加了反帝斗争。大地主、大资产阶级原本是中国革命的对象，但是在抗日战争中，一部分大地主大资产阶级倾向抗日，成为抗日民族统一战线中的一部分。在解放战争时期，随着美国侵华政策的失败特别是人民解放战争的迅猛发展，国民党统治营垒不时地发生着分化，不少中上层人士转向人民革命阵营，投入反帝斗争的行列。在中国共产党的领导下，中国人民反帝斗争的阵线不断发展壮大，最终取得历史性的胜利，赢得了中华民族的独立解放。

（三）帝国主义为自己的灭亡准备了条件

中国人民反帝斗争最终能够取得胜利，是由于中国各族人民在中国共产党的坚强领导下所进行的艰苦卓绝的英勇斗争。而帝国主义的对华侵略本身，也“给自己准备了灭亡的条件”。

帝国主义替中国的人民大众赢得反帝斗争的胜利“准备了物质条件，也准备了精神条件”。“工厂、铁道、枪炮等等，这些是物质条件。中国人民解放军的强大的物质装备，大部分是从美国帝国主义得来的，一部分是从日本帝国主义得来的，一部分是自己制造的。”更重要的是，帝国主义发动的“所有这一切侵略战争，加上政治上、经济上、文化上的侵略和压迫，造成了中国人对于帝国主义的仇恨，使中国人想一想，这究竟是怎么一回事，迫使中国人的革命精神发扬起来，从斗争中团结起来。”“这就是精神条件，没有这个精神条件，革命是不能胜利的。”

（四）批判艾奇逊人多饭少引起革命的观点

艾奇逊胡诌中国革命的发生是由于人口太多的缘故。他认为，中国人口在十八、十九两个世纪里增加了一倍，因此使土地受到不堪负担的压力；人民的吃饭问题是每一个中国政府必然碰到的第一个问题；一直到现在没有一个政府使这个问题得到了解决。

从现象上看，事情似乎是这样。中国人民由于被推到了饥饿和死亡的边缘上，才被迫奋起抗争的。问题在于，是什么原因把他们推向饥饿和死亡的边缘上的呢？

毛泽东列举古今中外发生过的一些革命，说明这些革命都不是由于人口过剩引起的，而是由于统治阶级的压迫和剥削激起了人民的反抗。中国革命的发生也是这样。

人口规律是社会规律，不同的生产方式有不同的人口增长规律和过剩人口增长规律。旧中国确实存在着人口过剩的问题。只是这种人口过剩是相对的，而不是绝对的。这种相对的人口过剩，是由于当时占支配地位的反动的、落后的生产方式所决定的。为什么在国民党统治区，广大人民陷入了饥饿的境地，那里的社会秩序动荡，群众反抗现存政权的斗争不断发生；而在共产党领导的解放区，却能够解决老百姓的“吃饭问题”，那里的社会秩序稳定，人民与政府亲密无间呢？这些现象，是艾奇逊的“理论”所无法解释的。事实证明，“革命加生产即能解决吃饭问题”，这是一个真理。

人口因素在社会发展和变革中起着重要作用。但是，人口因素和地理环境一样，不是社会发展和变革的决定性因素。革命的终极原因，只能从已经存在并不断加剧的社会危机和社会矛盾中去寻找。近代以来，资本—帝国主义的侵略和本国封建主义的统治，严重地阻碍着中国社会生产力的发展。一些人试图通过改良的途径，消除危机、缓和矛盾，结果失败了。在这种情况下，革命才成为中国人民唯一可能的选择。

三、马克思列宁主义与中国革命的发展和胜利

（一）马克思列宁主义的传入与中国革命的新面貌

鸦片战争后，中国的志士仁人一直在寻找抵御资本—帝国主义侵略的思想武器。从林则徐、洪秀全、康有为、严复到孙中山，他们都是向英、美、法等资本主义国家，即向西方寻找救国的真理的。但是，中国人引进的西方资产阶级革命时代的思想武器和政治方案，并没有引导中国成为独立的资本主义国家。

1917 年俄国十月社会主义革命的胜利，给予中国的先进分子以新的革命方法的启示，推动他们去研究这个革命所遵循的主义。马克思列宁主义在中国开始得到比较广泛的传播。

（二）马克思列宁主义发生伟大作用的历史条件

马克思列宁主义之所以在中国革命中发生伟大的指导作用，首先是由于马克思列宁主义内在的科学性与革命性。它是指导各国无产阶级及其政党开展革命和建设的强有力的思想武器。

马克思列宁主义之所以在中国革命中发生伟大的指导作用，还因为：

第一，是“中国的社会条件有了这种需要”。一方面，辛亥革命及其后以孙中山为代表的资产阶级革命派的屡次失败，说明资产阶级共和国的道路在中国走不通；另一方面，随着民族资本主义的发展和工人阶级队伍的成长壮大，中国具备了传播和接受马克思主义的经济基础和阶级力量。

第二，它“同中国人民革命的实践发生了联系”。中国共产党没有把马克思主义视为凝固不变的教条，而是把它作为观察国家命运的工具，实现了马克思主义基本原理和中国革命具体实际的结合，形成了指导中国革命取得胜利的一整套路线、纲领和方针、政策。一句话，使马克思主义中国化了。

第三，它“被中国人民所掌握了”。中国共产党人努力实现马克思主义的大众化，善于使广大人民群众懂得马克思主义的真理性，了解党的路线、纲领和方针、政策，从而使马克思主义转化为改造中国的巨大的物质

力量。

（三）中国产生了共产党，这是开天辟地的大事变

“既要革命，就要有一个革命党。没有一个革命的党，没有一个按照马克思列宁主义的革命理论和革命风格建立起来的革命党，就不可能领导工人阶级和广大人民群众战胜帝国主义及其走狗。”中国共产党就是一个按照马克思列宁主义的革命理论和革命风格建立起来的革命党。

中国共产党“不是凭空发生的，并非真如某些人们的见解是若干共产党领导分子从心所欲造出来的，或真是所谓‘不合国情’的，而实实在在是国家政治经济现象的结果。”① 如前所述，到20世纪一二十年代，中国已经有了一定程度发展的资本主义经济，工人阶级在不断壮大，工人运动在向纵深发展，需要有自己的先锋队来领导革命。五四运动则在思想上和干部上准备了中国共产党的成立。简言之，共产党的产生是近代中国社会历史和革命运动发展的必然产物，是适应时代的呼唤和革命的需要应运而生的。诚然，中国共产党在建立过程中，得到了苏俄和共产国际的帮助，但是，这只是外部因素。唯物辩证法认为，外因通过内因起作用。“革命是不能输出也不能输入的。虽然有共产国际的帮助，但中国共产党的产生及其发展，乃是由于中国本身有了觉悟的工人阶级，中国工人阶级自己创造了自己的党——中国共产党。”②

中国共产党成立后，中国人民开始在中国共产党领导下，完成本来应该由资产阶级完成的民族民主革命任务，取得了新民主主义革命的胜利，建立了新中国；并且在此基础上，实现由新民主主义向社会主义的转变，通过社会主义改造，在中国建立了社会主义基本制度，开辟了中国历史的新纪元。

（四）批判艾奇逊西方影响引起革命的观点

艾奇逊胡言中国革命的发生是由于西方的影响，是来自西方的新思想

---

① 《毛泽东文集》第2卷，人民出版社1993年版，第93页。

② 《毛泽东文集》第3卷，人民出版社1993年版，第20页。

激起了骚动和不安。

在这里，艾奇逊把事情的因果关系从根本上弄颠倒了。事实上，“不是什么西方思想的输入引起了‘骚动和不安’，而是帝国主义的侵略引起了反抗。”中国人民正是由于在帝国主义的侵略和压迫之下感到了亡国灭种的现实威胁，陷入了饥寒交迫和不自由的境地，才“骚动与不安起来”，才被迫从帝国主义的老家即西方资产阶级革命时代的武器库中去寻找救国的思想武器和政治方案的。这些西方思想的传入，在一个时期内确曾对中国人民起过某种启蒙的作用。戊戌变法、辛亥革命，都是以西方资产阶级民主主义作为思想旗帜的。但是这些东西也很快败下阵来，宣告破产了。中国人民的斗争，并不是在西方资产阶级民主主义的思想旗帜下，恰恰相反，是在否定了西方资产阶级民主主义、举起了马克思主义的思想旗帜之后，才具有波澜壮阔的伟大声势，走上胜利发展的康庄大道的。

四、帝国主义者的逻辑和人民的逻辑

（一）帝国主义者的逻辑

毛泽东总结历史的经验，主要是一百零九年间中国人民反对外国侵略的斗争经验，得出了一个规律性的认识，他指出：“捣乱，失败，再捣乱，再失败，直至灭亡——这就是帝国主义和世界上一切反动派对待人民事业的逻辑，他们决不会违背这个逻辑的。这是一条马克思主义的定律。”

在这里，毛泽东提出了帝国主义的本性问题。他认为，帝国主义的侵略和扩张的本性之所以不会改变，是由帝国主义的经济基础以及由此造成的无法自己解决的内在矛盾所决定的，是由在帝国主义国家占统治地位的垄断资产阶级的利益决定的。从某种意义上说，帝国主义不进行侵略和扩张，就不是帝国主义了。只要这些决定其本性的东西没有改变，那么，帝国主义者就决不肯放下屠刀，也决不能立地成佛。他们还会以各种方式继续破坏和捣乱，直至灭亡。

正因为如此，毛泽东告诫人们："帝国主义者和国内反动派决不甘心于他们的失败，他们还要作最后的挣扎。在全国平定以后，他们也还会以各种方式从事破坏和捣乱，他们将每日每时企图在中国复辟。这是必然的，毫无疑义的，我们务必不要松懈自己的警惕性。"①

这当然不是说，新中国拒绝与外国帝国主义国家在平等和互利的基础上发生往来。毛泽东强调的是，不要对帝国主义抱有不切实际的幻想，要懂得希望劝说帝国主义者发出善心是不可能的。"唯一的办法是组织力量和他们斗争"，迫使它们承认新中国的存在和不可动摇这个事实。"然后，才有希望在平等和互利的条件下和外国帝国主义国家打交道。"

（二）人民的逻辑

毛泽东同时指出："斗争，失败，再斗争，再失败，再斗争，直至胜利——这就是人民的逻辑，他们也是决不会违背这个逻辑的。这是马克思主义的又一条定律。"

帝国主义是很凶恶的，革命人民在从事反帝斗争的最初阶段，在力量对比上往往处于劣势，容易遭遇失败；领导反帝斗争的阶级或政党由于不成熟，难免在战略策略上犯错误，也会招致失败。但是，只要引起革命的社会矛盾得不到根本的解决，革命是不会停息的。革命人民的反帝斗争是正义的、进步的，革命人民代表着新生的力量；领导阶级和政党只要善于总结经验，就会逐步走向成熟。总之，革命人民同帝国主义的斗争是，人民革命的力量由小变大，直至上升为支配的地位；帝国主义的力量则由大变小，变成逐步归于灭亡的东西。也就是说：一切新生力量，就其性质来说，从来就是不可战胜的；一切旧势力，不管它们的数量如何庞大，总是要被消灭的。这是人类社会发展的一般规律。中国人民革命力量的兴起、在曲折中的发展和最后赢得的胜利，正是这个规律的生动体现和有力证明。

---

① 《毛泽东文集》第5卷，人民出版社1996年版，第344页。

延伸阅读：

1. 毛泽东：《别了，司徒雷登》，《毛泽东选集》第4卷，人民出版社1991年版。
2. 毛泽东：《为什么要讨论白皮书?》，《毛泽东选集》第4卷，人民出版社1991年版。
3. 毛泽东：《"友谊"，还是侵略?》，《毛泽东选集》第4卷，人民出版社1991年版。
4. 新华社社论：《无可奈何的供状——评美国关于中国问题的白皮书》，中共中央文献研究室、中央档案馆编《建党以来重要文献选编（一九二一——一九四九）》第26册，中央文献出版社2011年版。

《关于辛亥革命的评价》《纪念孙中山先生》学习导读

《关于辛亥革命的评价》，是1954年9月14日毛泽东在中央人民政府委员会临时会议通过中华人民共和国宪法草案后的讲话。现已收入《毛泽东文集》第六卷。

近代中国资产阶级民主革命的准备阶段，从1840年鸦片战争以来就开始了，“而辛亥革命，则是在比较更完全的意义上开始了这个革命。这个革命，按其社会性质说来，是资产阶级民主主义的革命，不是无产阶级社会主义的革命。”① 这是以毛泽东为代表的中国共产党人对辛亥革命性质所作的科学判断。但是，在1954年9月中央人民政府委员会临时会议通过中华人民共和国宪法草案时，一部分党外民主人士对共产党人讲“辛亥革命是资产阶级民主革命”觉得不妥，在感情上有些过不去。为此，毛泽东在宪法草案通过后发表了这个讲话，联系人类社会发展的历史，阐明辛亥革命的性质及其历史地位。

《纪念孙中山先生》，是毛泽东为纪念孙中山诞辰90周年撰写的文章，发表在1956年11月12日的中共中央机关报《人民日报》上，现已收入《毛泽东文集》第7卷。

辛亥革命的主要领导人孙中山是伟大的中国革命先行者。毛泽东对孙中山始终怀有崇高的敬意，在中国革命和建设的不同时期，多次高度评价孙中山的历史贡献和革命精神。这篇纪念文章是在中国共产党成功引导中国社会由新民主主义过渡到社会主义的新的历史条件下，毛泽东对孙中山为中华民族和中国人民建立的丰功伟绩所作的一次新的全面、科学的历史评价。

毛泽东一生酷爱历史，对历史人物和历史事件有诸多评说。《关于辛亥革命的评价》和《纪念孙中山先生》，是他以马克思主义立场、观点、

---

① 《毛泽东选集》第2卷，人民出版社1991年版，第667页。

方法评价历史事件和历史人物的两篇重要的代表性著作。

一、人类历史上几次性质不同的大革命

人类社会历史的发展，呈现出社会形态由低级向高级不断演进的总趋势。为了阐明辛亥革命的性质及其历史地位，毛泽东分析了人类历史上发生过的几次不同性质的大的革命。

（一）奴隶主推翻原始共产主义社会

毛泽东指出，人类历史上第一次大的革命，是奴隶主推翻原始共产主义社会。

人类社会的最初形态是“原始共产主义社会”，它占据了人类社会历史的绝大部分时间。在原始共产主义社会，虽然没有剥削，没有阶级，但人类使用的生产工具相当简陋，生产力十分低下。由于社会产品仅能满足社会成员的最起码的生活需要，没有剩余，原始氏族部落之间相互打仗时捉到的俘虏就通通杀掉。随着生产工具的改进，生产力的提高，在社会总劳动所提供的产品除了满足社会全体成员最起码的生活需要以外已经有少量剩余。这时，氏族部落首领不再把俘虏杀掉，而是占有这些俘虏，让他们做工。氏族内部也开始出现分化。氏族部落首领成为了奴隶主，俘虏以及部分氏族内部成员成为了奴隶。人类走出了原始共产主义社会，进入了有阶级、有剥削的奴隶社会。

奴隶制是十分残酷的。奴隶主对奴隶有生杀予夺之权。不过，奴隶虽然没有人身自由，甚至被刺瞎眼睛或砍伤手脚，生活状态十分悲惨，但是他们毕竟不再通通被杀掉了，他们的生产劳动为整个社会创造和积累了财富，使奴隶社会的生产力比原始共产制社会有了明显的提高，并且开始形成脑力劳动和体力劳动的分工，促进了文化教育、科学技术和文学艺术等的发展。因此，剥削的出现、阶级的产生，是人类社会生产力发展到一定阶段的历史必然，在人类社会发展史上占有重要的地位，有着进步的意

义。正如毛泽东所说："现在一讲奴隶制，人们就觉得它很坏，其实奴隶制的产生在当时是一个伟大的进步。"它"使人类的生产和社会大进了一步"。从此，人类社会进入了"文明时代"。

中国古书里，关于史前时代的传说是很丰富的。"传说里反映出来的中国的太古社会是没有阶级、没有私有财产、没有剥削的原始公社制度社会。"① 1930 年郭沫若出版《中国古代社会研究》一书，运用马克思、恩格斯关于氏族社会向阶级社会过渡的有关理论，最早提出殷周之际是中国氏族社会向奴隶社会过渡时期的观点。到了商朝，中国的历史有了当时留下来的文字记录。商朝已经是奴隶社会，有很多奴隶从事劳动生产，奴隶主死后埋葬，要有很多奴隶陪葬；奴隶的主要来源是俘虏和罪人。

（二）封建地主革奴隶主的命

奴隶社会后期，铁的发明和应用，大大改进了生产工具，提高了社会生产力。社会生产力的发展，使原有的奴隶主不仅占有土地、而且占有奴隶的生产关系受到冲击，奴隶制成为生产力发展的桎梏而开始解体。奴隶制受到奴隶起义的震撼和打击。地主代替奴隶主成为统治阶级，奴隶得到解放成为农民。农民租种地主的土地，地主收取农民生产的作物作为地租。这就形成了新的生产关系，即地主占有土地、以收取地租剥削农民为主要特征的封建生产关系。农民虽然被束缚于土地上，对地主有某种人身依附关系，但已经有了自己的生产工具和私有经济，生产积极性有所提高，从而促进了生产力的发展。

关于古代中国何时进入封建社会，即奴隶社会与封建社会的分期问题，中国史学界从 20 世纪二三十年代就开始讨论，形成了"西周封建说"、"春秋封建说"、"战国封建说"、"秦统一封建说"、"魏晋封建说"等观点。郭沫若认为，可以以春秋、战国之交为奴隶制和封建制的界限。

1939 年 12 月，毛泽东在《中国革命和中国共产党》中曾经有过这样

---

① 翦伯赞：《历史问题论丛（合编本）》，中华书局 2008 年版，第 505 页。

的表述："这个封建制度，自周秦以来一直延续了三千年左右。"① 这是一种包容性的观点，时限比较长，在某种意义上，照顾了上述的多个观点。1954 年 9 月，毛泽东在讲话中针对"历史学家们还在争论不决"的中国古史分期问题，一方面以政治家的学术关怀，主张"今天中央人民政府委员会对这个问题可以不去作结论"，可以由历史学家们继续自由争论；另一方面，又表示"我个人是比较相信郭沫若副总理的在春秋战国时代产生封建制的主张的。"毛泽东认为："在春秋战国时代，发生了激烈的变化，发生了大的阶级斗争、革命斗争，从那时起，开始允许土地私有，允许土地收租。大概是在鲁宣公时代'初税亩'，第一次开始收地租。""这证明当时的社会制度已经开始变革，不再是实行井田制，而是采用收土地税的办法了。"这就是说，在春秋战国时期，一种完全区别于奴隶制的新的生产关系出现了，社会经济政治制度也相应发生重大变革，奴隶制让位于封建制。这是一个历史的进步。

（三）资产阶级革封建地主阶级的命

毛泽东所说的人类历史上第三次大的革命，"是资产阶级革封建地主阶级的命，也就是民主主义革封建主义的命"。

封建社会后期，商品的生产和流通日趋发达，封建制生产关系成为生产力发展的桎梏，新的生产关系在成长。"凡是在货币关系排挤了人身关系、货币贡赋排挤了实物贡赋的地方，封建关系就让位于资产阶级关系。"②"随着商业的发展和世界市场的出现，随着货币流通的发展，产生了一个新的阶级，即资本家阶级。从商品中，从商品交换中，从货币权力的出现中，产生了资本权力。在 18 世纪（更正确些说，从 18 世纪末起）和 19 世纪，世界各地发生了革命。"③ 资产阶级所代表的新的生产力起来反抗封建土地占有者所代表的旧的生产秩序，打碎了封建桎梏，革了地主

① 《毛泽东选集》第 2 卷，人民出版社 1991 年版，第 623 页。

② 《马克思恩格斯文集》第 4 卷，人民出版社 2009 年版，第 217 页。

③ 《列宁专题文集·论辩证唯物主义和历史唯物主义》，人民出版社 2009 年版，第 286 页。

阶级的命，资本主义生产方式最终取代了封建主义生产方式。

在资本主义社会初期，手工业生产工具过渡到机器，手工业、工场手工业转变为机器工业，人类社会的生产力得到前所未有的大发展。资产阶级在革封建地主命的时候，毫无疑义的是当时最进步的力量，资本主义在其上升时期曾经是人类社会发展的巨大的推动力量。正如毛泽东所说："中外的资产阶级在历史上都有过积极的作用，曾经革命的力量对生产发展都有作用。资产阶级在革命时期也有唯物论，不是历来都是唯心论。"

毛泽东指出，这种资产阶级民主主义革命，在中国，就是辛亥革命。

二、对孙中山及其领导的辛亥革命的评价

（一）对改良派的作用应该联系具体的历史环境进行分析

在辛亥革命以前，中国有过改良派。

改良与革命，都根源于社会基本矛盾运动，是社会变革的两种不同的方式、手段。唯物辩证法认为，任何事物的发展都是一个由量变到质变的过程。人类社会的发展也总是交替采取渐变和突变这两种形式。改良属于量变的过程和渐变的形式，而革命则属于质变的过程和突变的形式。一个国家、一个民族在一定历史时期，究竟采用哪种方式进行社会变革，是不以任何阶级、政党或个人的主观意志为转移的，而是完全取决于这个国家、民族的历史状况以及当时的社会经济政治状况和阶级力量的对比等具体因素。在通常的情况下，社会以渐变的方式演进。这时，改良在一定的条件下可以对历史的发展起推动作用。当社会矛盾空前尖锐，不推翻现存的反动政权就不能改变陈腐的生产关系和上层建筑、解放和发展生产力，而推动变革的社会力量也相应地成长起来了，革命就会被提上议事日程，并成为历史发展的主要动力。这时，改良的主张就可能成为革命的阻力，失去原有的进步性。

这就是说，对改良派的作用应该联系具体的历史环境进行分析，作出实事求是的评价，而不能离开特定的社会历史条件，从概念出发，抽象地

加以绝对的否定或绝对的肯定。

在中国近代历史上曾经出现过的多种改良思潮和流派，他们之间的主张虽有所不同，但是都贯穿了一条爱国救亡的主线，起过重要的启蒙作用。这是19世纪后半期中国的进步思潮。1898年的戊戌变法，就是康有为、梁启超等维新派发动的一场资产阶级性质的改良运动。维新派高举救亡图存的旗帜，企图通过自上而下的变法维新，改革君主专制制度，建立地主阶级和资产阶级联合统治的君主立宪制度，发展民族资本主义，以挽救民族危亡，使中国走上富强的道路。维新派大力传播西方资产阶级的社会政治学说和自然科学知识，宣传自由平等、社会进化观念，批判封建君权和封建纲常伦理，从而把顽固的封建主义思想壁垒打开了一个缺口，有利于民主思想在中国的传播，有利于人们的思想解放。所以毛泽东说："对改良派也应该估计有进步的一面。"

由于当时中国的资本主义发展还十分微弱，资产阶级的社会基础还相当狭窄，维新派存在自身的局限；加上以慈禧太后为首的强大的守旧势力的反对，戊戌变法最终失败了。

戊戌变法失败后，以孙中山为代表的资产阶级革命民主派登上历史舞台，在中国掀起了一场资产阶级民主革命。在这个革命的准备时期，资产阶级革命派广泛传播民主革命思想，革命形势日益成熟。而康有为、梁启超等人坚持走改良道路，反对用革命手段推翻清王朝的统治。这样，改良派就同资产阶级革命民主派发生了尖锐的对立。

（二）辛亥革命是有伟大历史意义的资产阶级民主革命

"孙中山及其一派人领导的辛亥革命，是人类历史上资产阶级民主革命中的一次。""孙中山比改良派又更进一大步"。

为什么说辛亥革命是一次资产阶级民主革命性质的革命呢？

第一，辛亥革命的直接打击目标是清王朝。从兴中会的誓词到同盟会的纲领，孙中山始终把"驱除鞑虏"，即推翻代表地主阶级利益的以满族贵族为主把持的清王朝作为革命的首要目标。辛亥革命推翻清王朝的统治，结束了在中国延续两千多年的封建帝制。这是中国的资产阶级革地主阶级的命，民主主义革封建主义的命。

第二，辛亥革命推翻清王朝统治后建立的是具有资产阶级共和国性质的革命政权——中华民国南京临时政府，资产阶级革命派在这个政权中占有领导和主体的地位。孙中山还颁布了具有资产阶级共和国宪法性质的法典——《中华民国临时约法》，它以根本大法的形式废除了君主专制制度，确认了资产阶级共和国的政治制度。这个政权和这部法典，贯彻了主权在民、三权分立等近代西方资产阶级共和国的基本原则，具有鲜明的资产阶级民主色彩。正如毛泽东所指出的："民国元年的《中华民国临时约法》，在那个时期是一个比较好的东西；当然，是不完全的、有缺点的，是资产阶级性的，但它带有革命性、民主性。"

第三，辛亥革命的目的是要在中国发展资本主义。革命是为了解放生产力。在当时的中国，资本主义的生产力是先进的、有生命力的。南京临时政府成立后，以振兴实业为目标，设立实业部，先后颁布了一系列有利于工商业发展的政策和措施，以推动民族资本主义经济的发展，使随后的几年成了资本主义发展的"黄金时代"。

第四，辛亥革命使民主共和国的观念从此深入人心，使人们公认，任何违反这个观念的言论和行动都是非法的，在中国形成了"敢有帝制自为者，天下共击之"的民主主义观念。1915 年底至 1916 年初，袁世凯的复辟帝制只延续了 83 天；1917 年 7 月的张勋复辟更是只存在 12 天。这说明，"辛亥革命以后，谁要再想做皇帝，就做不成了。"君主专制制度从此在中国绝迹。

总之，辛亥革命是一场资产阶级民主主义革命，"它有伟大的历史意义"。

说辛亥革命是资产阶级民主革命，并不是意味着这场革命的领导者和革命民主派的代表人物都是资本家、是唯利是图的资产阶级分子，而是由于他们的主张在当时并没有、也不可能越出资本主义所可以容纳的界限，而这些主张一旦付诸实施将有利于资本主义的发展。事实上，这样的主张和实践，在当时的中国是革命的、进步的，代表了中国历史发展的要求，具有重要的历史价值。所以说，辛亥革命是资产阶级民主革命，这个判断是科学的、符合历史实际的。这绝不是贬低它的历史意义，所以不应该有“在感情上过不去”的问题。

（三）孙中山是伟大的革命先行者，是站在正面指导时代潮流的人物

从青年时期起，毛泽东就以十分尊敬的态度，对孙中山的历史地位和革命精神作出崇高评价的。如果以时间为序，毛泽东对孙中山的称谓先后有：伟大领袖、处在半殖民地国家的大革命家、伟大革命家、中国民族革命的领袖、中国最早的革命民主派、伟大的中国革命先行者或伟大的革命先行者、中国革命民主派的旗帜、中国大革命家、我们的先辈等。其中，“伟大的中国革命先行者”的称谓，最足以反映孙中山开创中国资产阶级民主革命事业的历史地位①。

毛泽东在《纪念孙中山先生》一文中着重提出，孙中山有三个值得纪念的地方。这就是：“纪念他在中国民主革命准备时期，以鲜明的中国革命民主派立场，同中国改良派作了尖锐的斗争。他在这一场斗争中是中国革命民主派的旗帜。”“纪念他在辛亥革命时期，领导人民推翻帝制、建立共和国的丰功伟绩。”“纪念他在第一次国共合作时期，把旧三民主义发展为新三民主义的丰功伟绩。”② 这三句话中又连用了两个“丰功伟绩”。可以说，这是毛泽东对孙中山崇高历史评价的集中体现。

孙中山头一个值得纪念的，是在民主革命准备时期，同改良派作了尖锐的斗争。这个时候的改良派，已经从戊戌变法时期的维新派转变成辛亥革命前夕的立宪派。立宪派介绍了许多西方近代的哲学和社会政治学说，努力争取速开国会，实行立宪；但他们竭力反对革命，维护清朝统治，成为革命发展的阻力。在孙中山领导下，革命派坚决批驳并战胜了立宪派反对革命的种种谬论，为辛亥革命的开展扫清了道路。

孙中山的伟大，最重要的在于他开创了近代中国的反帝反封建的资产

---

① 《党的文献》2002 年第 1 期。

② 《毛泽东文集》第 7 卷，人民出版社 1999 年版，第 156 页。

阶级民主革命，领导人民推翻了帝制，建立了共和国。“中国反帝反封建的资产阶级民主革命，正规地说起来，是从孙中山先生开始的”①。从1894年建立兴中会起，特别是1905年组建中国同盟会后，孙中山始终高举反清革命的大旗，制定了以民族、民权、民生三大主义为核心的革命纲领，成为中国革命民主派的旗帜。在他的领导下，革命派发动了武昌起义，得到全国范围的响应，最终推翻了清王朝，结束了在中国延续两千多年的封建帝制，建立了资产阶级共和国性质的中华民国，翻开了中国历史崭新的一页。这是孙中山先生第一个丰功伟绩。

“孙中山先生之所以伟大，不但因为他领导了伟大的辛亥革命（虽然是旧时期的民主革命），而且因为他能够‘适乎世界之潮流，合乎人群之需要’，提出了联俄、联共、扶助农工三大革命政策，对三民主义作了新的解释，树立了三大政策的新三民主义。”② 这是孙中山的又一个丰功伟绩。

在孙中山的一生中，贯穿着两个方面的革命精神。一是他坚定顽强的革命精神。“孙先生总是愈挫愈奋，不屈不挠，再接再厉。当着多少追随者在困难与诱惑面前表现了灰心丧志乃至投降变节的时候，孙先生总是坚定的。”③ 二是他顺应时代潮流不断前进的革命精神。他说过：“世界潮流浩浩荡荡，顺之者昌，逆之者亡。”他始终与时代一同前进，是从正面指导时代潮流的伟大历史人物。他不仅提出了三民主义，而且发展了三民主义。在俄国十月社会主义革命和国内五四运动的影响下，在苏俄、共产国际和中国共产党的帮助下，他在晚年实现了伟大的转变，将旧三民主义发展成为联俄、联共、扶助农工的三大政策的新三民主义，实现了同中国共产党的合作，掀起了国民革命的高潮。这是孙中山在晚年对于中华民族做出的最伟大的贡献。

---

① 《毛泽东选集》第2卷，人民出版社1991年版，第563页。

② 《毛泽东选集》第2卷，人民出版社1991年版，第700页。

③ 《毛泽东文集》第2卷，人民出版社1993年版，第112页。

三、中国共产党人是孙中山革命事业的继承者

（一）中国共产党人完成了孙中山没有完成的民主革命任务，并且把这个革命发展为社会主义革命

以孙中山为代表的资产阶级革命派领导的辛亥革命最终失败了。虽然在这之后的十年多时间里，孙中山一直为保卫民主共和、反对封建专制进行着不屈不挠的斗争，但是都以失败而告终。历史已经无情地证明，资产阶级革命派领导的旧式的民主主义革命走到了尽头。历史把反帝反封建的民主主义革命的重任交付给了中国共产党人。

在半殖民地半封建的中国，必须首先进行资产阶级的民主革命，才能进行无产阶级的社会主义革命，才能建设社会主义。正因为如此，以毛泽东为代表的中国共产党人一直把自己视作孙中山革命事业的继承者。1949年9月，在中国人民政治协商会议第一届全体会议的开幕词中，毛泽东说："一百多年以来，我们的先人以不屈不挠的斗争反对内外压迫者，从来没有停止过，其中包括伟大的中国革命先行者孙中山先生所领导的辛亥革命在内。我们的先人指示我们，叫我们完成他们的遗志。我们现在是这样做了。"① "从孙中山起就为建立民主共和国而奋斗。后来我们接手，还是资产阶级民主革命性质"。

中国共产党人没有辜负历史和人民的重托，他们继承孙中山的遗志，完成了他未竟的事业，取得了反帝反封建革命的彻底胜利，建立了新中国。从这个意义上说，中国的资产阶级民主革命是由以孙中山为代表的资产阶级革命派开始，而后来由以毛泽东为代表的中国共产党人接着完成的。当然，同样是资产阶级民主革命，由于领导力量、指导思想等的不同，前者是旧民主主义革命，后者是新民主主义革命。中国共产党人不仅完成了孙中山没有完成的民主革命，而且把这个革命进行到彻底，并使之发展为社会主义革命，在中国建立了社会主义基本制度，开始了大规模的有计划的社会主义建设，开创了中国历史的新纪元。

---

① 《毛泽东文集》第5卷，人民出版社1996年版，第344页。

总之，“作为马克思主义的历史唯物主义者，我们从不忘记中国共产党成立以前许多革命先驱者的业绩，而辛亥革命便是在中国共产党领导的人民革命以前的一次最重要的革命。如果脱离中国近代革命史的全过程来观察问题，也许会把辛亥革命看作不过是一朵不结果实的花，但它并不是不结果实的。”“可以把中国新民主主义革命和社会主义的胜利看作是辛亥革命的继续和发展，这些胜利也是辛亥革命最后结出的丰硕果实。”①

（二）中国应当对于人类有较大的贡献

中华民族曾经创造过灿烂的古代文明，为人类社会作出过巨大贡献。但是，从19世纪中叶起，西方资本主义的发展及其向东方的殖民扩张，使古老的中国遇到空前严重的挑战，面临着极其深刻的生存危机。孙中山第一个喊出了“振兴中华”的口号，并为实现这个目标奋斗了一辈子。孙中山对中华民族始终满怀着期待。他认为，一旦我们革新中国的伟大目标得以完成，不但在我们的美丽的国家将会出现新纪元的曙光，整个人类也将得以共享更为光明的前景；中国如果强盛起来，我们不但是要恢复民族的地位，还要对于世界负一个责任。这是一个革命家的世界情怀。中国的进步和发展，有益于世界人民。一个崭新的中国，将是对国际社会负责任的大国；实现了民族复兴的中华民族将给整个人类作出更大的贡献。

以毛泽东为代表的中国共产党人不仅继承和发展了孙中山的革命事业，而且继承和发展了孙中山的这种关注全人类的远大志向和博大胸怀。毛泽东认为，由于近代以来中国经济文化十分落后，“这种贡献，在过去一个长时期内，则是太少了。这使我们感到惭愧”。但是，“事情总是发展的。一九一一年的革命，即辛亥革命，到今天，不过四十五年，中国的面目完全变了。再过四十五年，就是二千零一年，也就是进到二十一世纪的时候，中国的面目更要大变。中国将变为一个强大的社会主义工业国。中国应当这样。因为中国是一个具有九百六十万平方公里土地和六万万人

---

① 胡绳主编：《中国共产党的七十年》，中共党史出版社1991年版，第5—6页。

口的国家，中国应当对于人类有较大的贡献。”①

四、关于历史人物的评价

（一）从孔夫子到孙中山，我们应当给以总结，承继这一份珍贵的遗产

唯物史观认为历史是由人创造的，因此，充分肯定人民群众推动社会发展的决定性历史作用，同时也积极评价个人在社会历史发展进程中的重要性，但反对夸大个人的作用和个人崇拜的思想。

在中国历史发展进程中，出现过一个又一个杰出人物和领袖人物。这些历史人物都是顺应历史的潮流和时代的需要而产生的，在不同的时期作出过各自的贡献；他们的思想行为，不仅在当时推动着历史的前进和社会的发展，而且对后人仍然产生着重大影响。他们留下了一份份沉甸甸的珍贵遗产。从孔夫子到孙中山，凡是在历史上作出过贡献的人物，我们都应该认真总结、研究，继承好这些历史遗产，从中获取有益的历史启迪。即使是在历史上起过反面作用的人物，也应当予以总结，作为历史的鉴戒。

（二）划清是推动还是阻碍历史潮流前进的界限

在评价历史人物的时候，首先应当把他们放到社会发展的总进程中去考察，注意弄清楚他们是在顺应时代潮流、推动历史的前进呢，还是在逆时代潮流而动、阻碍历史的发展？

人类社会在一个相当长时期里都是处于阶级社会。在阶级社会中，每一个人都在一定的阶级地位中生活，其思想行为无不打上阶级的烙印。因此，在评价某个历史人物时，首先要判断他的思想行为代表着哪个阶级的利益。代表没落的反动的阶级的利益，则阻挡着历史的前进和社会的发展；代表新兴的革命的阶级的利益，则推动着历史的前进和社会的发展。

---

① 《毛泽东文集》第7卷，人民出版社1999年版，第156—157页。

这是对阶级社会中每一个具体的历史人物的基本判断。

（三）对历史人物的缺点，“要从历史条件加以说明”，“不可以苛求于前人”

唯物史观认为，任何人物在历史上的作用，都无法超出历史时代加予他们的限制，必然会受到当时客观条件的局限。即使像孙中山那样站在正面指导时代潮流的伟大历史人物，也会有他们的缺点。“辛亥革命没有成功，失败了。为什么失败？就是因为孙中山的领导集团犯了错误，有缺点。关于这一点，孙中山有过自我批评，国民党第一次全国代表大会通过的宣言上曾经说，当时向袁世凯妥协是不对的。”

毛泽东反复强调：“人总是有缺点的，总是要犯错误的，只是不要错得太多就是了。”“人，包括圣贤在内，总是有过的，有过必改就好了。”他还重申：“不要造成偶像，就是不要说谁不能批评，而要说可以批评，但批评要正确，对于批评要分析。”

对于历史人物这样那样的缺点，马克思主义历史主义的绝对要求，就是要把他们的缺点提到一定的历史范围之中去考察，要从当时的具体的历史条件加以说明。列宁早就说过：“判断历史的功绩，不是根据历史活动家没有提供现代所要求的东西，而是根据他们比他们的前辈提供了新的东西。”① 我们既反对把历史人物任意拔高，把事实上没有的思想硬挂到他的名下，也反对以现代的标准对历史人物提出苛刻的要求。自然，说不可以苛求于前人，并不是说应当讳言前人的缺点。毛泽东说：“我们不能这样，我们要实事求是。我们对一切事情都要加以分析：好，就肯定；不好，就批评。”而在批评时，要从当时的社会历史条件出发，分析研究这是些什么性质、多大程度上的缺点，以及产生缺点的主观和客观各个方面的具体原因，从而为后人提供历史启示。

---

① 《列宁全集》第 2 卷，人民出版社 1984 年版，第 154 页。

延伸阅读：

1. 毛泽东：《在纪念孙中山逝世十三周年及追悼抗敌阵亡将士大会上的讲话》，《毛泽东文集》第2卷，人民出版社1993年版。
2. 周恩来：《在辛亥革命五十周年纪念大会上的讲话》，《人民日报》1961年10月10日。
3. 董必武：《在辛亥革命五十周年纪念大会上的讲话》，《人民日报》1961年10月10日。
4. 胡锦涛：《在孙中山先生诞辰140周年纪念大会上的讲话》，《人民日报》2006年11月13日。
5. 胡锦涛：《在纪念辛亥革命100周年大会上的讲话》，《人民日报》2011年10月10日。

第四编 中国特色社会主义理论体系与中国马克思主义史学的发展

中国特色社会主义理论体系中的史学思想，是在马克思列宁主义、毛泽东思想及其史学理论的基础上，在改革开放和社会主义现代化建设新时期得到进一步丰富和发展的史学思想，是马克思主义史学理论的重要组成部分。

本编着重对新时期以来邓小平、江泽民、胡锦涛等中共中央领导人关于历史学的重要论断作一简要的叙述和介绍。同时也说明，在新世纪新阶段，实现史学研究的繁荣和发展，必须坚持历史唯物主义理论和方法，自觉掌握和运用中国特色社会主义理论体系的史学思想。在学习马克思主义历史理论经典著作的过程中，必须结合学习中国特色社会主义理论体系中关于史学思想的重要文献。

中国特色社会主义理论体系中关于史学思想的文献，深刻论述了学习和研究历史、总结历史经验的重要性；阐明了马克思主义史学理论的多方面的丰富和发展；提供了运用科学的理论和方法分析和评价历史事件、历史人物的生动典范和重要经验；指出了学习运用这些史学思想对于推进中国马克思主义史学发展的重要意义。

一、历史知识是总结昨天的记录，把握今天、创造明天的向导

改革开放以来，邓小平、江泽民、胡锦涛等中共中央领导人高度重视历史研究，把它看作深刻把握时代特征、深入了解基本国情的重要渠道，看作温故知新、鉴往知来以提高领导水平和执政能力的重要方面。

（一）学习历史、总结历史是为了认识历史发展的规律，以古鉴今，更好地开辟未来

我国古代史学一直有关心现实、鉴往知来的优良传统。司马迁写《史记》，就强调要“究天人之际，通古今之变”，“述往事，思来者”。司马光编撰《资治通鉴》，也说明此书的编写原则是“专取关国家盛衰，

系民生休戚，善可为法，恶可为戒者”，希望当政者读后能“鉴前世之兴衰，考当今之得失，嘉善矜恶，取是舍非”，通过历史的借鉴，使政治清明，达到一个“至治”的盛世。今天，在实现中华民族伟大复兴的征途上，通过历史把握未来的需要就更为迫切，也更为紧要。

胡锦涛指出：“浩瀚而宝贵的历史知识既是人类总结昨天的记录，又是人类把握今天、创造明天的向导。一部人类文明史就是人类不断在以往历史的基础上有所发现、有所发明、有所创造、有所前进的历史。”① 他强调：“只有铭记历史，特别是铭记我们党领导人民创造的中国革命史，才能深刻了解过去、全面把握现在、正确创造未来。”②

人类的历史极为漫长，但是真正用科学的理论来解读和研究社会历史，还仅仅是近代以来的事情。人们能够对于社会历史的发展作全面的历史的了解，把对于社会的认识变成科学，只是到伴随大工业而出现近代无产阶级，马克思主义创立的历史唯物主义的科学理论之后。所以，要对历史进行科学的研究，就必须坚持以马克思主义的基本理论、以马克思主义中国化的最新成果为指导。只有这样，才能使历史遗产真正成为今天的思想财富。

中国共产党是经历革命、建设、改革长期考验，在异常复杂环境中团结带领我国各族人民创造了伟大奇迹的党。倍加珍惜党的历史，深入研究党的历史，认真学习党的历史，全面宣传党的历史，充分发挥党的历史以史鉴今、资政育人的作用，是党和国家工作大局中一项十分重要的工作。

重视总结历史，注重从历史经验中汲取开拓前进的智慧和力量，是中国共产党的一个优良传统和政治优势。早在延安时期，中国共产党就通过制定《关于党的若干历史问题的决议》，为统一全党思想、确立毛泽东思想的指导地位，起到了至关重要的作用。中共十一届三中全会以后，又通过制定《关于建国以来党的若干历史问题的决议》，科学评价毛泽东和毛

---

① 胡锦涛：《在主持中共中央政治局第九次集体学习会上的讲话》（2003 年 11 月 24 日），《人民日报》2003 年 11 月 26 日。

② 胡锦涛：《在十六届中央政治局第三十三次集体学习时的讲话》（2006 年 7 月 25 日），《人民日报》2006 年 7 月 26 日。

泽东思想，胜利完成指导思想上的拨乱反正，为统一全党和全国人民的思想、团结一致向前看奠定了基础。中国共产党不断总结历史经验，特别是新中国成立以来和改革开放以来的新鲜经验，有力地推动了党的指导思想上的与时俱进、理论创新，推动了中国特色社会主义理论体系不断的丰富、发展。

邓小平、江泽民、胡锦涛等反复强调回顾历史、总结历史经验的重要意义。

第一，回顾历史、总结历史经验，可以更好地看清社会发展的总趋势，把握历史发展的总规律。

作为一个马克思主义的政党，必须善于运用辩证唯物主义和历史唯物主义的世界观、方法论，从对历史规律的不断认识和把握中找到指导我们前进的正确方向、道路与经验，不断开辟未来发展的新境界。为了保持中国特色社会主义事业兴旺发达和国家长治久安，其中一个极为重要的方面，就是要全面研究中国历史，特别是近代以来和新中国成立以来的历史，并结合世界历史发展，特别是世界近代以来社会主义事业的曲折历程来进行总结。通过总结近代以来尤其是新中国成立以来的历史，可以帮助人们进一步认识：中国历史发展和中国人民选择马克思主义，选择中国共产党的领导，选择社会主义道路，是完全正确的，合乎历史规律和时代潮流的；只有社会主义才能救中国，只有中国特色社会主义才能发展中国，只有坚持走中国特色社会主义道路才是实现中华民族伟大复兴的康庄大道。

第二，回顾历史、总结历史经验，有助于我们正确地看待历史的曲折发展，正确看待中国共产党和人民共和国走过的历史道路。

人类的历史发展，从总体上看，是一个前进的过程；但是，发展本身不可能始终是一帆风顺的。任何一个社会制度的更替，都经历了无数次的反复和斗争。从世界范围来说，封建社会代替奴隶社会，用了很长的时间；资本主义社会代替封建社会，用了几百年；而世界上出现第一个社会主义国家，到现在也不到一百年。社会主义是一个前无古人的开创性事业，没有任何成例可援。世界社会主义运动在发展中经历一些挫折，新中国的历史上在取得伟大进步的同时出现一些曲折，不值得大惊小怪。中国共产党不仅善于总结成功的经验，而且善于从错误和挫折中汲取教训。历史证明，中国共产党犯错误，包括像“文化大革命”这样的全局性错误，都是自己纠正的。总结经验，汲取教训，是我们改进工作的重要途径，是中国共产党保持马克思主义政党先进性的一个本质特征。

第三，回顾历史、总结历史经验，对历史上的重要人物和重大事件做出经得起历史检验的科学结论，是实现伟大历史性转折、开辟历史新时期的重要政治前提。

要用历史唯物主义观点看问题，不能以对当代人的要求来要求历史人物。评价人物和历史，都要提倡全面的科学的观点，防止片面性和感情用事，这才符合马克思主义，也才符合全国人民的利益和愿望。总结我们党在探索中及工作中的错误和挫折，我们当然要承认个人的责任，但是更重要的是要分析历史的复杂的背景，研究发生曲折的社会、历史和思想根源，找到避免重犯历史上发生过的错误的办法。只有这样，我们才是公正地、科学地，也就是马克思主义地对待历史，对待历史人物。

第四，回顾历史、总结历史经验，有助于更好地认识国情，认清形势，吸取经验教训，为确定方针、制定政策提供更加充分的客观依据。

掌握理论、研究历史、了解现实，并使之有机地结合起来，以推进马克思主义中国化，是保证革命和建设事业取得胜利并蓬勃发展的重要条件。而正确地对待历史，善于总结经验，正是一个郑重的马克思主义政党成熟的重要标志。要十分珍惜我国在革命、建设和改革的长期实践中积累的宝贵经验，也要认真研究和借鉴其他国家历史发展提供的经验教训，站在世界文明发展的历史高度，进一步认清当今世界风云变幻的规律性，进一步认清我国的基本国情和发展趋势，更好地掌握我国发展的主动权。

总之，要坚持以辩证唯物主义和历史唯物主义为指导，认真学习我们党的历史、中国历史、世界历史，深入思考，科学分析，不断提高对共产党执政规律、社会主义建设规律和人类社会发展规律的认识水平，不断提高自觉运用这三个规律的能力，更好地促进中国特色社会主义的经济建设、政治建设、文化建设、社会建设、生态文明建设和党的建设协调发展。

（二）充分发挥历史资政育人的作用，用历史教育青年，教育人民，为建设社会主义核心价值体系凝聚人心、贡献力量

“历史是一面映照现实的明镜，也是一本最富哲理的教科书。”[①] 改革开放以来，邓小平、江泽民、胡锦涛等中共中央领导人高度重视发挥历史资政育人的作用，一贯强调要用历史知识教育、启发党员尤其是领导干部，教育、启发人民群众和青年人，反复强调不能忘记过去、忘记历史。

重视历史的教育作用，通过历史来感染人、凝聚人、教育人，是中华文化的优良传统。在中华民族的发展史上，在近代中国的历史特别是中国共产党的历史上，有着无数可歌可泣的杰出人物和民族英雄，他们的事迹是中华民族精神的象征，也是培养教育一代又一代中国人的最好教材。

第一，充分发挥历史的教育作用，是进行以爱国主义为核心的民族精神教育的重要途径。

一部中华民族的发展史，就是艰苦奋斗、自强不息、开拓进取的历史，就是各民族团结一心、共御外侮、维护祖国统一与尊严的历史。在漫长的历史长河中，为了中华民族的发展进步，为了中华民族的独立自强，涌现出许许多多可歌可泣的英雄事迹，涌现出许许多多可敬可佩的杰出人物。特别是近代以来，中华民族遭受帝国主义列强的侵略。为了赢得民族独立和解放，无数仁人志士抛头颅、洒热血，谱写了一曲又一曲悲壮而豪迈的民族复兴的不朽乐章。这是进行历史教育的极好教材。

邓小平指出：“要懂得些中国历史，这是中国发展的一个精神动力。”[②] 他回顾中国近代历史说：“中国从鸦片战争起沦为半殖民地半封建社会，中国人成了世界著名的‘东亚病夫’。从那时起的近一个世纪，我国有识之士包括孙中山都在寻求中国的出路。孙中山开始就想学习西方，所谓西方即资本主义。后来，孙中山觉得资本主义西方不行了，提出

① 胡锦涛：《在莫斯科会见参加中国抗日战争的俄罗斯老战士代表的讲话》（2005 年 5 月 8 日），《人民日报》2005 年 5 月 9 日。

② 《邓小平文选》第 3 卷，人民出版社 1993 年版，第 358 页。

‘以俄为师’，学习十月革命后的俄国，开始了国共合作，导致北伐战争的胜利。孙中山逝世以后，国民党的统治使中国继续处在半殖民地半封建社会的悲惨地位，在日本侵华期间大片国土沦为殖民地。在帝国主义、封建主义和后来发展起来的官僚资本主义压迫下，中国继续贫穷下去。这个历史告诉我们，中国走资本主义道路不行，中国除了走社会主义道路没有别的道路可走。一旦中国抛弃社会主义，就要回到半殖民地半封建社会，不要说实现‘小康’，就连温饱也没有保证。所以了解自己的历史很重要。青年人不了解这些历史，我们要用历史教育青年，教育人民。”①

党的领导人提出，从幼儿园开始，就要让孩子们逐渐了解我们这个国家历尽沧桑、饱经忧患和自强不息、英勇奋斗的历史。要在全国和全体社会成员中普遍、持久、深入地开展爱国主义教育，使这种伟大的精神在人们的心灵里真正扎根。

第二，充分发挥历史的教育作用，是进行以共产主义信念为支撑的革命传统教育的重要途径。

一部中国近代和现代的历史，就是中国人民为实现民族独立和人民解放，为实现国家富强和人民富裕，总之为实现中华民族的伟大复兴而不懈奋斗的历史。历史证明，在中国革命、建设和改革的各个历史时期，只有中国共产党能够为中华民族指出正确的前进方向，只有中国共产党能够团结带领各族人民共同奋斗，只有中国共产党能够在这个漫长的历史过程中成为中华民族的领导核心和中流砥柱。中国共产党的领导地位和执政地位，是靠自己政治领导的正确和广大党员的先锋模范作用取得的，是靠自己的艰苦奋斗、流血牺牲取得的，是靠顺应民意、赢得民心取得的。中国共产党在长期革命斗争中，形成了伟大的井冈山精神、长征精神、延安精神、西柏坡精神等等，并以其丰富的时代内涵弘扬和发展了中华民族精神。用这种革命精神、革命传统教育后代，教育青年人，是社会主义精神文明建设的重要内容。

中国共产党的历史是中国共产党和中华民族的宝贵精神财富，是推进

---

① 《邓小平文选》第3卷，人民出版社1993年版，第205—206页。

党的建设新的伟大工程和中国特色社会主义伟大事业的重要力量源泉。胡锦涛指出："我们党是靠艰苦奋斗起家的，也是靠艰苦奋斗发展壮大、成就伟业的。艰苦奋斗作为我们党的优良传统和作风，作为我们马克思主义政党的政治本色，是凝聚党心民心、激励全党和全体人民为实现国家富强、民族振兴共同奋斗的强大精神力量，是我们党保持同人民群众血肉联系的一个重要法宝。"① 要把学习中国革命史与弘扬民族精神和时代精神紧密结合起来。爱国主义历来是中国共产党和中国人民团结奋斗的一面旗帜。要注重弘扬以爱国主义为核心的团结统一、爱好和平、勤劳勇敢、自强不息的伟大民族精神，同时坚持弘扬以改革创新为核心的时代精神，不断赋予民族精神以新的时代内涵，引导广大党员和全体人民增强民族自尊心和自豪感，始终保持昂扬向上的精神状态。

第三，充分发挥历史的教育作用，是进行以社会主义荣辱观为中心内容的社会主义核心价值体系教育的重要途径。

一部中华人民共和国的历史，同样是中华民族在中国共产党领导下，顺应历史发展潮流，不断探索中国特色社会主义道路，不断推进中国社会主义现代化事业，不断进行理论创新和实践创新的创业史、探索史、奋斗史。这个历史奋斗的过程，同样也是可歌可泣、英雄辈出。有艰苦创业的铁人精神，有助人为乐的雷锋精神，有舍生忘死的王杰精神，有勇攀高峰的"两弹一星"精神，有万众一心、众志成城的"九八"抗洪精神，有不畏艰险、百折不挠的汶川抗震救灾精神，等等。这些既是中华民族精神在新的历史时期的弘扬，又赋予了民族精神以强烈的时代气息，集中地体现着社会主义核心价值体系的旺盛生命力。

胡锦涛提出以"八荣八耻"为主要内容的社会主义荣辱观②。社会主

---

① 《十六大以来重要文献选编》（上），中央文献出版社 2005 年版，第 81 页。

② "八荣八耻"，即：以热爱祖国为荣、以危害祖国为耻，以服务人民为荣、以背离人民为耻，以崇尚科学为荣、以愚昧无知为耻，以辛勤劳动为荣、以好逸恶劳为耻，以团结互助为荣、以损人利己为耻，以诚实守信为荣、以见利忘义为耻，以遵纪守法为荣、以违法乱纪为耻，以艰苦奋斗为荣、以骄奢淫逸为耻。见《十六大以来重要文献选编》（下），中央文献出版社 2008 年版，第 317 页。

义荣辱观体现了社会主义道德规范的本质要求，成为社会主义精神文明建设的重要指导方针。重温共和国发展史特别是改革开放的历史，是学习社会主义核心价值体系的生动教材。

第四，充分发挥历史的教育作用，是提高民族自信心、增强理想信念的重要途径。

在新世纪新阶段，要更加重视学习历史知识，更加注重用中国历史特别是中国革命史来教育党员干部和人民。让干部和人民了解我们国家悠久的文明发展史和历尽沧桑、饱经忧患的辛酸史，了解我们的先辈为国家的独立富强而进行的可歌可泣的斗争，了解我们民族、我们党的优良传统，对于增强民族自尊、自信、自强精神，极为重要；对于坚定爱国主义、社会主义信念，极为重要；对于树立正确的人生观、价值观，极为重要；对于坚持两个文明建设一起抓，极为重要；对于坚定不移地执行党的基本路线，也极为重要。一个政党不善于从总结历史中认识和把握社会发展的规律，不可能成为顺应历史潮流的自觉的政党；一个民族不善于从历史中继承和发展本民族与世界其他民族创造的优秀文明成果，就不可能屹立于世界民族之林。历史上不管中国外国，凡是不应该否定一切的而否定一切，凡是这么做了的，结果统统毁灭了他们自己。

要把学习中国革命史与加强理想信念教育紧密结合起来。要注重学习和弘扬革命先辈对崇高理想矢志不渝、对党和人民无比忠诚、对革命事业锲而不舍的坚定信念，牢固树立中国特色社会主义共同理想和共产主义远大理想，做到任何时候任何情况下都坚持理想信念不动摇、革命意志不涣散、奋斗精神不懈怠，满怀信心地投身建设中国特色社会主义伟大事业。在改革发展任务艰巨繁重的新形势下，在深刻变化的国际环境中，我们要更加注重用中国历史特别是中国共产党领导的革命、建设、改革史来教育干部和人民。

二、中国特色社会主义理论体系中的史学思想的主要内容

中国特色社会主义理论体系中的史学思想，立足于当代时代特征和人民实践，对历史唯物主义基本原理进行系统的梳理与阐发，根据中国革命、建设和改革的历史经验，使之得到了创造性的丰富和发展。

它的主要之点包括以下方面：

（一）坚持判断社会历史是非得失、兴衰成败的客观标准，把握人类社会历史发展的客观规律

在社会发展的各种因素中，生产力是最活跃最革命的因素，是社会发展的最终决定力量。生产力和生产关系、经济基础和上层建筑的矛盾，构成社会的基本矛盾。这个基本矛盾的运动，决定着社会性质的变化和社会经济、政治、文化的发展方向。人类社会的发展，就是先进生产力不断取代落后生产力的历史进程。

科学技术是第一生产力，而且是先进生产力的集中体现和主要标志。科学技术的突飞猛进，给世界生产力和人类经济社会的发展带来了极大的推动。未来的科技发展还将产生新的重大飞跃。

无论什么样的生产关系，都要随着生产力的发展而发展。如果它们不能适应生产力发展的要求，而成为生产力发展和社会进步的障碍，那就必然要发生调整和变革。而上层建筑将适应生产关系变革的要求发生相应的演进。

中国共产党作为工人阶级的先锋队，是以中国先进生产力的代表走上历史舞台的。中国共产党领导的新民主主义革命，目的是确立以工人阶级领导的人民民主专政为核心的新的上层建筑，以便取消帝国主义在中国的特权，消灭地主阶级和官僚资产阶级的剥削和压迫，改变买办的封建的生产关系，从根本上解放被束缚的生产力。新中国成立以后，国家对农业、手工业和资本主义工商业进行社会主义改造，是为了确立社会主义生产关系，并在这种经济基础上进一步健全社会主义上层建筑，以继续解放和发

展生产力。中共十一届三中全会以来进行的改革开放，调整和改革社会主义生产关系中不适应生产力发展要求的部分，调整和改革社会主义上层建筑中不适应经济基础的部分，也是为了进一步解放和发展生产力。

社会主义与资本主义的根本区别，就在于它们的生产关系和上层建筑是不同的。社会主义制度的建立和不断完善，为我国社会生产力的解放和发展打开了广阔的道路。社会主义的根本任务是发展生产力，增强社会主义国家的综合国力，使人民的生活日益改善，不断体现社会主义优于资本主义的特点。在社会主义社会的各个历史阶段，都需要根据经济社会发展的要求，适时地通过改革不断推进社会主义制度的自我完善和发展，这样才能使之充满生机和活力。

我们为实现现代化而奋斗，最根本的就是要通过改革和发展，使我国形成发达的生产力。邓小平指出："社会主义制度优越性的根本表现，就是能够允许社会生产力以旧社会所没有的速度迅速发展，使人民不断增长的物质文化生活需要能够逐步得到满足。"① "判断的标准，应该主要看是否有利于发展社会主义社会的生产力，是否有利于增强社会主义国家的综合国力，是否有利于提高人民的生活水平。"②

处于社会主义初级阶段的当代中国，发展生产力的任务尤为突出，尤为重要。总结中国共产党领导人民建设中国特色社会主义必须坚持的基本经验，联系党成立以来的历史经验，归结起来就是："我们党必须始终代表中国先进生产力的发展要求，代表中国先进文化的前进方向，代表中国最广大人民的根本利益。这是坚持和发展社会主义的必然要求，是我们党艰辛探索和伟大实践的必然结论。"③

（二）坚持"以人为本"理念，充分体现和尊重人民群众在创造人类历史、推动文明进步中的主体地位

人民群众是历史的创造者，是推动社会发展的决定性力量。这是历史

① 《邓小平文选》第2卷，人民出版社1994年版，第128页。
② 《邓小平文选》第3卷，人民出版社1993年版，第372页。
③ 《江泽民文选》第3卷，人民出版社2006年版，第536页。

唯物主义的一个基本观点。邓小平指出："归根结底地说来，历史是人民群众创造的。"① 江泽民指出："人民，只有人民，才是创造历史的真正动力，人民是我们事业发展取之不尽的力量源泉。"② 胡锦涛进一步把以人为本确定为科学发展观的核心，强调"要坚持全心全意为人民服务的根本宗旨，通过改革发展为人民群众造福，实现好、维护好、发展好最广大人民的根本利益。"③ 要坚持尊重社会发展规律与尊重人民历史主体地位的一致性，坚持为崇高理想奋斗与为最广大人民谋利益的一致性，坚持完成党的各项工作与实现人民利益的一致性，坚持保障人民权益与促进人的全面发展的一致性，做到发展为了人民、发展依靠人民、发展成果由人民共享。

是否始终站在最广大人民的立场上，坚决维护人民群众的根本利益，是区分马克思主义政党与资产阶级政党的试金石。人民群众的整体利益总是由各方面的具体利益构成的。我们所有的政策措施和工作，都应该正确反映并有利于妥善处理各种利益关系，都应认真考虑和兼顾不同阶层、不同方面群众的利益。但是，最重要的是必须首先考虑并满足最大多数人的利益要求。最大多数人的利益是最紧要和最具有决定性的因素。人民群众是先进生产力和先进文化的创造主体，也是实现自身利益的根本力量。不断发展先进生产力和先进文化，归根到底都是为了满足人民群众日益增长的物质文化生活需要，不断实现最广大人民的根本利益。

人民群众是中国共产党的力量源泉和胜利之本。没有人民群众的积极参与和广泛发动，任何事情都是做不好的。胡锦涛在纪念抗日战争胜利60周年时强调指出："中国人民抗日战争，是近代以来中国反抗外敌入侵第一次取得完全胜利的民族解放战争。""中国人民能够赢得抗日战争的胜利，以落后的武器装备打败经济实力和军事装备远比自己强大的侵略者，绝不是偶然的。""中国人民的巨大民族觉醒、空前民族团结和英勇民族抗争，是中国人民抗日战争胜利的决定性因素。"战争时期是这样，

---

① 《邓小平文选》第1卷，人民出版社1994年版，第217页。

② 《江泽民文选》第2卷，人民出版社2006年版，第228页。

③ 《十七大以来重要文献选编》（上），中央文献出版社2009年版，第808页。

和平建设时期也是这样。改革开放是亿万人民自己的事业，是人民的要求和中国共产党主张的内在统一。中国共产党坚持一切为了群众、一切依靠群众，从群众中来，到群众中去，把党的正确主张变为群众的自觉行动。把人民拥护不拥护、赞成不赞成、高兴不高兴、答应不答应作为制定各项方针政策的出发点和落脚点，坚持问政于民、问需于民、问计于民，既通过提出和贯彻正确的理论和路线方针政策带领人民前进，又从人民的实践创造和发展要求中获得前进动力。

尊重人民主体地位，发挥人民首创精神，贯彻尊重劳动、尊重知识、尊重人才、尊重创造的重大方针，坚持全心全意依靠工人阶级，发挥我国工人阶级和农民阶级、其他劳动群众推动我国生产力发展基本力量的作用，又支持新的社会阶层发挥中国特色社会主义事业建设者的作用，使全体人民都满腔热情地投身改革开放伟大事业。

从历史唯物主义的群众观点出发，中国共产党坚持全心全意为人民服务的根本宗旨，坚持立党为公、执政为民，通过改革发展为人民群众造福，实现好、维护好、发展好最广大人民的根本利益。为此，要始终坚持同广大人民群众心连心、同呼吸、共命运，在人民的实践创造中吸取营养，丰富和完善党的主张，使党在世界形势深刻变化的历史进程中始终走在时代前列，在应对国内外各种风险考验的历史进程中始终成为全国各族人民的主心骨，在发展中国特色社会主义的历史进程中始终成为坚强领导核心。

（三）坚持实事求是原则，以正确的立场、观点、方法研究和宣传党的历史，提高党史研究科学化水平

以正确的立场、观点、方法研究和宣传党的历史，是巩固党的执政地位、实现党的执政使命的必然要求，是应对意识形态领域挑战，抵制西方敌对势力西化、分化图谋的必然要求，是开创党和国家事业发展新局面的必然要求，关系党和国家长治久安，关系我国社会主义前途命运。

坚持实事求是研究和宣传党的历史，就要把握党的历史发展的主题和主线、主流和本质。近年来，社会上存在一些偏离党的历史发展的主题和

主线的问题，需要引起重视。牢牢把握党的历史发展的主题和主线，深刻揭示党的历史发展的主流和本质，要求党史工作把90多年来党的革命史、创业史、奋斗史的研究与1840年以来中国170年历史的研究衔接起来，深刻阐释是历史和人民在艰苦探索中选择了马克思主义、选择了中国共产党、选择了社会主义道路、选择了改革开放，旗帜鲜明地揭示和宣传中国共产党在中国的领导地位和核心作用形成的历史必然性，揭示和宣传中国人民走上社会主义道路的历史必然性，揭示和宣传通过改革开放和社会主义现代化建设实现中华民族伟大复兴的历史必然性，揭示和宣传党在革命、建设、改革各个历史时期领导人民所取得的伟大胜利和辉煌成就，揭示和宣传党在长期奋斗中积累的宝贵经验、形成的光荣传统和优良作风，坚决反对任何歪曲和丑化党的历史的错误倾向。这是党史工作必须遵循的党性原则，也是每一个党史工作者应该履行的政治责任。

坚持实事求是研究和宣传党的历史，还要正确对待党在前进道路上经历的失误和曲折。我们党在复杂的国际国内环境中领导人民进行革命、建设、改革，从事人类历史上极其伟大而又空前艰巨的事业，在艰辛探索的历程中，难免会发生这样那样一些失误，遇到这样那样一些曲折，甚至付出惨烈的代价。“艰难困苦，玉汝于成”，这是一切正义事业胜利的逻辑。从成功中吸取经验，从失误中吸取教训，不断开辟走向胜利的道路，这就是共产党人的历史进程。自己的经验，包括自己的失误，是最好的历史教科书。重要的是正视失误和曲折，总结经验、汲取教训，不断学习和增长本领。我们党正是这样做的，这可以从党中央作出的两个历史问题决议中得到生动的证明。要坚持用历史的观点、实践的观点和辩证唯物主义的观点，正确看待党走过的道路。对党走过的弯路，对党的历史上曾经出现过的失误和曲折，应着重分析当时所处的社会环境，深入剖析产生问题的社会根源、历史根源和思想根源，研究防止重犯的办法、措施和制度。

坚持实事求是研究和宣传党的历史，必须警惕历史虚无主义的影响。历史虚无主义以所谓“重新评价”为名，歪曲近现代中国革命历史、党的历史和中华人民共和国历史。主要表现为否定革命，宣传反帝反封建的革命只起破坏性作用，只有资产阶级“启蒙”才有建设性意义；把五四运动以来中国选择社会主义发展方向视为离开“以英美为师”的所谓“近代文明的主流”而误入了歧路；宣称经济文化落后的中国没有资格搞社会主义，新中国成立以后搞的不过是小资产阶级的空想社会主义；把党的历史说成是一系列错误的延续。历史虚无主义的要害，是从根本上否定马克思主义指导地位和中国走向社会主义的历史必然性，否定中国共产党的领导。清代著名思想家龚自珍说过：“欲知大道，必先为史。”他还说过：“灭人之国，必先去其史；隳人之枋，败人之纲纪，必先去其史；绝人之材，湮塞人之教，必先去其史；夷人之祖宗，必先去其史。”苏联解体、东欧剧变，就是从否定共产党的历史、否定社会主义建设的历史打开缺口的。这是共产党人应该永远铭记的历史教训。

（四）以马克思主义为指导，以两个历史决议为依据，科学总结历史经验，正确对待历史和历史人物

邓小平指出：“我们是历史唯物主义者，研究和解决任何问题都离不开一定的历史条件。”① “我们的革命导师马克思、列宁、毛泽东同志历来重视具体的历史条件，重视从研究历史和现状中找出规律性的东西来指导革命。那种否定新的历史条件的观点，就是割断历史，脱离实际，搞形而上学，就是违反辩证法。”②

评价人物和历史，都要提倡全面的科学的观点，防止片面性和感情用事，这才符合马克思主义，也才符合全国人民的利益和愿望。只有采取客观的实事求是的态度来分析和总结，才有好处。反映历史，要坚持历史唯物主义，既要有真实性，又不要自然主义地去表现。不少历史人物在一生中有许多变化，在描写他们的形象时，要实事求是，要照应到历史发展的最终结果。总结历史，不要着眼于个人功过，而是为了开辟未来。过去的成功是我们的财富，过去的错误也是我们的财富。

---

① 《邓小平文选》第 2 卷，人民出版社 1994 年版，第 119 页。

② 《邓小平文选》第 2 卷，人民出版社 1994 年版，第 121 页。

（五）科学阐明中国近现代历史发展的基本线索、基本历程，深刻总结中国近代以来历史发展的基本经验、基本规律，提高对“四个选择”必然性的认识

要坚持实事求是地研究和宣传中国近现代史，特别是中国共产党的历史，把握历史发展的主题和主线、主流和本质。近代以来，中国人民面临着争取民族独立、人民解放和实现国家繁荣富强、人民共同富裕这两大历史任务。90 多年来，中国共产党团结带领全国各族人民为实现这两大历史任务而不懈奋斗，这就是历史发展的主题和主线。中国共产党的历史，就是党围绕这个主题和主线，领导人民进行新民主主义革命、社会主义革命和开展大规模社会主义建设、进行改革开放和社会主义现代化建设，并在中国特色社会主义道路上取得伟大胜利的历史，是党把马克思主义基本原理同中国具体实际相结合，实现马克思主义中国化，形成、丰富、发展毛泽东思想和中国特色社会主义理论体系伟大成果的历史，是党自觉加强自身建设、保持和发展先进性、经受住各种风险考验而不断发展壮大的历史。这就是中国共产党的历史发展的主流和本质。

近年来，社会上存在一些偏离党的历史发展的主题和主线的错误观念，对当年举国上下热气腾腾地建设新社会和新国家的那些激动人心的往事十分冷漠，却极端夸大历史中的某些消极方面，仿佛党的历史只是一个错误接着一个错误，一无是处，一片漆黑，这种现象需要引起高度重视和警惕。

改革开放以来，中共中央多次对中国近代以来的历史做出总结和概括。

1981 年 6 月，在邓小平主持下起草、并由中共十一届六中全会通过的《关于建国以来党的若干历史问题的决议》指出：“中国共产党在中华人民共和国成立以后的历史，总的说来，是我们党在马克思列宁主义、毛泽东思想指导下，领导全国各族人民进行社会主义革命和社会主义建设并取得巨大成就的历史。社会主义制度的建立，是我国历史上最深刻最伟大的社会变革，是我国今后一切进步和发展的基础。”① “由于我们党领导社

① 《三中全会以来重要文献选编》（下），人民出版社 1982 年版，第 794 页。

会主义事业的经验不多，党的领导对形势的分析和对国情的认识有主观主义的偏差，‘文化大革命’前就有过把阶级斗争扩大化和在经济建设上急躁冒进的错误。后来，又发生了文化大革命’这样全局性的、长时间的严重错误。这就使得我们没有取得本来应该取得的更大成就。忽视错误、掩盖错误是不允许的，这本身就是错误，而且将招致更多更大的错误。但是，三十二年来我们取得的成就还是主要的，忽视或否认我们的成就，忽视或否认取得这些成就的成功经验，同样是严重的错误。”① “‘坚持真理，修正错误’，这是我们党必须采取的辩证唯物主义的根本立场。”②

在论述中国进行社会主义改造、确立社会主义基本制度这个党史、国史上的重大问题时，邓小平强调一定要划清马克思主义与庸俗生产力论的界限。他说：“马列主义没有‘唯生产力论’这个词，这个词不科学。列宁在批判考茨基的庸俗生产力论时讲，落后的国家也可以搞社会主义革命，我们也是反对庸俗的生产力论，我们采取了和十月革命不同的方针，农村包围城市。当时中国有了先进的无产阶级的政党，有了初步的资本主义经济，加上国际条件，所以在一个很不发达的中国能搞社会主义。这和列宁讲的反对庸俗的生产力论一样。”

1997 年 9 月，江泽民在中共十五大报告中指出：“一个世纪以来，中国人民在前进道路上经历了三次历史性的巨大变化，产生了三位站在时代前列的伟大人物：孙中山、毛泽东、邓小平。”“第一次是辛亥革命，推翻统治中国几千年的君主专制制度。这是孙中山领导的。”“第二次是中华人民共和国的成立和社会主义制度的建立。这是中国共产党成立后，在以毛泽东为核心的第一代领导集体的领导下完成的。”“第三次是改革开放，为实现社会主义现代化而奋斗。这是在以邓小平为核心的第二代领导集体的领导下开始的新的革命。”“百年巨变得出的结论是：只有中国共产党才能领导中国人民取得民族独立、人民解放和社会主义的胜利，才能开创建设有中国特色社会主义的道路，实现民族振兴、国家富强和人民

---

① 《三中全会以来重要文献选编》（下），人民出版社 1982 年版，第 797—798 页。
② 《三中全会以来重要文献选编》（下），人民出版社 1982 年版，第 798 页。

幸福。”①

2008年12月纪念改革开放30周年之际，胡锦涛指出：“近一个世纪以来，我国先后发生三次伟大革命。第一次革命是孙中山先生领导的辛亥革命，推翻了统治中国几千年的君主专制制度，为中国的进步打开了闸门。第二次革命是中国共产党领导的新民主主义革命和社会主义革命，推翻了帝国主义、封建主义、官僚资本主义在中国的统治，建立了新中国，确立了社会主义制度，为当代中国一切发展进步奠定了根本政治前提和制度基础。第三次革命是我们党领导的改革开放这场新的伟大革命，引领中国人民走上了中国特色社会主义广阔道路，迎来中华民族伟大复兴光明前景。”②

2011年7月1日，胡锦涛在庆祝中国共产党成立90周年大会上的讲话中，对90年里做的三件大事做了全面论述，指出：“90年来，我们党团结带领人民在中国这片古老的土地上，书写了人类发展史上惊天地、泣鬼神的壮丽史诗，集中体现为完成和推进了三件大事。”“第一件大事，我们党紧紧依靠人民完成了新民主主义革命，实现了民族独立、人民解放。经过北伐战争、土地革命战争、抗日战争、解放战争，党人民进行28年浴血奋战，打败日本帝国主义侵略，推翻国民党反动统治，建立了中华人民共和国。新中国的成立，使人民成为国家、社会和自己命运的主人，实现了中国从几千年封建专制制度向人民民主制度的伟大跨越，实现了中国高度统一和各民族空前团结，彻底结束了旧中国半殖民地半封建社会的历史，彻底结束了旧中国一盘散沙的局面，彻底废除了列强强加给中国的不平等条约和帝国主义在中国的一切特权。中国人从此站立起来了，中华民族发展进步从此开启了新的历史纪元。”“第二件大事，我们党紧紧依靠人民完成了社会主义革命，确立了社会主义基本制度。我们创造性地实现由新民主主义到社会主义的转变，使占世界人口四分之一的东方大国进入社会主义社会，实现了中国历史上最广泛最深刻的社会变革。我们

---

① 《江泽民文选》第2卷，人民出版社2006年版，第2、3页。

② 《十七大以来重要文献选编》(上)，中央文献出版社2009年版，第809页。

建立起独立的比较完整的工业体系和国民经济体系，积累了在中国这样一个社会生产力水平十分落后的东方大国进行社会主义建设的重要经验。”“第三件大事，我们党紧紧依靠人民进行了改革开放新的伟大革命，开创、坚持、发展了中国特色社会主义。党的十一届三中全会以来，我们总结我国社会主义建设经验，同时借鉴国际经验，以巨大的政治勇气、理论勇气、实践勇气实行改革开放，经过艰辛探索，形成了党在社会主义初级阶段的基本理论、基本路线、基本纲领、基本经验，建立和完善社会主义市场经济体制，坚持全方位对外开放，推动社会主义现代化建设取得举世瞩目的伟大成就。”“这三件大事，从根本上改变了中国人民和中华民族的前途命运，不可逆转地结束了近代以后中国内忧外患、积贫积弱的悲惨命运，不可逆转地开启了中华民族不断发展壮大、走向伟大复兴的历史进军，使具有 5000 多年文明历史的中国面貌焕然一新，中华民族伟大复兴展现出前所未有的光明前景。”他还深刻指出：“经过 90 年的奋斗、创造、积累，党和人民必须倍加珍惜、长期坚持、不断发展的成就是：开辟了中国特色社会主义道路，形成了中国特色社会主义理论体系，确立了中国特色社会主义制度。”“事实充分证明，在近代以来中国社会发展进步的壮阔进程中，历史和人民选择了中国共产党，选择了马克思主义，选择了社会主义道路，选择了改革开放。”

党的领导人的这些论述，对于我们科学地研究历史，主要是中国近代以来的历史，特别是中共党史和中华人民共和国史，具有重要的指导意义。

近代以来的中国历史有力地证明，只有马克思主义才是指引中华民族实现伟大复兴的科学的世界观和方法论，只有中国共产党才能领导和团结中国各族人民不断取得中华民族伟大复兴的新胜利，只有中国特色社会主义道路才是实现中华民族伟大复兴的康庄大道。坚持马克思主义指导、中国共产党领导和走社会主义道路，这是历史和人民作出的郑重的正确的选择。

（六）全面认识祖国传统历史文化，取其精华，去其糟粕，弘扬中华优秀文化，增强中华文化国际影响力

社会主义社会是全面发展、全面进步的社会。社会主义现代化事业是

物质文明和精神文明相辅相成、协调发展的事业。社会主义现代化应该有繁荣的经济，也应该有繁荣的文化。中华民族伟大复兴必然伴随着中华文化繁荣兴盛。当今时代，文化越来越成为民族凝聚力和创造力的重要源泉、越来越成为综合国力竞争的重要因素，丰富精神文化生活越来越成为我国人民的热切愿望。要坚持社会主义先进文化前进方向，兴起社会主义文化建设新高潮，激发全民族文化创造活力，提高国家文化软实力，使人民基本文化权益得到更好保障，使社会文化生活更加丰富多彩，使人民精神风貌更加昂扬向上。

坚持什么样的文化方向，推动建设什么样的文化，是一个政党在思想上精神上的一面旗帜。中国共产党成立以来，高举中国先进文化的前进旗帜，努力建设和弘扬反映革命、建设和改革要求的新文化，荡涤旧社会遗留下来的和国外渗透进来的腐朽没落的旧文化，从思想上精神上极大地解放和激励了广大干部群众，在全党全国人民中形成了凝聚人心、统一意志的正确指导思想和共同理想。

发展社会主义文化，必须继承和发扬一切优秀的文化，必须充分体现时代精神和创造精神，必须具有世界眼光，增强感召力。中华民族的优秀文化传统，党和人民从五四运动以来形成的革命文化传统，人类社会创造的一切先进文明成果，我们都要积极继承和发扬。建设中国特色社会主义的文化，就是以马克思主义为指导，以培育有理想、有道德、有文化、有纪律的公民为目标，发展面向现代化、面向世界、面向未来的，民族的科学的大众的社会主义文化。

社会主义核心价值体系是社会主义意识形态的本质体现。要建设社会主义核心价值体系，增强社会主义意识形态的吸引力和凝聚力。要巩固马克思主义指导地位，不断推进马克思主义的中国化、时代化、大众化，不断赋予当代中国马克思主义鲜明的实践特色、民族特色、时代特色，坚持不懈地用马克思主义中国化最新成果武装全党、教育人民，用中国特色社会主义共同理想凝聚力量，用以爱国主义为核心的民族精神和以改革创新为核心的时代精神鼓舞斗志，用社会主义荣辱观引领风尚，巩固全党全国各族人民团结奋斗的共同思想基础。

中华文化是中华民族生生不息、团结奋进的不竭动力。中国在自己的发展长河中，形成了优秀历史文化传统，这是弘扬中华文化、建设中华民族共有精神家园的宝贵财富。要弘扬中华文化，建设中华民族共有精神家园。要全面认识祖国传统文化，取其精华，去其糟粕，使之与当代社会相适应、与现代文明相协调，保持民族性，体现时代性。加强中华优秀文化传统教育，运用现代科技手段开发利用民族文化丰厚资源。加强对各民族文化的挖掘和保护，重视文物和非物质文化遗产保护，做好文化典籍整理工作。加强对外文化交流，吸收各国优秀文明成果，增强中华文化国际影响力。

社会主义文化在我国已经居于主导地位。但是，由于历史和现实的原因，社会上还存在一些带有迷信、愚昧、颓废、庸俗等色彩的落后文化，甚至还存在一些腐蚀人们精神世界、危害社会主义事业的腐朽文化。要通过完善政策和制度，加强教育和管理，移风易俗，努力改造落后的文化，努力防止和坚决抵制腐朽文化和各种错误思想观点对人们的侵蚀，逐步缩小和剔除它们借以滋生的土壤。

要充分发挥人民在文化建设中的主体作用，调动广大文化工作者的积极性，更加自觉、更加主动地推动文化大发展大繁荣，在中国特色社会主义的伟大实践中进行文化创造，让人民共享文化发展成果。

三、用科学的理论和方法分析、评价历史事件和历史人物，系统总结历史经验

（一）正确评价毛泽东的历史贡献和历史地位，实事求是地解决历史遗留问题

正确地评价毛泽东的历史功过、确立毛泽东思想的历史地位，关系到怎样看待中国共产党和新中国过去几十年奋斗的成就，关系到中国共产党的团结、国家的安定，也关系到党和国家未来的发展道路。这是毛泽东逝世以后中国共产党遇到的一个全局性的、紧迫的、至关重要的问题。邓小

平在领导党和国家摆脱“文化大革命”造成的深重灾难、进行指导思想上的拨乱反正中，用极大的精力来解决如何正确评价毛泽东和毛泽东思想的问题。

邓小平指出：“没有毛主席，至少我们中国人民还要在黑暗中摸索更长的时间。”① 毛泽东思想是一个科学体系，必须完整地准确地理解和运用毛泽东思想，来指导我们全党、全军和全国人民，把我们党的事业、社会主义的事业推向前进。他率先抵制和批评了“两个凡是”的错误方针，支持在全党和全国范围开展实践是检验真理唯一标准的讨论，领导全党冲破“左”的思想束缚。邓小平指出：“毛主席的功绩是第一位的，他的错误是第二位的。”② 他的错误是由于违反了他自己正确的东西，他的错误是一个伟大的革命家、一个伟大的马克思主义者所犯的错误。邓小平坚决地批评了借口毛泽东晚年的错误从根本上否定毛泽东、否定毛泽东思想的错误倾向。他说：“确立毛泽东同志的历史地位，坚持和发展毛泽东思想。这是最核心的一条。不仅今天，而且今后，我们都要高举毛泽东思想的旗帜。”③ 正是因为我们遵循毛泽东思想，才取得了中国革命的伟大胜利；毛泽东思想这个旗帜丢不得，不坚持毛泽东思想，我们要犯历史性的大错误。邓小平指出：“毛泽东同志同任何别人一样，也有他的缺点和错误。但是，在他的伟大的一生中的这些错误，怎么能够同他对人民的不朽贡献相比拟呢？在分析他的缺点和错误的时候，我们当然要承认个人的责任，但是更重要的是要分析历史的复杂的背景。只有这样，我们才是公正地、科学地、也就是马克思主义地对待历史，对待历史人物。”④

邓小平的这些重要观点，成为由他亲自主持起草并在党的十一届六中全会通过的《关于建国以来党的若干历史问题的决议》的基本思想。

决议指出：“毛泽东同志是伟大的马克思主义者，是伟大的无产阶级革命家、战略家和理论家。他虽然在‘文化大革命’中犯了严重错误，

---

① 《邓小平文选》第 2 卷，人民出版社 1994 年版，第 345 页。
② 《邓小平文选》第 2 卷，人民出版社 1994 年版，第 347 页。
③ 《邓小平文选》第 2 卷，人民出版社 1994 年版，第 291 页。
④ 《邓小平文选》第 2 卷，人民出版社 1994 年版，第 172 页。

但是就他的一生来看，他对中国革命的功绩远远大于他的过失。他的功绩是第一位的，错误是第二位的。他为我们党和中国人民解放军的创立和发展，为中国各族人民解放事业的胜利，为中华人民共和国的缔造和我国社会主义事业的发展，建立了永远不可磨灭的功勋。他为世界被压迫民族的解放和人类进步事业作出了重大的贡献。”①

决议在系统地阐述了毛泽东思想科学体系后指出：“因为毛泽东同志晚年犯了错误，就企图否认毛泽东思想的科学价值，否认毛泽东思想对我国革命和建设的指导作用，这种态度是完全错误的。对毛泽东同志的言论采取教条主义态度，以为凡是毛泽东同志说过的话都是不可移易的真理，只能照抄照搬，甚至不愿实事求是地承认毛泽东同志晚年犯了错误，并且还企图在新的实践中坚持这些错误，这种态度也是完全错误的。”②“我们必须珍视半个多世纪以来在中国革命和建设过程中把马克思列宁主义普遍原理和中国实际相结合的一切积极成果，在新的实践中运用和发展这些成果，以符合实际的新原理和新结论丰富和发展我们党的理论，保证我们的事业沿着马克思列宁主义、毛泽东思想的科学轨道继续前进。”③

邓小平在历史转折关头将总结历史与开辟未来很好地结合在一起，成功地解决了科学评价毛泽东的历史地位和毛泽东思想的科学体系、根据新的实际和发展要求确立中国社会主义现代化建设的正确道路这样两个相互联系的重大历史课题。这为我们树立了创造性地运用历史唯物主义原理，正确评价重要历史人物，正确解决历史遗留问题，为未来发展开辟道路的典范。

（二）从总结历史经验中不断吸取理论创新的思想养料，推动中国特色社会主义事业向前发展

通过总结历史经验，并将这种经验上升为理论性规律性认识，不断推动指导思想的理论创新和实践创新，是中国共产党的一大政治优势，也是

---

① 《三中全会以来重要文献选编》（下），人民出版社1982年版，第825页。
② 《三中全会以来重要文献选编》（下），人民出版社1982年版，第836—837页。
③ 《三中全会以来重要文献选编》（下），人民出版社1982年版，第837页。

理论联系实际这一优良传统的生动体现。中共十一届三中全会后，这一优势与传统得到很好的坚持和发展，成为中国特色社会主义理论体系创新发展的不竭源泉和动力。

“文化大革命”结束后，邓小平系统总结新中国正反两方面经验教训，主持制定《关于建国以来党的若干历史问题的决议》，形成了中国特色社会主义道路的主要点（十条经验）。这十条经验是：（一）在社会主义改造基本完成以后，我国所要解决的主要矛盾，是人民日益增长的物质文化需要同落后的社会生产之间的矛盾。（二）社会主义经济建设必须从我国国情出发，量力而行，积极奋斗，有步骤分阶段地实现现代化的目标。（三）社会主义生产关系的变革和完善必须适应于生产力的状况，有利于生产的发展。“社会主义生产关系的发展并不存在一套固定的模式，我们的任务是要根据我国生产力发展的要求，在每一个阶段上创造出与之相适应和便于继续前进的生产关系的具体形式。”①（四）在剥削阶级作为阶级消灭以后，阶级斗争已经不是主要矛盾。由于国内的因素和国际的影响，阶级斗争还将在一定范围内长期存在，在某种条件下还有可能激化。（五）逐步建设高度民主的社会主义政治制度，是社会主义革命的根本任务之一。（六）社会主义必须有高度的精神文明。（七）改善和发展社会主义的民族关系，加强民族团结，这对于我们这个多民族国家具有重大意义。（八）在战争危险依然存在的国际条件下，必须加强现代化的国防建设。国防建设要同国家的经济建设相适应。（九）在对外关系上，必须继续坚持反对帝国主义、霸权主义、殖民主义和种族主义，维护世界和平。（十）根据“文化大革命”的教训和党的现状，必须把我们党建设成为具有健全的民主集中制的党。“执政党的党风问题是关系到党的生死存亡的问题。”②

随后，1982 年 9 月 1 日，邓小平在中共十二大开幕词中，还提出“建设有中国特色的社会主义”这一总题目，并强调“这就是我们总结长

① 《三中全会以来重要文献选编》（下），人民出版社 1982 年版，第 841 页。
② 《三中全会以来重要文献选编》（下），人民出版社 1982 年版，第 844 页。

期历史经验得出的基本结论”。①

江泽民作为中共中央领导集体的核心，也为总结历史经验、推动理论创新做出了重要贡献。

2001 年 7 月 1 日，在庆祝中国共产党成立 80 周年大会的讲话中，江泽民系统总结了 80 年的奋斗历程和基本经验，全面阐述了“三个代表”重要思想。“三个代表”重要思想的提出和系统阐发，将中国特色社会主义理论体系又向前推进了一大步。

2002 年 11 月，在十六大报告中，江泽民总结中共十三届四中全会以来十三年来的经验，概括提出“十个坚持”。他指出：“十三年来的实践，加深了我们对什么是社会主义、怎样建设社会主义，建设什么样的党、怎样建设党的认识，积累了十分宝贵的经验。”② 这十条“党领导人民建设中国特色社会主义必须坚持的基本经验”是：（一）坚持以邓小平理论为指导，不断推进理论创新。（二）坚持以经济建设为中心，用发展的办法解决前进中的问题。（三）坚持改革开放，不断完善社会主义市场经济体制。（四）坚持四项基本原则，发展社会主义民主政治。（五）坚持物质文明和精神文明两手抓，实行依法治国和以德治国相结合。（六）坚持稳定压倒一切的方针，正确处理改革发展稳定的关系。（七）坚持党对军队的绝对领导，走中国特色的精兵之路。（八）坚持团结一切可以团结的力量，不断增强中华民族的凝聚力。（九）坚持独立自主的和平外交政策，维护世界和平与促进共同发展。（十）坚持加强和改善党的领导，全面推进党的建设新的伟大工程。③

中共十六大以来，以胡锦涛为总书记的中共中央与时俱进，开拓创新，在总结历史经验、不断推进马克思主义中国化、时代化、大众化方面，又向前迈进了一大步。

从 2003 年起，胡锦涛多次阐发论述了以人为本、全面协调可持续发

① 《邓小平文选》第 3 卷，人民出版社 1993 年版，第 3 页。
② 《江泽民文选》第 3 卷，人民出版社 2006 年版，第 533 页。
③ 《江泽民文选》第 3 卷，人民出版社 2006 年版，第 533—536 页。

展的科学发展观，并在2007年10月中共十七大报告中对科学发展观的科学内涵做了系统的阐述。科学发展观作为马克思主义中国化的最新成果，是对中共三代中央领导集体关于发展的重要思想的继承和发展，是马克思主义关于发展的世界观和方法论的集中体现。关于它的产生，胡锦涛说："科学发展的理念，是在总结中国现代化建设经验、顺应时代潮流的基础上提出来的，也是在继承中华民族优秀文化传统的基础上提出来的。"①

2007年10月和2008年12月，胡锦涛先后在中共十七大报告中，以及纪念十一届三中全会召开30周年大会的讲话中，回顾了改革开放以来的历史进程，论述了改革开放的鲜明时代特征，系统总结了改革开放的成功经验。即"十个结合"：（一）必须把坚持马克思主义基本原理同推进马克思主义中国化结合起来，解放思想、实事求是、与时俱进，以实践基础上的理论创新为改革开放提供理论指导。（二）必须把坚持四项基本原则同坚持改革开放结合起来，牢牢扭住经济建设这个中心，始终保持改革开放的正确方向。（三）必须把尊重人民首创精神同加强和改善党的领导结合起来，坚持执政为民、紧紧依靠人民、切实造福人民，在充分发挥人民创造历史作用中体现党的领导核心作用。（四）必须把坚持社会主义基本制度同发展市场经济结合起来，发挥社会主义制度的优越性和市场配置资源的有效性，使全社会充满改革发展的创造活力。（五）必须把推动经济基础变革同推动上层建筑改革结合起来，不断推进政治体制改革，为改革开放和社会主义现代化建设提供制度保证和法制保障。（六）必须把发展社会生产力同提高全民族文明素质结合起来，推动物质文明和精神文明协调发展，更加自觉、更加主动地推动文化大发展大繁荣。（七）必须把提高效率同促进社会公平结合起来，实现在经济发展的基础上由广大人民共享改革发展成果，推动社会主义和谐社会建设。（八）必须把坚持独立自主同参与经济全球化结合起来，统筹好国内国际两个大局，为促进人类和平与发展的崇高事业作出贡献。（九）必须把促进改革发展同保持社会稳定结合起来，坚持改革力度、发展速度和社会可承受程度的统一，确保

① 《十六大以来重要文献选编》（下），中央文献出版社2008年版，第428页。

社会安定团结、和谐稳定。（十）必须把推进中国特色社会主义伟大事业同推进党的建设新的伟大工程结合起来，加强党的执政能力建设和先进性建设，提高党的领导水平和执政水平、拒腐防变和抵御风险能力。

这“十个结合”，是改革开放30年历史经验的结晶，同时又丰富和发展了中国特色社会主义理论体系，“闪耀着马克思主义的真理光芒，是辩证唯物主义和历史唯物主义的胜利”。①

2009年9月，中共十七届四中全会通过了《关于加强和改进新形势下党的建设若干重大问题的决定》。这个决定回顾了中国共产党成立八十八年、执政六十年、领导改革开放三十年来，几代中国共产党人的奋斗历程，指出：“我国相继实现了从半殖民地半封建社会到民族独立、人民当家作主新社会的历史性转变，从新民主主义革命到社会主义革命和建设的历史性转变，从高度集中的计划经济体制到充满活力的社会主义市场经济体制、从封闭半封闭到全方位开放的历史性转变，综合国力大幅跃升，人民生活明显改善，国际地位显著提高，中华民族巍然屹立于世界民族之林。这是中国共产党人认识世界、改造世界的伟大创举，是根本改变中华民族命运、深刻影响人类历史进程的伟大变革。”还指出：在这一历史过程中，中国共产党围绕建设什么样的党、怎样建设党这个重大课题，不断总结和运用自身建设正反两方面经验，借鉴世界上一些执政党兴衰成败的经验教训，探索形成了中国共产党作为马克思主义执政党加强自身建设的基本经验。（一）坚持把思想理论建设放在首位，提高全党马克思主义水平。（二）坚持把推进党的建设伟大工程同推进党领导的伟大事业紧密结合起来，保证党始终成为社会主义事业的坚强领导核心。（三）坚持以执政能力建设和先进性建设为主线，保证党始终走在时代前列。（四）坚持立党为公、执政为民，保持党同人民群众的血肉联系。（五）坚持改革创新，增强党的生机活力。“建立健全以党章为根本、以民主集中制为核心的制度体系，推进党的建设科学化、制度化、规范化，发展党内民主，保障党的团结统一，增强党的创造活力。”（六）坚持党要管党、从严治党，

---

① 《十七大以来重要文献选编》（上），中央文献出版社2009年版，第808页。

提高管党治党水平。①

（三）深刻总结中国共产党成立以来、在全国范围执政以来、领导改革开放以来的历史经验，不断深化对共产党执政规律、社会主义建设规律、人类社会发展规律的认识

中共党史研究是一门科学。与其他学科不同，这是一门研究中国共产党的历史、从中国共产党的活动揭示当代中国社会运动规律、党的自身发展规律的科学，是一门具有鲜明党性的科学。

中国共产党成立 90 多年、在全国范围执政 60 多年的历史，蕴含着丰富的治党治国治军的经验和智慧，是一笔宝贵的政治财富。事实证明，研究历史，总结历史经验，发挥好历史的鉴今资政作用，对于创造性地探索和回答什么是马克思主义、怎样对待马克思主义，什么是社会主义、怎样建设社会主义，建设什么样的党、怎样建设党，实现什么样的发展、怎样发展等重大理论和实际问题，推进中国特色社会主义理论体系创新和中国特色社会主义事业发展，不断深化对共产党执政规律、社会主义建设规律、人类社会发展规律的认识，具有重要意义。

——推进中国特色社会主义伟大事业，需要总结中国共产党领导经济建设、政治建设、文化建设、社会建设以及生态文明建设的经验，总结中国共产党应对各种风险和挑战的经验，为推动科学发展、促进社会和谐提供历史借鉴和启示。

——推进中国共产党建设新的伟大工程，需要总结党加强思想建设、组织建设、作风建设、制度建设和反腐倡廉建设的经验，为加强党的先进性和纯洁性建设、保持和发展党的先进性和纯洁性提供历史借鉴和启示。

——支持和保证人民当家作主，不断推进科学执政、民主执政、依法执政实践，需要总结中国共产党在全国长期执政的历史经验，包括对执政基础、执政方式、执政方略、执政理念等进行全面的历史考察和综

① 《中共中央关于加强和改进新形势下党的建设若干重大问题的决定》（2009 年 9 月 18 日），2009 年 9 月 28 日《人民日报》。

合研究，为巩固党的执政地位、提高党的执政能力提供历史借鉴和启示。

——在错综复杂的国际环境中领导人民坚持和发展中国特色社会主义，需要总结中国共产党在不同历史时期科学判断和全面把握时代主题和国际形势发展变化制定正确的国际战略方针的经验，为制定和坚持正确的国际战略方针、争取更为有利的国际环境和周边环境提供历史借鉴和启示。

——结合中国实际探索和遵循共产党执政规律、社会主义建设规律、人类社会发展规律，不断推进中国社会进步和实现中华民族伟大复兴，特别需要记取苏联解体、东欧剧变的历史教训，为我们始终不渝地坚持中国特色社会主义道路和理论体系、确保党和国家长治久安提供历史借鉴和启示。

毫无疑义，注重总结中国共产党的历史，更好地发挥中国共产党历史的以史鉴今、资政育人作用，是新形势下推动党和国家事业不断发展的迫切需要。

中共党史研究工作要提高科学化水平。这是为了促进党史工作通过对党的历史发展规律的揭示，为人们正确认识现实和改造现实提供历史根据和历史启示，更好地为党的政治路线和政治任务服务。围绕中心、服务大局，是党史工作实现自身价值的重要途径；以史鉴今、资政育人，是党史工作的职能和优势所在。资政，就是要通过深入的研究，用党的丰富历史经验为党和政府提供决策咨询。育人，就是要通过富有成效的党史宣传和教育，在引导舆论，提高广大党员、干部、群众的思想道德水平上发挥作用。党史工作搞得怎么样，党史的研究和宣传教育有没有成效或成效的大小，都要放到党史工作服务党和国家中心任务的实践中来衡量，归根到底要用资政和育人的实际效果来衡量。要用中国共产党的伟大成就激励人，用党的优良传统教育人，用党的成功经验启迪人，用党的历史教训警示人。

四、自觉地发挥中国特色社会主义理论体系的指导作用，是推动马克思主义史学繁荣发展的重要前提和保证

（一）要全面了解中国特色社会主义理论体系中的史学思想是对马克思主义史学理论的继承发展

第一，中国特色社会主义理论体系中的史学思想，继承和发展了马克思主义历史理论关于适应时代发展变化的观点，强调用发展的观点来看待马克思主义，坚持马克思主义、发展马克思主义。

马克思主义是开放的体系和发展的学说。真正的马克思列宁主义者必须根据现在的情况，认识、继承和发展马克思列宁主义。不以新的思想、观点去继承、发展马克思主义，不是真正的马克思主义者。马克思主义必定随着时代、实践和科学的发展而不断发展，不可能一成不变。

对待马克思主义，有个学风问题：究竟是从本本出发，还是用马克思主义的立场观点方法来研究和解决中国的现实问题。马克思列宁主义、毛泽东思想一定不能丢，丢了就丧失根本。同时一定要以我国改革开放和现代化建设的实际问题、以我们正在做的事情为中心，着眼于马克思主义理论的运用，着眼于对实际问题的理论思考，着眼于新的实践和新的发展。离开本国实际和时代发展来谈马克思主义，没有意义。静止地孤立地研究马克思主义，把马克思主义同它在现实生活中的生动发展割裂开来、对立起来，没有出路。

第二，中国特色社会主义理论体系中的史学思想，继承和发展了马克思主义史学理论关于思想传承与发展的观点，强调把坚持马克思主义基本原理同推进马克思主义中国化结合起来。

马克思主义是我们立党立国的根本指导思想，是全国各族人民团结奋斗的共同理论基础。马克思主义的基本原理任何时候都要坚持，否则我们的事业就会因为没有正确的理论基础和思想灵魂而迷失方向，就会归于失败。这就是我们为什么必须始终坚持马克思主义基本原理的道理所在。马克思主义具有与时俱进的理论品质。如果不顾历史条件和现实情况的变

化，拘泥于马克思主义经典作家在特定历史条件下、针对具体情况作出的某些个别论断和具体行动纲领，我们就会因为思想脱离实际而不能顺利前进，甚至发生失误。这就是我们为什么必须始终反对以教条主义的态度对待马克思主义理论的道理所在。我们党在历史上的一些时期曾经犯过错误，甚至遇到严重挫折，根本原因就在于当时的指导思想脱离了中国的实际。我们党能够依靠自己和人民的力量纠正错误，战胜挫折，继续胜利前进，根本原因就在于重新恢复和坚持贯彻了解放思想、实事求是的思想路线。

在改革开放实践中，我们坚持解放思想和实事求是的统一，大力发扬求真务实精神，不断深化对共产党执政规律、社会主义建设规律、人类社会发展规律的认识，自觉把思想认识从那些不合时宜的观念、做法和体制的束缚中解放出来，从对马克思主义的错误的和教条式的理解中解放出来，从主观主义和形而上学的桎梏中解放出来，以实践基础上的理论创新回答了一系列重大理论和实际问题，为改革开放提供了体现时代性、把握规律性、富于创造性的理论指导，开辟了马克思主义新境界。中国特色社会主义理论体系，就是包括邓小平理论、“三个代表”重要思想以及科学发展观等重大战略思想在内的科学理论体系。这个理论体系，坚持和发展了马克思列宁主义、毛泽东思想，凝结了几代中国共产党人带领人民不懈探索实践的智慧和心血，是马克思主义中国化最新成果，是党最可宝贵的政治和精神财富，是全国各族人民团结奋斗的共同思想基础。中国特色社会主义理论体系是马克思主义中国化最新成果，是扎根于当代中国的科学社会主义。在当代中国，坚持中国特色社会主义理论体系，就是真正坚持马克思主义。

第三，中国特色社会主义理论体系中的史学思想，继承和发展了马克思主义史学理论关于实事求是的观点，强调在实践中不断检验真理和发展真理。

马克思主义的发展史充分说明：解放思想、实事求是，是引导社会前进的强大力量。必须解放思想、实事求是、与时俱进，以实践基础上的理论创新为改革开放提供理论指导。党的十一届三中全会重新确立了党的思想路线，这就是：一切从实际出发，理论联系实际，实事求是，在实践中检验真理和发展真理。改革开放30多年来的历史经验归结到一点，就是把马克思主义基本原理同中国具体实际相结合，走自己的路，建设中国特色社会主义。

第四，辩证唯物主义和历史唯物主义的世界观和方法论，是马克思主义最根本的理论特征。创造性地运用辩证唯物主义和历史唯物主义的世界观和方法论，也是中国特色社会主义理论体系最根本的理论特征。以此为指导的史学思想，坚持历史唯物主义和历史辩证法，科学地回答了当代史学研究的指导思想、社会功能、历史地位、研究方法，以及如何科学全面地对待历史研究中的本质与现象、主流与支流、一般与特殊、形式与内容、必然与偶然、动机与效果、内因与外因、客观条件与主观能动、历史作用与历史局限、正义与非正义等一系列重大问题。这当然对研究和分析历史具有重要的指导意义。

可见，中国特色社会主义理论体系中的史学思想，同马克思主义历史理论是一脉相承的关系，同属于历史唯物主义的统一的科学体系。努力掌握和自觉运用中国特色社会主义理论体系中的史学思想，推进和发展中国马克思主义史学，就是更好地坚持了唯物史观对史学研究的指导地位，更好地坚持了历史学的马克思主义方向。

（二）要学习和掌握中国特色社会主义理论体系，推进历史研究

历史研究离不开历史资料的收集和整理，但这并不是历史研究的全部。历史研究必须要有科学的理论作指导，才能透过历史现象把握其本质和规律。在努力学习和掌握马克思主义基本理论及其史学思想的同时，努力学习和掌握当代中国化的马克思主义，即中国特色社会主义理论体系，是不断推进历史研究的必要前提。

要学习和掌握中国特色社会主义理论体系，就必须努力学习和掌握马克思主义的立场观点方法。马克思主义立场观点方法，贯穿于马克思列宁主义、毛泽东思想和中国特色社会主义理论体系之中，既是它们之间既一

脉相承又与时俱进的纽带，也是马克思主义科学思想体系的精髓所在。要用科学的态度对待马克思主义立场观点方法，既坚决抵制马克思主义“过时论”等种种否定马克思主义的错误思想，又不要被针对具体情况、具体条件的个别词句、个别结论束缚住手脚。要坚持把马克思主义基本原理同中国具体实际和时代特征相结合，把学习和掌握马克思主义立场观点方法同学习掌握中国特色社会主义理论体系紧密结合起来。

第一，要把握好中国特色社会主义理论体系中贯穿的马克思主义立场。

立场，是人们观察、认识和处理问题的立足点。这个立足点，从根本上讲是由人们的经济政治社会利益和地位决定的。从《共产党宣言》发表到今天，马克思主义经历了巨大的发展和变化，但是从中我们可以清楚地看到一条一脉相承又与时俱进的思想主线，这就是：始终坚信人民群众是人类社会发展的主人翁，是人类社会历史的最终创造者；立足点、出发点、归宿点始终以人民为根本；始终站在人民大众立场上，一切为了人民、一切相信人民、一切依靠人民，诚心诚意为人民谋利益。这是马克思列宁主义的根本出发点和落脚点，也是毛泽东思想、邓小平理论、“三个代表”重要思想以及科学发展观等重大战略思想的根本出发点和落脚点。学习和把握了这一根本立场，也就掌握了马克思列宁主义、毛泽东思想、中国特色社会主义理论体系的根本立场。

人民是创造历史的动力，在研究社会历史问题的时候，千万不要忘记这个历史唯物主义最基本的道理。一定要和形形色色的唯心主义的历史宿命论和英雄史观划清界限。始终站在人民大众立场上，始终不脱离、不动摇这个立场，分析和研究历史现象才能抓住本质。

第二，要把握好中国特色社会主义理论体系及其史学思想中贯穿的马克思主义观点。

观点，是人们对事物的看法。马克思主义观点是马克思主义关于自然、社会和人类思维规律的科学认识，是对自然界规律和人类社会实践经验的科学总结，体现在马克思主义哲学、政治经济学和科学社会主义这三个组成部分之中，贯穿于毛泽东思想和中国特色社会主义理论体系的运用继承发展之中，涵盖面非常广泛。

学习和掌握中国特色社会主义理论体系中贯穿的马克思主义观点，就要学习和掌握马克思主义关于人类社会发展规律及其历史趋势的基本观点，始终坚定中国特色社会主义信念和共产主义理想。马克思主义把唯物主义原则应用于社会历史领域，揭示了人类社会的发展是一个自然历史过程，社会基本矛盾的运动决定了社会主义必然代替资本主义，把理想信念建立在辩证唯物主义和历史唯物主义的基础之上，建立在科学分析的理性基础之上。要坚持用“两点论”来分析社会历史现象。既要正确认识目前资本主义经济、科技发展的现实，更要正确认识资本主义社会的基本矛盾及其最终必然走向衰亡的历史趋势；既要正确认识社会主义发展过程中出现的曲折和反复，更要正确认识社会主义的发展前途是光明的；既要正确认识社会主义事业的长期性、艰巨性、复杂性，更要正确认识社会主义制度的强大生命力和巨大优越性。

学习和掌握中国特色社会主义理论体系中贯穿的马克思主义观点，就要学习和掌握马克思主义关于生产活动是人类社会存在和发展根本前提的观点，始终把发展作为中国共产党执政兴国的第一要务。马克思主义坚持从社会物质生产特别是生产力和生产关系的矛盾运动来把握社会，揭示出生产力始终是推动社会前进最活跃、最革命的力量，从而确定社会主义的根本任务就是发展社会生产力。要从这个观点出发，深刻理解我国正处于并将长期处于社会主义初级阶段，人民日益增长的物质文化需要同落后的社会生产之间的矛盾始终是我国社会的主要矛盾的重要论断，深刻理解发展是硬道理、解决中国一切问题的关键是发展的重要论断，深刻理解深入贯彻落实科学发展观、加快转变经济发展方式是我国经济社会领域的一场深刻变革的重要论断。

学习和掌握中国特色社会主义理论体系中贯穿的马克思主义观点，就要学习和掌握社会主义经济政治文化社会协调发展的观点，把中华民族伟大复兴和中国特色社会主义事业全面推向前进。实现物质财富极大丰富、人民精神境界极大提高、每个人自由而全面发展的共产主义社会，是马克思主义最崇高的社会理想。社会主义社会是以经济建设为中心，同时实现全面发展、全面进步的社会。没有经济的发展，其他方面的发展就没有物质基础；没有其他方面的发展和进步，物质文明建设就没有必要保障和更强大动力，经济发展目标也就难以实现。要从这一观点出发，深刻理解中国特色社会主义道路的内涵。中国特色社会主义道路，就是在中国共产党领导下，立足基本国情，以经济建设为中心，坚持四项基本原则，坚持改革开放，解放和发展社会生产力，巩固和完善社会主义制度，建设社会主义市场经济、社会主义民主政治、社会主义先进文化、社会主义和谐社会，建设富强民主文明和谐的社会主义现代化国家。

第三，要把握好中国特色社会主义理论体系中贯穿的马克思主义方法。

这里所说的方法，是与马克思主义世界观相统一的方法论，它是指导我们正确认识和改造世界的根本思想方法和工作方法。恩格斯指出："马克思的整个世界观不是教义，而是方法。它提供的不是现成的教条，而是进一步研究的出发点和供这种研究使用的方法。"① 列宁指出："马克思主义者从马克思的理论中，无疑地只是借用了宝贵的方法"。② 毛泽东指出："我们的眼力不够，应该借助于望远镜和显微镜。马克思主义的方法就是政治上军事上的望远镜和显微镜。"③ 邓小平强调，学习运用马克思列宁主义理论，最重要的是掌握它的基本原则和基本方法。江泽民指出："努力学习和掌握贯穿在邓小平同志著作中的辩证唯物主义、历史唯物主义的科学世界观和方法论。""通过学习，多掌握一点唯物辩证法，少一点唯心论和形而上学，是对各级领导干部的一条重要要求。"④ 胡锦涛强调："辩证唯物主义和历史唯物主义的世界观和方法论，是马克思主义最根本的理论特征。"⑤

学习和掌握中国特色社会主义理论体系中贯穿的马克思主义方法，必

① 《马克思恩格斯文集》第10卷，人民出版社2009年版，第691页。
② 《列宁专题文集·论马克思主义》，人民出版社2009年版，第300页。
③ 《毛泽东选集》第1卷，人民出版社1991年版，第212页。
④ 江泽民：《论党的建设》，中央文献出版社2001年版，第146、147页。
⑤ 《十六大以来重要文献选编》（上），中央文献出版社2005年版，第362页。

须学习和掌握唯物辩证的思想方法。客观地而不是主观地、发展地而不是静止地、全面地而不是片面地、系统地而不是零散地、普遍联系地而不是孤立地观察事物、分析问题、解决问题，在矛盾双方对立统一的过程中把握事物发展规律，这是学习和掌握唯物辩证思想方法的基本要求。要能够辩证地分析和比较从局部到全局、从眼前到长远的发展形势，辩证地认识和比较国内外经济、政治、文化的发展趋势，辩证地思考和比较历史的和现实的发展经验。

学习和掌握中国特色社会主义理论体系中贯穿的马克思主义方法，必须学习和掌握实事求是的思想方法。实事求是，集中体现了马克思主义唯物的、辩证的认识论，是研究历史科学必须始终坚持的根本思想方法。解放思想是实事求是的内在要求。随着时间的推移和时代的前进，客观实际发生了变化，我们的思想认识必须相应地跟着变、跟着前进，这也就是实事求是。因此，坚持实事求是，一定要同解放思想、与时俱进有机统一起来，在解放思想、与时俱进中坚持真理、纠正错误，做到不唯上、不唯书、只唯实。

科学发展观是充分贯彻和体现马克思主义唯物辩证法的发展观。它所强调的发展，是正确处理局部与全局、数量与质量、速度与效益关系的又好又快发展，是正确处理人与人、人与社会、人与自然关系的协调发展，是正确处理城市与农村、发达地区与欠发达地区、国内发展与对外开放关系的统筹发展，是正确处理经济、政治、文化、社会以及生态等各方面关系的全面发展，是正确处理当前与长远、现在与未来关系的可持续发展。学习实践科学发展观，要特别注意掌握蕴含其中的辩证法。

（三）要坚持和运用科学的历史观，增强识别和抵制历史虚无主义等错误思潮的能力

坚持和运用科学的历史观，实事求是地研究历史，必须警惕历史虚无主义的影响。

历史虚无主义以所谓“重新评价”为名，鼓噪对已有定论的历史事件和历史人物进行所谓“再认识、再评价”，歪曲以致否定近现代中国革

命历史、党的历史和中华人民共和国历史。

历史虚无主义常常打着“解放思想”、“反对僵化”的幌子，以标榜自己“思想解放”，而指责别人是“思想僵化”。其实，他们所宣扬的那一套，从本质上说是历史唯心主义。就方法论而言，评价任何一个历史事件或历史人物，必须联系一定的时代和社会历条件，而不能孤立地进行观察，都要看它的主流、本质，而不能抓住支流、现象就下结论，更不能以主观臆断代替历史事实。历史虚无主义研究历史，恰恰是把支流当主流，把现象当本质，以主观偏见代替客观历史，将历史上的某些失误抽象化，并加以孤立地、片面地放大、渲染，从而达到歪曲历史的目的。

历史虚无主义的要害，是从根本上否定中国优秀的历史传统尤其是革命传统，是从根本上否定马克思主义指导地位和中国走向社会主义的历史必然性，否定中国共产党的领导。

如何对待中华民族的历史，如何对待中华人民共和国的历史，如何对待中国共产党的历史，是最严肃的科学事业，关系社会主义事业和中国人民的命运。研究历史，要求有强烈的社会责任感，要有对历史、对民族、对国家高度负责的精神，要秉持古来史学家优良的道德操守。有关历史的著述一字千金，决不允许凭个人好恶臧否革命领袖和其他先烈。“举之则使升天，按之则使入地”，轻薄为文、信口雌黄，不但是对先人的不敬，也是对社会的不负责任。

历史虚无主义思潮在当代的影响，有其深刻的社会历史背景。一个重要原因，就是世界社会主义运动自上个世纪 90 年代苏东剧变后，出现了暂时的严重曲折，进入了低潮和重新探索的阶段。在这种背景下，一些敌对势力利用人们思想的迷惑和迷茫，宣扬所谓“告别革命论”、“资本主义补课论”、“重新评价历史论”、“价值中立论”等等，企图用历史虚无主义的手法，将社会主义运动在人类发展进步中的历史地位和历史作用一笔抹杀。

面对苏东剧变，邓小平曾经深情而坚定地讲过一段话：“我坚信，世界上赞成马克思主义的人会多起来的，因为马克思主义是科学。它运用历史唯物主义揭示了人类社会发展的规律。封建社会代替奴隶社会，资本主义代替封建主义，社会主义经历一个长过程发展后必然代替资本主义。这是社会历史发展不可逆转的总趋势，但道路是曲折的。资本主义代替封建主义的几百年间，发生过多少次王朝复辟？所以，从一定意义上说，某种暂时复辟也是难以完全避免的规律性现象。一些国家出现严重曲折，社会主义好像被削弱了，但人民经受锻炼，从中吸收教训，将促使社会主义向着更加健康的方向发展。因此，不要惊慌失措，不要认为马克思主义就消失了，没用了，失败了。哪有这回事！”①

重视历史研究，注意总结和汲取历史经验，是中国共产党的一个优良传统，也是当代中国马克思主义史学必须坚持和弘扬的优良传统。我们之所以必须对历史虚无主义思潮保持警惕，是因为如果听任这种思潮泛滥，中华民族发展史、中国人民革命史、中国共产党的奋斗史、中华人民共和国的创业史必然会被扭曲、丑化、直至践踏，必然会摧毁坚持人民革命的成果、坚持社会主义制度、坚持共产党的执政地位和领导作用的历史依据。所以，在涉及中国近现代革命历史、中国共产党历史和中华人民共和国历史的重大问题上，史学工作者要旗帜鲜明，坚持原则，决不能采取含糊敷衍的态度。

（四）以马克思主义史学理论为指导，加强历史学学科建设，促进马克思主义史学的繁荣发展

历史是一部伟大的教科书。科学地研究和宣传中国历史，研究和宣传近代以来尤其是中国共产党成立以来的中国历史，是每一个有民族自信心和历史责任感的史学工作者应尽的义务。切实做好这方面的工作，有助于我们正确地认识中国的国情，掌握中国社会发展的客观规律，弘扬民族精神，坚定我们走中国特色社会主义道路的信念。

第一，要认真学习和运用马克思主义史学理论，学习和运用中国特色社会主义理论体系中的史学思想，做到真学、真懂、真信、真用。

---

① 《邓小平文选》第3卷，人民出版社1993年版，第382—383页。

“马克思的历史唯物主义是科学思想中的最大成果。”① 多少年来使人感到扑朔迷离、困惑不解的历史难题，例如人类社会的基本结构、基本矛盾、基本形态、一般发展规律，个人和群众在历史上的地位和作用，私有制、阶级、国家、政党的产生与消亡，以及历史研究中的各种范畴及其关系等，在历史唯物主义创立以后，都一一得到科学的说明。当然，历史唯物主义并没有穷尽历史研究中的真理，而是为探索真理打开了思想的通道，历史唯物主义也是不断发展着的开放的科学体系。从历史唯物主义的创立，到中国特色社会主义理论体系的史学思想的发展，展示了马克思主义基本原理的旺盛生命力。

史学传统在中国源远流长。但是，真正使历史研究成为科学的，还是从马克思主义在中国广泛传播，特别是从中国马克思主义史学产生之日开始的。中国马克思主义史学的产生，是 20 世纪中国史学最重要的变革和发展。唯物史观与中国学者的历史研究相结合而产生的中国马克思主义史学，使中国近代史学逐步走向科学发展的道路。1924 年，李大钊的《史学要论》问世，成为中国马克思主义史学的奠基之作。毛泽东在创立毛泽东思想的同时，为中国马克思主义史学理论体系的形成作出了卓越的贡献。中共十一届三中全会以来，在中国特色社会主义理论体系指导下，中国马克思主义史学理论在前人的基础上进一步丰富和发展，实现了又一次的理论创新、与时俱进。

当代中国的史学工作者和每一个立志从事这项工作的历史专业大学生，都要认真学习和掌握历史唯物主义的立场观点方法，认真学习掌握中国马克思主义历史理论一脉相承而又与时俱进的立场观点方法，旗帜鲜明地坚持真理，实事求是，同各种非马克思主义思潮划清理论界限，在史学研究的道路上开拓前进。

第二，要以老一代中国马克思主义史学家为榜样，努力推进中国特色社会主义理论体系指导下的历史科学的大繁荣、大发展。

马克思主义史学不仅有力地推动了中国近现代史学研究的繁荣和发

① 《列宁专题文集·论马克思主义》，人民出版社 2009 年版，第 68 页。

展，而且造就了一批精通文史、学贯中西、成就卓著的中国马克思主义史学家。郭沫若、范文澜、翦伯赞、胡乔木等为我们树立了榜样。在史学研究中如何对待马克思主义、怎样运用马克思主义方面，他们有不少精辟的论述。

胡乔木提出："要加强党史工作的科学性。党史工作的战斗性所以有力量，是因为我们依靠的是科学，依靠的是真理。这种战斗就是科学与反科学的战斗，是真理与谎言的战斗。历史的真相本来就是这样的，可是敌对势力硬要抹杀、歪曲、诬蔑过去党和人民革命斗争的真相，因此，我们需要用科学的态度、科学的方法、科学的论证来阐明有关我们党的历史的各种根本的问题。"① 这里谈的是中共党史研究，但对历史研究来说同样适用。

范文澜认为：学习马克思主义要求神似，最要不得的是貌似。问题的发生新变无穷，解决它们的办法也新变无穷，这才是活生生的富有生命力的马克思主义，这才是学习马克思主义得其神似。而貌似则是公式化的马克思主义，是伪马克思主义，是教条主义。② 他还说：我们要从经典著作里学习研究历史的立场，观点和方法，更要从今天的历史里学习研究历史的立场、观点和方法。只有从学习今天的历史入手，我们才能免"禁闭"之苦，享自由之乐。历史是一条线，谁也不能割断这条线。好古轻今，脱离现实，关在"禁闭室"里写文章，怕写不出什么好文章来吧！③

翦伯赞对历史研究要坚持全面的观点做过一个形象的比喻，说：必须用两只眼睛看历史，既要看到历史上的光明面，也要看到历史上的黑暗面。我们既不要对自己的历史盲目歌颂，美化阶级社会；也不要对自己的历史采取虚无主义的态度，把自己的历史写成苍白无色，好像只是一些罪恶的堆积。④ 他还说：分析不怕细致、深刻，否则不能揭示历史事件的本质；综合不怕全面、概括，否则不能显出历史的全貌、线索。因此，在分

---

① 《胡乔木谈中共党史》，人民出版社 1999 年版，第 389 页。
② 《范文澜历史论文选集》，中国社会科学出版社 1979 年版，第 208 页。
③ 《范文澜历史论文选集》，中国社会科学出版社 1979 年版，第 216 页。
④ 翦伯赞：《对处理若干历史问题的初步意见》，《光明日报》1961 年 12 月 22 日。

析的时候要钻进个别历史事件里面去，用显微镜去发现问题；在综合时，又要站在个别历史事件之外，高瞻远瞩，用望远镜去观察历史形势。①

以上这些中国马克思主义史学家，都以其个性化的语言，生动地讲述着自己在掌握和运用历史唯物主义理论指导史学研究的心得体会。这说明，历史唯物主义的普遍真理，只有在创造性地运用于不同时期的历史科学研究时，才能彰显并永葆其生命力和活力，使理论之树长青。

第三，要以马克思主义理论为思想武器，批判地继承古今中外优秀史学思想遗产，不断推进中国马克思主义历史科学的理论创新。

历史唯物主义是一个开放的体系和发展的学说，而不是只需反复背诵和机械复述的教条。它并没有结束真理，而只是在实践中为人们不断地认识真理开辟道路。因此，坚持历史唯物主义的基本原理和丰富发展历史唯物主义并不是矛盾的，而是必须统一，也能够统一的。

丰富和发展历史唯物主义的一个重要途径，是从系统研究历史、剖析历史现象、总结历史经验、阐发历史规律中，推动史学理论的发展与创新。历史唯物主义的创立，并不是从某个原则中推演出来的，而是科学总结人类社会历史发展过程的结果。它的创始人为此付出了艰辛的劳动。同样，丰富和发展历史唯物主义，也必须进一步研究人类社会的历史和现实。恩格斯曾经提出“必须重新研究全部历史”② 的任务，毛泽东也提出过系统地研究近百年的中国史的任务③，还强调“要做系统的由历史到现状的调查研究”④。这是从历史中发现规律、发展理论的需要。

丰富和发展历史唯物主义的另一个重要途径，是在坚持马克思主义立场观点方法的基础上，批判地继承古今中外优秀史学思想遗产。“向古人学习是为了现在的活人，向外国人学习是为了今天的中国人。”⑤ 我们应该在中国自己的基础上，批判地吸收外国有用的成分。应该学习外国的长

---

① 翦伯赞：《对处理若干历史问题的初步意见》，《光明日报》1961 年 12 月 22 日。
② 《马克思恩格斯文集》第 10 卷，人民出版社 2009 年版，第 587 页。
③ 《毛泽东选集》第 3 卷，人民出版社 1991 年版，第 802 页。
④ 《毛泽东文集》第 8 卷，人民出版社 1999 年版，第 252 页。
⑤ 《毛泽东文集》第 7 卷，人民出版社 1999 年版，第 82 页。

处，来整理中国的。外国有用的东西，都要学到，用来改进和发扬中国的东西，创造出中国自己的、有独特的民族风格的新东西。弃其糟粕，取其精华，去粗取精，去伪存真，既不全盘接受，也不全盘否定，而要以我为主、实事求是、具体分析、区别对待，这是我们对待古今中外优秀史学思想遗产应取的科学态度。

我们正处在实现中华民族伟大复兴的非凡时代，正处在中国特色社会主义事业蓬勃发展的关键时期。温故知新，继往开来。把握历史，可以更好地开辟未来。让我们肩负起历史赋予的责任，共同促进新世纪新阶段中国马克思主义史学研究的大发展、大繁荣，为经济社会发展提供文化历史支撑，为民族素质提高提供精神文明动力，为立党治国理政提供以史鉴今、资政育人的养料。

延伸阅读：

1. 《关于建国以来党的若干历史问题的决议（1981 年 6 月 27 日中国共产党第十一届中央委员会第六次全体会议一致通过)》
2. 邓小平：《对起草“关于建国以来党的若干历史问题的决议”的意见》（1980 年 3 月—1981 年 6 月）
3. 邓小平：《答意大利记者奥琳埃娜·法拉奇问》（1980 年 8 月 21 日、23 日）
4. 邓小平：《总结历史是为了开辟未来》（1988 年 9 月 5 日）
5. 江泽民：《在毛泽东同志诞辰一百周年大会上的讲话》（1993 年 12 月 26 日）（节选。前半部分）
6. 江泽民：《高举邓小平理论伟大旗帜，把建设有中国特色社会主义事业全面推向二十一世纪》（1997 年 9 月 12 日）（节选。“一、世纪之交的回顾和展望”）
7. 江泽民：《给白寿彝同志的信》（1994 年 4 月 25 日）
8. 胡锦涛：《在孙中山先生诞辰一百四十周年大会上的讲话》（2006 年 11 月 12 日）

9. 胡锦涛:《在纪念党的十一届三中全会召开30周年大会上的讲话》(2008年12月18日)
10. 胡锦涛:《在庆祝中国共产党成立90周年大会上的讲话》(2011年7月1日)

后　记

《马克思主义历史理论经典著作导读》是马克思主义理论研究和建设工程组织编写的高等学校重点教材《马克思恩格斯列宁历史理论经典著作导读》的辅助教材。在编写过程中，得到了马克思主义理论研究和建设工程咨询委员会的指导，同时听取了高等学校有关教师的意见和建议。

本教材由“马克思主义历史理论经典著作导读”课题组负责编写。课题组的首席专家为沙健孙、李捷、李文海，主要成员有田心铭、钟哲明、梅荣政、王顺生、仝华、王浩雷。

本教材各部分的初稿由下列人员提供：

导论　马克思主义历史理论与历史研究：沙健孙。**第一编**　马克思、恩格斯著作：田心铭（第一、三、五、六篇）、钟哲明（第二篇）、梅荣政（第四、七、十篇）、沙健孙（第八、九篇）。**第二编**　列宁著作：钟哲明（第十一篇）、梅荣政（第十二、十三篇）、沙健孙（第十四、十五篇）。**第三编**　毛泽东著作：田心铭（第十六篇）、王顺生（第十七、二十三、二十四篇）、仝华（第十八、二十二篇）、李捷（第十九篇）、王浩雷（第二十、二十一篇）。**第四编**　中国特色社会主义理论体系与中国马克思主义史学的发展：李捷。

以上初稿经在组内反复讨论，由执笔人自己修改或相互交换修改，再分别由沙健孙、李捷、李文海进行修改。全书最后由沙健孙修改定稿。

图书在版编目(CIP)数据

马克思主义历史理论经典著作导读/《马克思主义历史理论经典著作导读》编写组著. -北京：人民出版社 2013. 12

ISBN 978-7-01-012709-5

Ⅰ.①马… Ⅱ.①马… Ⅲ.①史学理论-马克思著作研究

Ⅳ.①A851.692

中国版本图书馆 CIP 数据核字（2013）第 245555 号

责任编辑 邵永忠

封面设计 石笑梦

出版发行	人民出版社	邮购地址	北京市东城区隆福寺街 99 号
社　　址	北京市东城区隆福寺街 99 号	购书热线	(010)65250042 65289539
邮政编码	100706	印　　刷	北京瑞古冠中印刷厂
经　　销	新华书店	版　　次	2013 年 12 月第 1 版
开　　本	710mm×1000mm 1/16	印　　次	2013 年 12 月第 1 次印刷
印　　张	27.5	定　　价	49.00 元
字　　数	408 千字